U0492800

依法治藏

理论与实践

高大洪 著

社会科学文献出版社
SOCIAL SCIENCES ACADEMIC PRESS (CHINA)

"青藏高原生态环境法律法规及生态补偿科研团队"项目阶段性成果、"依法治藏协同创新中心"项目阶段性成果

自 序

在党的二十大报告中,习近平同志用专章阐述了"坚持全面依法治国,推进法治中国建设"的重要思想,指出:"全面推进依法治国是国家治理的一场革命,关系党执政兴国,关系人民幸福安康,关系党和国家长治久安。必须更好发挥法治固根本、稳预期、利长远的保障作用,在法治轨道上全面建设社会主义现代化国家。"[①] 党的二十大报告(以下简称《报告》)提出了法治是国家治理体系、治理能力现代化保障的科学论断,充分彰显了党中央对于在法治轨道上推进社会主义现代化建设的高度重视,体现了坚持走中国特色社会主义法治道路的信心和决心。《报告》同时要求通过依法治国、依法执政、依法行政共同推进,以及法治国家、法治政府、法治社会一体建设,大力推进国家各方面的工作实现法治化。应该说,《报告》第一次把全面推进依法治国战略上升到国家治理现代化保障的高度,对全面建设社会主义现代化国家做出了全面系统的安排,是在法治轨道上建设社会主义现代化国家的行动指南。因此,全国各地一定要依据"筑法治之基,行法治之力,积法治之势"[②] 的要求,以习近平法治思想为引领,全面推进依法治国的重大战略部署,围绕"科学立法、严格执法、公正司法、全民守法"的中心任务,为全面建设社会主义现代化国家,实现第二个百年奋斗目标提供强有力的法治保障。

在新时代我国法治建设取得举世瞩目成就的宏大背景下,全面推进依法治藏工作从理论到实践,从民族地方性立法到严格执法、公正司法,从各级领导干部运用法治思维和法治方式能力的提高到各族群众法治意识的养成等

[①] 习近平:《高举中国特色社会主义伟大旗帜 为全面建设社会主义现代化国家而团结奋斗——在中国共产党第二十次全国代表大会上的报告》,人民出版社,2022,第21页。

[②] 《习近平2020年11月16日在中央全面推进依法治国工作会议上的重要讲话》,新华网(www.xinhuanet.com),2020年11月17日。

方面都得到了长足发展。2022年10月28日，西藏自治区党委政法系统宣讲党的二十大精神时强调，必须坚决贯彻落实习近平法治思想，不断加大法治西藏建设力度，努力提高依法治藏水平，并要求各级政法机关聚焦长治久安法治保障，聚焦经济社会发展强化法治服务，聚焦推进社会治理体系和治理能力现代化强化法治支撑，聚焦各族人民群众对美好生活的向往强化法治引领，全面推进西藏法治事业持续高效发展。新时代，全面推进依法治藏被赋予新的内涵和任务，首要任务应该就是法治赋能西藏的长治久安和高质量发展，通过法治建设全面助推社会治理和高原经济高质量发展。因此，首先要将社会治理体系和治理能力现代化、法治化纳入全面推进依法治藏的整体部署中，以法治逻辑来推进地方治理工作。基于西藏特殊的区情，依法治藏工作的重心应坚持在民族地方法治的背景和前提下，不断提升社会治理体系和治理能力现代化、法治化的整体水平，为西藏社会稳定和长治久安提供法治保障。2022年4月22日，王君正书记在拉萨市城关区街道、社区开展基层社会治理调研时指出，一定要坚持全面推进依法治藏工作，以大抓基础、狠抓基层为主题和导向，不断提升基层社会治理体系和治理能力现代化、法治化的水平，为西藏实现社会稳定与长治久安奠定法治基础。[①] 西藏在开展基层社会治理工作特别是基层社会治安防控时坚持法治先行，依法构建社会防控体系，以法规制度框架为依托精准施策，取得了一定成效。例如，大力推进阳光警务工作，科学构建和强化社会面风险预防预测预警以及管控机制，不断提高基层社会治理专业化、智能化、法治化能力。面对西藏社会基层凸显的矛盾和问题，积极探索和创新城镇社区治理法治模式，极大程度发挥大数据、智能管理系统的优势，逐步形成西藏基础社会治理的强大合力。另外，全面推进依法治藏的另一中心任务是依法保障西藏的经济高质量发展。2021年7月，习近平总书记在西藏考察时要求，大力开展稳定、发展、生态、强边四件大事，积极推进青藏高原生态环境保护和可持续发展。西藏自治区第十次党代会也明确指出，一定要着力创建高原经济高质量发展先行区。围绕这一发展目标，西藏各级党委政府依法开展宏观调控，扎实做好"六稳""六保"工作，制定了一系列促进就业、优化营商环境、纾困惠企等方面的法规制度，

---

① 杨璐：《不断强化"强治理"行动推动建设更高水平的平安拉萨——王君正书记在拉萨调研时指示精神在我市引发强烈反响》，拉萨融媒网（www.lasatv.cn），2022年4月23日。

大力促进西藏新领域、新业态的发展。同时，制定了《西藏自治区乡村振兴促进条例》（2022），要求西藏以"神圣国土守护者，幸福家园建设者"为主题，以更大决心和更强力度依法规范推进脱贫攻坚同乡村振兴相对接，从产业、人才、文化、生态、组织五个方面全面开展工作，努力促进西藏农牧业全面升级、农牧区全面进步、农牧民全面发展，努力实现西藏各民族共同富裕、建设美丽幸福新农牧区的主要目标。

为西藏的长治久安和高质量发展营造安全稳定的社会环境是全面推进依法治藏的根本出发点和落脚点，也是依法治藏的重大意义和价值意蕴所在。围绕这条主线，西藏各族干部群众将努力实现全面建成社会主义法治新西藏的总体目标，使西藏在立法、司法、执法、法治宣传教育以及法治对外交流等方面全面实现现代化。加强同南亚国家开展法律区域性合作，使西藏民族地方的法治建设工作为环喜马拉雅地区法治现代化建设提供范例。在这个宏大目标的指引下，西藏必须积极探索具有中国特色、西藏特点并适合特殊区情的地方性法治道路，坚持以西藏各族人民群众为中心，坚持依宪治藏、依法治藏，努力构建起西藏民族区域自治地方性法治体系。王君正书记在2021年西藏自治区党委政法工作会议上讲话指出，西藏的法治建设工作要深入贯彻习近平法治思想，增强"四个意识"、坚定"四个自信"、做到"两个维护"。这是全面推进依法治藏的政治要求。全面推进依法治藏，也要做到道路自信、理论自信、制度自信、文化自信。在全面推进依法治藏的过程中，坚持走具有西藏特色的民族地方性法治道路，构建具有西藏特色的法学学科体系、理论体系和话语体系，形成具有民族地方特色的完备的法规制度体系，弘扬和传承优秀民族法律文化。西藏各族群众对依法治藏充满自信，以昂扬的斗志推进法治西藏建设，在法治轨道上全面建设团结富裕文明和谐美丽的社会主义现代化新西藏。

本书以习近平法治思想为根本遵循，以党的二十大报告中"坚持全面依法治国，推进法治中国建设"专章论述为指导，用战略的眼光、历史的逻辑、现实的意蕴，描摹了全面推进依法治藏的时间表和路线图，针对西藏法治建设的实际情况，较为科学地设计了全面推进依法治藏的总体目标并提出了现实路径。进入新时代以来，全面推进依法治藏分三步战略进行实施。第一个目标是到2020年，西藏民族地方性法规制度体系不断完善，依法治藏、依法执政、依法行政共同推进的力度不断加大，法治西藏、法治政府、法治社会一体建设步伐不断加快，西藏社会公平正义深入人心，司法公正得到各族人民群众的普遍认同。全面推进依法治藏的第一个战略目标已经实现。目前随着西藏全面进入小康社会，西藏法治事业正昂首阔步向第二个战略目标迈进，即：到2035年，西藏的立法、司法、执法、法治社会、法治文化以及法治对外交流基本实现现代化，西藏的法治建设工作成为全国民族地区的示范；到2050年，西藏的法治建设全面实现现代化，为西藏长治久安和高质量发展提供坚实的法治基础，并为环喜马拉雅地区的法治现代化建设提供典型范例。从全面推进依法治藏的三个阶段性战略的部署上可以看出，西藏法治建设同社会主义现代化新西藏建设战略目标和步骤高度一致，相互关联，同频共振，为到2035年基本建成社会主义现代化新西藏，成为和谐、绿色、开放、现代化的地球第三极提供了法治基础和保障。[①] 本书基于法治现代化的新理念，结合西藏法治建设工作的特点，在分析全面推进依法治藏意义和价值的基础上，重点解构了西藏法治建设的组成要素，从国家法律在西藏实施、民族自治地方立法、民族地方法治的实施与监督、法治宣传教育、法治工作队伍建设以及法治工作考核指标体系构建等方面提出了实现路径和保障措施，对于制定面向中国式法治现代化的依法治藏战略的调整和实施具有重要的现实意义和参考价值。

本书融合法学、民族学、政治学、社会学、藏学等多学科的理论，采用多学科、多领域联合攻关的形式开展研究，通过系统梳理西藏法律制度的变迁以及依法治藏历史进程，总结了依法治藏工作的成就和经验。在此基础上，大胆设想、谨慎求证、科学探索，提出了未来西藏法治事业发展的愿景和路径。本书全景式地展现了全面推进依法治藏的成就和经验，是一项基本兼具前瞻性、战略性、学术性、实用性的研究成果，也是关于依法治藏未来构想的系统研究成果，对于西藏法治建设理论与实践问题的研究是一次不可或缺的创新。

---

① 杨丹等：《西藏2050：和谐、绿色、开放、现代化的世界第三极》，人民出版社，2019，第286~287页。

目 录

第一章 导 论 … 1
- 第一节 课题研究的学术回顾 … 3
- 第二节 课题研究的学术意义与实践价值 … 13
- 第三节 课题研究的基本思路和方法 … 18

第二章 依法治藏基本概念和理论阐述 … 22
- 第一节 依法治藏的概念和理论范畴 … 22
- 第二节 全面推进依法治藏工作的必要性 … 29
- 第三节 全面推进依法治藏工作的重要意义 … 33
- 第四节 全面推进依法治藏工作的基本要求 … 39
- 第五节 依法治藏工作的主要目标和基本原则 … 43
- 第六节 依法治藏工作的基本内容 … 51

第三章 西藏法制建设开始到实现依法治藏的历史进程 … 55
- 第一节 民族法制与民族法治的关系 … 56
- 第二节 西藏法制建设开始到实现依法治藏的历史回顾 … 67

第四章 依法治藏工作的特征、成就与经验 … 99
- 第一节 依法治藏工作的特征 … 101
- 第二节 依法治藏工作的成就 … 122
- 第三节 依法治藏工作的经验 … 143

第五章 依法治藏进程中存在的突出问题 … 152
- 第一节 依法治藏顶层设计有待加强 … 153

第二节　西藏法治政府建设进程有待推进……………………… 156
　　第三节　西藏法治社会建设步伐有待加快……………………… 160
　　第四节　西藏司法体制改革效能有待进一步提升……………… 164
　　第五节　西藏法治人才培养与法学理论研究力度有待加强…… 166

第六章　国家法律在西藏的实施……………………………………… 172
　　第一节　国家法律在西藏实施的成就和经验…………………… 172
　　第二节　国家法律在西藏实施过程中存在的问题……………… 182
　　第三节　提升国家法律在西藏实施水平的对策措施…………… 189

第七章　西藏民族区域自治地方立法………………………………… 198
　　第一节　西藏制定地方性法规研究……………………………… 199
　　第二节　西藏民族区域自治地方法律变通研究………………… 227

第八章　西藏民族地方法治的实施与监督…………………………… 234
　　第一节　西藏地方行政执法工作………………………………… 235
　　第二节　西藏地方司法工作……………………………………… 239
　　第三节　西藏依法治理民族宗教事务…………………………… 247
　　第四节　西藏依法推进社会治理工作…………………………… 255
　　第五节　西藏地方法律监督……………………………………… 262

第九章　西藏各族群众守法理念和意识培养………………………… 269
　　第一节　西藏各族群众守法理念和意识培养的重要意义……… 270
　　第二节　西藏各民族群众守法理念和意识培养的现状与成效… 276
　　第三节　西藏各民族群众守法理念和意识培养面临的制约因素… 287
　　第四节　西藏各民族群众守法理念和意识培养路径…………… 292

第十章　西藏法治工作队伍建设……………………………………… 301
　　第一节　西藏法治工作队伍的内涵特质………………………… 302
　　第二节　西藏法治工作队伍政治思想素质……………………… 306
　　第三节　西藏法治工作队伍业务能力…………………………… 308

第四节　西藏法治工作队伍职业道德建设……………………………… 311

第十一章　依法治藏工作考核指标体系的构建与应用………………… 315
　　第一节　依法治藏工作考核指标体系构建与应用的意义和原则……… 315
　　第二节　依法治藏工作考核指标体系构建的依据和方法……………… 321
　　第三节　依法治藏工作考核指标体系构建的基本要求和主要内容…… 329
　　第四节　依法治藏工作考核指标体系的应用与保障措施……………… 335

参考文献……………………………………………………………………… 339

后　记………………………………………………………………………… 342

第一章 导论

党的十八大以来，在以习近平同志为核心的党中央坚强领导下，西藏自治区党委、政府高举中国特色社会主义伟大旗帜，全面贯彻落实习近平总书记关于西藏工作的重要论述和新时代党的治藏方略，协调推进"四个全面"战略布局，统筹推进"五位一体"总体布局，坚持把西藏工作放在党和国家工作的全局中来考量和谋划，以"功成不必在我，功成必定有我"的责任担当，绵绵用力，久久为功，带领西藏各族干部群众团结一心、艰苦奋斗，办成了许多过去想办而没有办成的大事，各项事业取得了长足发展和巨大的历史性成就，为党和国家全局战略目标的实现做出了重要贡献。2013年3月，习近平总书记审时度势提出了"治国必治边，治边先稳藏"的重要论断。特别是，2015年8月中共中央召开第六次西藏工作座谈会以来，"依法治藏"一直处在中央西藏工作全面部署的首位，也是做好西藏各项工作的首要原则，在西藏发展战略中具有不可替代的重要地位。习近平总书记在中央第六次西藏工作座谈会上着重强调："依法治藏就是要始终维护宪法和法律的权威，一定要始终坚持在法律面前人人平等。"[1] 在2020年召开的中央第七次西藏工作座谈会上，习近平总书记要求："一定要把维护祖国统一和民族团结作为西藏工作的着眼点与着力点，一定要坚持依法治藏、富民兴藏、长期建藏、凝聚人心、夯实基础的重要西藏工作原则。"[2] 所以，西藏和平解放以来之所以取得了"短短几十年，跨越上千年"的伟大历史成就。特别是西藏进入新时代以来，始终坚持"稳中求进"工作总基调，大力聚焦和推进"稳定、发展、生态、强边"四件大事，西藏各项

---

[1] 《中央第六次西藏工作座谈会召开》，国务院新闻办公室网站（www.scio.gov.cn），2015年8月26日。

[2] 《中央第七次西藏工作座谈会召开》，新华网（www.xinhuanet.com），2020年8月29日。

事业发生了历史性的巨大变化，最为重要的因素就是西藏全面贯彻并坚持了新时代党的治藏方略以及关于依法治藏的重要工作原则。同时，西藏经济社会发展的成功实践也进一步证明了依法治藏重要工作原则的科学性和针对性，它是做好西藏工作的根本遵循，具有长远的历史性指导意义。

党的十九届四中全会强调："建设中国特色的社会主义法治体系、建设社会主义法治国家是坚持和发展中国特色社会主义的内在要求。""在全面依法治国上，中国特色社会主义法治体系不断健全，法治中国建设迈出坚实步伐，党运用法治方式领导和治理国家的能力显著增强。"① 党的二十大报告中再次要求："坚持全面依法治国，推进法治中国建设。"报告深刻阐述了全面推进依法治国对于全面建设社会主义现代化国家的重大意义，认为："全面依法治国是国家治理的一场深刻革命，关系党执政兴国，关系人民幸福安康，关系党和国家长治久安。必须更好发挥法治固根本、稳预期、利长远的保障作用，在法治轨道上全面建设社会主义现代化国家。"② 依法治藏工作作为中国特色社会主义法治建设的重要组成部分和题中应有之义，一定要进一步回应中国特色社会主义法治建设事业的时代命题。尤其是，依法治理民族宗教事务是依法治藏工作的重要内容，而全面推进依法治藏又是新时代依法做好西藏民族宗教工作的重要保障，更是铸牢中华民族共同体意识的法治保障，这是辩证统一的关系。习近平总书记在第七次中央民族工作座谈会上强调："必须坚持和完善民族区域自治制度，确保党中央政令畅通，确保国家法律法规实施。""必须坚持依法治理民族事务，促进民族事务治理体系和治理能力现代化。""要依法保障各族群众合法权益，依法妥善处理涉民族因素的案事件，依法打击各类违法犯罪行为，做到法律面前人人平等。"③ 在2021年12月3~4日召开的全国宗教工作会议上，习近平总书记强调："要全面推进宗教工作法治建设，深入开展法治宣传教育。宗教活动应当在法律法规规定范围内开展，不得损害公民身体健康，

---

① 《中国共产党第十九届中央委员会第四次全体会议公报》，共产党员网（www.12371.cn），2019年11月1日。
② 习近平：《高举中国特色社会主义伟大旗帜 为全面建设社会主义现代化国家而团结奋斗——在中国共产党第二次全国代表大会上的报告》，人民出版社，2022，第40页。
③ 《中央第七次西藏工作座谈会召开》，新华网（www.xinhuanet.com），2020年8月29日。

不得违背公序良俗，不得干涉教育、司法、行政职能和社会生活。"① 值得注意的是，王君正书记在西藏自治区第十次党代会报告中指出："西藏民主法治事业不断发展。普法工作不断推进，法治西藏建设迈出新的步伐。"② 在 2022 年 2 月 9 日召开的西藏自治区党委民族工作会议上，王君正书记讲话指出，"全面推进依法治藏，不断完善政策法规，依法治理民族宗教事务，依法打击分裂破坏活动，依法保障各族群众合法权益，让公平正义成为维护民族团结进步的坚强基石"。③ 同年 8 月 4 日王君正书记在全区宗教工作会议上讲话强调，必须坚持依法管理宗教事务，依法管理寺庙，依法防范化解宗教领域的重大风险隐患。④ 所以，在这个背景下全面推进依法治藏工作具有深刻的时代意义和重要的现实价值，既是西藏自治区大力贯彻习近平法治思想，全面落实依法治国战略部署的重要体现，同时又是在社会主义现代化新西藏建设的总体布局中，为做好"四件大事"、做到"四个确保"、着力"四个创建"、努力实现"四个走在前列"奠定法治基础和提供法治保障。本课题的研究工作正是顺应了这一时代要求，课题紧扣依法治藏这个主题，从历时性维度厘清了依法治藏内在逻辑和发展脉迹，从共时性维度客观呈现出依法治藏工作的全局以及所面临的主要挑战和问题，并根据问题导向具有针对性地对现实路径做出尝试性的探索。

第一节　课题研究的学术回顾

依法治藏工作回应着依法治国的时代命题，同时统筹于社会主义现代化新西藏建设的总体布局中，兼具着深刻的时代意义和现实意义。因此，近年来依法治藏在学术界也日渐成为一个备受关照的焦点。以"依法治藏"为篇名在知网进行搜索，呈现出 49 个结果；以"依法治藏"为主题在知网进行搜索，共有 146 个结果，其中包括 115 篇学术期刊文章，16 篇学位论

---

① 《习近平出席全国宗教工作会议并发表重要讲话》（2021 年 12 月 4 日），新华网（www.xinhuanet.com），2016 年 4 月 23 日。
② 《中共西藏自治区第十次代表大会开幕》，中国新闻网（www.china news.com），2022 年 11 月 27 日。
③ 《西藏自治区党委民族工作会议在拉萨召开》，国家民族事务委员会网站（www.neac.gov.cn），2022 年 2 月 9 日。
④ 《王君正出席全区宗教工作会议》，《西藏日报》2022 年 8 月 5 日第 1 版。

文和15篇报纸刊登文章。

结合折线图1-1、图1-2进行分析,我们不难看出,现有相关研究成果多在2015年之后发表,这主要是因为"依法治藏"这一概念首次正式提出于2015年中央第六次西藏工作座谈会。仅就知网的搜索结果来看,对于如此一个庞大繁杂、意义重大的研究主题,目前的研究现状可以说仍有进一

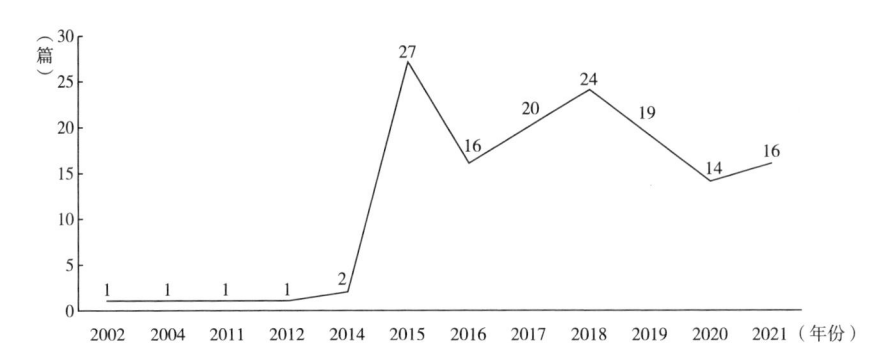

图1-1 以"依法治藏"为主题的搜索记录

资料来源:中国知网(www.cnki.net),数据搜索时间:2021年12月30日。

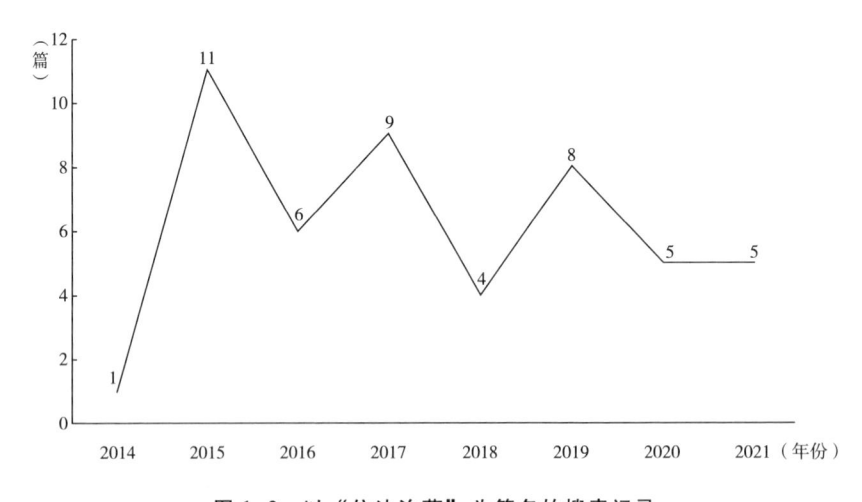

图1-2 以"依法治藏"为篇名的搜索记录

资料来源:中国知网(www.cnki.net),数据搜索时间:2021年12月30日。

步深化精进的境地。综观目前学术界对于依法治藏的研究成果，虽然形成了一系列独到的研究成果和观点，但是现有成果还暂未形成系统的学术体系和话语体系，代表性观点也相对分散，尚未形成具有西藏特色的地方法治建设学术话语权。总的来看，依照学术界关注点的不同，可以将依法治藏相关问题的研究划分为四个维度。一是西藏从法制建设到法治发展变迁演进研究，纵向梳理了西藏从法制建设到法治发展脉迹的基本概况。二是对依法治藏工作的时代价值和现实意蕴所开展的论述，论证了依法治藏工作对于西藏经济高质量发展和社会长治久安的推动作用。三是关于依法治藏工作的现状、特点及对策的研究，在阐述全面依法治藏现状及成效的基础上，与其他民族自治地方的法治建设工作横向比较，分析新时代全面依法治藏的特点，针对全面推进依法治藏过程中存在的突出问题，提出较为可行的对策措施。四是在铸牢中华民族共同体意识的宏观背景下的"依法治藏"研究，主要论证了通过全面开展依法治藏工作，为西藏铸牢中华民族共同体意识提供法治保障。

一 关于西藏法制建设历史变迁的研究

综观西藏法制变迁的溯源和历程，需要对依法治藏历史脉络进行梳理。藏族是生活在青藏高原上的一个具有悠久历史的民族，在漫漫的历史长河中，藏族和其他民族共同创造了辉煌灿烂的传统文化，其中也包括了西藏传统法律文化。作为社会上层建筑的重要组成部分，对西藏法制变迁历程的梳理及真实客观呈现是研究依法治藏的基础和必要前提。具有代表性的著述有周润年、喜饶尼玛译著的《藏族古代法典译释考》，边巴拉姆主编的《旧西藏法规选辑》，张云、林冠群主编的《西藏通史（吐蕃卷上、下）》，巴卧·祖拉陈瓦著，黄颢、周润年译著的《贤者喜宴·吐蕃史》[1] 等，这些都对西藏古代法制建设及成果做了一定梳理，但是叙述这些成果多采用了历史学研究方法，仅仅对西藏法制建设历程及各时期法典具体内容进行了客观陈列，如吐蕃王朝时期的"十善之法""六类大法"等、元朝时期的

---

[1] 《藏族古代法典译释考》，青海人民出版社，2017；《旧西藏法规选辑》，西藏古籍出版社，2013；《西藏通史（吐蕃卷上、下）》，中国藏学出版社，2016；《贤者喜宴·吐蕃史》，中央民族大学出版社，2018。

"十五法典"、明朝时期的"十六法典"、清朝时期的"十三法典""酌定藏内善后章程十三条"等。还有部分著述简要概括了旧西藏法律的阶级本质以及代表的阶级利益,如周润年、喜饶尼玛在《藏族古代法典译释考》中指出西藏历代法典反映的是农奴主阶级的根本利益、农奴社会的等级制度、农奴社会的生产关系和"天命、神权"安排的宿命思想。①

西藏法制变迁的断代研究是学术界关于西藏法制研究的又一范式,此类研究考量了西藏法制变迁的内外部因素,从历时性上纵向分析了西藏各时期的法制历程及影响因素。其中比较典型的有娄云生的《雪域高原的法律变迁》、孙镇平的《清代西藏法制研究》、张清的《西藏 60 年法制建设主要成就、经验与启示》、黎同柏的《吐蕃王朝法制研究》、张双智的《元代至民国治藏政策法规汇要》等。黎同柏在《吐蕃王朝法制研究》中对吐蕃时期的法制体系和结构特点进行了深入探讨,认为吐蕃王朝的法制是由成文法和大量的非成文法共同组成的,以"基础三十六制"②为核心形成了相对健全而完备的古代地方法律体系,而这一体系受到了宗教因素的影响,实现了宗教法效力的世俗化,体现了等价特权等鲜明特征。③娄云生在其著作《雪域高原的法律变迁》中高度观照了元朝时期西藏社会政治生活、经济生活和文化生活的宏观背景,对中央政权对西藏法制的影响做了直白阐述,客观论证了维护宗教上层人士和贵族利益是旧西藏法制的主要特点与价值所在。具体来说,就是元朝时期西藏法制建设主要还是以维护贵族和僧侣的利益为根本主张的,这种主张因受元朝蒙古贵族官僚影响,呈现出原则上民族间的歧视不平等和方式上的极端残暴性。④孙镇平在其著作《清代西藏法制研究》中着重关注清朝时期西藏法制建设,将清朝西藏法制分为前期、中期、后期三个时段,总结清朝西藏法制建设"从俗从宜"的根本原则,即"修其教不易其俗、齐其政不易其宜",在他看来,"从俗"与"从宜"是相辅相成、互为表里的。⑤张清的论文《西藏 60 年法治建设主要

---

① 周润年、喜饶尼玛:《藏族古代法典译释考》,青海人民出版社,2017,第 75 页。
② "基础三十六制":松赞干布统治的吐蕃时期,建立起了一整套系统的管理体制和法律条文,合称为吐蕃基础三十六法,也称吐蕃基础三十六制。主要内容包括六大法典、六大政治制度、六级褒奖、六种标志、六种称号、六种勇饰。
③ 黎同柏:《吐蕃王朝法制研究》,中央民族大学出版社,2013,第 121 页。
④ 娄云生:《雪域高原的法律变迁》,西藏人民出版社,2000,第 201 页。
⑤ 孙镇平:《清代西藏法制研究》,知识产权出版社,2000,第 139 页。

成就、经验与启示》中聚焦西藏和平解放以来西藏法治建设的历程和成就，总结了西藏法治建设的基本经验，指出党的领导和国家的高度重视是西藏法治建设的重要政治保障，全面推进依法治藏战略是西藏法治建设的重要支撑。论文还指出，为了更好地推进西藏法治建设，应明确法的概念、内涵和价值，做到科学立法、严格执法、公正司法、全民守法，为建设"和谐西藏"创造良好的法治局面。①

二 关于依法治藏的理论依据和现实意蕴的研究

"依法治藏"这一重要工作原则是对我党长期以来治藏稳藏成功经验的总结，是符合西藏区情、西藏特点并充分体现西藏各族人民根本利益、符合法律精神的法治原则，一定要将依法治藏重要原则贯穿于新时代西藏工作的全过程，以法治的理念和方式来推动西藏高质量发展和长治久安。相关学者根据这一治藏原则，对依法治藏的理论依据和现实意蕴进行了研究，主要有以下几种观点。孙勇、孙昭亮在《建设法治边疆与依法治藏刍议》一文中提出了法治边疆的概念，认为西藏建立社会稳定和长效机制关键在于实现依法治藏。文章从西藏治理存在问题本身的状况出发，指出采取符合边疆实际的治理方式，通过全面推进法治建设，努力实现作为边疆的西藏自治区持续发展与长期稳定。②刘波的论文《依法治藏的探索与思考》认为依法治藏工作是习近平总书记"治国必治边、治边先稳藏"重要战略的重要组成部分，全面依法治藏工作的推进使西藏形成了经济社会持续发展以及全面稳定、持续稳定的良好局面，并为全国社会大局稳定提供了西藏的贡献和经验。该论文认为依法治藏工作的成就在于立法先行、民主决策、从严执法、推进宣传四个方面，这些做法都是符合中央战略意图以及西藏区情和特点的。③张林、刘斌在论文《西藏地方人民代表大会制度与"依法治藏"方略的实施》中认为，依法治藏方略的实施，健全了民族区域自治地方人民代表大会制度，使西藏各族人民群众的政治权利、经济管理权利、

---

① 张清:《西藏60年法制建设主要成就、经验与启示》，《西藏发展论坛》2011年第5期，第21~22页。
② 孙勇、孙昭亮:《建设法治边疆与依法治藏刍议》，《西藏大学学报》2017年第3期，第86~93页。
③ 刘波:《依法治藏的探索与思考》，《法制日报》2014年12月7日第3版。

社会事务管理权利、民族文化权利等得到依法保障。该论文还论述了通过加强立法工作民主化、完善法律监督职能来有效行使民族地方人大职能，彰显地方人大在全面推进依法治藏中的引领和监督作用。[1] 边巴拉姆的论文《依法治藏：西藏现代化治理转型的法治保障》认为，通过全面开展依法治藏工作来促进治理模式的转型是维护祖国统一、保障民族团结和各民族合法权益的实践要求，也是推动西藏经济发展、社会稳定和生态安全的法治基础，但实际工作中也存在立法工作滞后、法律实施力度不大、普法教育宣传效果不显著等突出问题，必须在提升决策效率、增强法治理念、加大立法工作力度并做到严格执法、公正司法等方面开展工作，为西藏治理现代化提供法治保障。[2] 何治江论文《依法治藏理论与实践研究》论述了对于依法治藏价值和意蕴的三个认知，即：依法治藏是正确处理西藏社会主要矛盾和特殊矛盾的重大战略部署；依法治藏是西藏做好"发展、稳定、生态"三件大事的前提；依法治藏是西藏各民族群众建设社会主义新西藏的重要保障，也是西藏全面建成小康社会的法治要求。[3] 郎维伟、刘琳在其论文《试析依法治藏基本理论依据》中指出，依法治藏是新时代重要的西藏工作原则，也是治边稳藏的基本工作模式。[4] 中央第六次西藏工作会议指出依法治藏工作原则的核心要义，就是要维护宪法法律权威，依法保障西藏各民族合法权益，坚持各民族一律平等。对这一基本原则进行法理性分析，用社会主义法律上的本质属性、基本属性以及坚定社会主义法治政治方向来作为依法治藏最基本的理论依据，为西藏法治实践活动奠定根本的理论基础。何卫勇、王燕在其论文《深入推进依法治藏，建设社会主义法治西藏》中认为，依法治藏作为西藏工作重要原则之一，集中体现了新时代中国共产党治藏的政治智慧，具有很强的指导性、针对性和实用性，遵循这一原则可以从四个方面助推社会主义法治西藏的建设，即：在西藏全社会树立宪法法律权威，维护西藏社会的公平正义和理性；坚持严格执法，建

---

[1] 张林、刘斌：《西藏地方人民代表大会制度与"依法治藏"方略的实施》，《西藏民族学院学报》2015年第1期，第98~99页。
[2] 边巴拉姆：《依法治藏：西藏现代化治理转型的法治保障》，《中国藏学》2016年第4期，第119页。
[3] 何治江：《依法治藏理论与实践研究》，《西藏发展论坛》2017年第6期，第31~33页。
[4] 郎维伟、刘琳：《试析依法治藏基本理论依据》，《西南民族大学学报》2019年第4期，第24页。

设高效廉洁的法治政府；开展科学立法工作，逐步完善依法治藏的法规制度体系；积极开展宣传教育工作，培养各族群众的法治理念和守法意识。[①]

三 关于依法治藏的现状、特点及对策的研究

依法治藏工作不仅是社会主义现代化新西藏建设伟大工程的重要组成部分，更在西藏各项事业发展过程中发挥着重要的支撑和保障作用。学术界对于"依法治藏"的现实成效与加强路径都做了详尽的阐述，认为全面推进依法治藏是做好西藏工作的根本保障，可以大力推进西藏法治建设进程。相关研究成果虽然都在论述全面推进依法治藏的现状、成效以及改进对策，但其侧重点还是有所不同的，研究的角度也有所差异。曾燕在《西藏社会现代化转型与依法治藏的理性思考》中阐述了西藏社会现代化转型的宏观背景，认为依法治藏既是新时代党的治藏方略顺利实施的重要保障，又是西藏社会现代化转型的重要内容，高度符合西藏持续稳定、长期稳定、全面稳定的需要。[②]孙向军在《全面推进依法治藏若干重要问题》中以依法治藏与社会治理能力现代化、全面深化改革、贯彻宪法精神的相互关系为切入点，以依法治藏同西藏各项事业发展的相互促进作用充分说明"依法治藏"的特点。[③]高大洪等在《全面实施依法治藏战略，为建设社会主义新西藏提供根本保障》中结合新时代全面推进依法治国的时代背景，探讨了依法治藏对西藏法治进程的推动作用，认为可以通过积极开展西藏地方性立法工作，推动西藏地方法治政府和法治社会建设。同时，加大西藏法学学科建设和人才培养工作，为西藏培养一支德才兼备、德法兼修的法律人才和法学人才队伍。[④]李森、陈烨在论文《论依法治藏的概念缘起及独特内涵》中认为，"依法治藏"概念的提出是"治国必治边，治边先稳藏"战略思想的引申和具体化，并从"两个重要维度"阐述了依法治藏的独特内涵，第一个维度是"依法"的维度，这是"治藏"的前提和依据，而且是唯一

[①] 何卫勇、王燕：《深入推进依法治藏，建设社会主义法治西藏》，《新西藏》2020年第8期，第32~34页。
[②] 曾燕：《西藏社会现代化转型与依法治藏的理性思考》，《西藏大学学报》2015年第3期，第97~99页。
[③] 孙向军：《全面推进依法治藏若干重要问题》，西藏人民出版社，2018，第41~43页。
[④] 高大洪、李春：《全面实施依法治藏战略，为建设社会主义新西藏提供根本保障》，《中国民族报》2019年2月25日第5版。

的依据，对西藏其他社会规范的引导性和裁判性具有排他性；"治藏"的维度是指依法保障西藏各族群众的合法权益，其价值在于实现各民族群众在法律面前一律平等。作为民族区域自治地方的西藏自治区要维护国家法治的统一性，法律法规应成为西藏各族群众共同遵守的行为规则。①

  依法治藏实践进路研究是大部分应用型研究的重点难点所在，也是其现实价值的直观体现。关于如何更好推进依法治藏工作有效展开，一直以来都是学术界关注的焦点，不同学者从不同的研究视域、不同的学科背景对此做了一定探讨，但形成的研究成果及观点也相对分散。比较有代表性的著述有段毅君的《依法治藏论——以藏区应急治理为视角》、唐小民的《建设平安西藏的法治基础研究》、滕惠琳的《依法治藏下西藏法制宣传教育研究》、欧珠的《依法治藏是西藏全面建成小康社会的必由之路》等。段毅君在《依法治藏论——以藏区应急治理为视角》中，以涉藏地区应急治理为切入点，提出了通过完善涉藏地区社会治理体系来推进依法治藏能力建设，这里他提出要创建完善的西藏社会治理法律约束机制、全民法治实践参与机制与程序法治机制，在依法治藏的背景下来推动藏区的应急管理工作。②唐小民在《建设平安西藏的法治基础研究》中选取"平安西藏"建设作为依法治藏工作的侧重点，对"平安西藏"的各组成要素都提出了相应的强化措施，主要包括在立法上完善宗教事务管理机制，在执法上提升行政执法水平，在普法上加强宣传教育工作，等等。③滕惠琳在其硕士学位论文《依法治藏下西藏法制宣传教育研究》中紧紧抓住法制宣传教育这一现实命题，针对西藏法治宣传教育存在的现状与问题提出对策，论文认为在西藏自治区法制教育层面应加强对基层群众的重视，"应在法制宣传教育中，加强公民意识的养成"，"构建西藏各族群众参与机制，助推西藏各族人民群众法律素质的不断提高"，"不断加强民族法治文化建设，增强西藏各族人民群众的法律信仰"。④唐小民、万鸿湄论文《习近平法治思想在

---

① 李森、陈烨：《论依法治藏的概念缘起及独特内涵》，《西藏民族大学学报》2020年第1期，第32~35页。
② 段毅君：《依法治藏论——以藏区应急治理为视角》，《四川民族学院学报》2010年第2期，第53~55页。
③ 唐小民：《建设平安西藏的法治基础研究》，《西藏发展论坛》2010年第1期，第93~94页。
④ 滕惠琳：《依法治藏下西藏法制宣传教育研究》，硕士学位论文，西藏大学，2017。

依法治藏中的三维解释》认为习近平法治思想是依法治藏工作的根本遵循，为西藏的法治事业发展指明了正确的方向。该文从"治理原理、时代要求、创新实践"三个维度对习近平法治思想引领依法治藏工作进行了深入解读，并从立法实践、队伍建设、法治实践、领导保障四个方面指出了依法治藏工作的主要途径。①

四 关于西藏铸牢中华民族共同体意识法治基础的研究

国内相关学科的理论工作者在铸牢中华民族共同体意识法理分析、铸牢中华民族共同体意识法治内涵、价值以及路径等方面研究力度较大，取得了一些标志性的学术成果，主要开展了以下几个方面的研究。

一是关于铸牢中华民族共同体意识的法理分析。贺海仁论文《中华民族共同体的法理解释》在阐述民族建构主义逻辑关系以及中华民族概念的基础上，对作为权利话语的超民族共同体进行了理论解构，并在现代权利话语体系下为维系民族之间平等团结互助和谐关系提供法治思维和法治方法。② 田钒平在论文《民法典视野下铸牢中华民族共同体意识的法理探讨》中论述了族际关系治理机理以及《民法典》实施的意义，全面分析了族际关系治理中制约《民法典》实施的影响因素，建议有效规范各民族成员间的民事关系和政府的公共行为，为铸牢中华民族共同体意识营造民事法治环境。③

二是关于铸牢中华民族共同体意识法治内涵、价值的研究。宋才发在其论文《铸牢中华民族共同体意识的法治内涵及路径研究》中诠释了中华民族共同体意识法治内涵和价值，认为依法调整民族关系是铸牢中华民族共同体意识的法治基础，民族认同和国家认同实质就是宪法制度的认同。④ 韩克芳在《中华民族共同体法治建设：价值、基础与路径》中探讨了中华民族共同体法治建设的价值，即法治建设是中华民族共同体建设的应有内

---

① 唐小民、万鸿湄：《习近平法治思想在依法治藏中的三维解释》，《西藏发展论坛》2021年第6期，第47~49页。
② 贺海仁：《中华民族共同体的法理解释》，《甘肃社会科学》2018年第2期，第83~86页。
③ 田钒平：《民法典视野下铸牢中华民族共同体意识的法理探讨》，《西南民族大学学报》2021年第2期，第42~45页。
④ 宋才发：《铸牢中华民族共同体意识的法治内涵及路径研究》，《广西民族研究》2021年第4期，第62~66页。

容、重要保障和制度支撑。①

三是关于铸牢中华民族共同体意识法治路径的研究。白帆论文《铸牢中华民族共同体意识的法治保障》在分析铸牢中华民族共同体意识与现代国家法律体系关系的基础上，提出了通过构建以宪法为核心和基础的法律体系促进和保障各族人民铸牢中华民族共同体意识。②倪国良、张伟军在《中华民族共同体的法治构建：基础、路径与价值》论文中提出了中华民族共同体法治构建的基本路径，要求积极推进民族宗教事务治理法治化。③

四是关于西藏铸牢中华民族共同体意识法治基础研究。从法治基础层面对新时代西藏铸牢中华民族共同体意识进行学术探讨是十分必要的，这既是对当前民族工作主线的回应，也是对依法治藏根本意涵的深层解读和挖掘。置于铸牢中华民族共同体意识宏观背景中的依法治藏研究，相对偏重西藏法治建设之于铸牢中华民族共同体意识效能和路径意义的内容。特别是，研究中强调在西藏铸牢中华民族共同体意识过程中做好西藏民族宗教工作，就必须坚持贯彻落实好党的民族政策，依法治理民族事务。其中，比较有代表性的文章有：张锦花的《新时代党的治藏方略视阈下西藏铸牢中华民族共同体意识研究》、白云萍的《西藏高校铸牢大学生中华民族共同体意识的长效机制研究》、刘培勇的《铸牢中华民族共同体意识的西藏路径思考》、王超的《西藏铸牢中华民族共同体意识的路径探析》等。④虽然同样是强调依法治藏对于新时代西藏铸牢中华民族共同体意识的实现路径的作用，但是这些研究观照的侧重点是有所差异的。张锦花的博士论文在肯定了依法治藏作为治藏方略和做好西藏工作的重要组成的双重意义基础上，侧重法律对公民信仰自由权利的保障，以此为基础提高藏传佛教中国化的水平，为铸牢中华民族共同体意识提供保障。王超、刘培勇同样是从保证

---

① 韩克芳：《中华民族共同体法治建设：价值、基础与路径》，《统一战线学研究》2020年第5期，第77~79页。
② 白帆：《铸牢中华民族共同体意识的法治保障》，《西部蒙古论坛》2020年第2期，第53~56页。
③ 倪国良、张伟军：《中华民族共同体的法治构建：基础、路径与价值》，《广西民族研究》2018年第5期，第30~33页。
④ 张锦花：《新时代党的治藏方略视阈下西藏铸牢中华民族共同体意识研究》，西藏大学博士学位论文，2021；白云萍：《西藏高校铸牢大学生中华民族共同体意识的长效机制研究》，西藏民族大学硕士学位论文，2021；王超：《西藏铸牢中华民族共同体意识的路径探析》，《西藏教育》2021年第2期。

西藏各族人民实现权利义务的角度展开依法治藏是铸牢中华民族共同体意识重要保障的论述，不过他强调要给予西藏各族人民群众亲自参与管理本民族事务的权利，真正实现"各民族在法律面前人人平等"。

第二节 课题研究的学术意义与实践价值

全面推进依法治藏是我们党和国家在长期西藏工作中获取的宝贵经验和实施的有效路径。习近平总书记在第七次西藏工作座谈会上再次强调了坚持"依法治藏"工作原则是做好西藏工作的基本遵循之一，必须坚定不移地加以巩固和发展。随着时代和社会的变迁，西藏所面临的形势和任务都发生了深刻而复杂的变化，在此背景下深化对依法治藏工作相关问题的研究，更加凸显了本课题研究的学术意义和理论价值。

一 课题研究的学术意义

通过对依法治藏理论和实践问题的研究，可以丰富和完善我国民族地区法治建设理论学说，进而为中国特色社会主义法治理论的建设和发展提供有益的参考，为习近平法治思想的深化提供鲜活的理论素材。综观当前学术研究现状，关于地方法治建设理论问题的研究大多聚焦社会经济比较发达的地区，而对边疆民族地区法治建设的研究却有待进一步的深入和精进，即使有限的涉及民族地区法治建设的研究也未能充分考虑到民族地区的特殊性。本课题遵循马克思主义理论的基本逻辑，按照实践与理论之间的辩证关系，以实践作为推动理论前进的动力。同时，本课题遵循马克思主义法学的基本原理，以习近平法治思想为引领，积极探究依法治藏的内涵、特征、理论依据、基本要求、重大意义、必要性和现实基础以及指导思想、基本原则等问题，对民族地区法治建设理论进行一定程度的探索，争取驱动具有中国特色、西藏特点的民族法治理论创新的实现。

（一）通过本课题的研究，丰富和发展民族法治理论，为习近平法治思想在民族地区贯彻实施提供鲜活的素材

中国是统一的多民族国家，各民族在漫长的发展历史进程中共同创造了灿烂的中华文化，传统民族法律文化就是其中重要组成部分。为了促进

依法治藏：理论与实践

民族地区特别是民族区域自治地方法治事业的发展，加强民族法治理论与实践的研究十分必要。本课题通过对民族区域自治法在西藏的实施、西藏各少数民族权利保障、西藏地方法治建设实践以及西藏德法兼修法治人才培养等领域开展研究，不断丰富和发展民族法治理论，为习近平法治思想在民族地区贯彻实施提供鲜活的素材。

依法治藏不仅是新时代党和国家开展西藏工作的一个重要原则，同时其本身也是建设团结富裕文明和谐美丽的社会主义新西藏的时代命题，回应着新时代西藏经济社会发展的新形势、新任务和新挑战。作为一种理论指引和基本遵循，依法治藏理论是习近平法治思想不可或缺的重要构成，这种深层次的关系具体表现为，二者在历史逻辑上实现了源与流的接续、在基本内涵上实现了思想理念的一脉相承。习近平总书记关于民族法治的重要论述作为"依法治藏"方略实施的思想基础，为考量"依法治藏"提供了一个可信合宜的视域。从纵向维度上，习近平总书记关于民族法治的重要论述贯穿习近平法治思想发展历程始终；从横向维度上，习近平总书记关于民族法治的重要论述涵盖了法治建设、经济发展、民族团结、政治生态等多个方面的内容。习近平同志早在浙江履职期间，就浙江省民族地区发展问题指出："要坚持和完善民族区域自治制度，支持景宁畲族自治县充分行使宪法和民族区域自治法赋予的各项自治权利，用自治法促进发展、促进改革、促进和谐，将我省的民族工作纳入法治化轨道。"① 这一论断虽然仅是针对一省之内的民族自治地方，但是蕴含在其中的将民族工作纳入法治化轨道的理念和构想却贯穿习近平法治思想的始终。2005年12月22日，习近平同志在浙江省民族工作会议上又指出："处理民族问题，要讲原则、讲法制、讲政策、讲策略，坚持依法、慎重处理。""对从事民族分裂活动的，要坚决依法打击，有效抵制境内外敌对势力利用民族问题进行渗透和破坏，牢牢掌握斗争的主动权。"② 民族分裂问题在西藏这样特殊的边疆民族地区一直都是不容忽视的严峻挑战，习近平总书记关于处理民族分裂问题的法治方案与"依法治藏"方略的基本要求是高度一致的。习近平总书记在2015年中央第六次西藏工作座谈会上指出："要

---

① 习近平：《摆脱贫困》，福建人民出版社，1992，第64页。
② 习近平：《干在实处 走在前列》，中共中央党校出版社，2013，第103页。

落实依法治藏要求，对一切分裂祖国、破坏社会稳定的行为都要依法打击。"[①] 在2020年召开的中央第七次西藏工作座谈会上，习近平总书记再次强调，"做好西藏工作，必须坚持中国共产党领导、中国特色社会主义制度、民族区域自治制度，必须坚持治国必治边、治边先稳藏的战略思想，必须把维护祖国统一、加强民族团结作为西藏工作的着眼点和着力点，必须坚持依法治藏、富民兴藏、长期建藏、凝聚人心、夯实基础的重要原则"[②]。在关于民族法治的基本原则问题上，习近平总书记指出：处理民族事务，"要坚持一视同仁、一断于法，依法妥善处理涉及民族问题因素的问题，保证各族公民平等享有权利、平等履行义务，确保民族事务治理在法治轨道上运行"[③]。因此，尊重宪法和法律权威是习近平总书记关于民族法治论述的底色和韧性所在，这同"依法治藏"的核心要义是完全一致的。

（二）通过本课题的研究，对依法治藏理论进行系统化，努力实现具有中国特色、西藏特点的民族法治理论创新

依法治藏理论研究的首要任务是解决其概念本体的问题，这也是本课题研究的逻辑起点。关于依法治藏概念独特内涵的界定是依法治国战略在西藏实施所要解决理论问题的关键，是依法治藏理论分析的应有之义。这个概念政策层面的诠释主要来源于习近平总书记在中央第六次西藏工作座谈会上的重要讲话精神，依法治藏即理解为"维护宪法和法律的权威，坚持法律面前人人平等"。这是对依法治藏概念政治纲领式的解释，也是对依法治藏工作提出的战略要求。中央第七次西藏工作座谈会上又重申了依法治藏的重要原则，并把这个原则上升到新时代党的治藏方略的高度，要求长期坚持并全面落实。而依法治藏的法理解释主要在于两个维度。一是法治的价值维度。法治的核心价值在于严格依法行政、公正行使司法权力，通过权力约束来构建社会治理机制、规范社会活动方式以及社会秩序。法治的内核在于要求作为社会共同意志和利益的国家法律具有无可替代的权

[①] 《中央第六次西藏工作座谈会召开》，国务院新闻办公室网站（www.scio.gov.cn），2015年8月26日。
[②] 《中央第七次西藏工作座谈会召开》，新华网（www.xinhuanet.com），2020年8月29日。
[③] 习近平：《在全国民族团结进步表彰大会上的讲话》，新华网（www.xinhuanet.com），2019年9月27日。

威和效力，并在全社会得到普遍的遵守和有力实施。依法治藏作为地方法治的一种形式，使西藏社会调节方式向高层次发展和递进，可以摆脱民族地区社会治理的无序、特权和随意，从而形成一种高度权威、有序的治理规则，以促进和保障西藏的社会稳定和经济发展。二是依法治藏理论研究对象的确定。概括地讲，依法治藏作为一种独立的理论体系首先要有特定的研究对象，即依法治理西藏政治、经济、社会、文化、生态等事务，实现在法治轨道上推进西藏治理体系和治理能力现代化。依法治藏是西藏工作的重要原则，也是西藏各项工作的基本方式，以这个基本原则来构建西藏治理体系体现了社会主义法治的本质属性和基本属性，这为依法治藏工作带来了基本的理论依据，也为西藏各项事业发展奠定了根本的法理基础。

西藏和平解放以及民主改革的全面完成，特别是1965年西藏自治区成立以后，西藏实现了由封建农奴制度的社会形态向社会主义制度形态转型，西藏也逐步实施了民族区域自治制度。与社会制度变迁相适应，西藏的现代法律体系也建立起来，西藏的现代法治从根本上体现了中国共产党领导法治的正确政治方向、以人民为中心的民主属性以及反映社会公平正义的社会属性，这三个方面的理论确认是依法治藏的理论基础。[1] 本课题将以这个具有西藏特色的地方性法治体系为基础，以依法治藏、法治政府、法治社会一体建设为中心任务，开展依法治藏理论体系建设研究，将依法治国的一般性原则性要求同全面推进依法治藏工作的特殊要求结合起来，对依法治藏的理论进行系统化构建，努力实现具有中国特色、西藏特点的民族法治理论创新。

（三）通过本课题的研究，积极探究依法治藏的基本问题，逐步形成西藏法治建设的学科体系、学术体系和话语体系

依法治藏的基本理论是研究在坚决维护宪法法律权威、坚持在法律面前人人平等的前提下，保证国家法律政令畅通，将依法治藏上升为中央治藏方略的重要问题。一是要让依法治藏成为西藏经济社会可持续发展的重要保障，依法治藏工作的顺利开展来为西藏经济社会提供正常的发展秩序，

---

[1] 郎维伟、刘琳：《试析依法治藏基本理论依据》，《西南民族大学学报》2019年第8期，第22~23页。

使其成为正确处理西藏社会主要矛盾和特殊矛盾的重要战略手段。二是使依法治藏工作成为推动西藏经济高质量发展和社会长治久安的重要支撑点，以依法治藏的有效开展为西藏经济和社会发展提供制度安排和行动规范，依法治藏必须贯彻在西藏"稳定、发展、生态、强边"四件大事的整个过程中。三是依法治藏是西藏巩固脱贫攻坚成果、开展乡村振兴建设、全面建成现代化社会的总体要求，是巩固西藏各族人民群众艰苦奋斗成果的重要举措。在这个背景下，要将西藏社会稳定、经济发展、生态良好、强边固边的有效经验和制度设计上升为法律法规，以法律法规的形式将西藏改革开放的成果固化下来，用法律法规保障民族团结进步、高原经济高质量发展、生态高地建设和强边固边、兴边富民等事业的发展。

本书围绕以上三个基本问题开展研究，逐步夯实依法治藏的理论基础，并努力形成依法治藏的理论体系，在此基础上为西藏法治建设的学科体系、学术体系和话语体系的形成提供参考意见和建议。2017年5月3日，习近平总书记在中国政法大学考察时强调，法学学科体系建设对于培养德才兼备、德法兼修的社会主义法治人才意义重大，要深入研究并解决好法学教育中的"为谁教、教什么、教给谁、怎样教"的问题。同时，习近平总书记还指出，法学学科是实践性非常强的学科，法科教育必须要处理好法学理论知识教学与法学实践教学的关系，要打破高校法学学科与法学实务部门的壁垒，将法律实务部门的优质实践教学资源引入高等院校，加大法学教育、法学研究与法治实务工作者之间的交流。西藏自治区也要依托西藏大学政法学院、西藏民族大学法学院以及相关研究机构的资源和力量，加强同西藏法律实务部门的沟通和联系，在依法治藏理论与现实问题研究上有所突破，努力形成西藏法治建设的学科体系、学术体系和话语体系。

二 课题研究的实践价值

一是通过开展本课题研究，积极推进西藏法治建设的进程，更好促进全面依法治藏战略的贯彻和落实。鉴于西藏自治区区情的特殊性，西藏反对分裂、维护社会和谐稳定和加强民族团结的任务及形势仍然十分艰巨。尤其是"3·14"事件的发生，对西藏的反分裂斗争以及平安建设提出了新的问题和挑战，强烈要求通过全面推进依法治藏来调处社会矛盾、维护社会稳定。本课题就如何通过全面实施依法治藏战略，实现西藏社会的公平正义，从而更加有利于缓和社会冲突、化解社会矛盾、消除不安定因素以及社会治安综合治理等工作的开展，为西藏的稳定与繁荣营造强有力的法治环境。同时，通过依法治藏路径选择方面的研究，为全面推进依法治藏战略决策提供对策措施，助推打造中国特色社会主义法治事业进程中的西藏模板和范例，汇聚法治建设中的西藏经验，为国内其他民族地区法治建设工作的开展提供西藏经验。

二是通过开展本课题研究，为全面推进依法治藏工作提供理论支撑和决策咨询，对依法治藏战略的实施提供参考意见。特别是，根据全面推进依法治藏工作的要求，本课题将通过对比其他省、区、市法治建设成效考核标准从而构建依法治藏工作指标体系。依法治藏工作的首要和根本任务是开展西藏法治建设，即西藏自治区的立法、执法、司法、普法、守法等工作的展开。由于依法治藏工作的开展受到西藏地理环境、经济社会、历史变迁、传统习惯等诸多因素的影响，本课题结合我国民族理论与政策，分析依法治藏过程中存在的主要问题，并根据问题导向原则提出对策建议。本课题研究对西藏法治建设的保障支撑也有一定的指导作用，通过对依法治藏工作问题的梳理、现状的客观呈现，构建起依法治藏工作指标体系和考核标准，帮助西藏各级党委、政府和司法机关准确掌握依法治藏工作状况，促进西藏各族群众对依法治藏工作开展监督，他们可以根据指标体系评估依法治藏工作状况，以便提出改进的意见和建议。

第三节 课题研究的基本思路和方法

本课题研究的总体目标是构建依法治藏的理论体系以及提出全面推进依法治藏的对策措施问题，具体目标为依法治藏是一个长期而复杂的过程。目前，西藏经济社会发展已经进入新的历史时期，面临着各族人民群众日益增长的物质文化需要同落后生产力的主要矛盾以及西藏各族人民同达赖集团为代表的分裂势力之间的特殊矛盾，这就使共同推进依法治藏、依法执政、依法行政以及加快法治西藏、法治政府、法治社会一体化建设步伐，成为西藏法治事业发展的重中之重。全面推进依法治藏不应该仅仅停留于一个空洞的口号，而应该拥有全面的理论体系以及系统的、切实可行的、具有可操作性的对策措施和考核指标体系来保障其施行和实现，这个理论体系和对策措施就是本课题研究的总体目标。

一 本课题研究的基本思路

全面推进依法治藏战略的实施关涉西藏自治区各项事业发展的全局，并在一定程度上进一步影响着我国法治建设进程。本课题将研究主旨置于我国法治国家、法治社会、法治政府一体建设的宏观布局中，以马克思主义法学基本原理以及习近平法治思想为指导，着重观照西藏法治建设进程和社会主义新西藏法治事业发展全局，对全面推进依法治藏的发展历程进行详细梳理，客观呈现依法治藏的现状。同时，本课题剖析了西藏在相关实践中呈现出的表征特质，将全面推进依法治藏工作中的典型作为个案进行深入剖析，分析蕴藏其中的理论与逻辑，总结其中暴露出的问题不足，并在科学总结依法治藏发展事业经验成就的基础上，探究相关问题的影响因素，争取实现依法治藏工作效能的更好发挥。最后，该课题对如何推进西藏法治事业的发展和依法治藏进程进行尝试性探讨并提出对策和建议，全面回应西藏经济高质量发展和社会长治久安的需求和时代命题呼唤。本课题研究基本思路如图1-3所示。

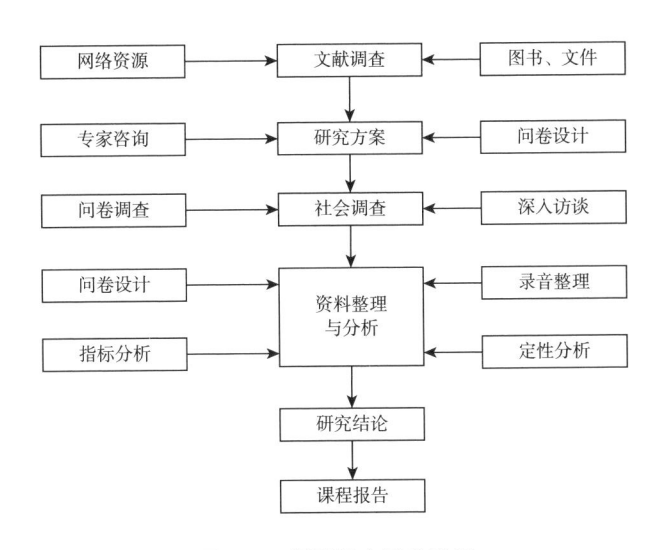

图1-3 课题研究思路图解

二 本课题的具体研究方法

一是文献研究法。查阅国内外关于西藏法治建设和依法治藏工作等相关主题方面的期刊、著作、报纸、学术论文、调查报告、学术会议资料等资源，尽可能准确全面地掌握西藏法治建设和依法治藏工作的基本情况和相关研究情况，明确该领域的经典命题和最新研究进展。

二是实地考察与问卷调查法。实地调研依法治藏工作中出现的具有深刻影响的典型人物或案例，赴相关机关单位和事件发生地区进行考察，选取不同的对象对实际情况进行详尽访谈，力争还原人或事的全过程或全貌。另外，向机关事业单位工作人员、基层群众、农牧民等不同群体发放调查问卷，采用咨询表、结构化问卷等形式获取调查结果，并对结果进行统计量化分析，为西藏自治区法治进程的不断发展、依法治藏工作的不断推进提供实证依据和路径选择。

三是问题导向法。问题意识是研究工作的重要原则方法之一。在本课题研究工作中，将明确的问题作为研究工作展开的方向指引，贯穿到材料的收集整理、分析总结的全过程，以发现问题的思维模式进行实地调研，以解决问题的目标要求完成实践对策的尝试性探索分析。采用问题导向方法开展研究，确保本课题研究工作立足实际、反映实际、作用于实际，确保所提对策切实有效、适宜可行。

四是跨学科研究法。全面推进依法治藏的理论与实践问题的研究工作涉及多个领域、多个学科，需要开展跨学科、跨领域研究。这是一种全新的研究方法系统，既可以运用跨学科的综合性研究方法，打破学科、专业间的隔阂和壁垒，又可以为解决依法治藏理论与实践问题提出方法论的创新。依法治藏理论与实践问题研究是一个极具现实性和复杂性的课题，不能简单地依靠单一学科、简单方法分析和归纳。依法治藏问题研究既涉及法学、政治学又涉及民族学、人类学、社会学等学科范畴。因此，研究依法治藏的理论与实践问题不能仅从单一的法学理论以及法治政策、民族政策的视角和方法入手，而应综合运用交叉学科的研究视角和方法，力争获得较为科学、真实的结论。

五是系统研究法。系统研究法是一种用系统思维来构建和解构社会系统各因子之间的相互关联、相互制约、相互影响、相互促进的复合性的思维与综合性的方法。本课题大量采用系统性、网络化的思维方式和分析方法，将全面推进依法治藏理论与实践问题置于法学、政治学、社会学、民族学等多学科的语境与话语体系。在本书撰写过程中，将依法治藏的体系解构为多维、多重路径，并运用系统思维进行重构，以达到课题研究工作的预期目标。

第二章 依法治藏基本概念和理论阐述

随着全面推进依法治国战略在西藏民族区域自治地方实践的不断深入，在理论层面全面推进依法治藏也必须拥有准确的概念以及深刻丰富的意蕴和内涵。习近平总书记在第六次西藏工作座谈会上指出，依法治藏就是要维护宪法和法律的权威，坚持法律面前人人平等。这应该是对依法治藏概念战略性的解读，也是对全面推进依法治藏目标性、引导性的分析。在依法治藏发展演进历程中，依法治国和党的治藏方略的实施，交织成为全面推进依法治藏的宏观背景。进入新时代以来，我国的基本国情和西藏的基本区情都发生了深刻而复杂的变化，呈现出一些新形势，出现了一些新问题。为了抓住发展机遇、应对风险挑战，依法治藏成为西藏自治区工作发展路径的必然选择。同时，依法治藏工作的全面有效开展，对于西藏自治区做好"稳定、发展、生态、强边"四件大事，是很有裨益的。全面推进依法治藏有着明确的纲和目，是一套完整的地方法治建设体系。作为全面推进依法治国在西藏的具体体现，其发展目标同中国特色社会主义法治事业发展总体目标是一致的，但是结合地域特色和民族特色，全面推进依法治藏战略又具有独特的基本原则和基本遵循。

第一节 依法治藏的概念和理论范畴

作为开展全面推进西藏长治久安和高质量发展工作的纲纪与遵循，新时代党的治藏方略必须被长期坚持、全面落实。依法治藏作为重要的西藏工作原则以及新时代党在西藏工作中贯彻法治理念方式的根本体现，是新时代党的治藏方略实施的重要抓手，必须贯穿到西藏各项工作的全程和始终。亚里士多德在其名著《政治学》中指出："已经成立的法律就必须要得到普遍遵守和执行，社会公众所普遍遵守的法律应该是制定的良好的法律。"[1] 这个论述应该是社会公众关于"法治"概念接受度较高的一种注解。在当前的政治语境和法治实践视域下，当我们在谈论"法治"这一概念时，更多侧重于法律的动态进行、侧重于法律的良法循环、侧重于法律体系的内在构建和外在运用。进入新时代以来，为了加快推进西藏法治建设进程，为做好西藏工作提供法治保障，党中央在第六次西藏工作座谈会上提出了"依法治藏"概念并对其内涵进行了科学解释，从此关于党和国家治藏理论的架构中有了"依法治藏"的话语体系。

依法治藏，是"依法治国的地方实践"[2]。推进依法治藏，就是要在西藏维护宪法法律的权威，坚持法律面前人人平等。所以，全面推进依法治藏工作中的"法治"这一概念，被赋予了新的内涵，在此处的"法治化"，即是强调法律体系建构的整体过程，强调用法律作为社会治理的强有力手段，避免治理行为随意性。同时，将法律作为一个既定目标，采用各种手段来促进实现，并用法律的标准来衡量行为实践的效果，确定标准。简言之，依法治藏就是把西藏各项工作都置于法治的框架之内，将西藏各项事业发展置于法治轨道之上来运行。作为党治藏方略的重要组成部分，依法治藏关涉西藏工作整体布局，是党开展西藏工作的重要原则，更是做好西藏工作的法治基础和有力保障。

深入贯彻实施新时代党的治藏方略，首要是赋予依法治藏作为"治国必治边，治边先稳藏"方略实现路径的重要意义，在西藏坚定维护宪法和国家法律的权威，保障国家法律政令在西藏畅通无阻。特别是，在西藏自治区各族人民群众中树立起知法、懂法、尊法、守法的良好社会风尚，厚植西藏各族人民群众法治意识的基层社会土壤，营造提升依法治藏工作的合宜社会环境。首先，全面推进依法治藏工作，要在"稳定、发展、生态、强边"这四个重点领域的立法工作上下功夫，力争实现在重点领域法律法规体系构建的科学化、规范化、程序化方面实现突破。其次，全面推进依法治藏的目标需要协同构建法治政府、法治社会，确保各级地方政府权力

---

[1] 亚里士多德：《政治学》，商务印书馆，1981，第 37 页。
[2] 韩德辉：《坚持依法治藏 推动西藏长治久安和高质量发展》，《西藏日报》2021 年 3 月 29 日第 6 版。

的行使严格依法进行，建立健全依法决策的体制机制；法治社会的建设是实现西藏社会治理体系和治理能力现代化的基础工程，西藏社会稳定的保障工作也应该是全面推进依法治藏工作的开展。再次，德才兼备、德法兼修的社会主义法治人才队伍建设是全面推进依法治藏工作的另一个重要组成部分。努力构建一支政治立场坚定、业务过硬、素养优良、作风硬朗的法律人才和法治人才队伍，既是依法治藏工作的基本组成部分，也是依法治藏工作的重要目标。最后，根据西藏各项事业发展的实际情况，全面推进依法治藏理论和实践的核心要义在于，一是在西藏广大各族干部群众中培养法治意识和法治思维，注重用法治思维和手段来谋事行事，重视法治手段在实际工作中的运用。二是强化运用法律约束的手段方式来规范公权力的实施，使公权力在法治的轨道上有效运行。三是逐步提高人权保障的力度，依法保障西藏各族人民群众的合法权益。四是不断提高西藏社会治理体系和治理能力现代化水平，积极采用德治、法治、共治的模式来创新西藏的社会治理工作，努力激发各类社会组织的潜能，着力引导各类社会组织参与社会治理工作。[①]

对于依法治藏的基本内涵，我们可以从历史逻辑、理论逻辑、实践逻辑以及方法论逻辑四个维度来分析，从而对依法治藏这一概念进行客观、完整并符合实际的内涵诠释。

一是从历史逻辑来理解。"依法治藏"的概念来源、内涵阐述、要义申明脱胎于党的西藏工作发展进程和习近平总书记关于西藏工作的重要论述中，成就于宏大的"依法治国"的历史逻辑和战略背景中。早在1998年6月，习近平同志因考察福建对口援助林芝地区工作来到西藏，当时习近平同志前瞻性地阐明了西藏工作在全国大局中的重要意义，"西藏自治区的稳定与发展关系到全国的稳定与发展"[②]。2011年7月，习近平同志作为中央代表团团长出席了西藏和平解放60周年庆祝活动。在庆祝大会上，他指出加快西藏经济发展、维护西藏社会稳定，是党中央重大的战略部署和明确的工作要求，也是西藏自治区各族人民群众的共同责任和美好愿望。在此

---

① 陈烨：《"依法治藏"的若干理论问题初探》，《西北民族大学学报》（哲学社会科学版）2017年第3期，第56页。
② 李森、陈烨：《论依法治藏的概念缘起及独特内涵》，《西藏民族大学学报》（哲学社会科学版）2020年第1期，第19~24页。

期间，习近平同志有针对性地提出了一系列治藏稳藏兴藏的新战略。应该说，"习近平同志对于西藏稳定和发展问题进行了深入思考和准确研判，为中国共产党治藏方略的形成奠定了坚实的思想基础"。① 2013年3月9日，习近平总书记在参加十二届全国人大一次会议西藏代表团审议时，审时度势地提出了"治国必治边、治边先稳藏"重要战略思想。这应该是在中国共产党历史上第一次科学、全面、深刻、准确地阐明了治国、治边、稳藏的内在逻辑关系，为西藏自治区各项事业的发展提供了根本遵循，具有重要的现实意义与深远的历史意义。2014年3月10日，时任中共中央政治局常委、全国政协主席的俞正声同志在参加十二届全国人大二次会议西藏代表团审议时表示，西藏广大各族干部群众一定要认真学习贯彻习近平总书记关于西藏工作的指示和要求，坚决实施"治国必治边、治边先稳藏"的重要战略，努力坚持依法治藏、长期建藏、争取人心、夯实基础，不断加快西藏经济发展步伐，切实解决各族人民群众的民生问题，努力保持西藏经济全面发展以及社会持续稳定的良好势头。如果从语义角度以及概念发生的时间来看，这是"依法治藏"的提法第一次正式出现在中国共产党的正式文献中。另外，从治国战略以及法治政策的层面来看，"依法治藏"的概念源自依法治国，依法治藏工作是全面推进依法治国战略的重要组成部分，依法治藏是全面推进依法治国的应有之义。② 纵向时序上追溯"依法治藏"的缘起，更易辨明这一关系。2014年10月20~23日召开的党的十八届四中全会通过了《中共中央关于全面推进依法治国若干重大问题的决定》（以下简称《决定》）。《决定》明晰了"全面依法治国"战略的概念内涵以及价值路径。在这个深远的背景下，2015年8月召开的中央第六次西藏工作座谈会上，习近平总书记明确提出了"依法治藏，富民兴藏，长期建藏，凝聚人心，夯实基础"的重要工作原则，此次提出的西藏工作原则不仅第一次明确提出"依法治藏"的概念，并且将其放在了首要位置，重要意义可见一斑。后来在2020年召开的中央第七次西藏工作座谈会上，习近平同志重申了"必须坚持依法治藏"在治藏方略中的重要定位。虽然

---

① 陈玮、鄂崇荣：《习近平新时代中国特色社会主义治藏思想研究》，《青海社会科学》2018年第2期，第1~8页。
② 李森、陈烨：《论依法治藏的概念缘起及独特内涵》，《西藏民族大学学报》（哲学社会科学版）2020年第1期，第19~24页。

"依法治藏"提法有着自己独特的生成脉迹,但是通过循迹"依法治藏"缘起发展的脉络,厘清了"依法治藏"与新时代党的治藏方略的关系之辨。

二是从理论逻辑来理解。进入新时代以后,全面推进依法治国的战略布局要求西藏必须加快法治建设的进程。"依法治藏"方略与习近平法治思想在核心要义与基本内涵上高度一致。在中央第六次西藏工作座谈会上,习近平同志阐明了"依法治藏"的基本内涵:"依法治藏,就是要维护宪法法律权威,坚持法律面前人人平等。"① 而在2019年全国民族团结进步表彰大会上,习近平同志又提出了做好民族工作的法治原则,即:"依法治理民族事务,确保各族公民在法律面前人人平等。要全面贯彻落实民族区域自治法,健全民族工作法律法规体系,依法保障各民族合法权益。"② 依法治藏方略同习近平法治思想呈现出的共性是非常明显的。在民族工作中坚持人民的向度,声明宪法法律不容置疑的权威地位、强调法治路径的理念方针,这些高度一致的共性表明了依法治藏方略同习近平法治思想之间的紧密关系。另外,习近平法治思想为依法治藏工作提供了基本的理论逻辑参鉴,依法治藏是习近平法治思想在西藏自治区的实现进路和现实可能。依法治藏同习近平法治思想之间存在着理论逻辑的有机统一,二者之间是一体两面的具现。在第五次中央民族工作会议上,习近平同志就民族地区法治建设指出:"必须坚持和完善民族区域自治制度,确保党中央政令畅通,确保国家法律法规实施。"③

三是从实践逻辑来理解。在全面推进依法治藏的过程中,必须以习近平法治思想为根本遵循,同时结合西藏各项事业发展的实际情况,在国家统一的法治框架下,从西藏特殊使命、特殊地位、特殊区情出发,探索一条具有中国特色、西藏特点的法治建设路子。这一现实进路有效保证了西藏各族人民群众平等享有权利、平等履行义务,确保民族事务治理在法治轨道上运行。从这个意义上来分析,依法治藏概念的提出以及对其内

---

① 《中央第六次西藏工作座谈会召开》,国务院新闻办公室网站(www.scio.gov.cn),2015年8月26日。
② 《习近平出席全国民族团结进步表彰大会并发表重要讲话》,新华网(www.xinhuanet.com),2019年10月8日。
③ 《习近平在中央民族工作会议上强调 以铸牢中华民族共同体意识为主线 推动新时代党的民族工作高质量发展》,新华网(www.xinhuanet.com),2021年8月28日。

涵的合理解释是对习近平法治思想的引申和丰富，依法治藏各项措施的实施为国内其他民族地区法治事业的发展提供了西藏经验、西藏智慧和西藏范例。主要体现为以下几方面。

首先，加强重点领域立法，构建层次分明、格局清晰的民族区域自治地方法规制度体系。西藏自治区各级立法机关在严格遵循《中华人民共和国宪法》《中华人民共和国民族区域自治法》《中华人民共和国立法法》的原则和规定的基础上，积极开展重点领域的立法工作。特别是，加强安全领域的立法工作，保障西藏的社会整体稳定和长久稳定；加强社会治理领域的立法工作，采用德治、法治、共治协同发展的模式，依法保障和改善民生事业；加强经济领域立法工作，促进经济模式转型，依法确保西藏高原经济实现高质量可持续发展；加强生态领域立法工作，依法确保和谐发展战略实施，努力实现西藏国家生态文明高地建设走在全国的前列。西藏通过加大民族区域自治立法权实施力度，在维护稳定、促进发展、生态环保、强边固边尤其是少数人群体权益保障等方面构建起完善的地方性法规规范体系、地方性法规实施体系和地方性法治保障体系。总之通过各方面的不懈努力，西藏地方性立法工作的总体目标是，到"十四五"末，西藏自治区人大及其常委会立法的主导作用不断加强，民族自治地方变通立法权也将得到进一步落实并发挥作用，同时西藏自治区政府规章与各设区市人大立法的事权范围明确具体，在地方法治建设中发挥基础性的作用，层次分明、格局清晰的民族地方法规制度体系正在逐步形成。同时，西藏各级审判机关不断深化审判体制改革，逐步建立起以司法责任制为核心的审判工作体系，以公正司法促进社会公平正义和谐。以创新司法审判工作为主导，在西藏构建多元化、多方位、多层次的社会矛盾和纠纷解决机制，积极引导西藏社会各方面力量参与社会矛盾和纠纷化解工作。西藏各级法院完善立案登记制，深化案件繁简分流，提高诉讼效率。推进人民陪审员制度改革，推进司法民主。实施大数据战略，构建现代化的审判体系和审判能力。大力开展西藏"智慧法院""数据法院"的建设工作。另外，加强检察工作，提高司法监督工作水平。西藏各级检察机关不断强化刑事、民事、行政诉讼的法律监督工作，努力让西藏各族群众能够从每一桩案件的审理工作中感受到司法的公平和社会的正义。西藏各级检察机关还要遵照"谁办案谁负责、谁决定谁负责"原则，科学制定翔实可行的检察官司法权力清单，各级检察官必须在法律授权的范围内独立自主地办理各类案件，对具体案件的办案质量担负终身责任。建立完善的检察机关提起公益诉讼制度。检察机关需要建立一整套完善的公益诉讼制度来确保公益诉讼有效执行。如西藏各级检察机关要建立和完善督促制度、建议制度、监督制度等，将制度优势转化为检察工作效能。

其次，加强西藏人权法治建设工作，依法保障西藏各族人民群众的合法权益。科学立法保障人权事业的发展。结合西藏特殊区情，制定一系列民族地方性人权法规，西藏地方立法机关积极开展惠及民生、保障西藏各民族人民群众的政治、经济、文化、生态权利的社会立法。特别是，通过加强对特定群体或少数人权利保障的立法工作，依法来保证西藏各少数民族群众享有基本的平等权利。积极开展公正司法，保障西藏各族群众合法权益。依法保证审判、检察等司法权力能够得到公正、独立行使，引导西藏各族群众依法合理维权，通过司法手段来促进西藏人权事业的长足发展。

最后，大力开展生态文明法治建设，依法推进国家生态文明高地建设，确保西藏生态友好、环境优良。通过地方性立法构建归属清晰、权责明确、监管有效的自然资源资产产权制度。西藏各级司法机关制定详细可行的权力清单，以清单的形式来界定和明确各类自然资源和能源产权主体的权利，构建起西藏自然资源资产交易系统和平台，实现跨区合作。构建以西藏高原国土监测为基础的以空间结构优化为核心的空间规划体系与制度，立足国家整体主体功能区规划，在西藏自治区全境被规划为"国家公园"、禁止开发功能区的基础上，制定自治区细分主体功能区的规划，形成富有特色的自治区规划方案。构建具有西藏高原特色的土地功能管理和节约型的自然资源总量管理制度。西藏应当建立和实行最严格的耕地保护法治，在现有的耕地总量基础上，绝不允许减少一分耕地面积。

四是从方法论逻辑来理解。从依法治藏理论研究的方法来看，依法治藏理论的构建和发展必须坚持马克思主义的立场、观点，坚持辩证唯物主义和历史唯物主义的世界观和方法论，坚持发展地而不是静止地、全面地而不是片面地、系统地而不是零散地、普遍地而不是孤立地观察、认识与处理全面推进依法治藏的诸多理论问题，科学界定和诠释依法治藏的概念和内涵，搭建依法治藏整体的理论架构，形成依法治藏的学科体系、学术体系和话语体系。这项工作的重点是研究阐释依法治国与依法治藏、新时代党的治藏方略与依法治藏、西藏治理体系和治理能力现代化与依法治藏、西藏"四件大事""四个创建""四个走在前列"与依法治藏、以德治藏与依法治藏、依规治藏与依法治藏等重大关系的基本原理。通过开展依法治藏的理论研究,取得重大理论研究成果。这些成果要求体现富有人文精神、时代特征的历史思维、辩证思维、战略思维、系统思维、创新思维、法治思维和底线思维,要努力呈现出民族地方法治认识论、方法论和价值论的历史性飞跃,努力体现依法治藏研究的思想高度、学理深度、学术厚度以及实践微度。另外,从依法治藏实践研究的方法上来看,在全面推进依法治藏的历史进程中,西藏各级党委政府特别是政法机关,必须以习近平法治思想为引领,坚持以党的领导为政治保障,贯穿铸牢中华民族共同体意识主线,积极改革创新,有效解决依法治藏工作的体制性和机制性瓶颈因素,逐步推进西藏各项法治工作走上程序化、制度化、规范化的轨道。同时,积极加快西藏法治事业改革和发展的进程,努力补齐各种短板,坚决走具有中国特色、西藏特点的社会主义法治事业改革和发展道路,积极推进依法治藏工作的进程。

第二节 全面推进依法治藏工作的必要性

全面推进依法治藏有着深刻而复杂的社会时代背景。随着社会主义现代化新西藏建设的深入推进,新形势的出现催生了新的问题与挑战,法治手段的适用性进一步凸显,法治建设的紧迫性进一步加强。全面推进依法治藏关涉国家法治建设的整体布局,内含于全面推进依法治国的总体战略目标中,与新时代党的治藏方略高度契合,是西藏实现高质量发展的根本途径和实现长治久安的必然要求。

作为全面推进依法治国的重要组成部分,全面推进依法治藏以其西藏实践为范例,为全面依法治国目标的实现提供了西藏经验和有力推动。全面推进依法治国,就是"坚持科学立法、民主立法,完善中国特色社会主义法律体系;推进依法行政;深化司法体制改革;深入开展法制宣传教育,弘扬法治精神"[①] 的系统目标部署。西藏是中国特色社会主义法治事业必不

---

① 罗重谱:《改革开放以来依法治国基本方略的演进轨迹》,《改革》2014年第8期,第5~18页。

可少的重要组成部分,这也就意味着,"依法治国"的目标布局包含着全面推进"依法治藏"的工作内容。同时,"依法治藏"以马克思主义理论与实践的辩证关系论述为依据,以民族地区立法、执法、司法、普法、守法实践为"依法治国"积累了宝贵经验。另外,目前学理界关于区域性法治建设问题的研究大多基于社会经济比较发达的地区,而很少考虑到民族地区法治建设现状,忽略了民族地区的特殊性。西藏自治区全面推进依法治藏实践工作,为这一问题的解决提供了西藏经验和西藏智慧,同时在一定程度上对民族地区法治建设理论进行了创新。

全面推进依法治藏工作及其成就的取得可以为民族地区法治建设特别是其他涉藏地区的依法治理工作提供借鉴和参考范例。首先,从依法治藏战略实施的范围来看,一般指的是依据国家法律、地方性法规、政府规章以及民族自治性法规来治理西藏自治区的各类事务,即西藏自治区行政区划内,本书所研究依法治藏的对象也是限于这个范围。2013年8月1~6日,时任中共中央政治局常委、全国政协主席的俞正声同志在西藏考察时强调,一定要努力做好发展与稳定两件大事,始终坚持依法治藏方略,积极树立长期建藏思想,不断推动西藏各项事业取得跨越式发展,这是"依法治藏"的提法第一次出现在中央主要领导的讲话中。这种语义表达显示:依法治藏战略实施的地域范围指的就是西藏自治区的行政区划内,十年来依法治藏所取得的成就和经验指的也是西藏自治区依法治理的成就和经验,这种经验可以为民族地区甚至是全国的地方法治建设包括依法治理工作提供经验借鉴和成功案例。另外,从西藏和涉藏地区共治的角度来看问题,西藏和涉藏地区要建立国家法律执行和地方法治建设协同机制,共同推进依法治藏战略的实施,将"依法治藏"战略覆盖到整个西藏和涉藏地区,充分体现了新时代中央治藏方略的意图。因为在我国除作为省级民族区域自治地方的西藏自治区外,全国还有四川阿坝、四川甘孜、甘肃甘南、云南迪庆、青海玉树、青海黄南、青海果洛以及青海海西蒙古族藏族自治州共八个涉藏州一级民族区域自治地方。这些地方在地理位置上同西藏山水相依,居民也以藏族群众为主,藏族是这些民族自治地方的自治主体民族,同西藏的藏族群众在族际渊源、文化背景、语言文字、宗教信仰、风俗习惯等方面都具有同一性的特征,在民族事务治理过程中亦可采取一致性的制度选择和行动方案。例如,在国家法律实施过程中,西藏自治区和其他涉藏地区可以密切合作、相互协调、共治共享，使这些区域在司法、执法过程中实现联动协作。2021年8月，西藏自治区检察院同青海省检察院共同签订了《关于建立青藏高原生态公益司法保护跨区域检察协作机制的意见》（以下简称《意见》），该《意见》旨在构建生态环境公益司法保护跨区域检察协作机制，深化精准化公益诉讼，建立区域性协作、社会化治理、专业化办案、多元化监督以及法治化服务的跨区协作检察工作格局，努力助推青藏高原生态环境法治保护和生态补偿机制的建立，为打造国家生态文明高地提供法治保障和制度设计。另外，2021年12月，西藏自治区、青海省、四川省、云南省、甘肃省、新疆维吾尔自治区六省区及新疆生产建设兵团检察院联合印发了《关于建立青藏高原及周边区域生态检察司法保护跨省际区划协作机制的意见》（以下简称《意见》），该《意见》的印发大大增强了青藏高原生态保护司法协同的力度，实现了青藏高原与周边区域生态环境司法信息共享，搭建起司法信息互融互通平台。这是西藏同其他涉藏地区在青藏高原生态保护法治领域的协同共治，将来还可以在更深远、更广泛的领域加强协同协作。

全面推进依法治藏工作兼顾贯彻新时代党的治藏方略的实现路径和重要保障的双重意义。习近平总书记于2013年3月9日在参加全国人大西藏代表团审议时，创造性地提出了"治国必治边，治边先稳藏"的伟大战略思想，后来在中央第六次西藏工作座谈会上明确提出了"依法治藏、富民兴藏、长期建藏、凝聚人心、夯实基础"的西藏工作原则，这些原则方针共同组成了中央西藏工作的基本方略。"西藏要实现和谐稳定、有序发展，根本途径也在于实行法治。"[①] 为了深入贯彻新时代党的治藏方略，西藏工作的手段与路径也应该进行时代性创新，特别是要在法治的框架内运用法治思维和法治方式积极高效开展各项工作。全面推进依法治藏不仅为贯彻新时代党的治藏方略实现路径提供了更多思考启迪，更为西藏"稳定、发展、生态、强边"四件大事提供了强有力的法治保障。通过全面推进依法治藏把西藏各项事务置于法治轨道之上，从而改进了党在西藏工作中的领导方式，提升了党在西藏的执政能力，在中央对西藏工作"做什么"的指

[①] 格桑卓嘎：《依法治藏的理论探究》，《西藏发展论坛》2017年第2期，第48~51页。

引下，回应了"怎么做"的现实路径问题。①

全面推进依法治藏工作，依法遏制了西藏各种不稳定因素的影响，有效阻止了国家分裂势力和民族分裂势力的破坏活动，在很大程度上保障了西藏经济高质量发展和社会长治久安。和平解放以来，雪域高原创造了"短短几十年，跨越上千年"的人间奇迹，民族团结进步创建工作也取得卓越成就。但是，分裂势力制造的不安定因素仍然不容忽视，尤其是拉萨"3·14"事件的发生，对国家统一、西藏民族团结的良好局面和向好态势提出了新的挑战。在西藏法治建设推动下，"西藏综合治理水平进入全国先进行列，人们法治观念不断增强，各族群众安全感显著提升，社会呈现出和谐稳定的新局面"②。新时代做好西藏工作的着眼点和着力点落在了维护祖国统一、加强民族团结上。由于西藏工作布局的战略性以及西藏客观现实的必要性，在西藏实现高质量发展和长治久安过程中要求法治路径发挥更多效能，"我们一定要始终坚持旗帜鲜明、立场坚定、认识统一、表里如一、态度坚决、步调一致"，以法治为引领，深入开展反分裂斗争，采取强有力措施严密防范和依法依规严厉打击各种分裂破坏活动等违法行为，为推进全区改革发展稳定提供法治保障。③ 全面推进依法治藏工作的目的在于通过缓和社会冲突、化解社会矛盾、消除不安定因素和强化社会治安综合治理，实现社会的公平与公正，为西藏的稳定与繁荣构建常态化、长效化、法治化机制，使西藏各项事业发展的法治环境日臻完善。

全面推进依法治藏工作，不断提高西藏治理体系和治理能力现代化水平，是西藏实现高质量发展的根本前提。西藏地理环境、经济社会、历史变迁、传统习惯与国内其他省份地区存在着极大殊异，经济社会发展起步晚，虽然西藏发展经历了从"输血"与"造血"相结合到以"造血"为主、"输血"为辅的发展模式的转型，但是内生动力相对较弱、自我推动不足的问题仍然是西藏建设和发展所面临的主要瓶颈因素。鉴于西藏自治区

---

① 《习近平在中央第六次西藏工作座谈会上强调，依法治藏富民兴藏长期建藏 加快西藏全面建成小康社会步伐》，人民网（www.people.com.cn），2015年8月26日。
② 廉湘民：《依法治藏 全面推进西藏治理体系和治理能力现代化》，《中国民族》2020年第5期，第14~17页。
③ 评论员文章：《坚持依法治藏 推动西藏长治久安和高质量发展》，《西藏日报》2021年3月29日第1版。

区情的特殊性，其他省区的范例和经验对于西藏建设和发展的借鉴意义也有所削减，必须走出一条适合自身特点的发展之路。全面推进依法治藏，通过促成西藏立法、执法、司法、法律监督以及法治环境建设的步调协同，可以助推西藏自治区治理体系和治理能力现代化建设进程的加速发展，[1] 可以增强西藏自我发展推力，逐步完成西藏建设发展方式的革新。在这个过程中，通过法治路径促成西藏在更大限度上实现全社会的公平公正，切实保障发展成果惠及西藏各族人民群众，努力形成"共建、共治、共享"的社会治理格局，真正实现西藏的高质量发展和长治久安。

第三节 全面推进依法治藏工作的重要意义

中央第七次西藏工作座谈会明确指出，"稳定、发展、生态、强边"是西藏工作的四件大事，做好这四件大事，关系到新时代党的西藏工作的根本与全局。2021年7月21~23日，习近平总书记在西藏视察时再次强调，一定要坚决贯彻新时代党的治藏方略，坚持稳中求进的发展总基调，认准新时代的西藏历史发展定位，全面深入贯彻新发展理念，不断融入新发展格局，积极推动高原经济高质量发展和社会长治久安，巩固边境建设的成果，大力抓好"稳定、发展、生态、强边"四件大事。为了贯彻落实好这四件大事，在西藏自治区第十次党代会上，西藏自治区党委书记王君正同志对西藏今后五年的发展做了深刻思考、全局谋划，鲜明提出要着力创建全国民族团结进步模范区、努力做到民族团结进步走在全国前列；着力创建高原经济高质量发展先行区，努力做到高原经济高质量发展走在全国前列；着力创建国家生态文明高地，努力做到生态文明建设走在全国前列；着力创建国家固边兴边富民行动示范区，努力做到固边兴边富民行动走在全国前列。在这个时代背景下，全面推进依法治藏成为落实"四件大事"战略布局的重要保障和现实路径，在做到"四个创建""四个走在前列"中发挥着不可替代的现实作用，为确保西藏长治久安、经济高质量发展、生态环境良好、边防巩固和边境安全提供了强力助推和法治基础。

---

[1] 杜永彬：《关于推进藏区治理体系和治理能力现代化的思考》，《中国藏学》2015年第3期，第224~236页。

全面推进依法治藏，必须在坚持中国特色社会主义法治道路的前提下，在国家法治统一框架下以及保证国家政令和法律畅通的基础上，探索出一条符合中国特色、西藏特点的法治路子，确保西藏治理体系和治理能力在法治轨道上运行。

一 全面推进依法治藏为着力创建全国民族团结进步模范区、努力做到民族团结进步走在全国前列提供法治支撑

习近平总书记在中央第五次民族工作会议上指出，铸牢中华民族共同体意识是全国民族工作的主线，所有工作特别是民族事务的治理要向此聚焦。在中央第七次西藏工作座谈会上，习近平总书记再次强调，西藏工作一定要坚持以反对分裂、维护国家统一、加强民族团结为各项工作的着眼点和着力点。虽然西藏民族团结进步事业取得了巨大成就，但是来自境外反华敌对势力的威胁还未消失，民族分裂势力和国家分裂势力妄图分裂祖国、破坏民族团结的图谋还未停止。西藏自治区作为全国最后成立的省级民族区域自治地方，由于各种因素的影响，巩固平等、团结、互助、和谐社会主义民族关系仍面临一定挑战，必须依法建立维护民族团结的各项法规制度和司法机制，使其成为依法治藏体系的重要组成部分。为了进一步巩固西藏民族团结进步的成果，积极维护祖国统一，彻底粉碎境外反华势力与分裂势力的勾连与反动行径，西藏自治区高举民族团结进步的鲜明旗帜，以铸牢中华民族共同体意识为主线，及时出台了《西藏自治区民族团结进步模范区创建条例》地方性法规，弥补了自治区民族团结进步省级地方性立法的空白，依法积极推进民族团结进步事业发展。西藏民族团结进步法治事业的发展以及规范性制度的完善和健全有效防范了西藏民族领域重大风险隐患，极大巩固了西藏意识形态阵地的安全，彻底肃清了民族分裂、宗教极端思想流毒。首先，西藏自治区一定要全面贯彻落实中共中央、国务院《关于全面深入持久开展民族团结进步创建工作铸牢中华民族共同体意识的意见》（2019）、国家民委《关于做好铸牢中华民族共同体意识的工作意见》（2020）等文件精神，以《西藏自治区民族团结进步模范区创建条例》地方性法规的全面实施为契机，在全面推进依法治藏战略的框架内构建西藏民族团结进步事业发展的长效机制。2021年2月，西藏自治区党委政府及时制定了《西藏自治区民族团结进步模范区创建规划（2021－2025

年）》（以下简称《规划》），西藏自治区各级党委政府以《规划》要求为引领，广泛开展了铸牢中华民族共同体意识法治宣传教育活动和民族团结进步宣传月创建活动，按照人文化、大众化、实体化的基本原则，持续推进民族团结进步模范区创建进机关、进乡镇、进村居、进学校、进宗教活动场所、进军营、进企业、进景区、进家庭，唱响共产党好、社会主义好、改革开放好、伟大祖国好、各族人民好的主旋律，使西藏各族人民群众深刻认识到西藏的所有发展都要赋予民族团结进步的意义。同时，全面推进依法治藏战略重点领域是实现民族事务治理法治化，用法律法规来固化民族关系、保障民族团结，依法推进民族团结进步事业大发展。西藏依法保障民族团结进步所依据和遵循的"法"，主要包含《中华人民共和国宪法》《中华人民共和国民族区域自治法》以及其他地方性法规、政府规章等。西藏在民族团结进步模范区创建活动过程中，为了保证各项创建活动合法合规、不"越轨"，应该根据西藏民族团结进步事业发展以及法治工作的实际情况，不断加大对包括《西藏自治区民族团结进步模范区创建条例》等法律法规的宣传教育和实施工作力度，在民族团结进步模范区创建工作中做到有法可依、有章可循。另外，西藏还要不断完善民族团结进步工作法规制度体系和实施体系，相关地方性法规文本实现实体内容和程序内容相结合，实现权利保障与义务履行相结合。在保障西藏各族群众的合法权益、保障西藏各族群众平等享有各项权利的同时，要求依法依规履行义务，确保维护祖国统一、巩固民族团结进步成为西藏各族人民群众最基本的义务，从而实现民族团结进步模范区建设工作在法治轨道上运行。

二 全面推进依法治藏可以为着力创建高原经济高质量发展先行区、努力做到西藏高原经济高质量发展走在全国前列提供法治保障

习近平总书记在中央第七次西藏工作座谈会上强调，要深入贯彻落实新发展理念，聚焦西藏发展不平衡、不充分的矛盾，不断优化经济社会发展格局，以生产要素和基础设施建设为支撑，以制度机制构建为基本保障，统筹谋划，精准施策，持续发力，努力推进西藏经济社会高质量发展。因此，走出一条符合西藏实际的高质量发展之路是新时代西藏工作的首要任务，各项预期目标能否实现，重要一点是要有坚实的法治保障和完善的制

度设计。在国家经济发展面临需求收缩、供给冲击、预期转弱的宏观背景下，西藏经济发展也在经历重要战略挑战，外部环境更显复杂严峻和不确定，内部的经济要素也在经历着深刻的调整。结合西藏区情来看，西藏发展不平衡不充分问题仍然较为突出，巩固拓展脱贫成果与实现向乡村振兴转变的任务艰巨繁重。创建高原经济高质量发展先行区，推进西藏经济高质量可持续发展，必须坚持稳中求进工作总基调，聚焦解决西藏各族人民群众的民生问题，以优化产业结构为切入点，努力创造良好的发展外部环境和不竭的内生动力，这种环境和动力的产生存在都要以全面推进依法治藏作为落实路径。其一，依法治藏战略实施的落脚点在于为西藏高原经济高质量发展夯实法治基础。西藏民族地方性法规的创制和实施，特别是经济社会发展方面的地方性法规的创制和实施，一定要具备高原经济高质量发展与社会长治久安的特定功能，并应该系统性与规范性地构建出一个科学而完备的地方性法规体系和实施体系。其二，在全面推进依法治藏工作过程中，要注重重点领域的法治建设工作，特别是在基础设施建设、经济结构调整、特色产业发展、财政税收政策优化等方面完善法治建设，坚持科学制定法规、规范依法行政、严格司法监督，努力推进法治西藏、法治政府、法治社会的一体化建设，为西藏特色产业发展提供法规和制度引领，特别是为西藏实施以"神圣国土守护者、幸福家园建设者"为主题的乡村振兴战略提供坚实的法治基础，努力助推西藏"用好外力、增强内力、凝聚合力"的高原经济高质量发展成为现实。其三，为西藏坚定不移贯彻新发展理念提供法治保障，全面实现西藏高原经济可持续高质量发展。西藏各级政法机关和司法机构要把新发展理念依法贯穿到高原经济建设各项工作中，主动了解大局、适应大局、走进大局、维护大局。其四，西藏各级政法机关和司法机构还要始终贯彻以各族人民为中心的发展思想，按照西藏自治区党委、政府的科学部署，坚持主动作为、积极作为、精准发力，坚持以创新理念引领新发展、以创新方式作为服务新常态，不断增强大局意识、责任意识、担当意识、忧患意识，积极服务西藏经济供给侧结构性改革工作，依法打击和惩治各类破坏少数民族地区市场经济犯罪行为，依法、平等、合规地保护西藏各级各类市场主体的合法权益，依法推进高原经济高质量发展先行区创建工作，为西藏高原经济高质量发展走在全国前列提供坚实的法治保障。

三 全面推进依法治藏为着力创建国家生态文明高地、努力做到生态文明建设走在全国前列提供了法治基础

习近平总书记指出，保护好青藏高原生态就是对中华民族生存和发展的最大贡献，要把青藏高原打造成为全国乃至国际生态文明高地。西藏自然生态系统自我维持和恢复能力差，生态文明建设面临诸多挑战。首先，西藏应该高度重视生态环境保护和自然资源开发的协同，坚持生态保护第一的理念，采取法治手段来加大保护力度。在西藏生态文明建设中，必须贯彻落实习近平生态文明思想，牢固树立绿水青山就是金山银山、冰天雪地也是金山银山的理念，创建国家生态文明高地。在西藏生态文明建设中积极推进全面依法治藏，全面加强党对生态环境保护的领导，全面贯彻落实党中央关于生态环境的决策部署，在思想上认识到经济社会发展同生态文明相关联的内在逻辑，依法持续深化国土绿化行动，重视好西藏污染防治攻坚战，持续加大环境污染防治和综合治理力度，以法治理念、法治方式推动生态文明建设，严明生态环境保护责任，实行最严格的生态保护督察考核问责。同时，构建归属清晰、权责明确、监管有效的自然资源资产产权制度。西藏自治区将按照所有者与监管者分开、所有权与使用权分离的原则，构建自然资源分级管理体制。根据国家关于中央与地方分级管理的制度安排，探索西藏自治区区县分级管理的资源清单、空间范围和分级代理行使所有权职责的法律制度；组建统一的自治区级自然资源产权管理机构，对自治区自然资源的确权、登记、出让进行统筹管理。另外，西藏各级司法机关要制定详细可行的权力清单，以清单的形式来界定和明确各类自然资源和能源产权主体的权利，确定对自然资源能源产品的实际占有、使用、收益、处分等权利归属关系和权责义务，推动使用权、经营权、承包权的出资、入股、转让、抵押、担保等多方位、多层次、多种类的权能改革，从而构建起西藏自然资源资产交易系统和平台，实现跨区合作。其次，构建以生态补偿和生态资源税为核心的资源有偿使用制度。探索建立完善的自然资源生态税体制，西藏高原生态环境修复的困难程度决定了对自然资源的使用应当严格控制，其中矿产资源应当作为国家战略储备禁止开发，但是一些不得不利用的自然资源应当建立合理的生态资源税体制，例如将冰川矿泉水、地下水作为生态资源税纳入征税对象的体制。逐步建

立起多样性、多元化的青藏高原生态补偿机制，争取中央财政转移支付，西藏自治区与相关省区市共同建立跨区域横向流域补偿、跨省碳排放权试点等多渠道、多途径的生态补偿经费来源的机制，特别是重点支持向自治区内主要生态保护功能区生态补偿转移支付，努力构建起西藏生态文明建设成效与建设资金分配挂钩的激励机制。

四 全面推进依法治藏为着力创建国家固边兴边富民行动示范区、努力做到固边兴边富民行动走在全国前列提供了法治路径

全面推进依法治藏工作的有效开展为着力创建国家固边兴边富民行动示范区、努力做到固边兴边富民行动走在全国前列提供了法治路径。习近平总书记指出，有国才能有家，没有国境的安宁，就没有万家的平安。西藏是重要的国家安全屏障，承担着拱卫祖国西南边陲的政治责任。当前，西藏工作面临以美国为首的西方敌对势力无理打压和攻击污蔑、十四世达赖集团分裂势力破坏捣乱的复杂形势。创建国家固边兴边富民行动示范区，必须努力践行"治国必治边、治边先稳藏"战略思想，加强固边兴边富民行动领域的法治建设，依法防范和打击"藏独"的分裂破坏活动，依法加强边境地区建设和管理工作，努力实现西藏边境安全、稳定和繁荣发展。在依法治藏的背景下具体的法治路径选择有以下几方面。

首先，从总体国家安全观的视野突出依法维护边疆安全稳定和繁荣的重大意义，努力构建西藏固边兴边富民的法治体系。积极开展涉及边境基础设施建设、边境居民民生建设、边境特色产业发展等领域的地方性法规制度建设工作，围绕边境建设和管理开展执法和司法活动，加强国家安全的普法宣传教育工作，及时依法处置影响边境安全稳固的案件和事件，依法打击民族分裂势力的犯罪活动，营造维护边境巩固的法治氛围。另外，加大《西藏自治区边境管理条例》（2000）的执行和监督力度，加强边境建设和管理工作，大力维护边境地区民族团结，努力保持西藏边境地区安全和稳定。其次，围绕《西藏自治区乡村振兴条例》（2022）的颁布和实施，积极推进西藏边境地区巩固拓展脱贫攻坚成果同乡村振兴有效衔接，努力改善边境各族群众生产生活条件，解决他们的后顾之忧。着力改善西藏边境小康村基础设施条件，因地制宜发展特色产业，为西藏的兴边富民行动提供产业支撑和物质支持。

第四节　全面推进依法治藏工作的基本要求

中央历次西藏工作座谈会都会审时度势，根据经济社会发展的现实态势对西藏工作做出重大决策调整，为治边稳藏工作提供方向性的决策意见。2020 年召开的中央第七次西藏工作座谈会上，中央及时面对新时代西藏工作的新形势、新特点和新任务，并在全面总结历史成就和经验的基础上，创造性地提出了新时代党的治藏方略。新时代党的治藏方略是开展西藏工作、实现治边稳藏目标的根本遵循，西藏全区上下必须长期坚持、全面落实。在这个过程中，全面推进依法治藏作为新时代西藏工作的重要原则，作为治边稳藏的基本方式，必将贯穿西藏工作的全过程，是做好西藏各项工作的基本保障。全面推进依法治藏工作有其本身的基本规律和要求，针对西藏法治事业发展的实际情况和基本趋势，在全面做好依法治藏工作，充分发挥依法治藏工作固根本、稳预期、利长远作用的过程中一定要遵循以下几个方面的基本要求。

一　全面推进依法治藏工作，必须坚持党的领导

以始终坚持党的全面领导作为开展依法治藏工作的根本遵循是全面推进依法治藏的首要要求，是全面推进依法治藏的根本保证。全面坚持党的领导是建设具有中国特色社会主义事业的本质特征，更是中国特色社会主义法治事业全面发展的根本。习近平总书记深刻指出："我们强调坚持党的领导、人民当家作主、依法治国有机统一，最根本的是坚持党的领导。坚持党的领导，就是要支持人民当家作主，实施好依法治国这个党领导人民治理国家的基本方略。"[①] 这就表明，中国共产党的政治领导、思想领导、组织领导为依法治藏工作提供了强有力的保障和支撑，使依法治藏工作始终坚持正确的方向并运行在正确的轨道上。"在西藏，党居于总揽全局、统筹四方的重要位置，只有坚持党的全面领导，充分发挥各级党组织战斗堡垒和党员先锋模范作用，凝聚全社会各个党派、团体和广大人民群众的力量，才能将社会主义法治精神真正贯彻到经济、政治、文化、社会和生态

[①] 习近平：《论坚持全面依法治国》，中央文献出版社，2020，第 42 页。

文明建设中。"① 具体来说，要充分发挥党总领全局、协调各方的领导核心作用以及在法治工作中重大问题上的决策作用，加强党对自治区法治工作的领导。同时，落实党的法治思想要旨，严格规范行政程序和行政方式以确保依法行政的切实贯彻；把党的领导同人大、政府、政协、审判机关、检察机关职能的行使、工作的开展统一起来，确保司法的公平公正；在普法内容和普法形式等问题上，要同党的法治理念主张相契合。②

二 全面推进依法治藏，必须以习近平法治思想为引领

依法治藏的实践成果是习近平法治思想在西藏的具体体现，其基本理论与习近平法治思想在核心要义和基本内涵上高度一致。在2019年全国民族团结进步表彰大会上，习近平提出了在民族工作中依法加强民族团结进步的基本原则和具体方针："依法治理民族事务，确保各族公民在法律面前人人平等。要全面贯彻落实民族区域自治法，健全民族工作法律法规体系，依法保障各民族合法权益。"③ 依法治藏基本理论同习近平法治思想呈现出的共性是非常明显的，具体表现为：在民族工作中坚持人民的向度，申明宪法法律不容置疑的权威地位，强调法治路径基本设计等。这些高度一致的共性黏合体现出依法治藏同习近平法治思想之间的紧密关系，但更重要地体现为习近平法治思想对依法治藏实践的引领。习近平法治思想为"依法治藏"提供了基本的逻辑理论参鉴，"依法治藏"同习近平法治思想之间存在着理论逻辑和实践逻辑之间的有机统一，这二者之间是一体两面的具现。只有树立对法律的信仰，西藏各族群众能够自觉按法律办事，民族团结才有保障，民族关系才会牢固。这些民族工作中的法治思想在西藏自治区的实践过程中，结合西藏自治区实际，就成为"依法治藏"的科学内涵。"实现依法治藏，必须在坚定不移走中国特色社会主义法治道路的前提下，在国家统一的法治框架下，从西藏特殊使命、特殊地位、特殊区情出发，探索一条中国特色、西藏特点的法治路子。"④ 这一现实进路有效保证了西

---

① 尼顿：《党的领导是依法治藏根本保障》，《西藏发展论坛》2015年第1期，第7页。
② 江必新：《中国特色社会主义法治之"六观"》，《学习时报》2015年6月15日，第11版。
③ 习近平：《在全国民族团结进步表彰大会上的讲话》，新华网（www.xinhuanet.com），2019年9月27日。
④ 刘波：《探索中国特色西藏特点的法治路子》，《西藏日报》（汉）2014年12月29日第3版。

藏自治区各族公民平等依法享有权利、平等履行义务，确保民族事务治理在法治轨道上运行。

三 全面推进依法治藏，必须做好依法治藏的顶层设计

依法治藏，从本质来讲就是依法治国在民族自治地方的具体实践，全面推进依法治藏，应在依法治国的战略布局下开展。"依法治国，首先是依宪治国；依法执政，关键是依宪行政；依法治藏是依法治国整体战略重要组成部分。"[1] 全面推进依法治国，就是要协同推进依法治国、依法执政、依法行政，完善健全立法体制机制，保证宪法和法律顺利有效实施，构建社会公平正义保障制度体系，加大对法律实施监督的力度。从依法治藏的层面来考察，全面推进依法治藏的基本价值还包含在构建民族地方治理体系以及推进民族地方治理体系现代化进程中，"民族事务治理的现代化包括民主化、法治化、科学化和文明化，其中法治化是关键"[2]。法治化作为衡量国家治理能力的主要标准，与国家治理现代化趋同，可以说国家治理现代化的过程，本身就是推进法治化的过程。做好依法治藏的顶层设计，就是要实现西藏治理方式的现代化转型，推进民族区域自治的制度化、法律化实践进程。因此，西藏自治区一定要在中国特色社会主义法律体系的框架下，按照中国法治制度设计的总体部署，合宜地助推那些已经由实践检验的、行之有效的治理举措实现常态化、长效化、制度化，适宜把这些规章、制度和具体措施转变成为地方性法规、自治条例、单行条例。

四 全面推进依法治藏，必须坚持以人民为中心的协商法治

人民向度是西藏法治事业全面发展的基本原则，以人民为中心的法治建设理念更是人民民主专政的直观体现。"我国社会主义制度保证了人民当家作主的主体地位，也保证了人民在全面推进依法治国中的主体地位。这是我们的制度优势，也是中国特色社会主义法治区别于资本主义法治的根

---

[1] 廉湘民：《依法治藏 全面推进西藏治理体系和治理能力现代化》，《中国民族》2020年第5期，第14~19页。
[2] 曾燕：《西藏社会现代化转型与依法治藏的理性思考》，《西藏大学学报》（社会科学版）2015年第3期，第34~39页。

本所在。"① 习近平总书记曾强调，全面推进依法治国，根本目的在于保障人民的合法权益。从这个出发点上来讲，始终坚持以各族人民群众为中心，以人民群众的利益为出发点和落脚点，是中国式法治现代化进程有别于西方法治现代化进程的本质体现。

同理，全面推进依法治藏最广泛、最深厚的基础也是西藏各族人民群众，西藏法治事业的发展也一定要坚持为了各族人民群众、依靠各族人民群众。西藏目前要做的重点工作是："运用法治思维，广泛听取意见，注重合法性审查和决策风险评估，不断提高科学民主决策的能力，以此确保决策符合法治原则。"② 因此，在全面推进依法治藏进程中，努力实现科学立法、严格执法、公正司法、全民守法是西藏各族人民群众的真切期盼，通过西藏各族人民群众知法守法、尊法护法所促成的法治、友善、诚信的社会局面来之不易，关系到全区各族人民群众的切身利益，必须加以巩固和发展。

五　全面推进依法治藏工作，必须以西藏自治区区情实际为基础

结合西藏区情、体现西藏区情，充分发挥法治建设在西藏改革发展稳定中的保障作用。"自治地方的自治机关在不违背国家宪法和法律的原则下，有权采取特殊政策和灵活措施，加速民族自治地方经济事业发展。"③ 坚持从西藏自治区实际出发推进依法治藏是在西藏法治建设进程中坚持实事求是原则的具现，"将全面推进依法治国的要求和部署，与贯彻落实习近平治边稳藏重要战略思想紧密结合起来，联系实际、突出重点，把依法治藏贯彻到西藏改革发展稳定的全过程"。④ 依法治藏在保障自治区实际工作的重要任务就是维护社会稳定、反对民族分裂，这关涉自治区的长治久安和高质量发展。维护国家统一，就必须要高举法治旗帜，运用法治武器粉碎境内外敌对势力和十四世达赖集团分裂国家的图谋，坚持问题导向，

---

① 中共中央宣传部、中央全面依法治国委员会办公室编《习近平法治思想学习纲要》，人民出版社、学习出版社，2021，第27页。
② 格桑卓嘎：《依法治藏的理论探究》，《西藏发展论坛》2017年第2期，第48~51页。
③ 边巴拉姆：《依法治藏：西藏现代化转型的法治保障》，《中国藏学》2016年第4期，第118~127页。
④ 史云峰：《西藏民族区域自治法制建设面临的问题与解决对策》，《西藏发展论坛》2006年第1期，第36页。

健全实施机制，凝聚各方力量，助推依法治藏更好更快地发展和西藏法治事业的稳步前进。

第五节 依法治藏工作的主要目标和基本原则

全面推进依法治藏关系到社会主义现代化新西藏建设的历史进程，关系到西藏推进治理体系和治理能力现代化的法治化水平。全面推进依法治藏工作，必须坚持党的全面领导，坚决遵循习近平法治思想，保障国家法律法规在西藏顺利实施，努力构建具有西藏特色的民族区域自治地方法治体系，积极建设社会主义法治西藏为总体目标。同时，充分发挥中国特色社会主义法律和制度的优势，坚持走中国特色社会主义法治道路，在西藏协调推进依法治国、依法执政、依法行政，共同推进法治西藏、法治政府、法治社会一体建设，在西藏逐步形成完备的民族地方性法规规章体系、高效的民族地方法治实施体系、严密的民族地方法治监督体系、有力的民族地方法治保障体系以及配套完善的民族地方党内法规制度体系，努力在西藏民族区域自治地方实现科学立法、严格执法、公正司法、全民守法。

一 依法治藏工作的主要目标

党的二十大确定了新的历史征程中依法治国的目标是："坚持走中国特色社会主义法治道路，建设中国特色社会主义法治体系、建设社会主义法治国家，围绕保障和促进社会公平正义，坚持依法治国、依法执政、依法行政共同推进，坚持法治国家、法治政府、法治社会一体建设，全面推进科学立法、严格执法、公正司法、全民守法，全面推进国家各方面工作法治化。"[①] 按照这一总体部署和要求，西藏自治区党委积极统筹各方面力量，把全面推进依法治藏工作的总体目标界定为：通过西藏各族人民群众的不懈努力，把西藏建设成为法治能力、水平和区域影响力均领先的民族区域自治地方。西藏各族人民群众大力维护宪法和法律权威，全面贯彻

---

① 习近平：《高举中国特色社会主义伟大旗帜　为全面建设社会主义现代化国家而团结奋斗——在中国共产党第二十次全国代表大会上的报告》，人民出版社，2022，第40页。

执行《民族区域自治法》，在西藏加大国家法律法令实施的力度，积极保持国家法治统一与尊严。通过加强西藏各族人民群众的人权保障法治工作，保证西藏各族人民群众依法享有最广泛、最普遍的权利与自由。西藏各级基层政权不断得到巩固，各族人民群众的知情权、参与权、表达权、监督权得到保障，西藏各级政府能够建立健全依法决策机制，逐步构建起决策科学、组织严密、执行坚决、程序正当、监督有力的行政权力运行机制。同时，西藏各级司法机关将不断深化司法体制综合配套改革，全面落实民族地方司法责任制，真正实现西藏全社会的公平正义和理性。另外，不断加大对西藏各族人民群众的普法工作力度，建设社会主义法治文化，逐步树立宪法和法律的权威。在这个总体目标的框架内，结合依法治藏工作的结构和内容，全面推进依法治藏工作可以分解为以下具体目标。

（一）为西藏的社会稳定提供法治保障，全面实现西藏长治久安

西藏各级政法机关和司法机构将牢固树立社会稳定压倒一切的思想和观念，充分发挥维护社会稳定的法律职能。同时，西藏各级政法机关和司法机构还将牢固树立深远忧患意识和危机意识，不断提高政治警觉，努力增强政法工作的预见性，把维护国家安全特别是政权安全、意识形态安全、社会制度安全放在首位。另外，西藏各级司法机关要依法惩处各类严重危害社会治安的刑事犯罪，大力增强惩罚犯罪和化解矛盾的司法能力，努力实现有力打击犯罪、维护稳定、保护人民群众利益的目标。

（二）为西藏的绿色发展提供法治保障，全面实现西藏经济社会可持续发展

西藏各级政法机关和司法机构要把五大发展理念贯穿到依法治藏各项工作中，主动了解大局、适应大局、走进大局、维护大局。同时，西藏各级政法机关和司法机构要始终贯彻以各族人民为中心的发展思想，按照西藏自治区党委、政府的科学部署，坚持主动作为、积极作为、精准发力，坚持以创新理念引领新发展，不断增强大局意识、责任意识、担当意识、忧患意识，积极服务西藏农牧区供给侧结构性改革工作，依法打击和惩治各类破坏少数民族地区市场经济犯罪行为。同时，依法、平等、合规地保护西藏各级各类市场主体的合法权益，重点打击严重破坏环境资源的犯罪行为，特别是加大对西藏生态环境和自然资源的保护力度，努力促进美丽和谐西藏建设。

（三）为西藏监督工作提供法治保障，全面实现西藏的司法公正与社会公平正义

西藏各级政法机关和司法机关将逐步提升西藏法律监督工作的质量与效能，不断完善西藏监督工作的地方性法规体系，努力建立健全西藏法律监督的工作格局，加大审判、检察等司法监督工作的力度，监督依法行政、依规行政和公正司法等工作。同时，西藏各级政法机关和司法机关还将全面贯彻落实疑罪从无、罪刑法定、非法证据排除等司法原则和制度，积极防止和杜绝冤假错案的发生。另外，西藏各级人民法院、人民检察院将下大力气开展和加强民事行政诉讼监督工作，努力提升民事行政诉讼监督办案质量和效果，尽最大可能让西藏各族人民群众从每一起案件的办理中都能感受到司法工作的公平和社会的正义。

二 依法治藏工作的基本原则

依法治藏基本工作原则为西藏各项事业发展指明了方向，提供了行动指南，是西藏实现长治久安和高质量发展的行动纲领。全面推进依法治藏工作首先要坚持党的全面领导，坚持社会主义制度，坚决实施并不断完善民族区域自治制度。在西藏实际工作中，在新时代一定要遵循"治国必治边、治边先稳藏"的战略思想，坚持依法治藏、富民兴藏、长期建藏、凝聚人心、夯实基础的重要原则。在这个过程中，必须牢牢把握西藏社会的主要矛盾和特殊矛盾，把改善民生、凝聚人心作为经济社会发展的出发点和落脚点，坚持与达赖集团斗争的方针政策不动摇；必须全面正确贯彻党的民族政策和宗教政策，加强民族团结，不断增进各族群众对伟大祖国、中华民族、中华文化、中国共产党、中国特色社会主义的认同。

（一）全面推进依法治藏，必须坚持依宪治藏为前提的原则

宪法是国家的根本大法，是我国所有法律法规的上位法，属于"万法之源"，在依法治国的法律规范体系中处于重要的核心地位，宪法是全面推进依法治国、建设社会主义法治国家最根本的法律依据。毛泽东同志在"五四"宪法的起草会议工作上曾提出:"一个团体要有一个章程,一个国家也要有一个章程,宪法就是一个总章程,是根本大法。"[1] 习近平总书记也曾强调指出,"宪法是国家根本法,是治国安邦的总章程"[2];"宪法是治国理政的总章程"[3];"宪法是全面依法治国的根本依据";"宪法是我们党长期执政的根本法律依据"[4];"全面贯彻实施宪法,是建设社会主义法治国家的首要任务和基础性工作"[5]。宪法作为国家的根本大法,其基本内容是以宪法的形式界定了我国的国家制度和政治制度等,是一切组织和公民个人的根本活动准则和行动指南,具有最大的法律权威性和最高的法律效力。我国的宪法和法律是党的正确主张和人民共同意志的统一,归根到底,是体现人民共同意志、维护人民根本利益、保障人民当家作主的宪法法律。这是我国社会主义的法同资产阶级和其他剥削阶级的法的本质区别。在新的历史时期,依法治国是依照宪法和法律治国。全面贯彻实施宪法,是全面推进依法治国、建设社会主义法治国家的首要任务,要求不折不扣地以宪法为核心积极开展依宪治国、依宪执政。在这个逻辑理据的引领下,坚持依法治藏,也是要坚持依宪治藏,把国家宪法作为西藏改革和发展的最高准则。宪法在西藏的坚决实施关乎西藏各族人民的根本利益,是西藏各族人民群众各项权利实现的根本保证,西藏自治区必须在全社会普遍开展宪法宣传教育活动,不断提高西藏各族人民群众的宪法意识和法治观念,使他们从内心深处拥护宪法,并真诚信仰和遵循宪法的伟大精神。依宪治藏,既要善于从宪法这样的根本大法中寻找治理西藏的依据,又要坚持把国家宪法在西藏实施的效果转化为治边稳藏的强大效能。

(二) 全面推进依法治藏,必须坚持法律面前人人平等的原则

习近平总书记在第六次西藏工作座谈会上指出,依法治藏就是要"维护宪法和法律的权威,坚持法律面前人人平等"。由于旧西藏长期存在的政

---

[1] 《毛泽东文集》第6卷,人民出版社,1999,第328页。
[2] 习近平:《论坚持全面依法治国》,中央文献出版社,2020,第126页。
[3] 习近平:《论坚持全面依法治国》,中央文献出版社,2020,第213页。
[4] 习近平:《论坚持全面依法治国》,中央文献出版社,2020,第201页。
[5] 习近平:《论坚持全面依法治国》,中央文献出版社,2020,第10页。

教合一的政治体制，藏传佛教不仅参与政权统治，而且对于西藏各族人民群众思想的影响也非常深远。即使在当今社会，藏传佛教基本教义中所反映的价值标准和伦理道德也存在众生平等的内容，藏传佛教在基层矛盾纠纷解决、基层社会稳定以及协调民族关系等方面也发挥着一定作用。虽然，藏传佛教教义中这些朴素的思想为西藏人民群众普遍接受，但是这种观念是非常纯粹原始的。在政教合一体制下的旧西藏是作为一种统治阶级维护统治的工具而存在的，并不是基于权利义务基础上的平等法律关系的体现，与全面推进依法治藏中所倡导的法律面前人人平等原则在本质上是截然不同的。在全面推进依法治藏过程中坚持人人平等，共有三个层面的具体表现：首先表现在西藏各族人民群众依法享有权利和履行宪法法律规定义务都是平等的；其次表现在全面推进依法治藏的核心价值是保护西藏各族人民群众的合法权益与惩戒违法行为是对应的；最后，西藏各族人民群众不享受宪法法律规定以外的权利或履行宪法法律规定之外的义务，作为省级民族区域自治地方的西藏自治区享有法定的民族自治权利同履行法定的民族区域自治地方的义务也是对等的。自民主改革以来，西藏法治建设取得了长足发展，但是普通民众法治观念仍需进一步加强，权利意识和权利观念还有待进一步提升。因此，坚持法律面前人人平等原则，首要是通过多种普法手段使西藏各族人民群众明确其国家主人的观念与地位，使其明确管理国家、治理西藏的权利和义务，敦促西藏各族人民群众形成"认真学法、自觉守法、培养法治意识、弘扬法治精神，使法制成为西藏各族人民群众共同遵循的行为规范"[①]。

（三）全面推进依法治藏，必须坚持用法治思维来推进西藏改革、发展、稳定的原则

习近平总书记指出，"改革和法治如鸟之两翼、车之两轮"[②]。要在全面推进依法治藏的前提下推动西藏改革、发展和稳定，同时要在改革、发展和稳定中来完善西藏的法治机制。西藏自治区正处在长治久安和高质量发

[①] 李森、陈烨：《论依法治藏的概念缘起及独特内涵》，《西藏民族大学学报》（哲学社会科学版）2020年第1期，第19~24页。

[②] 中共中央文献研究室编《习近平关于全面依法治国论述摘编》，中央文献出版社，2015，第14页。

展的重要战略机遇期,各项事业发展成就斐然,深度改革工作如火如荼,社会持续长期全面稳定的局面基本形成。但是,随着西藏改革发展事业不断走向深入,新的利益关系和行为方式不断出现,必须用法治手段来加以规范和调整。全面推进依法治藏,就是要发挥好法治建设对改革发展稳定的推动作用,"一定要按照中央的统一部署,积极稳妥地推进司法体制改革,落实好优化司法职权配置、员额制改革、司法责任制、司法职业保障等改革举措"。① 以司法责任体制改革为中心,积极开展西藏司法机构、职能、权限、责任法定化工作,为西藏改革发展稳定贡献制度优势和提供机制保障。所以,西藏各级党委政府一定要充分认识改革发展稳定与全面推进依法治藏的辩证关系,正确看待并处理好西藏改革发展稳定中扬弃与发展以及法治建设中破与立的关系,用法治建设的成果来优化改革发展稳定的方式,规避化解改革发展过程中产生的矛盾和风险,巩固凸显改革发展成果。从而,将全面推进依法治藏的重心统一到稳定、发展、生态、强边四件大事上来,保持西藏法治建设进程同改革发展进程趋同。在全面推进依法治藏中坚持问题导向原则,对改革发展稳定中所存在的桎梏弊端和有待加强完善之处在法治的轨道上有的放矢地加以解决。

(四) 全面推进依法治藏,必须坚持依法保障民族关系的原则

构建平等、团结、互助、和谐的社会主义民族关系事关西藏发展全局,必须用法律法规来调整民族关系,依法巩固和保障民族关系。近年来,西藏自治区大力开展民族团结进步模范区创建工作,力争使西藏的民族团结模范区创建工作走在全国的前列。西藏自治区各级党委政府一定要紧紧围绕各族人民群众深切关心的问题以及影响社会稳定的突出问题,特别是在反对分裂斗争中防止境内外势力利用民族关系做文章或恶意炒作,运用法律武器来同民族分裂势力做坚决的斗争。同时,坚持依法治理、源头治理以及综合治理的原则,依法治理民族事务。这也是全面推进依法治藏的重要任务,一定要运用法治的方式和手段来依法保障西藏各族人民群众合法权益,依法调处涉及民族因素的矛盾和纠纷,依法妥善处理涉及民族因素

---

① 谢会时:《以习近平新时代中国特色社会主义思想为引领 建设社会主义法治西藏》,《新西藏》2018 年第 6 期,第 22~25 页。

的案件和事件。坚持法治建设的统一性，依法打击和严惩各类违法和犯罪行为，努力做到法律面前人人平等。在全面推进依法治藏过程中，坚持法治实践与党的民族理论和政策实施相结合，积极推动调整民族关系立法和法律实施工作，在依法行政中注意妥善处理包含民族关系因素的问题。大力开展促进民族团结进步的法治宣传教育活动，西藏的法治人才队伍要不断学习党的民族理论和政策以及习近平法治思想，不断提高依法处理民族关系的能力和水平。以法治方式保障和运行社会主义民族关系，重点领域在西藏基层社会，关键是要落在工作实处，必须完善民族地区法治宣传教育常态化、长效化工作机制，保障民族团结进步法治化工作取得实效。

（五）全面推进依法治藏，必须坚持依法治藏与以德治藏有机结合的原则

在现有治理理念和治理模式中，德治具有深厚的传统伦理思想根基，同时又与中国特色社会主义价值内核相契合，是国家治理体系和治理能力现代化的思想道德基础。习近平总书记在论述以德治国对中国特色社会主义道路的经验和意义时指出，"改革开放以来，我们深刻总结我国社会主义法治建设的成功经验和深刻教训，把依法治国确定为党领导人民治理国家的基本方略，把依法执政确定为党治国理政的基本方式，走出了一条中国特色社会主义法治道路。这条道路的一个鲜明特点，就是坚持依法治国和以德治国相结合"[1]。这也就是说，全面推进依法治藏工作，必须同以德治藏相结合。坚持依法治藏与以德治藏的结合，要客观正确地看待依法治藏与以德治藏之间的辩证关系，依法治藏与以德治藏之间是相辅相成、互为补充并共同为西藏治理现代化提供保障的辩证关系。全面推进依法治藏工作必须从中华传统文化包括西藏传统文化中汲取智慧和经验，为依法治藏注入丰富道德伦理文化内涵。"坚持一手抓法治、一手抓德治，既要重视发挥法律的规范作用，同时又重视发挥道德的教化作用。"[2] 以德治藏形成了西藏法治建设"接地气"的特质，使西藏各族人民群众更易于接受法治模

---

[1] 习近平：《论坚持全面依法治国》，中央文献出版社，2020，第165~166页。
[2] 谢会时：《以习近平新时代中国特色社会主义思想为引领 建设社会主义法治西藏》，《新西藏》2018年第6期，第22~25页。

式，并能够用法治思维和法治手段来参与各项治理工作。鉴于西藏独特的民族地区特色，全面推进依法治藏在与以德治藏结合的过程中，要注意吸收西藏传统文化中的有益成分，保证依法治藏切实符合西藏实际。西藏在强化法治建设道德底蕴的同时，还要进一步增强西藏各族人民群众对依法治藏的心理认同，积极引导西藏各族人民群众逐步形成遵纪守法的思维方式和逻辑认知。

（六）全面推进依法治藏，必须坚持法治人才优先培养的原则

法治工作人才主要包括"法律专门人才（立法人才、行政执法人才、司法人才等）、公共法律服务人才（律师、仲裁员、公证员、基层法律服务工作者、人民调解员等）以及法学教育与研究人才"[1]。这些人才构成了我国法律职业共同体，是全面推进依法治国的主要保障。素质过硬的法治人才资源储备是全面推进依法治藏的基础，在全面推进依法治藏过程中积极开展法治人才队伍建设，要坚守政治标准，不断强化法治人才队伍的理论武装，"加强思想政治素质建设，开展社会主义法治理念教育和社会主义核心价值体系教育，确保西藏法治人才政治过硬，保障西藏法治人才政治立场坚定"[2]。因此，西藏一定要坚持党委对法治人才培养和使用工作的直接领导，并对标对表法治人才的思想政治素质、工作业务能力、职业道德水准等方面的要求，大力要求法治人才队伍努力养成社会责任感和担当意识，努力造就一支政治立场坚定、法律业务精良的立法、执法、司法、普法和法律服务工作队伍。针对西藏自治区的独特区情，西藏法治人才队伍还要同时具备国家通用语言以及地方民族语言使用的能力，并在实际工作中培养结合少数民族风俗习惯开展法治工作的能力。进入新时代以来，面对西藏各族人民群众对美好生活的新期待，面对西藏反对分裂、维护社会稳定的新形势，西藏自治区各级党委要充分认识法治工作人才队伍建设的重要性和紧迫性，坚决贯彻落实新时代党的治藏方略，努力实现全面推进依法治藏的宏伟蓝图，关心关切西藏法治人才队伍建设的现实问题、突出问题，

---

[1] 黄进：《不断创新法治人才培养机制》，《经济日报》2014年11月11日第15版。
[2] 贾小红：《关于依法治藏背景下西藏法治工作队伍建设的几点思考》，《法制与社会》2021年第2期，第143~144页。

充分发挥法治在西藏治理体系和治理能力现代化中的规范和引领作用。

第六节 依法治藏工作的基本内容

依法治藏的基本内涵是将西藏治理体系和治理能力现代化置于法治的轨道上来运行，用法律调节社会关系，用法治思维和法治手段解决稳定、发展、改革等重大现实问题。从这一角度来说，依法治藏同西藏各项事业发展之间存在着基本目标和基础保障的关系，所以依法治藏的基本内容主要包括立法、执法、司法、守法等方面，这也是依法治藏的主要环节。

一 依法治藏工作的前提是推进科学立法

开展依法治藏工作，必须加强和改善民族地方性立法工作。完备的地方性法规体系是全面开展依法治藏工作的根本基础和首要前提，也是全面开展依法治藏工作的根本遵循和重要依据。在西藏深入推进科学立法、民主立法、依法立法，不断提高民族区域自治地方立法质量和效率，以高质量地方性立法来保障依法治藏工作的全面推进，依法保障西藏"四个走在前列"目标的实现。从根本上讲，全面开展依法治藏工作一定要以宪法为依据，以我国社会主义特色的法律法规体系为前提框架，紧密结合民族区域自治法、立法法等基本法律，加强地方性立法工作，着力构建有中国特色、西藏特点的成熟进步的地方性法规体系。自改革开放以来，西藏自治区结合区情民情和现实需求出台了一批针对性强、应用性广泛的地方性法规，对于西藏自治区长治久安和高质量发展起到了坚实的保障作用。从总体上来讲，西藏自治区的民族地方性立法工作成绩必须予以肯定，但是西藏自治区立法工作在应然与实然之间的差距也应予以客观看待。具体来说，西藏自治区立法工作在部分领域还有留白，随着经济社会的发展，新产业、新业态催生了新的形势、新的问题、新的挑战以及新的矛盾，例如网络经济、数字经济因为缺乏相应的法规制度而导致的乱象仍是制约其发展的痼疾，这就需要自治区加快立法工作的步伐来加以应对。除此之外，西藏自治区已经制定出台的法规制度也部分存在不成熟、法条粗糙、应用性不足以及与上位法之间协调性较弱等问题，这些问题极大影响着依法治藏效能的提升。因此，必须进一步加大西藏自治区重点领域的立法工作，同时抓紧制定国家法律法规的配套性、实时性实施办法，填补某些领域地方性法规的立法空白，完善和细化已经制定的地方性规范的具体实施细则。

二 依法治藏工作的重点是推进严格执法

习近平总书记强调："法律的生命力在于实施。如果有了法律而不实施，或者实施不力，搞得有法不依、执法不严、违法不究，那制定再多法律也无济于事。"[1] 严格执法是西藏各级行政机关履行行政府职能，管理经济社会事务特别是管理民族宗教事务的主体途径，同时也是推进依法治藏工作和维护自治区社会公平正义的关键所在。在西藏自治区推进严格执法，首先应当是加强法治政府建设，努力构建高效廉洁法治地方政府。"努力实现各级地方政府机构、权限、职能、程序以及责任标准化、法定化，不断加快职能科学、权责清晰、执法严格、廉洁高效、诚信守法的地方政府建设步伐。"[2] 同时，在西藏推进严格执法，还要严格规范公正文明执法。西藏自治区严格规范公正文明执法是一个系统工程，是一个整体的行政法治行为，必须以系统化思维来准确把握、全面贯彻。另外，在西藏自治区推进严格执法，应当同时推进法治社会建设，保障各族公民在法律上的平等权利义务，杜绝差异化和特殊化现象的存在。最后，针对西藏特殊的区情以及行政执法环境，全面推进严格执法工作要遵循三个方面的要求。一是行政执法必须严格规范、公正文明，在执法过程中要牢固树立法律法规以及制度的刚性权威的意识。二是通过深化行政执法体制改革来提高行政执法的效能，大力创新和改进执法方式和手段，统筹配置和使用行政执法职能和资源，最大限度地降低执法成本，不断提升行政执法的效率。特别要指出的是，民族宗教事务在西藏各项工作中占据着重要位置，治理民族宗教事务必须坚持依法原则审慎进行，任何宗教民族事务都没有超越法律的特权，任何民族宗教问题都无法游离于法纪之外，必须置于法治轨道上加以妥善解决。[3]

---

[1] 习近平：《论坚持全面依法治国》，中央文献出版社，2020，第20~21页。
[2] 《中共中央国务院印发〈法治政府建设实施纲要（2021—2025年）〉》，人民网—人民日报（politics.people.com.cn），2021年8月12日。
[3] 阴赵丹、张兴堂、熊坤新：《贯彻十九大法治精神 加速推进法治西藏建设》，《西藏大学学报》（社会科学版）2018年第1期，第1~5页。

三 依法治藏工作的核心是推进公正司法

做到公正司法关系到西藏各族人民群众的切身利益，关系到西藏社会的公平正义，特别是关系到全面推进依法治藏的工作成效。全面推进依法治藏，必须在西藏全面坚持公正司法，努力让西藏各族人民群众在每一个案件中感受到社会的公平正义。为了实现这一目标，首要是根据促进社会公平正义这一司法工作的核心价值的终极要求，在中央的统一领导和部署下，不断深化以司法责任制配套改革为核心的司法体制改革，努力建设公正高效权威的民族地方司法体系和制度。同时，大力强化对西藏地方司法权力的制约监督，把司法权力关进制度的笼子里。习近平总书记曾指出："十八大以来，党中央确定的一些重大改革事项，既要求纪检监察机关、审判机关、检察机关、公安机关、司法行政机关各司其职，又要建立侦查权、检察权、审判权、执行权相互配合的体制机制等，要盯紧不放，真正一抓到底，抓出实效。"[1] 因此，健全监督制约机制是西藏自治区实现司法公正的重点，引导司法执法人员树立正确的司法执法观念，保证司法程序规范和司法权力行使的硬度和纯度。通过各方面、各层次监督制度设计和实施，督促司法工作人员增强依法办事的意识和能力，助推司法工作人员增强尊重法律和人权的观念。另外，西藏自治区还要进一步健全不同环节、部门之间依法制约监督的体制机制，落实好分工负责、互相配合、互相制约的制度，深化审务、检务、警务、狱务等执法司法公开，加强人大、法律、群众、社会、舆论等监督的力度，构建开放、动态、透明、便民的执法司法新体制。

四 依法治藏工作的基础是加强法治宣传教育、增强公民守法意识

各族群众守法意识的增强不仅是全面推进依法治藏的基础工作，更是关乎全区各族人民群众法治意识的养成、法治能力的提升以及自身权利合法保障。习近平总书记撰文指出："全民守法，就是任何组织或者个人都必须在宪法和法律范围内活动，任何公民、社会组织和国家机关都要以宪法

---

[1] 习近平：《坚定不移走中国特色社会主义法治道路，为全面建设社会主义现代化国家提供有力法治保障》，《求是》2021年第5期，第3页。

和法律为行为准则,依照宪法和法律行使权利或权力、履行义务或职责。"①大力开展普法教育活动,是不断提高西藏各族群众的法治意识和法治素养重要路径。为了实现这一目标,首先是抓好思想阵地建设,充分发挥好法治宣传教育中的作用,不断提升法治教育宣传的质量与效果。在现阶段,大力开展习近平法治思想教育教学活动是西藏法治宣传教育工作的重要内容,以习近平法治思想来引领依法治藏工作的全过程。在主流媒介上主动发声,创造一批形式新颖、质量过硬、通俗易懂的普法宣传载体内容,引领社会思潮走向,正本清源,宣传积极向上的法治价值观。其次,发挥西藏法治建设的系统优势,赋能传统法治宣传教育渠道和路径,逐步形成法治宣传教育工作合力。紧抓高等院校法学院、基层党校、宣讲团等机构的理论骨干这个关键主体,通过理论研讨会、座谈会、宣讲会等形式培养和提升法学宣传教育骨干的业务水平和素质能力,依托这些法治宣传教育骨干贴近基层、贴近实践的优势,不断提高习近平法治思想的宣传和研究工作的针对性和实效性,逐步形成深层次、多领域、全方位的法治宣传教育工作格局。再次,增强西藏各族公民的守法意识,就必须将普法宣传教育工作重心下沉到基层社会。西藏法治宣传教育的阵地不能仅限定在学校,相反,法治宣讲应主动走出学校,要将基层企事业单位、社区、乡村作为法治宣传教育的重要课堂。最后,西藏法治宣传教育工作内容也不应拘泥于理论宣讲和研讨,要多采取西藏各族人民群众喜闻乐见、真实发生的生产生活实际作为宣讲案例,针对基层干部群众关心的现实问题,结合当前法治建设进程进行解惑,积极开展形式多样的法治宣传教育活动,引导广大基层干部群众养成知法、护法、尊法、用法的良好习惯,为推动全面依法治藏工作提供思想意识土壤。

---

① 习近平:《论坚持全面依法治国》,中央文献出版社,2020,第23~24页。

第三章 西藏法制建设开始到实现依法治藏的历史进程

公元7世纪中叶吐蕃王朝松赞干布时期第一部成文法典《法律二十条》诞生，开启了西藏历史上的成文法时代。此后，藏族法律制度的变迁经历了宋朝唃厮啰政权时期的法律、蒙元王朝萨迦政权时期的法律、明朝帕竹政权时期的法律、清朝甘丹颇章政权时期的法律以及近现代西藏地方法律和司法制度等阶段。毋庸置疑，这些旧西藏的法律和司法制度同所有剥削阶级的法律和制度一样，本质上都是代表统治阶级特别是西藏"三大领主"的利益，具有鲜明的阶级立场，是西藏奴隶制和封建农奴制赖以维系与存在的重要政治基础，是对西藏奴隶和封建农奴进行长期残酷剥削和压迫的制度工具。直到1951年5月23日，具有划时代历史意义的《中央人民政府和西藏地方政府关于和平解放西藏办法的协议》（即《十七条协议》）正式签订，《十七条协议》虽然维持了旧西藏政权形式以及法律制度的现状，但它毕竟是逐步废除旧西藏法律制度的发端。[①] 1959年，西藏自治区筹委会通过《关于全区进行民主改革的决议》，为废除黑暗、野蛮、落后的封建农奴制度提供了依据和保障。1965年9月1日，西藏自治区第一届人民代表大会在拉萨召开，我国第五个省级民族区域自治地方政权西藏自治区人民委

---

① 《中央人民政府和西藏地方政府关于和平解放西藏办法的协议》（1951年5月23日）内容有："三、根据中国人民政治协商会议共同纲领的民族政策，在中央人民政府统一领导之下，西藏人民有实行民族区域自治的权利。四、对于西藏的现行政治制度，中央不予变更。达赖喇嘛的固有地位及职权，中央亦不予变更。各级官员照常供职。""十一、有关西藏的各项改革事宜，中央不加强迫。西藏地方政府应自动进行改革，人民提出改革要求时，得采取与西藏领导人员协商的方法解决之。"（中共中央文献研究室编《建国以来重要文献选编》第2册，中央文献出版社，1992，第285页）根据这些条款的规定，中央对西藏地方政府的态度是，西藏地方原有的政治体制和法律制度不予改变，逐步过渡到实行民族区域自治制度。

| 依法治藏：理论与实践 |

员会正式成立，标志着西藏进入全面实施民族区域自治制度的新阶段，西藏进入民主与法制建设新时期。改革开放以来，西藏同全国一道，开始了由依政策治理向依法治理的转变，实现由"人治"向"法治"的转变，实现由"法制"向"法治"的转变，具体表现为：实现科学立法，保证良法善治；实现严格执法，法治政府建设成效显著；实现公正司法，确保社会公平正义；实现全民守法，营造河清海晏的法治社会环境。进入新时代，西藏自治区以习近平法治思想为引领，全面贯彻依法治藏工作原则，西藏法治建设工作进入新征程，为西藏铸牢中华民族共同体意识奠定了法治基础，为建设团结富裕文明和谐美丽社会主义新西藏[①]提供了坚实的法治支持。

第一节　民族法制与民族法治的关系

习近平总书记指出："战略问题是一个政党、一个国家的根本性问题。战略上判断得准确，战略上谋划得科学，战略上赢得主动，党和人民事业就大有希望。"[②]党和国家及时顺应了治国方略的新规律新变化，从战略上实现了民主法制建设到依法治国的变化，这是党和国家深刻把握国内外形势新变化新趋势，准确识变、科学应变、主动求变，实现了我国法治建设战略根本性转变，开创了我国社会主义法治建设的新局面。"在现代国家中，法不仅必须适应于总的经济状况，不仅必须是它的表现，而且还必须是不因内在矛盾而自相抵触的一种内部和谐一致的表现。"[③] 从历史性的角度来分析，民族法制同民族法治这两个概念只是历史阶段性的差别，从本质上看是一脉相承的，从内容上看是相互包含的，遵从了民族法治内含民族法律制度、民族法制可以上升为民族法治的内在逻辑，这是两者关系的具化体现。

---

① 2020年8月28日，习近平总书记在中央第七次西藏工作座谈会上强调，全面贯彻新时代党的治藏方略，建设团结富裕文明和谐美丽的社会主义现代化新西藏。
② 习近平：《在纪念邓小平同志诞辰110周年座谈会上的讲话》（2014年8月20日），人民出版社，2014，第19页。
③ 《马克思恩格斯选集》第4卷，人民出版社，1995，第702页。

一 法制与法治的关系

(一) 传统意义上的法与法制的概念和内涵

1. 法的概念和内涵

从辞义解释来看,"法"在古汉语中写作"灋"。据我国东汉时期文字学家许慎在其辞书《说文解字》中的解释,古字"灋"从字形组合上看由"氵(水)""廌""去"三个部分组成,"水"代表法平如水,即执法司法公平公正;"廌"就是獬豸,是古代传说中一种能够明辨善恶、判断是非的神兽。从法的词源释义看,这个古字包含了"平""正""直"以及"公正裁判"的意思,代表了中国传统文化中法的价值。现代法理学根据法的本质和特征,给法的定义是,法是在一定的物质生活条件基础上,体现统治阶级意志,由国家制定或认可的并由国家强制力保证实施的,规制权利和义务,调整社会关系和人们行为的规范。

马克思主义法学理论对法的概念解释的核心要义就是法的本质,对概念分析采用的是阶级分析的方法,分析的内容主要是围绕法的本质。对于法的本质,不同时代、不同阶级背景的思想家、理论家包括法学家有着不同的解释。西方资产阶级思想家把法的精神理解为"民族精神""政治上的正义""神的意志""人的理性",甚至把法的本质看作"纯粹的规范""执政者的方法命令"等。这些机械的理解和论述脱离了经济基础,脱离了阶级基础,属于唯心主义和形而上学的观点。马克思主义经典作家站在辩证唯物主义的立场上,运用阶级分析的方法,科学分析了法的本质。其经典著作《〈政治经济学批判〉序言》中谈道,"法的关系正像国家的形式一样,既不能从它们本身来解释,也不能从所谓人类精神的一般发展来理解,相反,它们根源于物质的生活关系"[1],这是最早关于法起源的经济基础的论述,是经济基础决定上层建筑原理的具现。另一经典著作《德意志意识形态》进一步论述,由统治阶级共同利益所体现的这种意志,就是法律。《共产党宣言》在分析资产阶级意识形态时一针见血地指出:"正像你们的法不过是被奉为法律的你们这个阶级的意志一样,而这种意志的内容是由你们

---

[1] 《马克思恩格斯选集》第 2 卷,人民出版社,1995,第 32 页。

这个阶级的物质生活条件来决定的。"[①] 从马克思主义经典作家的一系列论述中，足可以得出一个科学的结论，法体现的是统治阶级的意志，属于建立在经济基础之上的上层建筑的范畴。

另外，从以上概念及内涵的分析中，体现了作为意识形态领域的法的基本特征，也即法是一种特殊存在的社会行为规范。其特征具体表现为，一是法作为一种社会行为规范，具有概括性与规范性的特征。法的概括性是指任何一部法律并非只适用于特定的人物或事件，它在相同的条件和相同的境遇下可以反复适用。法的规范性是规制人们可以为这样行为、必须这样作为或不能那样作为，对何种行为给予肯定和保护，对何种行为必须给予处罚和制裁等，通过规制为人们的行为提供一定的模式。法的这两种特性都表明，法是具有一般约束力的社会行为规范，在国家公权力管辖以及法所界定的区间内，任何人的合法行为都能够受法律保护，任何人的违法行为都将受到法律制裁，任何人都必须要遵守法律，在法定的权利和义务范围内活动。二是法是由国家制定或认可的行为规范，是一种正式的制度供给。作为统治阶级意志体现的法，是由国家制定或认可的具有强制性的行为规范。制定或认可是国家创制法律的重要方式。三是法以权利义务关系为调整对象。法是通过调整各类主体权利义务关系来体现统治阶级的意志，规范社会关系。四是法由国家强制力保障实施。它是以军队、警察、法庭、监狱等国家暴力机关作为后盾，用国家强制力推动法的运行，推动法在效力范围内得以实施。

2. 具有过渡性质的法制概念和内涵

对于法制概念和内涵的界定具有代表性的一般有以下几种。一是指国家的法律和制度，这是一个静态的概念。我国古典著作《礼记·月令》中有"命有司，修法制"这样的记载，意思是指命令官吏履行职责，主要是修订法律典章，建立管理制度。可以看出，无论是古代还是当今社会，法制都是统治阶级按照本阶级意志和利益，运用国家权力制定的维护统治秩序的法律和制度。二是指立法、执法、司法、守法以及法律监督等规范性活动，是依法管理国家的全过程。这是一个动态的概念，是一个具有体系的过程。三是指法律的实施。一个国家的法律得到有效顺利实施，整个社

---

① 《马克思恩格斯选集》第1卷，人民出版社，1995，第289页。

会知法守法的风气得以营造。我们认为，法制的概念和内涵应从不同的角度来理解，也可以综合概述，即法制是国家法律运行的过程，是立法、执法、司法、守法和法律监督过程的统一，其核心就是法律高效有序实施。[①]

我国是社会主义国家，社会主义制度是我国的制度优势，社会主义法制是社会主义国家的显著特点，是按照工人阶级与广大人民的意志建立起来的法律和制度体系，也是立法、执法、司法、守法和法律监督在社会主义国家内的统一。社会主义法制核心是依法办事，严格要求一切国家机关及其工作人员、企事业单位、社会团体以及全体公民一定要严格遵守宪法和法律，确保建立能够维护工人阶级和广大人民群众民主权利以及进行社会主义建设的法律秩序。

邓小平同志讲道："我们的国家已经进入了社会主义现代化建设的新时期。我们要在大幅度提高社会生产力的同时，改革和完善社会主义的经济制度和政治制度，发展高度的社会主义民主和完备的社会主义法制。""我们提出在加强民主的同时，要加强社会主义法制"，"做到有法可依，有法必依，执法必严，违法必究"。[②]"有法可依、有法必依、执法必严、违法必究"，是社会主义法制建设的基本要求，是相互联系且相互制约的，具有完整的统一性且是不可分割的，不能片面地强调某一方面，而忽视其他方面。改革开放以后直至党的十八大召开，我国严格遵循"有法可依、有法必依、执法必严、违法必究"法制建设基本要求，不断加强民主与法制建设，使国家的政治秩序、经济秩序、社会秩序以及广大人民群众的工作、生活秩序趋于稳定，安定团结的局面得到巩固和发展，各族人民当家作主的权利得到充分保证。这一时期，我国社会主义制度优越性得到充分发挥，党和政府调动一切积极因素开展社会主义现代化建设事业，各项工作步入正常有序轨道。这一时期也是我国社会主义法制建设逐步向依法治国过渡的重要阶段，是我国法制建设和法治事业发展的重要历史转折期。

（二）基于普适意义和国情主义意蕴的法治概念和内涵

追溯"法治"概念和观点的源头，要以亚里士多德在其名著《政治学》

[①] 张文显主编《法理学（第5版）》，高等教育出版社，2018，第123页。
[②] 《邓小平文选》第2卷，人民出版社，1994，第147、208、233页。

| 依法治藏：理论与实践 |

中的论述开始，他认为，"谁说应该有法律逐行其统治，这就有如说，惟独神祇和理智可以行使统治；至于谁说应该让一个个人来统治，这就在政治中混入兽性的因素。常人既不能完全消除兽性，虽最好的人们（贤良）也未免有热忱，这就统统在执政的时候引起偏向。法律恰恰是免除一切情欲影响的神祇和理智的体现"①。这段论述体现了法治而不是人治思想的客观存在，认为依靠法律来治理国家是理性的选择，不能渗入人的情感因素。在这部著作中，亚里士多德还论述道："我们应该注意到邦国虽有良法，要是人民不能全部遵守，仍然不能实现法治。法治应当包含两重意义：已成立的法律又应该是本身制定的良好法律。人民可以服从良法，也可以服从恶法。"② 这说明法治遵从的是"良法善治"的原则，最佳状态的良法得到普遍遵守。因此，亚里士多德的论述，构成了西方国家的法治价值观念，并通过将法治的诸多要素的合理安排，构建了"社会—法治—法律"逻辑关系链条。"法治"作为社会现象与法律现象联结起来的中介，体现了两种基本价值，即法治的政治面向和法治的法律面向，政治面向是社会对法治的需求，法律面向是法治对法律的需求。因此，西方学者的法治概念可以理解为，通过完善的法律制度来治理社会，这是一种良法善治的普适的法治概念及其内涵诠释。

我国"法治"概念发生于新时期新阶段，也就是1978年改革开放以后，具有现实国情的意蕴，其核心价值就是依法管理和依法治理。1978年12月邓小平同志在中央工作会议上讲话强调："为了保障人民民主，必须加强法制。必须使民主制度化、法律化，使这种制度和法律不因领导人改变而改变，不因领导人的看法和注意力的改变而改变。"③ 也是在这一年，党的十一届三中全会确立了"有法可依，有法必依，执法必严，违法必究"的十六字法制工作基本方针。改革开放伊始，在政策与法律双向互补并保持均衡的情势下，我国的决策层和法律工作者总结了新中国成立以来特别是"文革"时期的经验教训，厘清了"人治与法治"的争议，摒弃了"法律虚无主义"论断。20世纪90年代中期，党和国家提出了"依法治国"基本方略，依据法律权威性和强制力来规范市场经济秩序，保障社会稳定和

---

① 亚里士多德：《政治学》，吴彭寿译，商务印书馆，1965，第172页。
② 亚里士多德：《政治学》，吴彭寿译，商务印书馆，1965，第202页。
③ 《邓小平文选》第2卷，人民出版社，1994，第146页。

谐。1992年我国社会主义市场经济体制目标确立以后，市场体系的完善要求完成现代法治体系的供给，要求以价值为导向把形式上的法制上升为实质性的法治，将法制的形式要件同法治的精神价值相结合。党的十八大召开以后，以习近平同志为核心的党中央提出了建设法治中国的目标，强调要坚持依法治国、依法执政、依法行政共同推进，法治国家、法治政府、法治社会一体建设，全面推进科学立法、严格执法、公正司法、全民守法的进程。以新时代依法治国伟大实践为基础，在2020年11月16~17日召开的中央全面依法治国工作会议上，党中央正式明确提出了"习近平法治思想"。[1] 以上的论述就是新时代对"法治"概念和内涵的新理解，是符合时代要求的学理性和实践性概念解释。

（三）辩证发展观视角下的法制与法治的关系

传统的关于法制与法治关系的表述为"既有联系又有区别"，在语义上指的是从形式到内容上的静止的关系。这种观点认为，法治在外延上包括法制，也就是说法制是法律和制度，是法律制度的创制，法制工作是法治建设的重要组成部分，没有法律制度就谈不上法治。从另一方面来讲，专制制度下也有法制，有时专制制度下的法制还比较完备，但这绝对不是法治。法治强调的是法的统治，现代意义讲的是依法治理，这不仅要求统治者要制定完备的法律和制度，而且在法治的框架下法制要得到强有力的贯彻落实。法治的价值不是只治理部分阶级、部分人，而是治理整个社会所有人，特别是拥有绝对政治资源和经济资源的统治者。

另外，法制与法治也存在一定区别，主要表现在以下几方面。一是法制是政治制度概念，相对于政治制度、社会制度、经济制度、文化制度及其他制度而言，它强调法制是调节社会关系的工具。法治是与人治相对抗的概念，社会主义制度下是同民主相对应的概念。同时，社会主义法治作为重要的治国方略和依法治国的基本途径，要求实现政治民主化，要求全民普遍知法守法。二是从历史角度来看，法制现象由来已久，是伴随着国家、阶级的出现而产生的，有了国家就有了法制。而法治则是随着民主政治的出现而产生的，有国家、阶级、法律制度等政治形态，不一定会诞生

---

[1] 《习近平法治思想概论》编写组编《习近平法治思想概论》，高等教育出版社，2021，第5页。

法治。三是社会主义法制一般指的是"有法可依、有法必依、执法必严、违法必究",这是社会主义法制的基本特征。社会主义法治体现的是治理特质,不仅要求"有法",更重要的是要做到"良法善治",要求用"良法"而不是"恶法"来治理国家、治理社会,在价值上实现正义和公平。

从中国的"法制"向"法治"过渡的动态进路来分析,大国法治实现的现实背景是经济发展、社会转型、党的社会主义建设理论渐趋成熟以及法治实践获得了丰富经验。经济发展模式由"总量增长型"转向"质量发展型"。这种模式实质就是由以 GDP 数量为唯一衡量标准的经济发展方式,转向以优化结构、创新驱动、绿色发展、讲求效益为终极目标的新经济发展模式。党的十六届五中全会就曾提出,必须加快转变国民经济增长方式,要使国民经济增长建立在全面提高人口素质、高效利用有限资源、保护生态环境以及提质增效等基础之上。党的十七大对经济发展模式和格局又进一步做了明确强调,要求加快转变经济发展方式,提出了全面建设小康社会的发展目标,要求不断增强发展的协调性,努力实现经济又好又快发展。党的十八大提出,一定要加快形成新的发展方式,把推动发展的立足点转移到质量与效益方面来。习近平同志在党的十九大报告中强调指出:"我国经济已由高速增长阶段转向高质量发展阶段。"[1] 这句话客观总结了十八大以来我国经济运行模式变革的巨大成就,是党中央根据国际国内环境的变化,对我国经济发展基础以及发展的阶段做出的科学判断。特别是,党的十九届五中全会结合"十四五"规划和二〇三五年远景目标的制定,以建成世界经济强国为战略目标,要求把发展经济着力点放在实体经济增长上,要大力建设制造强国、质量强国、网络强国和数字中国,努力实现产业基础升级、产业链现代化,不断提高经济增长效益与核心竞争力。党的二十大提出了"加快构建新发展格局,着力推动高质量发展"的总体要求,具体措施是以完整、准确、全面的新发展理念为指引,"坚持社会主义市场经济改革方向,坚持高水平对外开放,加快构建以国内大循环为主体、国内国际双循环相互促进的新发展格局"[2]。

---

[1] 习近平:《决胜全面建成小康社会 夺取新时代中国特色社会主义伟大胜利——在中国共产党十九次全国代表大会上的报告》,人民出版社,2017,第 31 页。
[2] 习近平:《高举中国特色社会主义伟大旗帜 为全面建设社会主义现代化国家而团结奋斗——在中国共产党第二十次全国代表大会上的报告》,人民出版社,2022,第 28 页。

第三章 西藏法制建设开始到实现依法治藏的历史进程

总之,党和国家在长期的经济建设实践中,对经济发展模式的认识开始从"速度增长型"向"高质量发展型"转变。经济发展模式的转变要求中国的法治建设必须做出呼应,在依法治理方式上必须做出调整,才能依法促进和保障经济高质量发展。这就要求除了要有完备的法律制度(法制),更需要实现依法治理(法治),同时社会治理也应该由"法制"转向"法治"。这个转变和发展的脉络是:党的十一届三中全会公报中提出了我国法制建设的基本要求,即"有法可依、有法必依、执法必严、违法必究"。党的十五大首次将"依法治国,建设社会主义法治国家"的提法写入了政治决议,要求建设社会主义法治国家,要求将"形式法制"上升为"实质法治"。2011年3月28日,胡锦涛同志在中共中央政治局第二十七次集体学习会上提出了"科学立法、严格执法、公正司法、全民守法"依法治国基本要求,并写入了党的十八大报告。自此,在我国的法治建设历程中,实现了由"形式法制"向"实质法治"转变。2013年,党的十八届三中全会通过了《中共中央关于全面深化改革若干重大问题的决议》(以下简称《决议》),《决议》提出要坚持法治中国建设的方向,对法治领域中体制性改革做出重要工作部署。2014年,党的十八届四中全会通过了《中共中央关于全面推进依法治国若干重大问题的决定》,要求全面贯彻具有中国特色的社会主义法治理论,以建设完备的法律规范体系、高效的法治实施体系、严密的法治监督体系、有力的法治保障体系、完备的党内法规体系,建设社会主义法治国家为总目标和总抓手,坚持依法治国、依法执政、依法行政共同推进,坚持法治国家、法治政府、法治社会一体建设,再次强调贯彻科学立法、严格执法、公正司法、全民守法的依法治国总原则,以法治建设促进国家治理体系与治理能力现代化。2017年,党的十九大将依法治国策略上升到了新时代坚持和发展中国特色社会主义基本方略的高度,描绘了新时代全面推进依法治国的宏伟蓝图,为开展法治中国建设提供了正确的方向。2018年3月11日,十三届全国人大一次会议根据中共中央建议通过了《中华人民共和国宪法修正案》,以宪法的形式确立了习近平新时代中国特色社会主义思想在我国政治生活和社会生活中的核心指导地位,战略性地提出了物质文明、政治文明、精神文明、社会文明、生态文明协调发展,要求把我国建设成为富强民主文明和谐美丽的社会主义现代化强国。2018年8月24日,中央全面依法治国委员会第一次会议召开,中央全

| 依法治藏：理论与实践 |

面依法治国委员会正式成立。习近平总书记在讲话中强调，中央组建全面依法治国委员会目的是加强党对依法治国工作的全面领导，协调各方面力量来推进中国特色社会主义法治体系建设。2020年11月16~17日，中央全面依法治国工作会议胜利召开，会议正式明确提出了"习近平法治思想"。习近平总书记在这次工作会议上发表重要讲话，"强调推进全面依法治国工作要从把握新发展阶段、贯彻新发展理念、构建新发展格局的实际出发，围绕建设中国特色社会主义法治体系、建设社会主义法治国家的总目标，坚持党的领导、人民当家作主、依法治国有机统一，以解决法治领域突出问题为着力点，坚定不移走中国特色社会主义法治道路，在法治轨道上推进国家治理体系和治理能力现代化，为全面建设社会主义现代化国家、实现中华民族伟大复兴的中国梦提供有力法治保障"。[1]

"法律的生命力在于实施，法律的权威也在于实施。"[2]注重法律的实施效果，构建全国性的法治体系，是一个国家实现法治的内在逻辑。我国从"法制建设"到"法治建设"的历史性跨越，是中国之治实现的关键。中国的法治实践成果为法治理论研究提供了丰富的素材，成熟的法治理论又在科学地指导着中国的法治实践。改革开放以来，中国法学学科建设逐渐突破原有的窠臼，提出了"本土资源论""权利本位论""法条主义""法律文化论"等理论，为我国转型期的法治建设提供了理论基础。另外，在这一转型时期法制也逐步在更高层次法治引导下，由范围上的广延化向内涵上的纵深化发展。具有象征意义的是，法学界又发生了一次具有里程碑意义的"新形势下社会主义法制与法治关系"的争议，主要是党的十四大确定建立"社会主义市场经济"，为法学学者讨论法制和法治关系以及建构问题提供了更为广泛的语境和论题。这次争鸣中学者们所讨论的问题不仅仅是两个概念的问题，也不仅局限于对"法制""法治"进行纯语义学的诠释，更重要的是，针对市场经济条件下政治、经济、社会、文化背景变革中的形式化的法律制度进行重新设计，将体现时代精神的现代化法律精神同中国优秀传统法律文化结合起来，将这些精神和文化有机地融入新的社会主义法律体系中。[3]

---

[1] 《习近平法治思想概论》编写组编《习近平法治思想概论》，高等教育出版社，2021，第5页。
[2] 《中共中央关于全面推进依法治国若干重大问题的决定》，人民出版社，2014，第15页。
[3] 舒国滢：《中国法治构建的历史语境及其面临的问题》，《社会科学战线》2006年第6期，第68~72页。

总的来说，这一时期中国法学研究的面向和取得的标志性成果主要囿于移植西方法学法律体系、中国传统法制文化，最大的成就是提出某些方面的理论构想，而没有提出符合中国话语体系的、中国特色的法学理论和法治理论，在实践中未能有效回应和应对中国社会在矛盾凸显期产生的各种问题。党的十八届四中全会特别是党的十九大召开以来，中国法理学界在对"法治"进行理论构建的基础上，积极推动"法治"理论研究与法治实践相结合，使法学理论研究逐渐走向法治实践研究。具有代表性的是党的十八届四中全会以后兴起的"法治实践学派"，该学派基于新的历史条件及治理要求，在新的法治体系、法治理论和法学理论指引下，通过开展法治指数、司法透明指数和电子法务发展指数等一系列法治创新活动，努力顺应新形势、借鉴新经验、创造新成果，助推习近平法治思想同依法治国方略的实施。

二 民族法制与民族法治的关系

民族法制与民族法治的关系是在法制与法治框架下发生的关系，是民族治理语境下的一对辩证关系。我国民族法制是"调整民族关系，保障各民族合法权益和正当利益，保障各民族平等权利的法律制度"[①]。这个概念表明，民族法制主要任务是调整各民族关系，这里的民族关系包括汉族在内的各民族之间的关系以及民族内部关系，也就是汉族同少数民族、少数民族同汉族以及各少数民族之间的关系。而这个概念中"保障各民族的合法权利和利益"主要是对少数民族的特殊保护。民族法治是在我国建设社会主义法治的背景下提出的，是在我国依法治国的话语体系内。实践层面上民族法治就是我国社会主义法治的重要组成部分。民族法治要以完备的民族法律法规体系为依据，以民族法律法规高效实施为主要任务，以经济社会高质量发展为依托，在国家的有效监督下来调处民族关系、解决民族问题、处置民族矛盾和民族纠纷，保持民族地区社会和谐稳定。民族法制和民族法治代表民族法律法规两种不同的存在状态和运行模式，民族法制是民族法治的前提和依据，民族法治则是民族法律法规在民族地区特别是民族区域自治地方实施和运行所要达到的最佳效果，是指依法治理民族关系以及具体的民族事务。另外，从学术规范的意义上来讲，"民族法制"的

---

① 中国法学会编、郭道晖主编《十年法制论丛》，法律出版社，2001，第242~243页。

概念使用的频率将会有所降低,内涵也有所减缩,外延也不应做太过宽泛的解释,这是构建民族法治话语体系的要求。部分学者认为:"不赞同将法制与法治一般性的通用,就是因为这样做是无意中消解'法治'所能和所应容纳的价值含量。"① 两者之间的辩证关系可以有以下两种表述。

一是民族法制和民族法治都是统一于我国社会主义现代化法治建设的总体框架设计中,是辩证统一的存在。它们是我国法律实践中两个相互衔接的发展阶段,在建设目标、构成要素、工作内容、价值追求等方面,两者在时序上都是承前启后的排列。民族法治是民族法制建设达到的终极目标和归宿。民族法制强调的是在民族地区有法可依,重心在于民族法律规范的创制,民族法治是一个依法治理的系统,既重视民族立法,又要强调在民族关系中实现良法善治,更加关注民族法律法规实施的效果以及对民族法律法规实施的监督。同时,民族法制的价值在于规范民族关系、管理民族内部事务,在这个法律关系中各民族地方和各少数民族处于客体地位,属于依法管理的特定对象。民族政治强调的是依法治理功能的实现,在这个过程中,民族地区和少数民族既是客体又是主体,特别是民族地方和少数民族的主体地位充分得到尊重。从发展态势上看,民族法治是基于市场经济和民主政治的法制制度设计和实施系统,最大优势在于避免了"人治"等主观因素的干扰,具有强劲的发展潜力和旺盛的生命力。

二是政治制度的变迁要求实现法律现代化即社会法治化的进程。"在政治体制和社会发展方面,它伴随着以角色先赋的、初级社会群体占主导地位的乡村结构向着功能制度分化的、复杂社会群体为主导的都市结构转变的过程,法律从身份取向向平等人格和业绩取向转变。"② 所以,以民族法制现代化为内容的民族法治离不开民族法制建设,但从民族法制到民族法治又是一个复杂的社会政治过程,是国家制度和社会观念的嬗变以及价值体系的重构。

从我国民族地方法律变迁的历史视野来看,在民族法治的进程中,法律现代化过程以工业化、信息化、社会化以及民主化为基础,为国家全面实现现代化提供保障。另外,在这个进程中,法律之治还要包容新旧法律制度交替期出现的社会失衡和利益失序,这个过程也是一个复杂、逐步试

---

① 齐延平:《人权与法治》,山东人民出版社,2013,第154页。
② 蒋立山:《法律现代化——中国法治道路问题研究》,中国法制出版社,2016,第28~29页。

错并不断得到纠正的辩证过程。

第二节　西藏法制建设开始到实现依法治藏的历史回顾

藏族是生活在青藏高原上的一个古老民族，是中华民族共同体的重要组成部分。在漫长的历史长河中，藏族创造了辉煌璀璨的传统文化，是中华文化的重要组成部分，其中也包括西藏的传统法律文化。作为旧西藏社会的上层建筑，西藏的法律制度也逐步形成和发展。特别是，旧西藏政治制度的特点是政教合一，也就是官家、贵族和上层僧侣"三大领主"的联合统治。相对而言，旧西藏封建农奴制度的统治机构比较完整，它的法律制度反映的是封建农奴主阶级的利益，也是维护农奴主阶级统治的工具。1951年5月23日《中央人民政府和西藏地方政府关于和平解放西藏办法的协议》（简称《十七条协议》）正式签订，宣告西藏和平解放。以《十七条协议》为基本的法律依据，西藏各族人民群众在中国共产党的坚强领导下团结合作，积极维护国家主权、祖国统一和领土完整。1959年西藏开展了民主改革，自治区筹委会通过了《关于废除封建农奴主土地所有制实行农民的土地所有制的决议》，彻底废除了政教合一的封建农奴制度，建立了人民民主政权，建立了社会主义制度，百万农奴翻身解放，开启了西藏各族人民群众当家作主的新纪元。1965年西藏自治区成立以来，开始实行民族区域自治制度，西藏社会制度实现了历史性跨越，西藏自治区坚决实施各项民族自治权利，有力推进改革开放和现代化建设，极大地解放与发展了社会生产力，改善了西藏各族人民生产生活条件。进入新时代，在以习近平同志为核心的党中央坚强领导下，坚决贯彻新时代党的治藏方略，锚定西藏稳定发展生态强边"四件大事"，全面推进依法治藏工作，助力"四个创建"和"四个走在前列"战略目标的实现，强化法治意识和法治思维，努力服务于保障西藏长治久安和高质量发展。

一　旧西藏法律制度的变迁

（一）西藏法律制度的起源

吐蕃王朝建立之前，青藏高原上散布着几十个氏族部落，在此基础上逐渐形成若干个邦国。这些部落、邦国在长期的社会生活和经济生活中形成了各自的习惯法，其主要来源是本地原始宗教苯教教义、部落神话传说、民间格言谚语以及风俗习惯等。根据藏文佛教典籍《迪乌宗派源流》的记载，聂赤赞普时期以苯教教规教义为根据，产生了仲（神话传说）、德乌（谜语）和本（苯教咒语）三种口传教法，并建立了桑缀南森（议事会），规定了两种惩罚方式以及五种褒奖形式的古老法律，根据王谕授予特定的人九种告身和八种英雄称号。① 桑缀南森（议事会）是西藏史前社会最高执政机构和司法机构，直接向赞普负责，主要职责是对邦国的政治、经济、社会、军事、宗教和文化等方面的重大事务进行商议和决策。一般按照所要商议和决策事务轻重缓急程度分别由三级议会来负责，也就是三级秘密议会，总称为桑缀南森。

图 3-1 聂赤赞普（图片来源于雍布拉康壁画，由雍布拉康景区管理委员会提供）

史前西藏并不存在法律和法制这一规制性的国家现象或社会现象，民间神话传说、民间格言谚语谜语以及苯教的某些教义逐步成为人们普遍遵

---

① 《迪乌宗派源流》成书时间为1109年，是迄今为止发现最早的一部藏文佛教历史专著，一直以手抄本传世，1987年由西藏古籍出版社编印。

守的行为准则,起着调整和规制社会关系的作用,到了吐蕃政权时期逐步演变为统治者管理社会的法则,这就使某些习惯具有了法的性质,甚至可以说是国家法的雏形。

(二) 吐蕃时期的西藏法律制度

据有关史料记载,藏族历史上第一部成文法典诞生于吐蕃王朝的松赞干布时期,即"吐蕃王法",距今已有1300多年的历史。松赞干布励精图治,用政治、军事力量完成了统一吐蕃全境的大业,建立了强大的吐蕃王朝。松赞干布时期的吐蕃王朝制定了较为完整的典章制度。例如,制定了文武官职制度,划分行政区域派遣官员治理地方,设立兵制开展训练和作战,重视弘扬传播佛教,发展农业生产,注重保持与唐王朝关系并通婚。特别是,松赞干布为了解决悉补野各部落习惯法内容不统一的情况,组织创制藏文文字,并开始创制统一的成文法典与行政管理制度。[①] 此后历代吐蕃赞普都非常重视立法事务,制定了涉及社会诸多领域的专门法律,逐步形成了以国家制定法为主体、占有主导地位的王法体系,这对西藏法制史的发展产生了深远的影响。但是由于各种原因,吐蕃王朝时期的法典未能保存到现在,可以查阅到的相关法律典籍文献资料只能是敦煌遗书中保留的不完整的名称或目录。

出于历史传统和现实需求的原因,吐蕃历代赞普都十分推崇佛教。"松赞干布以佛教十善法为依据,创制国法。"[②] 吐蕃王朝在佛教的"十善法"基础上制定了《神教十善法》《入教十六净法》等王法。但是,这些王法依旧囿于道德规范和人性劝诫层面,缺乏法律的强制性和惩罚性。松赞干布要求从印度学成归来的贤臣吞弥·桑布扎主持法律创制工作,他根据佛教十善教义,用新发明的文字制定法律。公元629年,《法律二十条》创制完成,在基雪雄绕由松赞干布和大臣们共同签印,颁布施行于吐蕃全域,这就是西藏历史上第一部成文的国家制定法。《法律二十条》将《佛教十善法》《神教十善法》《入教十六净法》内容充分融合在一起,将佛教教义规

[①] 大赞普松赞干布执政之前,吐蕃基本上没有统一的文字。针对这种情况,松赞干布派遣大臣吞弥·桑布扎赴印度学习文字创制。吞弥·桑布扎以梵文为基础,结合当时吐蕃语言实际,创制了拼音文字。

[②] 萨迦·索南坚赞:《王统世系明鉴》,辽宁人民出版社,1985,第28~29页。

范、藏族伦理规范以及吐蕃王朝的制度规范等以法律的形式固化下来，使吐蕃王朝的政治生活、社会生活、家庭生活等主要社会关系都有了相应法律规范加以调整，尤其是前四条内容，针对杀人、伤害、盗窃、奸淫、说谎等罪行明确规定了严厉刑罚的方式。这四部王法以及佛教教法之间继承发展关系如表3-1所示。

表3-1 四部王法以及佛教教法之间继承发展关系

佛教十善	神教十善法	人教十六净法	法律二十条
不杀生	不许杀生造罪		杀人者偿命，争斗者罚金
不偷盗	不能偷抢大于针线的财物		偷盗者除追还原物外，加罚八倍
不邪淫	不能邪淫		奸淫者断肢，并流放异地
不妄语	不许撒谎		谎言者割舌或发誓
不两舌	不许挑拨人和	敬信三宝	要虔信佛、法、僧三宝
不恶口	不可恶言咒骂	求修正法	
不绮语	不许散布谎言	报父母恩	要孝顺父母，报父母恩
不贪欲	禁贪欲	敬重有德	要尊敬高德，不与贤良善者和贵族争斗
不嗔恚	禁害人心	敬贵尊老	敦睦亲族，敬事长上
不邪见	不做违背因果之事	利济乡邻	要帮助邻里
		直心小心	要出言忠信
		义深亲友	要做事谨慎，未受委托，不应干涉
		追踪上流，远虑高瞻	要行笃厚，信因果，忍耐痛苦，顺应不幸
		饮食有节，货财安分	要钱财知足，使用食物和货物务期适当
		追认旧恩，及时偿债	要如约还债
			要酬德报恩
		秤斗无欺	要斗秤公平，不用伪度量衡
		慎戒嫉妒	要不生嫉妒，与众和谐
		不听邪说，自持主见	遇有大事要自有主见，不听妇言
		温语寡言	要审慎言语，说话温雅
		担当重任，度量宽宏	要处世正直，是非难断时，对神发誓

从吐蕃王朝的法律典章的基本内容和形式来考察，尤其是这一时期的

司法制度都反映了奴隶主统治阶级的思想意识、价值标准，也反映了当时社会各阶级的法制观点和利益诉求。它维护了奴隶主阶级统治的合法性，肯定了阶级压迫和阶级剥削的合理正当性，但是作为一种法律制度文化现象，它观照了那个时代政权统治、经济方式、社会生活、宗教文化等方面的现象和规律，对于后世的西藏法制发展产生了巨大影响，并成为西藏封建农奴社会政教合一制度下法制建设的重要渊源。

（三）蒙元时期的西藏法律制度

1247 年，西藏萨迦派宗教领袖萨迦班智达同蒙古汗国皇子、西路军统帅阔端在凉州（今甘肃武威市）白塔寺进行"凉州会谈"，代表西藏各派僧俗势力与蒙古王室正式建立起了政治上的联系，并颁布了《萨迦班智达致蕃人书》，这个历史事件史称"凉州会盟"。今天的甘肃省武威市白塔寺成为西藏正式归属中央政府直接管辖的直接见证。"凉州会盟"顺应了历史潮流，使蒙藏双方避免了战争带来的伤亡和破坏，蒙藏人民和睦相处、友好往来的历史从此拉开了序幕，政治上联盟、经济上交流成为两族相互关系的主流。《萨迦班智达致蕃人书》的颁布反映了当时西藏各族人民的期盼与要求，其颁布并有效执行的重大意义在于向世界宣告、向历史宣告："西藏从此正式归于蒙元版图，西藏属于中国的主权领域。"[①] 在这个前提下，1260 年元世祖忽必烈封萨迦派第五代法王八思巴为国师，八思巴后被封为帝师并被授以玉印，拥有统领天下释教的权力，从此具有了全国佛教领袖的崇高地位。1264 年元朝设立总制院（后改为宣政院），八思巴大师以国师的身份领导总制院，负责管辖全国佛教事务以及西藏的行政事务。西藏在元朝支持下建立了政教合一的萨迦地方政权，这是西藏政教合一封建农奴制的发端，萨迦地方政权施行元朝的法律和制度。由于蒙藏民族具有类似的经济基础和社会形态，宗教信仰也逐渐趋同，因此通行蒙古法没有受到较大阻碍。据藏文文献《红史》记载："元朝时西藏施行的法律实际上是元朝法律。"[②] 蒙古法主要有成吉思汗时期颁布的《大札撒》以及元朝颁布的

---

① 国务院新闻办公室：《西藏的主权归属与人权状况》，民族出版社，1992，第 3 页。
② 蔡巴·贡嘎多吉（1309~1364）：《红史》，东嘎·洛桑赤列校注，陈庆英、周润年译，西藏人民出版社，1986，第 39 页。

《大元通制》等成文法典，同时也包括元朝皇帝颁发的圣旨、诏令、谕旨等。另外，西藏地方的重大政治事件、法律事务，譬如贵族家族血统的认定、法王的继承、重臣的任命以及重大政治经济纠纷的解决都由元朝中央政府掌控，以保证中央政令的统一。

图 3-2 《通制条格》

＊由于已经没有传世的《大元通制》全书，现仅存条格部分。

到了元朝末年，帕木竹巴政权取代了萨迦政权，制定了对西藏后世立法具有深远影响的《十五法典》。1349年，帕竹万户长绛曲坚赞结束了萨迦政权八十八年的统治，建立了帕木竹巴政权。大司徒绛曲坚赞根据萨迦政权时期的法律、法令及其细则，融合蒙古法律，继承吐蕃时期的法律，制定了《十五法典》。同时，《十五法典》也是吐蕃王朝结束后，对流失于西藏各地习惯法的首次整理结集。在政教合一政体的背景下，《十五法典》深受藏传佛教教义教规的影响，将吐蕃时期赔命价、赔血价制度应用到绝大部分杀人伤人案件，对于之前萨迦时期执行的蒙古法典"杀人应偿命"的条款进行了变革。后来历史上出现的《十六法典》《十三法典》都是在《十五法典》已有法条上加以增减或修订而成文的。《十五法典》主要内容有：

英雄猛虎律，是对强悍的人加以抑制的法律；懦夫狐狸律，是对懦弱的人加以扶助的法律；地方官吏律，是规定官员应尽职责方面的法律；听讼是非律，是要求司法官明断是非的法律；逮解法庭律，是对欺压百姓的人加以逮捕的法律；重罪肉刑律，是对犯重罪的人处以肉刑的法律；警告罚锾律，是对犯轻微犯罪的人处以警告和罚款的法律；使者脚钱律，对贪污的官吏予以处罚的法律；杀人命价律，是杀人赔偿命价方面的法律；伤人抵罪律，是伤人要做相应赔偿的法律；狡诳洗心律，是诬陷别人要对神明发誓的法律；盗窃追偿律，是盗窃者要赔偿物主损失的法律；亲属离异律，是关于家庭内部纠纷、夫妻离异的法律；奸淫罚锾律，是奸污妇女要处以罚金的法律；半夜前后律，是牲畜借用方面的法律。

图 3-3 《十五法典》部分扫描本（图片来源于西藏自治区博物馆，由西藏自治区博物馆提供）

从以上的叙述中可以看出，蒙元时期西藏的法律制度深受元朝中央政权以及蒙古法律的影响，而蒙古法律制度是建立在农奴制游牧社会经济基础和意识形态之上的，具有典型的政教合一制度的本质特征。具体表现在以下方面。一是民族关系方面，蒙元时期西藏法律公开显示民族不平等和民族压迫，导致了西藏社会阶级矛盾和民族矛盾的激化。例如，《十五法典》规定，奴隶对其主人有不恭敬行为，要"杖一百七，拘役二年"，而主人殴伤殴死其奴隶的，可以免罪；奴隶强奸主人妻女的一律处死，而"诸主奸奴妻者不坐"，不属于犯罪行为。二是阶级关系方面。蒙元时期西藏法律保障贵族官僚地主牧主对土地的完全占有以及对奴隶的完全占有，强化自由民（包括佃户、手工业者等）对农奴主的人身依附关系，使广大农奴、奴隶甚至自由民都受到更加沉重的压迫和剥削。三是政教关系方面。萨迦王朝确立了政教合一封建农奴制,寺院僧侣特别是上层僧侣享有政治上、法律上的特权,藏传佛教的教义教规同世俗的法律交织融合在一起,共同对奴隶和农奴阶级进行严酷统治。四是法律关系方面。蒙元时期西藏法律主要是保障农奴主阶级的权利,对奴隶和农奴进行残酷统治,奴隶和农奴阶级只履行义务,没有任何权利可言。尽管如此,元朝时期西藏的法律制度仍然对后世的立法起到一定的影响,究其原因主要是西藏接受了中央政府的直接统治和管理,保持了法律和制度的统一性。另外,元朝时期的中央和西藏地方法律的宗旨都是维护封建农奴主的利益,符合旧西藏历代封建农奴主阶级的根本利益。

(四) 明朝时期的西藏法律制度

明朝建立后,注意到藏传佛教给西藏社会各方面带来的深刻影响,"夷狄之族敬佛如敬天,畏僧甚于畏法"[1],"见佛都无不瞻仰,虽凶戾愚顽者,亦为之敬信"[2]。因此,对西藏主要是采取"因俗而治""缘俗立教"的治理政策,采取"多封众建"的政策,继续对各大教派的大喇嘛加以怀柔,给以封号,以期起到化道愚顽、阴助王化的作用。同时强化对西藏的直接统治,在西藏设置地方统治机构,建立土司制度,加强对西藏地方的管辖。明王朝还加强了与西藏地方的朝贡和赏赐关系,通过土官朝贡和赏赐制度强化与西藏地方僧俗贵族的联系。继续实行唐宋以来的"茶马互市"政策,"用茶易马,固番人心,且以强中国"[3]。通过"茶马互市"实现了汉藏两地资源互补,增进了汉藏民族间的交往交流,同时也加强了明朝中央政权对西藏地方的掌控。"以是羁縻之,贤于数万甲兵矣,此制西番以控北虏之上策。"[4] 同时,明朝后期藏巴汗政权十分重视对西藏地方的统治,及时制定了《十六法典》。这部法典是古代西藏法制史上立法技术最为先进,体系最为完整,内容最为丰富的典籍,它也是清朝时期西藏地方政权制定《十三法典》的样本。

《十六法典》的制定有着这样的历史背景:明朝中期以来,帕竹地方政权郎氏家族的家臣仁蚌巴家族逐渐强盛起来,凭借绝对的政治和军事实力

---

[1] 《明熹宗实录》卷73。
[2] 《明太祖实录》卷225。
[3] (清)张廷玉等:《明史》卷80。
[4] (明)陈子龙:《明经世文编》卷115。

第三章 西藏法制建设开始到实现依法治藏的历史进程

控制了帕竹地方政权。1565年，仁蚌巴家族的家臣辛夏巴家族又推翻了仁蚌巴家族在后藏的统治。1611年，辛夏巴家族彻底推翻了帕竹地方政权，建立了噶玛噶举派主导的噶玛政权。到了1618年，噶玛政权已经基本统一了整个卫藏地区，汉文史书称之为"藏巴汗"政权。公元1621年噶玛丹迥旺布在其父噶玛噶举派法王藏巴汗·彭措南杰猝死后继承汗位。噶玛丹迥旺布主政西藏地方政权以后，面对当时西藏各地法律典章不统一的现实，为了稳固地方政权，命令地方长官贝色瓦编定统一的法律。贝色瓦在大量参考了帕木竹巴时期的《十五法典》《桑主孜法典》《法律通论如意妙善》等地方性法规文件和古代法律残片，又考察了各地部落的习惯法，最终编定了《十六法典》。其主要内容有：英雄猛虎律，是指遭到外族入侵时通过和平或武力的方式制服敌人的措施规定；懦夫狐狸律，是指遭到强敌无法取胜时，避免遭到惨败的措施规定；地方官吏律，是指地方官员应该遵守的法律；听讼是非律，是指司法官应该听取诉讼、辨明是非曲直的法律；逮解法庭律，是指因捕犯人、依法惩治的法律；重罪肉刑律，是指对犯重罪的人处以肉刑的法律；警告罚锾律，是指对犯轻微罪行的人处以警告和罚款的法律；使者脚钱律，是指平民百姓应对官差提供食宿脚钱的法律；杀人命价律，是指故意杀人需要赔偿命价的法律；伤人抵罪律，是指斗殴伤人根据伤势轻重做相应赔偿的法律；狡诳洗心律，指的是责令狡赖欺诈的诉讼双方接受神明裁判的法律；盗窃追偿律，指的是偷盗者应偿还赃物并加倍赔偿的法律；亲属离异律，指的是关于家庭内部纠纷、夫妻离异的法律；奸淫罚锾律，指的是奸污妇女要处以罚金的法律；半夜前后律，指的是农牧生产、商业活动方面的法律；异族边区律，指的是调整藏族与珞巴、门巴、蒙古等相邻民族之间关系的法律。

《十六法典》在体例上直接继承了《十五法典》，与《十五法典》在立法精神、条款内容甚至是章节名称、法条排列顺序上基本都未发生变化，只是最后增加了一章"异族边区律"。但是《十六法典》与《十五法典》相比较也有不同或者是更加完善的地方。一是法典的开篇有类似序言的阐述，叙述了藏巴汗的家族变迁、功绩呈现、创建政权的管辖地域及自然环境。二是开创了在条款下设置了阐释的部分，使《十六法典》相较《十五法典》更加严密完整，更便于指导司法案件的判决。三是《十六法典》考虑各地不同的具体情况，对于刑罚标准留有一定的余地，规定了赔偿额度上的级差。譬如，

图 3-4 《十六法典》（图片由西藏自治区博物馆提供）

在赔命价的额度规定上不再囿于某一个绝对数目上，而是规定了下限，变通规定了两造和司法官协商，达成双方可以接受的命价额度。

（五）清朝时期的西藏法律制度

清朝为了巩固其在西藏地区的统治地位，仍然大力推行政教合一制度治理藏番的政策。在中央设立理藩院作为治理边疆各少数民族的中央机构，主要职责是管理蒙古、回部以及西藏地区的各项事务。康熙年间清政府制定《理藩院则例》，用法律来规范对全国少数民族地区的统治。雍正年间清政府开始在西藏地区派驻驻藏大臣和帮办大臣，在青海地区设立西宁办事大臣，在西康地区实施土司制度，通过直接派驻中央机构来加强对藏族各地区的管辖。纵观清朝时期西藏以及其他涉藏地区的法典制度，一方面是清朝中央政府直接治理西藏及其他涉藏地区法律制度，如《理藩院则例》《酌定西藏善后章程十三条》《钦定藏内善后章程二十九条》《设站定界事宜十九条》《酌定藏中事宜十条》《噶丹颇章所属卫藏塔工绒等地区铁虎年普查清册》《裁禁商上积弊章程》《传谕藏众善后问题二十四条》《西宁青海番夷成例》等；另一方面主要是指西藏及其他涉藏地方政府制定并通过中央政府认可的地方法规和部落习惯法，最具代表性的有西藏地区的《十三法典》、青海果洛部落的《红本法》、西康的德格《十三条法律》等。

清朝在借鉴元明两朝治藏措施和经验的基础上，进一步增强了治理西藏的力度，形成了一套系统化的治藏法律制度，从治理制度到治理能力方面都大大超越了元朝和明朝。其中最具代表性的是《酌定西藏善后章程十三条》和《钦定藏内善后章程二十九条》，现对这两部法典做一简单介绍。

1. 《酌定西藏善后章程十三条》

1747年西藏政治局势发生严重动荡，清朝平定动乱后派遣四川总督策楞入藏处理善后事宜。策楞提出了《酌定西藏善后章程十三条》，1751年4月23日由清廷正式批准，以"晓谕全藏告示"的形式颁布，这是清朝第一次针对西藏制定的单行法规，是清朝中央政府对治藏历史经验的一次重要总结。其主要内容在于九个方面：废除郡王掌权制度，建立噶厦政府；噶伦会办事务地点在噶厦公所衙门，不得添放私人亲信为噶厦办事人员；设定噶伦的具体人事权；对寺庙堪布喇嘛的任命及处置权限；规定噶伦的司法权限；规定噶伦办理地方事务，代本管理兵马；噶伦、代本等职务任命、罢黜，由达赖喇嘛和驻藏大臣会同拣选推荐和参奏革除，由清朝中央政府颁发任命敕书或予以罢免；噶伦、代本等买卖交易差遣，不得擅行私出乌拉牌票苦累人民，严禁私自滥行赏赐，加派差役税赋；规定噶伦不得私自动用达赖喇嘛的仓库贮存物件。

2. 《钦定藏内善后章程二十九条》

1788年，尼泊尔廓尔喀入侵西藏。1792年清朝派遣福康安率军将廓尔喀军队驱逐出境。鉴于西藏地方政治混乱、制度松弛、财政困难、军备废弛无力抵抗外侵等现实情况，福康安会同西藏地方官员共同制定条例。1793年，条例奏经朝廷审定，正式颁行，这就是著名的《钦定藏内善后章程二十九条》。《钦定藏内善后章程二十九条》用法律形式规定了西藏政治、经济、宗教、文化等方面的制度，使西藏地区重大事务纳入国家法律管辖范围，加强了清朝对西藏的管理。这是我国封建王朝以中央立法的形式所颁布施行的最完整、最规范的治藏法律制度，标志着清王朝对西藏的主权管辖和行政治理已经步入法律化和制度化的阶段。但是，《钦定藏内善后章程二十九条》没有从根本上触动封建农奴制度，反而从国家制度层面认可了封建农奴制度的合法性。其主要内容包括七个方面：规定了驻藏大臣职权，地位与达赖、班禅平等；建立西藏地方常备兵制度，粮饷由驻藏大臣负责；西藏对外事务统归驻藏大臣处理；活佛转世改用金瓶掣签制度；西藏地方财税和收支由驻藏大臣审核和统一安排；外交权和涉外事务的处理权属于清朝中央政府；关于西藏地方币制、财政税收和乌拉差役等方面的规定。

| 依法治藏：理论与实践 |

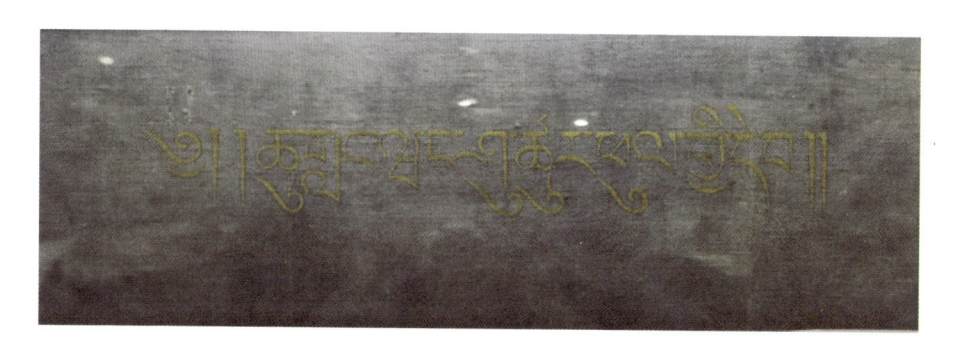

图3-5《钦定藏内善后章程二十九条》（图片由西藏自治区博物馆提供）

另外，西藏地方政府为了巩固政教合一的封建农奴制度，维护封建农奴主阶级的根本利益，开展了西藏地方性法律的制定工作，以保障对西藏地方的有效统治。清朝初期，西藏教派冲突激烈，五世达赖喇嘛邀请在青海地区的蒙古族和硕部首领固始汗入藏推翻了藏巴汗政权。蒙藏封建农奴主阶级在西藏建立了联合政权，由五世达赖喇嘛发展成政教合一体制。五世达赖喇嘛命令第巴索南饶丹将藏巴汗时期的《十六法典》进行调整，对前言和个别条目进行修订补充，删去了"英雄猛虎律"、"懦夫狐狸律"和"异族边区律"这三条，最后编纂成《十三法典》。《十三法典》借鉴了吐蕃、元朝以及帕木竹政权时期的立法经验，在西藏古代法制史上具有承上启下的作用。

图3-6 《十三法典》（图片由西藏自治区博物馆提供）

表 3-2 古代西藏法制史上三部法律内容比较

十五法典	十六法典	十三法典
英雄猛虎律	英雄猛虎律	
懦夫狐狸律	懦夫狐狸律	
地方官吏律	地方官吏律	镜面国王律
听讼是非律	听讼是非律	听讼是非律
逮解法庭律	逮解法庭律	拘捕法庭律
重罪肉刑律	重罪肉刑律	重罪肉刑律
警告罚锾律	警告罚锾律	警告罚锾律
使者脚钱律	胥吏供给律	使者薪给律
杀人命价律	杀人命价律	杀人命价律
伤人抵罪律	伤人血价律	伤人赔偿律
狡诳洗心律	狡诳洗心律	狡诳洗心律
盗窃追偿律	盗窃追偿律	盗窃追偿律
亲属离异律	亲属离异律	亲属离异律
奸淫罚锾律	奸淫罚锾律	奸污罚锾律
半夜前后律	半夜前后律	半夜前后律
	异族边区律	

（六）近现代的西藏法律制度

1840年以后中国沦为半殖民地半封建社会，西藏的门户被英帝国主义用武力打开。1904年英国发动了第二次对西藏地方的侵略战争，西藏地方政府被迫同英国订立了不合法的《拉萨条约》，使英帝国主义在西藏攫取了大量经济利益与治外法权。清朝末期，清政府试图恢复对西藏地区的全面管辖，制定了《新治藏政策大纲》。1907年，驻藏帮办大臣张荫棠提出《新治藏政策大纲》，经清廷同意《新治藏政策大纲》得到颁行，清朝政府希望通过实施《大纲》加强对西藏的直接统治并使西藏进入政教分离的新阶段。但是，《新治藏政策大纲》"政教分离"的治藏原则，招致了达赖、班禅等宗教势力的强烈抵制，严重影响这个新治藏政策的实施。

《大纲》内容主要有五条。一是强化中央对西藏的直接领导，施行政教分离。派遣清廷亲贵为西藏行部大臣全面管理西藏，拥有最高统治权力；

达赖、班禅优加封号，使其逐步脱离西藏行政管理系统。二是加强军事力量，巩固边防建设。清政府调北洋新军6000人驻藏，统归西藏行部大臣调遣。同时，在西藏训练10万名民兵，重建边防防御系统。三是教化民众，开启民智。在西藏各地设立汉文学校，刊印发行藏、汉文报纸。四是加强交通通信建设，改良交通通信系统。主要工作是修建康定至拉萨以及江孜、亚东一线的牛车路，建设电站并将电线拉至拉萨。五是组织近代化生产，发展地方经济。在西藏准予民间开采矿山，民间设立银行，废除繁重差税和苛刻刑罚，组织藏地商品出口，同时抵制外国商品渗入西藏。

民国时期治藏方略的理论基础就是孙中山先生提出的"五族共和"思想和政策，中山先生在就任中华民国临时大总统时就宣布："国家之本，在于人民，合汉、满、蒙、回、藏诸地为一国，则合汉、满、蒙、回、藏诸族为一人，是曰民族之统一。"① 其后，武汉、北京、南京国民政府都遵循这一思想和原则，致力于维护主权统一，先后制定了多部宪法或宪法性文件，这些法律性文件无一例外都明确了西藏是中国领土不可分割的一部分。同时，北洋政府时期还设立了蒙藏事务局，后改为蒙藏院；1928年蒋介石就任国民政府主席，在行政院下设立了蒙藏事务委员会，专门管理蒙古、西藏地区事务。1940年4月，国民政府在拉萨设立蒙藏委员会驻藏办事处，作为中央政府在西藏的常设机构。同时，国民政府还就蒙藏地区民族宗教事务等各方面问题制定了相当数量的法律法规，如《蒙古喇嘛寺庙监督条例》《西藏会议代表推选办法》《喇嘛管理办法》《修正喇嘛登记办法》《喇嘛奖励办法》《喇嘛转世办法》《管理喇嘛寺庙条例》《边疆宗教领袖来京展觐办法》等。需要补充说明的是，南京国民政府对于清朝制定少数重要旧法的继续援用，例如将《理藩院则例》《番例条款》认可为特别法，在新的特别法令颁布实施之前，不与其他法律法令相抵触的情况下，特许藏族地方继续援用施行。

近代西藏地方继续实行政教合一的封建农奴制，由于受到帝国主义侵略和民国时期政局动荡的严重影响，中央政府对于西藏的统治相对削弱，噶厦政府的权力相应得到扩张。在地方法律制度建设上主要体现在三个方面。一是达赖喇嘛的法旨、训令。近代西藏依旧实行政教合一封建农奴制的政治体制，这种制度甚至在民国时期还有所扩展。因此，达赖喇嘛发布

---

① 《孙中山全集》第2卷，中华书局，2011，第3页。

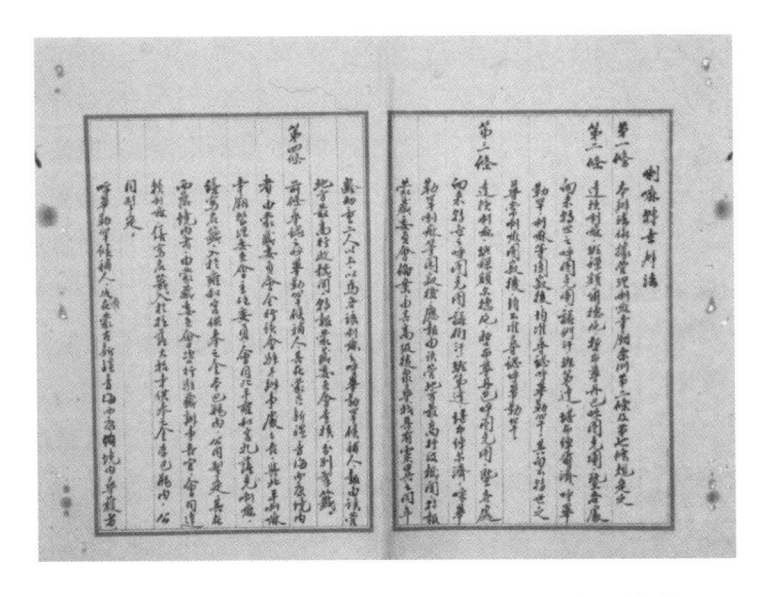

第三章 西藏法制建设开始到实现依法治藏的历史进程

图 3-7 《喇嘛转世办法》（图片由西藏自治区博物馆提供）

法旨、训令在西藏地方具有很高的法律效力，这些法旨、训令既有阐明佛教法理和教义教规方面的内容，也有界定中央政府与西藏地方关系方面的内容，但是其主要内容还是关于西藏地方经济社会关系以及民族宗教事务管理等。二是政府的法规法令。噶厦作为西藏地方政府，主要职责是管理西藏地方的行政事务，同时拥有发布具体行政法规的职权。西藏地方财政权归噶厦行使，噶厦在征派差役、催收钱粮、财税结算、物流运输等经济管理方面发布了大量的文告和法令。除此之外，例如《借贷法令》《禁止打猎之命令》，其中最为重要的行政管理细则是《噶厦办事规则二十三条》，规范了噶厦政府的权限范围和办事程序规则。三是西藏民族地方性习惯法规。西藏地方的宗、谿卡拥有订立"法契约"的权力。"法契约"的订立方式是宗本召集谿堆、佑扎、根布和防雹巫师等，召开会议共同订立"法契约"，共同签名盖印后方可生效。西藏地方各宗、谿的"法契约"生效时间因内容不同而不同。例如，乃东宗的"夏季法契约"生效时间为藏历 5 月 16 日到秋收完毕，契约生效期间全宗共同遵守，保护农业生产遵守宗教禁忌和天文历算的有关习惯，如有违反必将受到相应惩罚。

近代西藏三大领主垄断行政权力和司法权力，司法权和行政权交织，没有设立专门固定的法庭，司法制度处于混乱无序的状态。西藏地方行使司法审判职能机关由噶厦、基巧、宗三级构成。噶厦既是西藏地方政府，总理西藏地方性事务，颁布地方法令，行使行政管理权；又是西藏地方最高司法机关，行使包括审判权、执行权在内的司法权。代表噶厦政府行使审判职能的机构主要有"雪勒空"和"朗孜厦"。"雪勒空"就负责拉萨及郊区的司法事务，除杀人、盗窃等重大刑事案件的判决须呈报噶厦政府批准外，一般案件都可自行裁决。"朗孜厦"即拉萨市政府，是旧西藏噶厦直属的最大行政机构，也是最大的审判机构。管辖的案件主要有拉萨市辖区内的一般案件、噶厦政府指定审理的案件以及侵犯统治者利益的所谓重大案件。"朗孜厦"既有判决权又拥有刑罚权，其判决权力具有最高的权威性。基巧相当于今天的地级市一级，基巧公署负责辖区内的重大案件的审理。宗相当于今天的县，和平解放初期，西藏地方还有147个宗，各宗执掌本辖区的行政与司法事务，也是西藏地方最基层审判机构。另外，贵族也可以根据地方政府法典的相关规定，在自家的庄园内制定"家法"，设死刑处罚农奴和奴隶，甚至可以将农奴和奴隶处死。旧西藏的寺院可以根据政府法典和教义教规制定"寺规"，对僧侣犯罪享有处置权，对于涉及重大犯罪的僧侣只有在被剥夺出家人资格的情况下，地方司法机构才有权追究其法律责任。

图 3-8 "朗孜厦"现址（位于拉萨市八廓街北端，南依大昭寺，图片由拉萨市八廓古城管委会提供）

二 新西藏法制建设到依法治藏的历史进程

(一) 和平解放后的法制建设 (1951~1959)

1951年5月23日,中央人民政府和西藏地方政府的代表在北京就西藏和平解放的一系列问题达成了协议,签订了具有重大历史意义的《中央人民政府和西藏地方政府关于和平解放西藏办法的协议》(简称《十七条协议》),宣告西藏和平解放。西藏和平解放是中国现代史和中国革命史上的一个重大历史事件,也是西藏地方历史上具有划时代意义的转折点。西藏地方历史画卷从此掀开了崭新的一页,西藏的法律也迎来了曙光。从1951年西藏和平解放到1959年西藏民主改革的八年时间,是西藏法律事业发展历史上的一个特殊时期。这一时期西藏两种管理制度体制并存,一方面是封建农奴制的政治制度仍然存在,另一方面由中央人民政府直接领导下的军政委员会(1951~1956)、西藏自治区筹备委员会(1956~1965)也是带有政权性质的协商办事机构。在这种复杂特殊的局面下,中央政府针对西藏工作制定颁发了一系列法规、政策文件,西藏地方的司法工作也开始起步。

1951年5月23日,《十七条协议》签字仪式在北京中南海勤政殿隆重举行,标志着西藏和平解放。《十七条协议》制定和颁布实施的依据是《中国人民政治协商会议共同纲领》的有关规定,"在中央人民政府的统一领导下,西藏各族人民有实行民族区域自治的权利"。《十七条协议》重要法律意义在于明确了西藏是中国不可分割的一部分,并为西藏地方指明了实行民族区域自治的制度方向。1955年3月9日,国务院第七次会议通过了《国务院关于成立西藏自治区筹备委员会的决定》,指出筹委会的主要工作任务是依据宪法以及《十七条协议》的相关规定,并针对西藏的具体情况,筹备成立西藏自治区并在西藏实行民族区域自治制度。《十七条协议》界定了西藏自治区筹委会与国务院的行政隶属关系,确立了西藏自治区筹委会的法律地位和职责权限,为西藏自治区的成立奠定了政治和法律基础。1956年4月22日,西藏自治区筹备委员会在拉萨宣告成立,它是带有政权性质的地方机关,也是具有地方立法权的机关,标志着西藏地方实质性法制工作的开端。

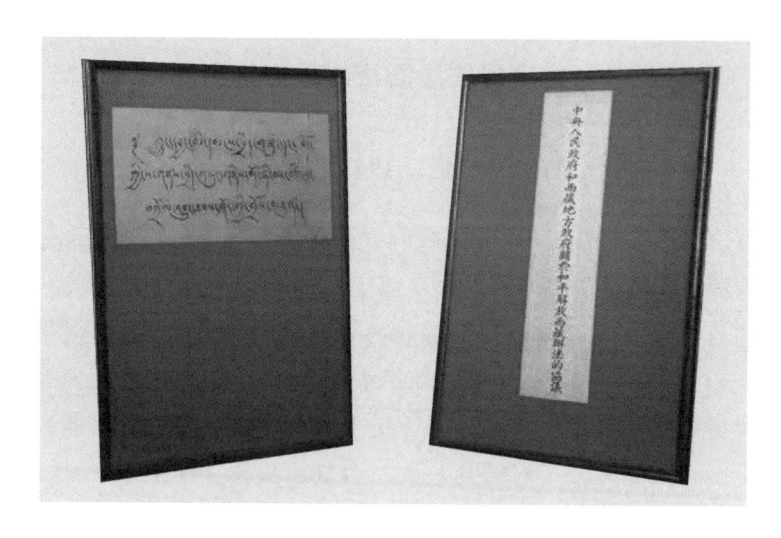

图 3-9 《十七条协议》藏汉文藏本（图片由西藏自治区档案馆提供）

西藏地方司法机关建设方面。西藏和平解放后按照《十七条协议》规定，噶厦政府和班禅堪布会议厅委员会都维持原有事权不变，西藏地方的刑事、民事案件仍由噶厦处置，拉萨市居民发生的各种案件仍由"朗孜厦""雪勒空"判决和执行。1956年6月30日西藏自治区筹备委员会成立了司法处，下设刑事审判庭，主要管辖涉及藏汉居民之间的一般刑事、民事案件，后改为西藏自治区筹备委员会司法科。1957年7月17日，经中共中央和最高人民法院决定，在西藏成立最高人民法院西藏分院和西藏分院直属人民法院。1958年6月5日，全国人大常委会第九十七次会议批准设立最高人民法院西藏分院。截至1959年3月，西藏分院共受理审结贪污、盗窃、妨碍社会秩序、故意伤害、责任事故以及偷越国境等各类刑事案件34件，受理审结涉及离婚、债务、抚养等各类民事案件48件。[①] 1958年1月，中华人民共和国最高人民检察院西藏分院和西藏分院直属检察院（拉萨市人民检察院前身）成立，主要受理批捕政治案件、涉外案件以及汉族居民的各类刑事案件，包括党政机关内部发生的案件。1956年6月30日成立西藏自治区筹委会公安处，主要职责是内部保卫、国家物资和交通运输安全、反特反分裂以及一般性的社会治安管理工作。

① 娄云生：《雪域高原的法律变迁》，西藏人民出版社，2000，第237~238页。

（二）民主改革时期的法制建设（1959~1966）

这一时期西藏革命和建设的主要任务是平定叛乱和开展民主改革，法制建设的中心是围绕平叛改革开展地方性立法以及司法工作，并积极执行国家的法律、法规、命令、决议、决定等，为民主改革特别是后面的西藏自治区成立奠定了法制基础。

1959年3月28日，国务院总理周恩来发布命令，责成西藏军区彻底平息叛乱，解散西藏地方政府，由自治区筹委会行使西藏地方政府职能。1959年4月28日，第二届全国人大第一次会议通过了《关于西藏问题的决议》，决议完全同意国务院对原西藏地方政府和上层反动集团发动叛乱后所采取的各项措施。1959~1960年，西藏自治区筹委会通过并颁布了《关于进行民主改革的决议》《关于废除封建农奴主土地所有制，实行农民的土地所有制的决议》《关于西藏地区土地制度改革的实施办法》《关于农村阶级划分的决定》《关于颁发土地所有证的指示》等。同时，西藏积极开展政权建设工作，大力筹备西藏自治区。1961年4月，中央在《关于西藏工作方针的指示》中指出，要通过普选，建立各级人民代表大会和人民委员会，成立自治区。[①] 1962年8月25日，国务院批准成立西藏自治区选举委员会，西藏各地方的基层选举工作按要求、有步骤地开展起来。全西藏1359个乡镇开展了基层选举，567个乡镇召开人民代表会议，逐步建立起了以翻身农奴和奴隶为主体的基层人民政权。西藏自治区第一届人民代表大会第一次会议于1965年9月1~9日在拉萨举行，选举产生西藏自治区人民委员会，西藏自治区正式成立，这标志着西藏开始全面实行民族区域自治制度。

这一特殊时期西藏司法机关的主要任务是逮捕、审理、执行涉及叛乱的案件。最高人民法院西藏分院共审批复核涉及叛乱案件295件、犯罪嫌疑人395人。同时，西藏分院及其直属人民法院加强了对一般性案件的审理，共审结执行各类刑事案件162件、民事案件452件。

（三）社会主义改造和建设时期的法制建设（1966~1978）

1966~1978年是西藏自治区的社会主义改造和建设时期，但也处在我国

---

① 西藏自治区党史资料征集委员会编《中共西藏党史大事记（1949—1994）》，西藏人民出版社，1995，第137页。

"文化大革命"的"十年浩劫"时期。一方面，西藏自治区完成了社会主义改造并逐步实现向生产资料公有制社会主义社会过渡。同时，封建农奴制法律改造为社会主义法律，百万翻身农奴成为社会主义法律关系的主体，享有法律赋予的各项权利。另一方面，自治区刚刚成立，民族区域自治制度刚刚实施，西藏同全国一样就遭遇到了"文化大革命"。极左路线政策的错误指引，严重破坏了民族关系和民族工作，西藏自治区各项事业包括法制建设事业在内都遭到了无可挽回的损失。

（四）改革开放时期的法治建设（1978~2012）

1978年十一届三中全会召开以后，西藏同全国一道进入改革开放和现代化建设历史新时期，经济社会发展也经历了调整和转折期，并逐渐呈现出了欣欣向荣的局面。改革开放以来，党中央曾在不同的历史时期召开多次重要会议专题研究西藏工作，对西藏的稳定和发展做出了战略性部署和整体规划。例如，1989年10月，江泽民同志主持召开了政治局常委会，形成了《中央政治局常委讨论西藏工作纪要》（《十七条指示》），要求西藏全体干部群众要统一思想，维护社会大局稳定。1994年7月，中央第三次西藏工作座谈会明确了"一个中心、两件大事、三个确保"的西藏工作指导方针，并形成了《党中央、国务院关于加快西藏发展、维护社会稳定的意见》，《意见》指出党的民族宗教政策和国家法律都要在西藏的各项工作中得以彻底贯彻和体现，还要求加强对寺庙的管理，建章立制，大力开展对广大僧尼的爱国主义和法制教育。2001年6月，中央第四次西藏工作座谈会形成了《中共中央、国务院关于做好新世纪西藏发展稳定工作的意见》重要文件，要求不断坚持和完善民族区域自治制度，努力发展平等团结互助的社会主义民族关系。2005年7月，胡锦涛同志召集中央政治局会议专题研究西藏工作，形成了《中共中央、国务院关于进一步做好西藏发展稳定工作的意见》，创造性地把"坚持中国共产党领导、坚持社会主义制度、坚持民族区域自治制度"纳入西藏工作指导思想的范畴。2010年1月，中央第五次西藏工作座谈会上指出了西藏存在两个矛盾（社会主要矛盾、特殊矛盾）的判断，并且这两个矛盾决定了西藏工作的主题必须是大力推进西藏跨越式发展和长治久安。总之，在历届中央领导集体的亲切关怀与兄弟省市的对口援助下，西藏走出了一条具有"中国特色、西藏特点"的发

第三章　西藏法制建设开始到实现依法治藏的历史进程

展道路，国民经济实现跨越式发展，社会实现长治久安，西藏各民族间建立起了平等、团结、互助、和谐的社会主义新型民族关系。

在改革开放的历史新时期，西藏工作中心已经转移到了社会主义现代化建设上来，西藏的法治建设也渐趋步入正轨。按照《中华人民共和国宪法》《中华人民共和国民族区域自治法》《立法法》等上位法的有关规定，作为省级民族区域自治地方的西藏自治区享有广泛的自治权利，包括立法自治权、对国家法律变通执行权、财政管理权、民族语言文字权、人事管理权以及民族文化教育权等。这一时期，西藏共制定颁布了152部地方性法规和政府规制，对部分国家法律制定了适合西藏特点的实施办法，为保障西藏各族人民群众的各项权益提供了法律保障。另外，结合西藏经济社会发展情况，西藏自治区先后制定实施了多部国家法律的变通条例和补充规定。例如，《西藏自治区文物保护条例》《西藏自治区环境保护条例》《西藏自治区人民代表大会常务委员会关于严厉打击"赔命金"违法犯罪行为的决定》等。另外，西藏自治区分别于1981年和2004年制定了《中华人民共和国婚姻法》变通规定，将西藏少数民族男女法定婚龄分别降低两岁，并对执行变通条例之前已经形成的一妻多夫和一夫多妻婚姻关系，凡不主动提出解除婚姻关系者，准予维持。西藏自治区在全面执行全国性法定假日基础上，还将"藏历新年""雪顿节"等西藏传统节日列入法定节假日。根据西藏工作环境的具体特点，西藏自治区将职工的周工作时间规定为35小时，比全国法定工作时间减少了5小时。

这一时期，西藏各级审判、检察、公安以及司法行政机关坚决履行宪法和法律赋予的职责，以邓小平理论、"三个代表"重要思想以及科学发展观为指导，围绕西藏稳定、发展、生态三件大事，积极推进社会矛盾化解、社会治理创新、生态环境保护、公正廉洁执法等重点领域的各项工作，法治事业取得了长足发展。西藏各级审判机关加强民事、刑事、行政审判工作，积极开展国家赔偿工作和执行工作，立案信访和审判监督工作也卓有成效地开展。西藏各级检察机关以检察体制和工作机制改革为保障，以维护社会和谐稳定为工作中心，推动法律监督工作全面协调发展。西藏各级公安机关不断深化执法规范化改革和建设，努力维护社会安全和整体稳定，不断创新社会治理体制机制。

（五）中国特色社会主义新时代的依法治藏（2012年至今）

党的十八大报告做出关于"加快建设社会主义法治国家，发展社会主义政治文明"的决议，提出了"科学立法、严格执法、公正司法、全民守法"的依法治国工作总体要求。2013年3月9日，习近平同志参加十二届全国人大一次会议西藏代表团审议时，提出了"治国必治边，治边先稳藏"的治藏思想。2015年8月，中央第六次西藏工作座谈会提出了"依法治藏、富民兴藏、长期建藏、凝聚人心、夯实基础"的重要西藏工作原则。2015年9月8日，俞正声同志在西藏自治区成立50周年大会上发表讲话，强调一定要坚持依法治藏，搞好依法治藏是西藏实现持续发展和长治久安的基本保障。[1] 进入新时代，在西藏全面落实依法治国的方略，就是要积极推进依法治藏，实现法治西藏建设目标。这就要求必须从西藏自治区社会主要矛盾、特殊矛盾以及具体区情出发，根据中国国情与国际形势新发展、新态势，准确把握国内国际两个大局，针对西藏社会经济发展的新的态势，坚决贯彻落实习近平治边稳藏的重要战略思想，以习近平法治思想为引领，紧紧围绕稳定发展生态强边四件大事开展依法治藏的各项工作。2018年11月19日，西藏自治区党委全面依法治藏委员会办公室成立，标志着新时代西藏全面推进依法治藏工作进入新的历史阶段。2020年8月28日召开的中央第七次西藏工作座谈会，全面总结了党和国家治藏稳藏兴藏成功经验，逐步形成了新时代党的治藏方略，重申了遵循依法治藏工作原则的重要性。在这个历史背景下，西藏自治区不断巩固宪法和法律赋予的各项自治权利，努力开创依法治藏工作新格局，为高质量发展和长治久安提供法治保障，为铸牢中华民族共同体意识奠定法治基础。

这一时期，西藏自治区人大及其常委会制定颁布地方性法规共171件、废止31件，批准西藏各设区市的地方性法规29件。西藏自治区三级法院坚持以人民为中心的发展理念，不断强化司法保障，运用法律手段来维护西藏各族群众的合法权益。近年来，案件的受理、审结和执行的数量都在不断攀升，各族人民群众对审判工作的信任度和满意度大大提高。以2021年为例，西藏各级法院共受理各类案件50174件，审结各类案件45353件，审

---

[1] 俞正声：《共同建设更加美好的新西藏》，新华网（www.xinhuanet.com），2015年9月8日。

结率为90.39%。西藏自治区检察系统忠实于宪法与法律赋予的职责，聚焦自治区各项事业发展的重大使命，努力将检察制度优势转化为法治轨道上推进治理体系和治理能力现代化的制度力量。以2021年为例，西藏自治区共批准逮捕案件820件1119人，提取公诉案件1932件2524人。①

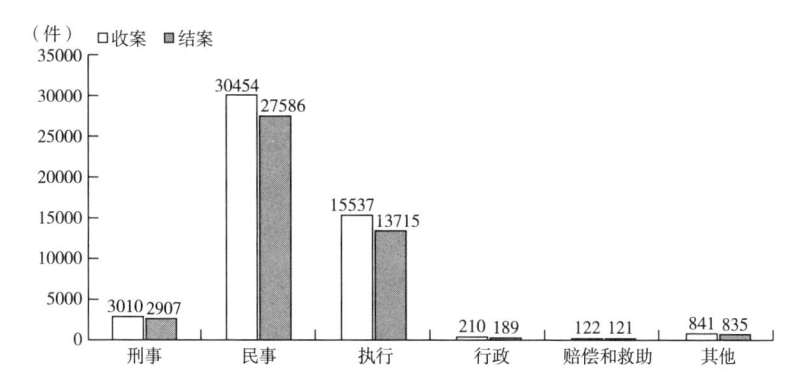

案件类型	收案	结案
刑事	3010	2907
民事	30454	27586
执行	15537	13715
行政	210	189
赔偿和救助	122	121
其他	841	835

图3-10　西藏自治区三级法院收（结）案件

资料来源：索达《西藏自治区高级人民法院工作报告》，人民网（www.people.com.cn），2022年1月5日。

三　西藏法制建设向全面推进依法治藏过渡的必然性

以上我们花了比较大的篇幅阐述了旧西藏法律制度变迁的历史以及新西藏法制建设到依法治藏的历史进程，这里有一个过渡过程规律性认识的问题必须予以论述。对于当代的法治理论而言，旧西藏的法律制度和司法制度应该包含在藏族法律文化的范畴中，从统治阶级层面而言其表征为法律规范、制度设计与司法体制、司法设施等，对于一般性的社会层面而言，则表征为法律思想、意识、信念、心理、价值、习惯，作为文化的西藏古代法律制度必然对当代西藏的法治建设产生一定影响，助推西藏传统法制向现代化法治即依法治藏转变。同全国一样，西藏也经历了从社会主义法制向社会主义法治转变的过程，步调一致，时间节点也趋同，西藏民族地

---

① 夏克勤：《西藏自治区人民检察院工作报告》，人民网（www.people.com.cn），2022年1月5日。

方法制过渡到民族地方法治时间节点也是党的十五大"依法治国，建设社会主义法治国家"的提出，西藏法治建设的提升点和成熟期的标志是中央第六次西藏工作座谈会提出的"依法治藏"工作原则，即由法制和法治建设向全面推进依法治藏转型。这种转型有着深刻的历史背景和必然性，主要促成因素是国家治藏方略的转变、经济发展模式的转型、治理体系和治理能力的现代化、法律事业本身发展的趋势以及民族法治文化的影响等。西藏法制建设向全面实现依法治藏过渡，标志着法治西藏建设进入新的历史征程，是全面依法治国战略在民族区域自治地方的成功实践。

（一）西藏法制建设向全面实现依法治藏过渡是国家治藏方略转变的必然

中国是一个统一的多民族国家，西藏自古以来就是祖国不可分割的一部分，藏族是中华民族共同体中的重要成员。"西藏是各民族共同开发的，西藏历史是各民族共同书写的，藏族和其他各民族在政治经济文化上的交流贯穿了西藏历史发展始终"[①]。这种民族之间交往交流交融中的重要内容就是中央政权对边疆地区、对少数民族的治理，就是要维护国家统一、疆土完整、抵御外侮，这些都必须制定相应的国策特别是法律制度加以保障。学术界一般认为，西藏地方是从元朝开始纳入中央行政管理体系，并设置行政机构对西藏进行直接治理。自此每个朝代都制定颁布了各种形式的法律制度来确认中央政府与西藏地方的主权关系，顶层设计中央政府治理西藏的法定规则。历朝历代在西藏施政方略，择其要旨，总结如下。元朝中央政府主要有：建立帝师制度，设置宣政院，编制行政机构，清查户口，设立驿站。明朝中央政府采用的治藏政策有：利用蒙元旧有官员，加强对西藏地方的统治；充分利用宗教势力，多封众建，彼此牵制；朝贡与赏赐并行，怀柔安抚西藏各派势力；利用茶马互市，增进汉藏间交往和团结。清朝历代统治者也都十分重视对西藏的直接治理，采取的治藏方略有：册封达赖班禅，确立了西藏对清廷的臣属关系；设置驻藏大臣，对西藏一切政教事务进行直接管理和监督；参照清兵组织形式组建西藏地方武装；涉

[①] 中华人民共和国国务院新闻办公室编《中国政府白皮书汇编（2021年）》上卷，人民出版社，2022，第126页。

外事宜必须由驻藏大臣呈报清廷中央决定。民国时期,孙中山先生提出了"五族共和"思想,是整个民国政府治藏方略的基础。国民政府时期,设置蒙藏委员会专门管理蒙古、西藏的事务,多措并举,维护了中国领土基本上统一完整,最终阻止了西藏从祖国分离出去。[①]元明清以及中华民国历代中央政府都对西藏地方实施了直接的卓有成效的治理。元朝强调的是利用行政机构依法开展有效治理,明朝重视经济贸易交流的强化,清朝则重视经济手段与法律手段并用,在依法治理西藏民族地方与规范中央对少数民族关系等方面做出重要贡献,民国时期因国际国内情况较为特殊,主要是以法律手段来治理西藏地方。总之,以上每个朝代的治藏方略内容都有所不同,战略侧重点也各有不同,但比较一致的都是用法律手段来维护对西藏地方的统治和治理。中央政府制定法律、法规、法令、律令、诏令等将治藏政策转化为法治手段,以保证中央政府治藏方略的规范性、稳定性和权威性。

西藏和平解放以后,以毛泽东为核心的党的第一代中央领导集体治理西藏的主要措施是,军事斗争与政治争取手段并用,民生改善与社会改革分阶段、分步骤实施,争取群众、团结上层、化解矛盾三管齐下,注重从基层群众、上层人士中同时选拔和培训少数民族干部,从战略高度上处理西藏同周边国家和省份的接壤关系。建国初期党中央的治藏方略,高度重视军事、政治、经济等手段综合运用,正确处理西藏的民族问题和民族矛盾,形成了良好的民族关系。特别是,西藏地方在西藏工委的积极引导下,大力贯彻执行《中国人民政治协商会议共同纲领》以及《十七条协议》的规定,明确了西藏是中国不可分割的一部分的历史地位。同时,中央人民政府政务院颁布的《民族区域自治实施纲要》也在西藏地方得到顺利实施,开启了新西藏法制建设的新征程。

从改革开放到党的十八大之前,党中央根据西藏改革和发展的实际情况,审时度势,不断发展和创新治藏方略。尽管不同时期中央治藏方略的指导思想、战略部署侧重点会有所不同,工作的侧重点也有所区别。但是这一时期西藏工作总基调是改革开放、建立市场经济、反对分裂、维护社会稳定和经济社会跨越式发展,这也是这一历史时期中央治藏方略的题中

[①] 黄伟:《历代中央政府治藏方略的演变传承》,《国家行政学院学报》2012年第4期,第29~33页。

要义。以邓小平同志为核心的党的第二代中央领导集体的治藏方略主要内容是反分裂斗争、巩固统一战线、加大改革开放、加强政权基础、夯实社会基础等，形成了具有完整性和系统性的战略体系，逐步使西藏地区的经济社会发展开始起步、民族关系逐步顺畅，西藏地区改革开放的局面开始形成。以江泽民同志为核心的党的第三代中央领导集体遵循"三个离不开"思想，努力发展民族团结进步事业，西藏各民族形成了休戚与共、命运相连的血肉关系。新时代党的治藏方略主要体现在中央领导西藏自治区实现了"一个转折点，两个里程碑"的巨大历史发展成就，战略的主要内容有：以西藏为中心，辐射其他涉藏省区，实现西藏和涉藏地区经济社会全面发展；以西部大开发为契机，促进农牧区增产增收，大力改善西藏各族群众的民生福祉；积极贯彻落实党的民族宗教政策，在西藏大力开展寺庙爱国主义和法治教育；全面统筹西藏经济、人口、资源、环境有机协调发展，使西藏经济社会实现跨越式发展。以胡锦涛同志为总书记的党中央实施治藏方略的着眼点是在西藏办好"三件大事"，即：加快西藏发展，使西藏同全国一道步入小康社会；保持西藏稳定，为西藏发展创造稳定的社会基础；保护西藏生态环境，努力实现环境优美、生态友好。同时，西藏自治区加强少数民族干部队伍建设，为稳定发展、生态保护提供干部和人才的保障。党的十八大以来，以习近平同志为核心的党中央高度重视西藏工作，召开了两次中央西藏工作座谈会，习近平总书记多次对西藏工作做出批示，多次发表了关于西藏工作的重要论述，逐步形成了新时代党的治藏方略。2015年8月24日召开的中央第六次西藏工作座谈会上，习近平总书记强调了"依法治藏、富民兴藏、长期建藏、凝聚人心、夯实基础"的西藏工作重要原则，而且把新中国成立以来党的治藏方略总结概括为"六个必须"[1]。习近平总书记在2020年8月29日召开的中央第七次西藏工作座谈会讲话

---

[1] "六个必须"是指："必须坚持中国共产党领导，坚持社会主义制度，坚持民族区域自治制度；必须坚持治国必先治边、治边先稳藏的战略思想，坚持依法治藏、富民兴藏、长期建藏、凝聚人心、夯实基础的重要原则；必须牢牢把握西藏社会的主要矛盾和特殊矛盾，把改善民生、凝聚人心作为经济社会发展的出发点和落脚点，坚持对达赖集团斗争的方针政策不动摇；必须全面正确贯彻党的民族政策和宗教政策，加强民族团结，不断增进各族群众对伟大祖国、中华民族、中华文化、中国共产党、中国特色社会主义的认同；必须把中央关心、全国支援同西藏各族干部群众艰苦奋斗紧密结合起来，在统筹国内国际两个大局中做好西藏工作；必须加强各级党组织和干部人才队伍建设，巩固党在西藏的执政基础。"

第三章 西藏法制建设开始到实现依法治藏的历史进程

中,针对西藏和其他涉藏地区经济社会发展的新的态势,科学提出"十个必须"新时代党的治藏方略,① 强调了"四个确保"是西藏工作的总目标。②习近平总书记阐述的西藏工作的"六个重要"、治藏方略的"十个必须"以及治藏目标的"四个确保"等重要论述是新时代党的治藏方略的核心要义,这也是习近平新时代中国特色社会主义思想的重要构成。在新时代党的治藏方略的指引下,西藏自治区锚定"四件大事"(稳定、发展、生态、强边),聚焦"四个确保",重点开展"六稳""六保"工作,着力推进"四个创建"③,努力做到"四个走在前列"④。多年来,西藏经济运行保持平稳健康增长的态势,增速始终走在全国前列,国泰民安的社会环境以及风清气正的政治环境基本形成。

考察历史上历代中央政府治边治藏的历史脉络、中央历代领导集体西藏工作指导思想的形成过程特别是习近平新时代党的治藏方略的生成逻辑,可以看出,不同历史时期的治藏方略都转化成了具体的法律法规来加以实施,并在这些法律法规实施过程中形成了良好的法律氛围和法治环境,以此来确保治藏方略的贯彻落实。西藏和平解放和民主改革时期实施社会主义改造的主要战略,与之对应的是西藏地方完成了旧西藏剥削阶级的法制向新西藏无产阶级法制的质的飞跃。改革开放和社会主义现代化建设时期,发展市场经济、维护社会稳定的治藏方略实施要求西藏法制建设向法治西藏建设转型。习近平新时代党的治藏方略的核心要义中就包含了依法治藏工作原则,以法治进步来统领西藏各项事业的发展,确保西藏长治久安和

---

① "十个必须"是指:"必须坚持中国共产党领导、中国特色社会主义制度、民族区域自治制度,必须坚持治国必治边、治边先稳藏的战略思想,必须把维护祖国统一、加强民族团结作为西藏工作的着眼点和着力点,必须坚持依法治藏、富民兴藏、长期建藏、凝聚人心、夯实基础的重要原则,必须统筹国内国际两个大局,必须把改善民生、凝聚人心作为经济社会发展的出发点和落脚点,必须促进各民族交往交流交融,必须坚持我国宗教中国化方向、依法管理宗教事务,必须坚持生态保护第一,必须加强党的建设特别是政治建设。"

② "四个确保"是指:"确保国家安全和长治久安,确保人民生活水平不断提高,确保生态环境良好,确保边防巩固和边境安全,努力建设团结富裕文明和谐美丽的社会主义现代化新西藏。"

③ "四个创建"是指:着力创建全国民族团结进步模范区,着力创建高原经济高质量发展先行区,着力创建国家生态文明高地,着力创建国家固边兴边富民行动示范区。

④ "四个走在前列"是指:努力做到民族团结进步走在全国前列,努力做到高原经济高质量发展走在全国前列,努力做到生态文明建设走在全国前列,努力做到固边兴边富民行动走在全国前列。

高质量发展,从而使西藏进入了全面依法治藏的全新时代。

(二) 西藏法制建设向全面实现依法治藏过渡是经济发展模式转型的必然

旧西藏生产模式非常落后,经济体量相对较小。基础设施极为薄弱,交通闭塞,货物运输全靠人力、畜力;现代工业几乎为零,农牧业生产维持在刀耕火种和靠天养畜的原始状态;易货贸易模式在当时非常普遍,严重阻碍了现代商品经济的正常发育。在1950年至1959年的西藏和平解放初期,西藏工委及时制定实施了"保障供给,调剂民需"的经济工作方针。采取的具体措施有:增加西藏粮食供应;制定了银圆为基本货币制度,严格规定银圆与印度卢比、藏钞的比价,遏制了商品物价猛涨;用银圆和外汇收购牧民积压的羊毛,提高广大牧民的经济收入。同时,中央政府不断给西藏地方政府提供必要的财政补贴,加大了基本建设项目建设力度,建立起了银行、邮电、贸易以及交通运输等一批国有企业,完全摆脱了外国势力对西藏经济的控制。1959年西藏地方工业总产值达到4344万元(当年现价),相比1956年增长了30多倍。1959年至1965年是西藏民主改革时期。西藏经过平叛和民主改革,彻底变革了封建农奴制的经济基础,在经济工作领域实施了计划经济体制、低物价和低工资以及"稳定发展"三大政策,西藏经济社会发展迎来了一个前所未有的黄金时期。到1965年,西藏工委按照"稳定发展"的农业经济发展方针,在广大农区实施了"二十六条"和"三十条"措施,1965年西藏农业总产值达1.38亿元,年均增长率达到11.62%。同时,西藏工委为了进一步巩固畜牧业的基础地位,及时制定执行了"兴办牧业、农牧并举"政策,1959~1965年全区畜牧业产值年均增长速度为15.5%。中央全额投资在拉萨及相关专区建立起了37个具有现代化特征的工厂,这是西藏现代工业企业的雏形。另外,各县也大多建立起了国有商业、集体商业和经营网点,繁荣了市场。这一时期,西藏地方财政自给率达到34.5%。1959年西藏地区生产总值为1.74亿元,人均生产总值为142元。1965~1978年是西藏自治区成立初期,新成立的各级人民委员会按照中央部署对生产资料农奴主所有制形式开展彻底变革,建立起了农牧民个体经济所有制。后来在特殊时期成立的西藏自治区军事管制委员会(1967年5月成立)、西藏自治区革命委员会(1968年9月成立)

按照中央的部署，对西藏农牧业、手工业和工商业个体经济所有制进行社会主义改造，1976年西藏社会主义改造基本完成。中央在对西藏经济所有制性质进行改造的同时，实行了"稳定局面、增长经济"的基本政策，并不断加大对自治区经济支持力度，保证了西藏宏观经济持续稳定增长。这一时期，在全国经济大倒退的背景下，西藏地区生产总值和人均生产总值分别由1965年的3.27亿元、241元增长到1978年6.65亿元、375元。1978年至1993年是改革开放初西藏经济持续增长时期。1984年2~3月，中央第二次西藏工作座谈会召开并形成了《西藏工作座谈会纪要》，对西藏实行进一步休养生息的特殊优惠政策，要求西藏逐步加大对内对外开放的力度。同时开启了被称为"交钥匙工程"的援藏模式，建成了43项重点工程，总投资达到4.8亿元。这一时期，西藏的改革开放和经济持续增长初见成效，西藏地区生产总值和人均生产总值分别由1978年的6.65亿元、375元增长到1993年的33.29亿元、1468元。1993~2012年是西藏市场经济体制确立以及全面改革开放加快经济发展时期。1994年7月20~23日中央第三次西藏工作座谈会召开，要求西藏把潜在的资源优势转化为现实的经济发展优势，力争到2000年地区生产总值比1993年接近翻一番，地区生产总值年均增长保持在10%左右。会议还确定为西藏安排62个建设项目，各省区市以及六个计划单列市承担援建任务。在党中央的关怀支持下以及各兄弟省市的无私援助下，通过西藏各族群众的不懈努力，西藏宏观经济各项指标空前增长。西藏地区生产总值和人均生产总值分别由1993年的33.29亿元、1468元增长到2012年的701.03亿元、22936元。2012年至今是全面深化改革和西藏经济高质量发展时期。西藏自治区坚持以习近平新时代中国特色社会主义思想为指导，不折不扣地把习近平总书记关于西藏工作的重要论述和新时代党的治藏方略落到实处。深入推进基础设施建设，大力发展特色产业，积极实施创新驱动发展战略、乡村振兴战略以及新型城镇化战略，充分彰显全面深化改革与新发展理念的强大动力，使西藏经济实现更高质量、更有效率、更加公平、更可持续、更为安全的发展。西藏地区生产总值和人均生产总值分别由2012年的701.03亿元、22936元增长到2021年的2000亿元、54823元。

根据马克思主义经典作家关于经济基础决定上层建筑基本原理，作为国家上层建筑重要组成部分的法律、法治发生、发展的过程中经济基础总

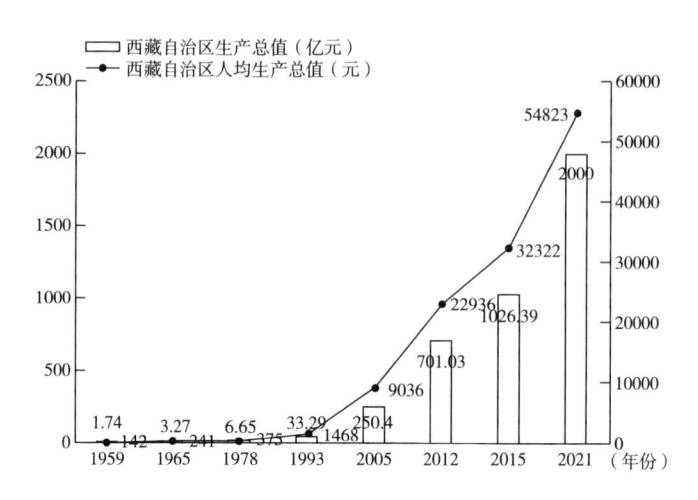

图 3-11　不同时期西藏自治区地区及人均生产总值变化示意

资料来源：西藏自治区统计局、国家统计局西藏调查总队《西藏统计年鉴 2022》，中国统计出版社，2023。

是起着决定性的支配作用。国家的法治活动同经济发展和市场发育程度相辅相成，"一个社会的法制（法治）必然归根结底要依附和取决于社会经济生活状况"[1]。一个国家和地区法治事业进步需要获得经济发展所带来的巨大物质基础的支撑，公平正义的法治环境也必然会保障经济领域的发展。可以说，法治与经济并不是完全对应的因果关系，只能是结构上和功能上的互动关系，法治建设为经济发展营造良好的制度环境和理想秩序，经济活动为法治活动供给物质基础。基于上文的阐述，西藏经济发展经历了和平解放初期、民主改革、自治区成立、改革开放、市场经济确立加快发展、新时代高质量发展六个阶段，这六个阶段的衔接点都是西藏的历史转折期，也是中央治藏方略的变迁以及法律制度、法治建设的发展期，每个经济发展阶段的转折都带来了西藏法制和法治的过渡和变迁。与之相对应的是西藏法制和法治事业发展也经历了和平解放初旧西藏法律向新西藏法制过渡期、民主改革社会主义法制初建期、自治区成立民族区域自治法治实施期、改革开放法制建设加速发展期、西藏市场经济确立时西藏法制向法治过渡

---

[1]　蒋立山：《法律现代化——中国法治道路问题研究》，中国法制出版社，2006，第 210 页。

期、高质量发展新时代的全面推进依法治藏期。伴随经济发展模式转型，西藏也逐步由法制建设向法治西藏建设过渡，中央第六次西藏工作座谈会提出"依法治藏"工作原则，标志着西藏法治事业已经成功过渡到全面依法治藏新时期。

（三）西藏法制建设向全面实现依法治藏过渡是社会治理模式转型的必然

西藏和平解放至1959年民主改革，从两种政权的并存和对立到百万农奴翻身解放，经历了尖锐、激烈、复杂的斗争，是西藏各族人民走向新生的特殊历史时期。与此同时，西藏的社会管理也经历了一段十分特殊的历史形态，主要表现为社会不稳定、社会管理体制和制度相对落后。从1961年民主改革基本完成，到1965年西藏自治区正式成立，西藏经历了一个稳定发展、民主建设、巩固民主改革成果的阶段。经过民主改革后几年的稳定发展，在政治、经济、文化等方面都取得巨大成绩的基础上，1965年9月，西藏自治区正式成立，西藏人民真正当家作主的新时代终于到来。在西藏实行民族区域自治，就是根据《中华人民共和国宪法》建立民族区域自治政权，藏族和区内其他少数民族行使当家作主、管理本民族内部地方性事务的权利，保障各民族的平等地位，充分发挥各族人民进行社会主义革命和建设的积极性，巩固祖国统一，加强民族团结，推动社会进步和民族繁荣。所以在这一时期，即使是后来的十年"文革"时期，西藏社会形势都表现为相对稳定，没有大的政治事件和社会事件发生。改革开放以后，西藏的社会管理也取得了巨大的成就。例如，自20世纪80年代拉萨市区建设团结新村起，从东郊到西郊、北郊建起了一大批居民住宅区，在拉萨的近郊县（区）也建起了相对集中的农牧民住宅区，形成了一定规模的社区模式。党的十八大以来，西藏以加强城乡自治组织建设为重点，以建设和谐社会为目标，以增强基层党组织建设、社会治理和服务为内容，大力加强基层民主政治建设，充分发挥基层党团组织的堡垒作用，提高居民、村民参与和归属意识，社会治安稳定，群众性自治组织在基层特别是在广大农牧区协调利益、化解矛盾、排忧解难中的优势和特殊作用得到充分发挥，有力地促进了西藏社会的和谐稳定，不断满足各族群众日益增长的物质文化需要，使西藏各族人民群众安居乐业有了保障。

随着国家治理体系和治理能力全面实现现代化，西藏也由党委政府主导型的社会管理模式转向自治、德治、法治、共治相结合的治理模式，特别是要求西藏社会治理实现完全法治化。习近平总书记指出，"要善于运用法治思维和法治方式，不断提高社会治理的法治化水平"。要实现西藏地方社会治理体系和治理能力现代化，就必须强力推进依法治藏工作，用法治理念和法治思维来引导社会治理，把西藏的地方立法、执法、司法、守法、法律监督等主要环节贯穿西藏社会治理过程的始终。西藏在加强与创新治理工作过程中，坚持立法先行的工作原则，不断加大地方性法规制度建设力度，着重加强社会治理重点领域立法工作，为建设平安和谐西藏提供法律制度保障。坚持从严执法、积极开展法治宣传教育工作，为依法开展治理创造良好的法治环境。西藏自治区各地市积极吸收借鉴内地城市网格化管理模式，转变社会治理理念，建立健全治理体制机制，制定并实施网格化管理创新方案，逐步建立起具有西藏社会治理特色的城镇网格化管理体系。多措并举，确保"双联户"工作顺利开展、取得实效。西藏各地市在不断丰富、细化、完善城镇网格化、农牧区扁平化、寺庙精细化服务的基础上，审时度势，及时推出了"联户平安、联户增收"的新型社区治理和社区工作模式。加强和创新寺庙管理是西藏实现依法管理宗教事务的一项重要的基础性工作。西藏自治区党委、政府全面落实加强和创新寺庙管理工作，大力推进寺庙管理长效机制建设，切实维护藏传佛教正常秩序，积极引导藏传佛教与社会主义社会相适应，积极创建和谐模范寺庙，有效促进了全区寺庙和谐稳定。

综上所述，创新西藏社会治理工作必须在依法治藏的轨道上开展，必须要强化法治建设在社会治理中的积极作用，通过法治的公平性、效率性来实现西藏社会治理的"良法善治"。同时，由于西藏社会治理工作不断积极有效开展，创建了平安和谐西藏，不断夯实依法治藏的群众基础。西藏自治区从"社会管理"到"社会治理"模式转型必然要求法制建设向全面实现依法治藏过渡，这是西藏开展全面依法治藏工作的社会环境。

第四章 依法治藏工作的特征、成就与经验

法治建设可以为经济社会发展提供保障和支撑，经济社会发展又必然会对法治建设提出更高的要求。改革开放以来，一系列保障少数民族地区经济社会发展以及民族事务治理的法律法规逐步落地。其中基础性法律是《中华人民共和国民族区域自治法》（1984年5月31日第六届全国人大第二次会议通过，2001年2月28日第九届全国人大常委会第二十次会议修正），以基本法的形式确立了国家和上级机关帮助少数民族地区发展经济、改善民生的总体要求，同时规定了民族区域自治地方享有的自治权。国家法律在西藏的顺利实施为依法治藏提供了完善的制度设计，民族区域自治权的设定为依法治藏提供了权利保障。同理，西藏经济社会的发展又对法治建设的成效提出了更高的要求，要求全面推进依法治藏工作为西藏长治久安和高质量发展提供环境供给。例如，从1980年3月至今，党中央先后召开了七次西藏工作座谈会，主要内容都在于促进西藏经济社会发展。第一次中央西藏工作座谈会要"有计划地使西藏繁荣富强起来"；第二次中央西藏工作座谈会后43项援藏工程正式启动；第三次中央西藏工作座谈会确定了"长期支援、帮助西藏发展"的政策；第四次中央西藏工作座谈会后国家为西藏安排建设项目117个；第五次中央西藏工作座谈会上强调"改善民生"；中央第六次西藏工作座谈会要求，把改善民生、凝聚人心作为经济社会发展的出发点和落脚点；中央第七次西藏工作座谈会指出，在西藏全面贯彻新发展理念，充分聚焦发展不平衡不充分问题，大力推进西藏经济社会高质量发展。可见促进西藏经济社会的发展一直是党中央西藏工作的重点，西藏各级党委政府也在不折不扣地落实这个工作重点。[1] 因此在这个背景下，西藏经济发展和民生改善是西藏工作的中心，也是依法治藏工作的重点。

---

[1] 廉湘民、郑堆：《西藏民主改革60年（政治卷）》，中国藏学出版社，2019，第255页。

依法治藏：理论与实践

党的十八大召开以来，以习近平同志为核心的党中央在总结治理西藏丰富实践经验的基础上，将党在西藏的工作由促进西藏经济建设这一个重心向多个维度扩展，其中一个重要维度就是治边稳藏，西藏治理体系和治理能力现代化主要体现在依法治理，即"依法治藏"。2013年8月，时任中共中央政治局常委、全国政协主席俞正声在西藏调研时，提出要依法治藏、长期建藏，依法治藏成为推进社会主义新西藏建设、开创西藏更加美好的未来的重要指引，同时也正式进入治藏理论与实践研究的话语体系。2013年9月，习近平参加十二届全国人大一次会议西藏代表团审议时，提出了"治国必治边，治边先稳藏"的战略思想，明确了西藏工作在党和国家整体部署中的战略意义，确立了西藏各项事业发展在中华民族伟大复兴中的重要地位。为了进一步落实这一重要战略思想，2015年8月中央第六次西藏工作座谈会上，党中央总结了西藏工作的成就和经验，提出了"依法治藏、富民兴藏、长期建藏、凝聚人心、夯实基础"二十字西藏工作原则。[1] 依法治藏首次上升到治藏方略的高度，成为新时代党的西藏工作重要原则。另外，依法治藏所蕴含的理念与依法治国一脉相承，全面推进依法治国思想是依法治藏工作的重要引领，贯穿在西藏政治、经济、文化、社会、生态五位一体建设的各项事业中，从逻辑关系上讲，也是做好长期建藏、富民兴藏、凝聚人心工作的重要前提。当今世界，国内外局势更加纷繁复杂，涉藏斗争不仅是维护国家统一的正义事业，也是坚决反制西方国家遏华、裂华的重要环节。作为国家重要安全屏障，西藏已经成为统筹国内和国际两个大局的重要一环。2020年8月，在第七次西藏工作座谈会上，习近平总书记提出"十个必须"，强调做好西藏工作必须统筹国内国际两个大局，西藏战略地位的重要性被提高到新的高度。[2] 西藏的法治化将成为全局政治稳定、经济发展、社会和谐、文化繁荣的关键，也将成为西藏发展的核心竞争力和软实力。

作为省级民族区域自治地方，依法治理民族事务是西藏各项事业发展进步的基础性工作。2021年8月，党中央召开第五次中央民族工作会议，提出要以铸牢中华民族共同体意识为主线，着力解决民族问题，加强和改进民族

---

[1] 《中央第六次西藏工作座谈会召开》，央广网（china.cnr.cn），2015年8月26日。
[2] 《习近平在中央第七次西藏工作座谈会上强调：全面贯彻新时代党的治藏方略 建设团结富裕文明和谐美丽的社会主义现代化新西藏》，中国政府网（www.gov.cn），2020年8月29日。

第四章　依法治藏工作的特征、成就与经验

工作。习近平总书记在讲话中明确提出，"推动民族地区加快现代化建设步伐，提升民族事务治理法治化水平"①。依法治理西藏的民族事务是依法治藏工作的重要内容，西藏要更好地推进民族事务的治理，让民族事务治理体系和治理能力现代化在法治的轨道上运行，不断提高民族事务治理法治化水平。

2021年底召开的西藏自治区第十次党代会上，西藏自治区党委书记王君正指出："西藏接下来的工作要发展全过程人民民主，加强人民当家作主制度保障，提升法治西藏建设水平，为推进新时代西藏长治久安和高质量发展提供法治保障。"②确立了今后一段时间，全面推进依法治藏在西藏工作中的重要地位，明确了法治西藏建设的重要意义。法治是国家治理体系和治理能力的重要体现和基本保障，是党领导人民治国理政的基本方式。西藏自治区在国家战略中具有重要地位，依法治藏是确保西藏长治久安和高质量发展的重要基础。全面推进依法治藏、建设法治西藏，有利于增强社会发展活力、促进社会公平正义、维护社会和谐稳定。近年来，在新时代党的治藏方略的指导下，依法治藏工作稳步推进，在维护好宪法权威的同时，遵循《民族区域自治法》的基本要求，维护社会稳定，加强社会治理，做好民族法治建设工作，全面推进依法治藏工作取得了明显成效。③ 目前，西藏立法、司法、执法、守法体系逐步完善，已经形成了一套较为完整且行之有效的、具有西藏特色的法治工作经验，为进一步推动党中央治藏方略在西藏的实施提供了法治保障。④

第一节　依法治藏工作的特征

矛盾的特殊性决定事物发展的独特性。2011年9月召开的中央第五次西藏工作座谈会指出："西藏社会主要矛盾仍然是人民日益增长的物质文化

---

① 《习近平在中央民族工作会议上强调 以铸牢中华民族共同体意识为主线 推动新时代党的民族工作高质量发展 李克强主持 栗战书王沪宁赵乐际韩正出席 汪洋讲话》，新华网（www.xinhuanet.com），2021年8月28日。
② 赵书彬、张黎黎：《中国共产党西藏自治区第十次代表大会隆重开幕》，《西藏日报》2021年11月28日第1版。
③ 王丽：《不断发展腾飞的西藏法治——西藏50年法治建设的主要成就与经验》，《西藏发展论坛》2015年第5期，第34~37页。
④ 廉湘民、郑堆：《西藏民主改革60年（政治卷）》，中国藏学出版社，2019，第259页。

需要同落后的社会生产之间的矛盾。同时，西藏还存在着各族人民同以达赖集团为代表的分裂势力之间的特殊矛盾。"进入新时代以后在西藏这两类社会矛盾仍然存在。从全国宏观层面上来讲，各族人民群众对美好生活的追求日益深刻而广泛，同时对民主、法治等方面的要求也日益增长，社会主要矛盾发生了重要转变。从西藏地方层面来讲，当前西藏社会主要矛盾与全国普遍性的社会主要矛盾有一致性，但也有自己的特殊性。其一致性主要体现在西藏经济社会发展与全国相比还属于欠发达，民生改善还有诸多提升空间，民族文化事业的繁荣发展还需进一步推动，社会治理科学化、法治化水平有待进一步提高。西藏社会矛盾的特殊性在于，西藏地处祖国西南边陲，是我国重要的边疆民族地区。长期以来，境外分裂势力对西藏虎视眈眈，使西藏面临着与其他任何地方都不同的特殊矛盾，主要体现为境外分裂势力渗透活动和反分裂斗争之间的矛盾。西藏社会的主要矛盾和特殊矛盾决定了依法治藏有着明显的特点。一方面，西藏经济社会发展水平与其他兄弟省市相比还存在明显差距，社会经济改革和发展体制机制建设的任务还非常艰巨；另一方面，境外分裂势力活动猖獗，这对西藏社会稳定和治理提出更多的要求，也带来了诸多挑战，西藏必须用实际行动有力回击分裂活动。党的十八大以来，为了有效应对世情、国情、党情的深刻变化，习近平总书记高瞻远瞩，从国家战略和全局的高度出发，发表了一系列关于国家安全工作的重要论述和指示，开创性地提出了总体国家安全观的系统思想。西藏是重要的国家安全屏障，反对分裂和维护国家统一必须以总体国家安全观为指导，依法开展维护社会稳定、反对分裂和强边固边工作。

从以上论述中可以看出，全面推进依法治藏工作必将存在渐进性、复杂性、长期性的特征。同时，和平解放以前，西藏社会长期处在一个较为独特的自然地理环境和相对封闭的治理体系之下。和平解放以后，西藏从封建农奴社会逐步进入社会主义社会，社会面貌发生了翻天覆地的变化。但是，根植于西藏当地的传统法制、民俗习惯、宗教信仰等还在影响着人们生活的方方面面，也影响着法治西藏建设的进程。西藏要深度融入全国现代化治理体系，必须因地制宜，以法治建设为保障，走出一条具有中国特色、西藏特点的依法治理道路。这个特征主要体现在以下几个方面。

一 渐进性特征

受到西藏整体社会经济发展水平的制约，依法治藏工作是一个不断完善和不断加强的历史过程，呈现出渐进性的特征，既不能急于求成，也不可能一蹴而就。近年来西藏经济持续稳定发展，地区生产总值逐年增长，增速更是排在全国前列。但是，全面脱贫以前的西藏，是全国贫困程度最深的一个省区，是中国唯一的一个省级集中连片贫困区，经济社会发展水平相对滞后，这成为影响全面推进依法治藏进程的基础性因素。以2021年为例，西藏地区生产总值达2020.8亿元，当年的增速为6.7%，这个数据领跑全国。但从经济发展总量上来看，西藏当年的地区生产总值在全国还是处于比较低的水平（见图4-1）。

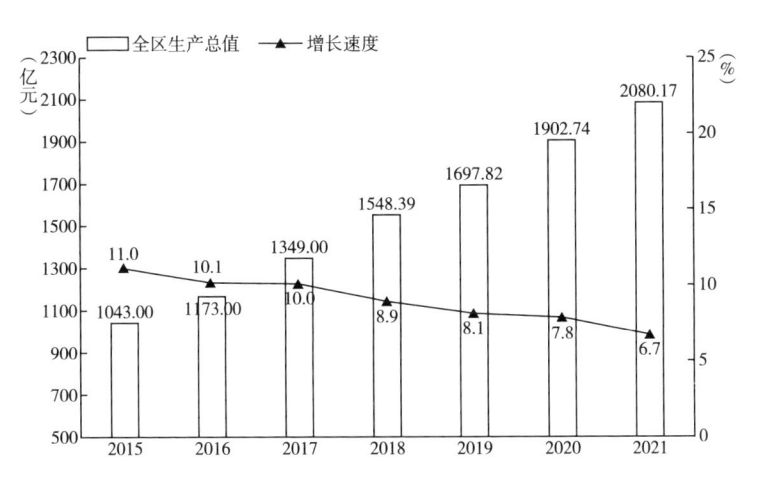

图4-1 西藏自治区2013~2021年地区生产总值

资料来源：西藏自治区统计局（tjj.xzang.gov.cn）。

经济基础决定上层建筑，在经济社会持续发展的带动下，西藏各项事业不断向前发展，全面依法治藏也在逐年推进，呈现出明显的渐进性和延续性特征。全面推进依法治藏不仅需要政策、组织、队伍、人才、科技、信息等方面的保障，更需要逐步完善法律法规体系，特别是在西藏形成覆盖面广且行之有效的民族区域自治地方性法规体系。综合来看，全面推进依法治藏的渐进性主要体现在以下几个方面。

第一，全面推进依法治藏在一定程度上依赖于完善的硬件设施建设，西藏法治建设物质保障相对滞后造成了依法治藏工作的滞后性。以审判工作为例，当前西藏三级法院的办公条件硬件设施还不完善，特别是基层法院办案经费、办公条件以及信息化水平都相对落后。表4-1列举了西藏在2010年和2020年三级法院办案保障经费、信息化建设情况、办公条件、通信设备等方面的硬件设施建设情况的对比数据。

从表4-1中可以看出，2010年前后，用于保障全区法院的办案经费只有7000余万元，到了2020年，保障全区法院办案的经费数额达到了52764.52万元，年均增长达到25%以上。逐渐增长的办案经费为全面推进依法治藏提供了逐步完备的物质保障，依法治藏的进程也呈现出渐进式的态势并逐步推进。例如，2010年前后西藏三级法院审判工作信息化建设工作还未完全起步，已经开展的信息化建设工作也还处在规划部署阶段。从2011年至2012年，西藏逐步部署规划审判工作所用的局域网，2011年西藏开通了覆盖全区法院的三级专用网络。此后，西藏三级法院的信息化建设走上快车道，从部分法院实现网上立案至今，西藏各族群众已经能够在网上观看庭审直播。同时，西藏自治区三级人民法院裁判文书也全部依法在裁判文书网上进行了公布，极大地提高了审判公开的程度，西藏各族人民群众参与法治生活的深度和广度进一步提升。另外，从表4-1中可以看出，2011年至2012年西藏自治区高级人民法院审判综合楼建成并投入使用，而在全区范围内，到2020年54个基层法院的审判综合楼也陆续投入使用。

表4-1 2010年和2020年西藏三级法院硬件设施建设对比

年份	全区法院办案保障经费	信息化建设	办公条件	通信设备
2010年	7003.32万元	规划建设局域网	2001年高级法院审判综合楼投用	各基层法院有1~2部内部电话、打印机
2020年	52764.52万元	开通覆盖全区法院的三级专网，部分基层法院实现网上立案	54个基层法院审判综合楼投用	各基层法院每个部门都配有电话、传真机、打印机等办公自动化设施

资料来源：西藏自治区地方志编纂委员会总编、《西藏自治区审判志》编纂委员会编纂《西藏自治区审判志（2010-2020）》，中国藏学出版社，2020，第89、194页。

第二，全面推进依法治藏的前提是加快形成完备的民族地方性法规体系，这是全面推进依法治藏的"软件"所在。全面推进依法治藏渐进性同样体现在逐步构建地方法规保障体系。根据西藏自治区人民政府网公布的数据和《西藏自治区人民政府规章汇编》所收录规章数据统计显示（其中1991年至2000年的数据来源于《西藏自治区人民政府规章汇编》），从1991年至今，西藏共颁布地方性法规、行政规章327件。根据这些地方性法规、行政规章的内容来分，可以将西藏的立法进程分为以下几个发展时期。

（一）西藏地方性法规规章制定步伐加快时期（2000年以前）

改革开放至2000年，西藏人大和政府颁布了大量地方性法规和政府规章，具有西藏特色的地方性法规制度体系正在形成。例如，1991年至2000年的十年间，西藏自治区政府颁布政府规章23件（见图4-2）。从这些政府规章的内容来看，当时的西藏还处于为了适应市场经济体制机制而构建政府规章体系时期，这些政府规章成为西藏法治建设重要规范性文件。所以，这一时期的政府规章多数都是旨在转变行政职能规范市场经济，依法完善行政管理制度，推动以法治为主导的综合化治理。这方面的主要政府规章有：《西藏自治区全民所有制单位职工离退休费用实行社会统筹暂行办法》（1991）、《西藏自治区〈国有企业富余职工安置规定〉实施办法》（1994）、《西藏自治区人民政府起草地方性法规草案和政府规章制定程序的规定》（1996）、《西藏自治区人民政府行政执法监督暂行规定》（1997）、《西藏自治区行政执法证件管理暂行办法》（1998）、《西藏自治区规范性文件制定和备案规定》（2015）、《西藏自治区行政执法检查制度》（1998）、《西藏自治区行政执法投诉制度》（1998）、《西藏自治区重大行政处罚决定备案制度》（2008）、《西藏自治区行政处罚情况统计报告制度》（1998）等。

（二）西藏法规规章制度体系逐步形成时期（21世纪到党的十八大前）

进入21世纪以后，在依法治国大背景的推动下，西藏自治区人大和政府进一步加大了地方性法规和政府规章制定和实施的力度。西藏自治区人大及其常委会、西藏自治区人民政府仅在2006年至2010年五年间就制定并实施了各类法规、规章265件，涉及生态环保、城市管理、科教文卫、养老保险、就业创业等多个方面，全面提升了西藏经济发展和社会治理法治化

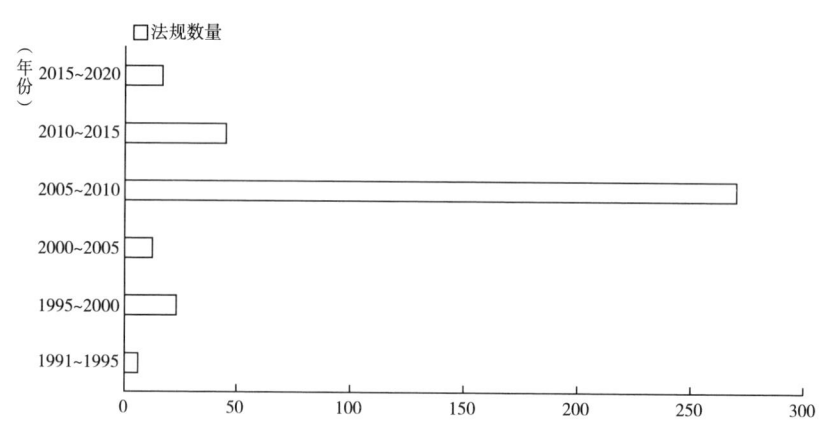

图 4-2　1991 年以来西藏自治区颁布政府规章数量统计

资料来源：《西藏自治区人民政府规章汇编》，西藏自治区人民政府网（www.xizang.gov.cn）。

水平。例如，在医疗卫生和社会保障方面颁布并实施了《西藏自治区实施〈城市居民最低生活保障条例〉办法》（2008）、《西藏自治区农牧区特困群众医疗救助暂行办法》（2022）、《西藏自治区农牧区特困群众医疗救助办法实施细则》（2008）、《西藏自治区城市居民最低生活保障制度操作规范（试行）》（2008）、《西藏自治区农村居民最低生活保障实施办法（试行）》（2008）、《西藏自治区城镇特困居民医疗救助办法实施细则》（2008）等法规规章。在西藏全社会范围内建立起了管理制度化、操作规范化的医疗卫生和社会保障法规制度，帮助乡镇居民、困难群众解决了医疗以及养老保险等基本问题。这些均表明这一时期，西藏的社会救助的法规体系进一步建立和完善，依法解决了各族人民群众普遍关注的民生问题。

（三）具有西藏特色的法规制度体系基本形成时期（党的十八大以后）

党的十八大以后，随着全国范围内经济、政治、文化、社会和生态文明"五位一体"总体布局的全面推进，全面推进依法治国向纵深发展，西藏法治建设稳步开展。特别是，全国人大常委会 2015 年修订了《立法法》，赋予设区的市地方立法权，地方立法工作有了积极进展。在遵循《立法法》中地方立法基本原则的基础上，西藏坚持以宪法为最高法律规范，保障国家法律法令在西藏畅通。加强了重点领域、新兴领域等立法工作,把西藏各项事业和各项工作纳入法治轨道,努力实现了政治生活、经济生活、社会生活、文化生活等制度化、法治化。具有西藏特色的法规制度体系基本形成。例如,这一时期为了建设国家生态安全屏障的需要,一大批关于生态环境保护的地方性法规和政府规章制定并得到有效实施。2010 年至 2015 年,西藏以及首府城市拉萨市关于生态环境保护以及自然资源保护利用的法规、规章有《西藏自治区旅游条例》(2021)、《西藏自治区湿地保护条例》(2010)、《西藏自治区陆生野生动物造成公民人身伤害或者财产损失补偿办法》(2020)、《西藏自治区气象探测环境和设施保护办法》(2010)、《西藏自治区矿产资源勘查开发监督管理办法》、《西藏自治区生态环境保护监督管理办法》、《西藏自治区矿产资源勘查开发监督管理办法》(2013)、《拉萨市公共厕所管理办法》(2012)、《拉萨市禁止一次性发泡塑料餐具塑料购物袋管理办法》(2012)、《拉萨市城市绿化收费缴纳办法》(2012)等。特别是,2021 年《西藏自治区国家生态文明高地建设条例》的颁布实施,进一步明确了西藏生态文明建设的重要地位以及西藏生态文明建设的总体目标、重点任务、实施步骤等内容,为西藏创建国家生态文明高地提供了系统的法规制度保障。

二 复杂性特征

西藏是重要的国家安全屏障、生态安全屏障、战略资源储备基地以及世界旅游目的地,在国家现代化治理体系中占据十分重要的地位。但是受到特殊的地理位置、经济形态、传统宗教、历史文化、风俗习惯,特别是分裂势力干扰等多种因素的影响,西藏在推进各项工作时不得不面对来自各方面的挑战,在这个背景下开展依法治藏工作就具有了明显的复杂性。一方面西藏要实现经济社会全面发展、维护社会稳定,实现长治久安和高质量发展的目标,首要条件就是要提升治理体系和治理能力现代化和法治化水平;另一方面西藏面对特殊的复杂的社会关系,要稳妥处理好各种矛盾和各种问题,尤其是应对来自境外分裂势力的挑战。所以,这些因素的存在为全面推进依法治藏带来了复杂性和不确定性。全面推进依法治藏的复杂性主要体现在以下几个方面。

首先,西藏如何实现治理现代化、法治化,不断提升促进经济发展、改善民生的"硬实力"体现了全面推进依法治藏工作目标的复杂性和艰巨性。根据党中央的战略部署，我国要在2035年基本实现国家治理体系和治理能力的现代化。治理现代化的内涵应当包括社会治理理念现代化、体制现代化、社会治理方式现代化、社会治理能力现代化等要素。从内容上看，治理现代化包括国家治理体系与治理能力现代化两个方面。中国国家治理体系即在党的全面领导下治理国家的制度体系和行动体系，具体包含经济、政治、文化、社会、生态文明和党的自身建设等诸多领域的体制机制安排以及法律制度的供给，也就是在当代中国语境下形成一整套相互关联、相互协调的国家制度。中国的国家治理能力是指依据国家法律、运用国家制度管理政治、经济、社会、文化、生态等各方面事务的能力，具体包括改革发展稳定、内政外交国防、治党治国治军等诸多领域。[1] 西藏自治区治理体系和治理能力现代化的根本出发点和最终落脚点是增强各族人民群众的获得感、幸福感、安全感。随着我国社会主义现代化的全面推进，西藏实现现代化治理成为一道必答题，问题的核心就在于如何提升发展经济、改善民生的硬实力，实现治理现代化和法治化。

随着西藏全域脱贫摘帽，西藏历史性地消除了绝对贫困，与全国一道步入小康。西藏经济发展呈现出强劲势头，尤其是近两年的地方生产总值增长情况，在全国各地经济增速放缓之际，西藏的经济发展仍保持着良好的势头。但是，西藏的经济社会发展在很大程度上依赖于中央的支持和全国其他省市的无私援助。中央第七次西藏工作座谈会上，习近平总书记明确提出，中央关心西藏、全国支援西藏必须长期坚持，并提出要认真总结经验、开创援藏工作新局面。但是，西藏要实现长治久安和高质量发展，保持西藏经济社会可持续发展，必须要处理好中央关心、全国支援和自力更生、艰苦奋斗的关系，必须变"输血"型经济为"造血"型经济，变"外部动力"驱动发展为"内生动力"驱动发展。如图4-3、图4-4所示，2020年西藏全区一般公共预算收入中，收入总量为2554.5亿元，其中地方收入为221亿元，仅占收入总量的9%，而来自中央补助的收入达1866亿元，占收入总量的73%。这个数据在2021年并没有太大变化，2021年全区

---

[1] 王浦劬：《推进国家治理现代化的基本理论问题》，《中国党政干部论坛》2011年第11期，第10~11页。

一般公共预算收入2241.5亿元，地方一般公共预算收入201亿元，占收入总量的9%，中央补助收入1807.1亿元，占收入总量的81%。

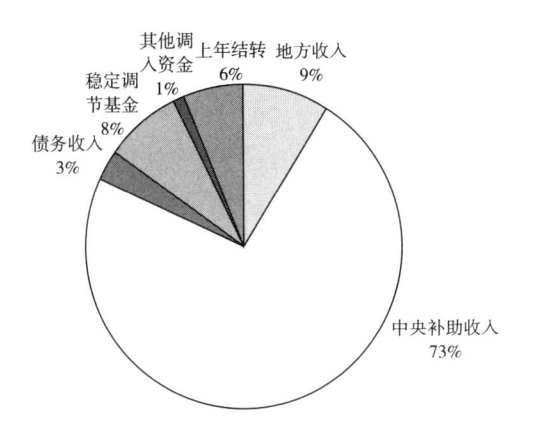

图4-3 2020年西藏全区一般公共预算收入占比

资料来源：西藏自治区人民政府网（www.xizang.gov.cn）。

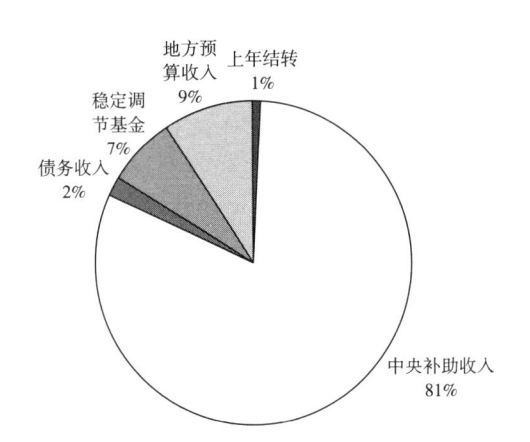

图4-4 2021年西藏全区一般公共预算收入占比

资料来源：西藏自治区人民政府网（www.xizang.gov.cn）。

从历次中央民族工作会议及中央西藏工作座谈会议精神可以看出，党中央对发展西藏经济和改善民生抱有坚定的决心。但是，西藏经济发展任务依然非常繁重，民生改善工程建设任务还十分艰巨。即使是脱贫攻坚任务基本完成以后，西藏的经济发展"输血式"的模式并未发生根本性的转变，而且在短期内可能也无法实现根本的扭转。如果说，对口援助是祖国大家庭坚实的外部力量，那么提升自身发展的能力，就应当成为西藏发展的内在动力，这是西藏治理现代化建设题中之义。当然不可否认的是，随着创新创业的发展和乡村振兴战略等政策的实施，西藏各级领导干部也在努力增强发展的内生动力。西藏创新性产业和创新性人才不断涌现，特别是各地的数字乡村产业如雨后春笋般发展起来，大大提升了西藏增强自身发展能力的信心。我们也应该看到不少产业发展的背后是"保姆式"扶持政策，虽然政府通过多种途径给予各类行业、各种业态规模化投入，但是相当一部分产业发展仍存在管理不善、人员不足、收效不明显的问题。

以上这些都成为西藏实现现代化治理的隐忧，也是全面推进依法治藏必须面对的问题。西藏要实现治理体系和治理能力现代化，必须实现治理体系和治理能力的法治化。习近平总书记在2020年11月16日召开的中央全面依法治国工作会议上强调，一定要坚持走具有中国特色的社会主义法治道路，在法治轨道上坚决推进国家治理体系和治理能力现代化，为全面建设社会主义现代化强国，努力实现中华民族伟大复兴的中国梦提供强有力的法治保障。因此，西藏要实现西藏民族区域自治地方治理体系和治理能力现代化，必须充分认识依法治藏工作的复杂性，全力全面推进依法治藏工作，将法治精神、法治意识、法治思维融入西藏各项事业发展过程中，不断加强民族地方立法、执法、司法、守法以及法律监督等环节工作力度，以法治为目标并通过法治的方式和手段推进西藏的治理工作。

其次，社会关系的复杂性、不稳定因素的存在是依法治藏工作呈现复杂性特征的重要诱因。党的十八大以来，随着社会治理法治化水平的不断提升，特别是依法开展农牧区治理、城镇网格化治理、寺庙管理，逐步构建起了群防群治的社会局面，西藏自治区也连续多年未发生群体性公共突发事件。以平安西藏建设为例，西藏各地市依法开展维护稳定工作，尤其是不断加大社会面治安管控工作，西藏各族人民群众的获得感、幸福感、安全感不断增强。拉萨市坊间流传着这样的俗话："在拉萨，不管发生什么事，喊一嗓子就能有警察听到。"虽然这话略带夸张的成分，但是也反映了拉萨市社会治安管理体系十分严密，拉萨市也因此获得了"最安全的城市"

称号。拉萨市警务管理采用的是"网格化"模式,全市共有警务站700多个,每隔500米左右设有一个警务站(见图4-5),承担着接警出警、交通管理、法治宣传等职责,为维护拉萨市的和谐稳定发挥着积极作用。

图 4-5 拉萨警务站分布局部

作为边疆民族地区和省级民族区域自治地方,西藏的社会治理不同于一般省区的社会治理。西藏社会治理的重要性、特殊性和复杂性主要在于维护祖国统一和社会和谐稳定。特别是,西藏还是反分裂斗争的主战场,反对分裂、维护祖国统一的任务十分复杂艰巨。西藏自治区各级党委政府不断创新社会治理工作的体制机制,依法反对分裂、维护社会和谐稳定的工作力度不断加大,党在西藏的执政地位不断巩固,社会长治久安和经济长足发展的局面基本形成。但是,西藏社会不安全、不稳定的潜在隐患依然存在,这是全面推进依法治藏存在复杂性的又一重要因素。例如,拉萨市的流动人口管理工作就在一定程度上体现了市域法治建设的复杂性,人口流动是推动经济发展与社会变迁的一个关键指标,流动人口管理也是法治工作的重要内容。20世纪80年代以来,随着改革开放的不断深入,我国人口流动呈现出非常活跃的特点,西藏的流动人口也明显增多,成为推动西藏经济社会发展的强劲动力。① 据统计，2021年西藏流动人口达78.9万。随着社会流动人口的增多，出现了一些新情况和新问题，不仅增加了管理的难度，一定程度上也成为社会不稳定诱导因子。西藏大规模流动人口的出现，成了美国等西方国家攻击中国的借口，境外分裂势力也以此为借口恶意攻击我国的民族政策，这也给推进依法治藏工作增加了难度。

最后，外国反华势力图谋中国分裂是依法治藏工作呈现复杂性的外部因素。多年来，以美国为首的外国反华势力，用所谓"西藏问题"攻击中国，从而实现他们分裂中国、遏制中国发展的目的，使治边稳藏战略的实施呈现出更深层次的复杂性，也是依法治藏工作呈现出复杂性的外部因素。1959年民主改革以来，在反华势力的策动下，西藏曾经多次发生影响社会稳定的事件，成为经济社会发展的制约因素之一。以美国为例，从20世纪80年代开始，美国国会就试图将"西藏问题"国际化，出台多个涉藏问题"法案""议案"，粗暴干涉中国内政。② 近几年，美国社会矛盾突出，为转移国内视线，拿所谓"西藏问题"来炒作中国人权等问题，先后提出要任命"西藏事务特别协调员"、签署"西藏政策及支持法案"，试图用各种措施逼迫中国在所谓"西藏问题"上做出让步。西藏问题关乎中国的主权与领土完整，美国某些政客妄图借助西藏的所谓人权、宗教和民族等问题来进行炒作，伸手干涉中国内政。因为西方国家多年以来闭目塞听，加之西方媒体又不断构建对中国进行抹黑的宣传话语体系，西方世界沉浸在对西藏的误解中。尽管西藏经济社会发生了翻天覆地的变化，取得了巨大的建设成就，西方国家都"习惯性地"发出质疑的声音，不断在所谓"西藏问题"上对中国施加压力。这些都给依法开展涉藏斗争提出了重大挑战，成为全面依法治藏不得不面对的复杂局面。

三 长期性特征

法治实现的重要标志是形成完备的法律规范体系、高效的法治实施体系、严密的法治监督体系、有力的法治保障体系以及完善的党内法规体系，这五个体系的形成不仅要依赖于物质条件的保障，更要依赖于法治人才队

---

① 廉湘民：《西藏民主改革的60年》，中国藏学出版社，2019，第262页。
② 郭永虎：《美国国会与中美关系中的"西藏问题"》，世界知识出版社，2011，第295~296页。

伍建设和公民自觉遵法、崇法、守法意识的养成等，公民法治意识的强弱也是衡量实现法治与否的另一个重要指标。颁布一部法律法规相对容易，但是法律法规宣传教育从而转化为公民的行动自觉却不容易。同理，全面推进依法治藏目标达成的首要标准就是民族地方法治体系的构成和实施，而西藏民族地方法治体系是否完备及其实施效果的好坏深受各族群众整体法治意识提升程度和法律文化发展程度的影响，法律和法学人才队伍的建设也是衡量全面推进依法治藏成效的又一重要标准。在全面推进依法治藏的过程中，无论是构建和完善西藏法治体系，还是各族群众守法意识的养成以及法学法律人才的培养都是长期性的工程，要绵绵用力、久久为功，不能一蹴而就。所以，全面推进依法治藏是一项长期的系统工程，下面将从西藏各族群众守法意识的养成以及西藏本土法律人才的培养两个角度来阐述这个问题。

当前西藏各族群众的守法意识还有待提高，普法宣传教育仍然是一项长期性的工作。以西藏的道路交通法治建设为例，由于交通执法人员执法时依法执法意识不强，道路交通参与人员的守法意识不强，同时由于交通普法宣传工作成效不明显，拉萨市的交通法治建设仍然任重而道远。拉萨市是西藏的省会城市，是西藏城市化程度最高的地方。我们看到的情况却是，在拉萨还存在很多随意闯红灯、车辆不礼让行人、随意鸣笛、变道、加塞等情况。另外，道路交通执法者也不能完全依法执法，这些现象都折射出拉萨市文明执法规范程度有待提高。2021年6月21日，西藏商报发布了一条曝光信息《酒驾、醉驾，这649人被实名曝光》，并说明这是西藏拉萨市交警在开展"整治酒驾违法行为的专项行动"。

依法治藏水平逐渐提升离不开专业的法治人才队伍，法治人才的培养是一个循序渐进的过程。我国的法治队伍主要包括在人大和政府从事立法工作的人员，在行政机关从事执法工作的人员，在司法机关从事司法工作的人员，这些人员构成了我国法治建设人才体系，构成了我国法律职业共同体。习近平总书记曾强调："全面推进依法治国，首先要把这几支队伍建设好。"[①] 全面推进依法治藏也是一个系统工程，地方法治人才培养是这个系统中极其重要的组成部分，西藏的立法、执法、司法三支队伍培养规模

---

① 中共中央宣传部、中央全面依法治国委员会办公室编《习近平法治思想学习纲要》，人民出版社、学习出版社，2021，第129页。

和质量上不去，西藏地方法治领域不能实现人才辈出，依法治藏事业就不能全面推进。由于特殊区情的影响，西藏高素质法治人才的培养不可能一蹴而就，需要一代人甚至是几代人的努力。从目前的情况看，西藏的法治人才队伍实力还比较薄弱，且在短期内不会发生根本性的改变。所以，法治人才队伍建设是全面推进依法治藏长期性的又一重要影响因素。

根据新华社报道，2014年西藏全自治区共有律师事务所34家，专业律师222人，分别较2007年底增长1.3倍、1.9倍，而同年全国的律师数量已经达到27.16万人。截止到2019年底，全国律师数量已突破47万。数据表明，受经济社会发展水平的影响，东部沿海发达省市对律师人才的吸引力明显更强。在全国范围内，律师人数超过1万人的省（区、市）有18个，其中超过3万人的省（市）有4个，分别是北京、广东、江苏、山东。2021年，西藏的律师人数较2014年的数据有了大幅增长，全区律师人数达到700多人，其中拉萨市律师人数达到500多人，但这个数字还是远远低于全国平均水平（见图4-6）。

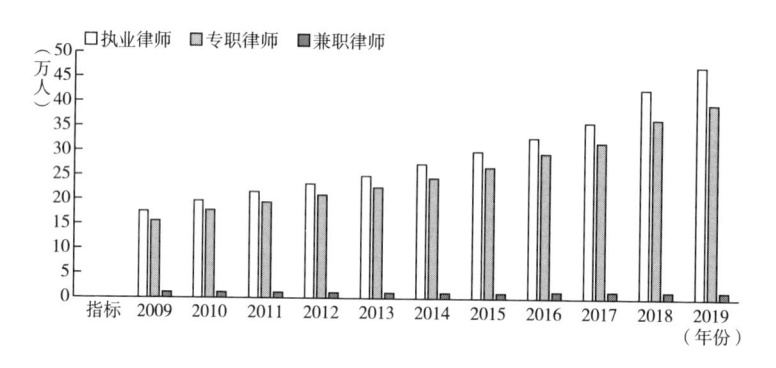

图4-6　2009~2019年全国律师数量统计

资料来源：国家统计局（www.stats.gov.cn）。

根据图4-7、图4-8数据对比可以看出，西藏律师人数在全国范围内占比只有大约1‰，且专业的执业律师主要集中在省会城市拉萨，区域分布非常不平衡，这就意味着为广大农牧区和农牧民直接服务的执业律师人数更少。所以，西藏法治人才培养工作任务繁重，全面推进依法治藏工作任重而道远。

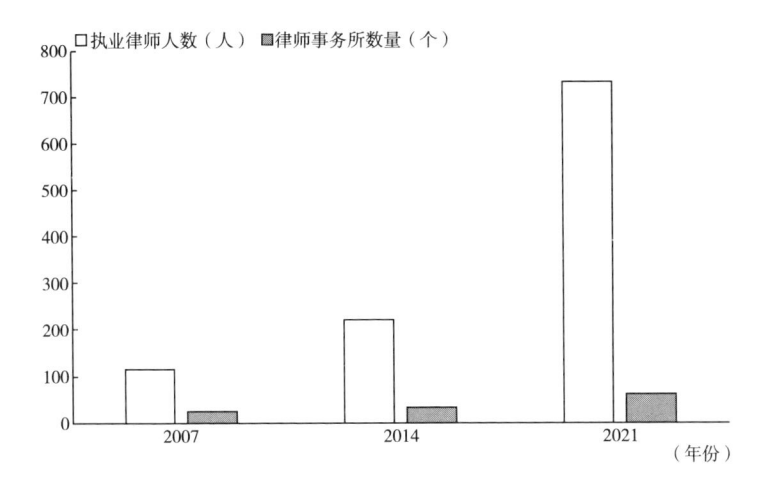

图 4-7 2007 年、2014 年、2021 年西藏律师、事务所统计

图 4-8 2021 年西藏律师人数在全国的占比

四 文化性特征

古代西藏剥削阶级为了维护统治，制定了较为完备的法律制度，维护统治秩序，调解社会矛盾，为藏民族经济社会发展和人民生产生活提供了法律规范，逐渐形成了较为独特的法律文化，成为西藏传统文化的重要组成部分。西藏传统法律文化在当今社会仍然发挥着影响力，影响着法治西

藏建设的进程。这里就涉及了西藏传统法律文化现代化的问题。西藏传统法律文化的现代化内生于西藏自身特殊的社会历史逻辑，同时也植根于中国国家发展进步的总体方向，并与世界现代文明发展趋同。西藏传统法律文化的现代化是西藏社会整体现代化的重要组成部分，也是全面推进依法治藏工作的重要内容。所以，西藏在全面推进依法治藏过程中，应当积极引导传统法律文化同西藏现代社会相适应，吸收西藏传统法律文化的合理内核，扬弃其消极影响，从而筑牢全面推进依法治藏的文化基础。

纵观西藏传统法律文化发展脉迹，一方面，西藏传统法律文化是统治阶级的产物，有着鲜明的阶级性和封建性；另一方面，古代西藏上层统治者也十分重视道德教化的作用，这种统治思想在法律文化中也有充分的体现，使西藏传统法律文化具有鲜明的道德意识。如今，在全面推进社会主义法治建设的时代，西藏传统法律文化的这些特性，从正反两方面影响着依法治藏的历史进程。

西藏传统法律文化对法治西藏建设的负面影响也是显而易见的。例如，西藏古代有"赔命价"之律。吐蕃王朝时期的王法曾规定，杀害人命者要以命相抵。后来由于佛教和经济的发展等诸多原因，杀人者不再以命相抵，改为支付一定的偿命金，因此出现了单纯的赔命价。帕木竹巴时期，大司徒绛曲坚赞不主张杀人偿命，他认为杀人偿命是造孽。因而《玉龙鸣宣十五法》明确规定了杀人偿命的"价位"。根据血统贵贱和身份高低，人们被划分为三等九级。西藏和平解放以后，这些法律早已经被废除。但是，"赔命价"却还在一定范围内作为习惯法而存在，特别是一些偏远牧区。"赔命价"的存在，会大大削弱国家法律在西藏的权威性，不利于国家法律的普及，对法治西藏的建设具有一定的负面影响。为了消除传统"赔命价"的影响，2002年7月26日西藏自治区七届人大常委会第二十七次会议通过了《西藏自治区人民代表大会常务委员会关于严厉打击"赔命金"违法犯罪行为的决定》（2010年7月30日自治区九届人大常委会第十七次会议修正，2018年3月30日自治区十一届人大常委会第二次会议修正，以下简称《决定》）。《决定》要求坚决严禁和打击"赔命金"违法犯罪行为，保证国家法治的统一，维护国家宪法法律的尊严。教育引导各族人民群众认清"赔命金"违法犯罪的性质，知悉其行为的严重社会危害性。近年来，通过对操纵和参与"赔命金"违法犯罪行为的严厉打击与专项治理，用"赔命价"

方式私了的刑事案件逐渐减少。另外，传统法律文化对依法治藏的影响还体现在人们的司法观念方面。例如，西藏古代常用的"神示证据制度"，绛曲坚赞时期《十五法》规定，争讼意见不一致时，当事人以发誓来判断真伪。虽然现代司法审判不再用"神示证据制度"，但是"神示"的观念在民间仍然存在，不少人遇到矛盾和纠纷时，不找警察找上师一定程度上成为全面推进依法治藏的负面影响因素之一。

西藏传统法律文化对全面推进依法治藏也有正面的积极影响。西藏传统法律文化的价值不仅仅在于规范社会秩序，规范社会成员的一般失范行为，如界定杀生、盗窃、抢劫、诈骗、强奸、诽谤等行为的法律责任，还要对合法的、正义的、道义的、理性的行为进行褒奖和固化。这主要体现在传统法律文化强调道德教化作用和加强生态环保等方面规定。这些传统法律文化在一定程度上铸就了西藏当地群众谦逊、礼让、与自然和谐相处的民族性格，有利于西藏法治建设事业的持续推进。

从吐蕃王朝松赞干布时期开始，不少法律都是"道德之法"，如"十善法""大法七条""道德规范十六条"等，其中"大法七条"中又有"饮酒节制之法""不授则不取之法""禁止谎言法""禁止邪淫法""不杀生法"等。这些充满着道德教化色彩的法律，至今仍然影响着人们的行为方式。例如，在西藏有一种说法是"宁愿去乞讨也不能偷盗"，人们认为"小偷"是非常可耻的。受这种传统法律文化观念的影响，西藏的盗窃案件发生率相对比较低。据《西藏自治区审判志》记载，从2010年至2020年，西藏盗窃案件共4155件。而仅2010年当年，全国公安系统立案的盗窃案件就超过420万件。"不杀生法"是吐蕃时期制定的一部法律，也是宗教"不杀生"理念在西藏法律文化中的重要体现。这种理念对人们影响巨大，至今仍然是西藏当地人日常生活的一条准则，对于当前西藏社会安定、刑事案件减少、生态环境保护都有着积极的意义。

西藏生态环境保护传统法律文化方面，每年的藏历四月"萨嘎达瓦"期间不少地方的人都坚持不动土、不杀生。相比很多地方为保护环境设立"禁猎期"而言，这种传统节日对保护生态环境的作用更加明显，约束力也更强。一个月内人们不动土、不杀生，可以使大地得以休养生息，促进生态环境的恢复。另外，古代西藏还有过专门的关于生态环境保护方面的成文立法，大司徒绛曲坚赞时期（1302~1364）就颁布过保护生态环境的法令，要求人们植树造林，造就了西藏注重开展绿化美化环境的传统，对当今开展的生态法治建设具有深远的影响。①

另外，全面推进依法治藏工作也受传统宗教文化的影响，西藏地方性法规制定和实施离不开特有的宗教环境。独特的地理环境和人文历史传承造就了西藏的宗教文化，很多人对西藏宗教的认识局限于藏传佛教，其实除了藏传佛教，西藏还受到传统苯教、伊斯兰教和天主教等宗教文化的影响。这些不同类型的宗教文化相互交织分布在西藏的不同地方，比如拉萨是藏传佛教的圣地，信教群众多以信奉藏传佛教为主，但也有不少清真寺；又如在林芝和昌都的一些地方，零星地分布着不少苯教的寺庙，在西藏芒康甚至还有一座著名的天主教堂（见图4-9）。

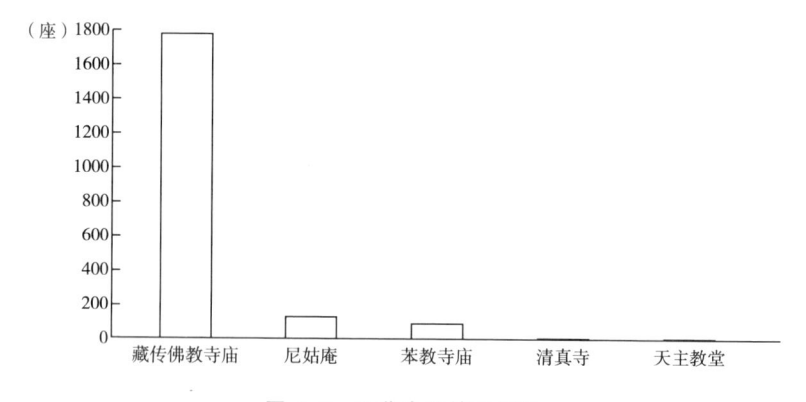

图 4-9 西藏寺院情况统计

宗教文化是西藏文化的一部分，也是中华民族文化的重要组成部分。在西藏，宗教文化涵盖人们生活的方方面面。不管是婚丧嫁娶，还是逢年过节，各族人民群众生活中的风俗习惯、思维方式、审美情趣等都受到浓厚宗教文化的影响。同时，藏传佛教教义、教规与戒律的思想已经成为人们日常的思维方式，旧西藏甚至把佛教教义戒律直接写入法律条文。这些浓郁的宗教文化特质，对依法治藏的影响十分明显，既有积极正面的影响，如人与自然的密切关联，对建设生态文明法治有重要的推动作用，当然也

---

① 次仁片多：《大司徒绛曲坚赞法律思想略述》，《西藏大学学报》（社会科学版）2016年第4期，第7页。

不乏消极负面的影响，在一定程度上制约着依法治藏的进程。

依法治藏的指导思想同宗教中的根本戒律精神在某些方面殊途同归。宗教理念中十分注重对人们德行的教化，强调人们要发自内心遵循道德的约束。我国在推进法治现代化的进程中，十分注重法治和德治相结合，使法律和道德相得益彰。全面推进依法治藏自然也离不开"德治"，让德行的力量内化于心、外化于行，从而更好地推进西藏的法治建设。在这个过程中，强调修养德行的宗教文化对促进法治西藏的建设促进作用是显而易见的。与强调德行一样，与人为善也是一条基本的宗教理念。这种理念有利于为西藏法治建设营造和谐友爱稳定的社会环境，有效减少暴力案件的发生，对推进依法治藏有着积极的促进作用。另外，从法律的渊源以及历史变迁的逻辑来看，世界上大多数国家或地区的法律法规都或多或少地受到宗教戒律的影响，两者之间相互融合、相互依托，甚至在特殊语境中可以表现为高度统一，宗教戒律就是法律，法律就是宗教戒律。例如，西藏古代法律就暗合了藏传佛教中"不杀生、不偷盗、不邪淫、不妄语、不饮酒"五条清规戒律，两者之间相互融合、相互印证。又如，藏传佛教中的人与自然和谐统一的哲学理念，这种理念在一定程度上造就了当地人们对动物、山川、森林、湖泊、草原等充满敬意的心理状态。在《民族法学》教材中有个例子，藏族人民历来对于神山充满敬畏，未经头人许可，不准到"神山"上去挖虫草。[①] 今天的西藏依然有不少当地藏族群众会告诉来客："不要在山间大声喧哗。"与此类似，西藏原始苯教也相信万物有灵，崇拜自然万物。这些理念和心理态度，能够促进人与自然和谐相处，对保护西藏的生态环境有着积极的意义。当前我国正在努力建设社会主义生态文明，作为祖国生态安全屏障，西藏在生态文明建设中的地位不断被提高。所以，西藏要因地制宜地挖掘宗教文化中有利于环境保护的资源，积极吸收西藏传统环境保护法律文化的合理成分，依法做好环境治理和生态补偿工作。

但是任何事物都有两面性，传统宗教文化对全面推进依法治藏的影响也不例外。因为在西藏虽然信教群众的数量相对较多，宗教因素以及在其教义、教规等基础上构建起的政治、经济、社会、文化等方面的制度对于传统法律文化产生了巨大的影响力和渗透力，藏传佛教的教义、戒律甚至

---

① 熊文钊：《民族法学》，北京大学出版社，2015，第372页。

成为旧西藏法律的重要渊源。在旧西藏，人们更加习惯于用藏传佛教的思想观念、价值标准来评估和判断行为的是非曲直，这就直接导致国家法律以及社会主义核心价值观难以完全替代根植于人们内心的宗教意识。[①] 例如，西藏人们对自然充满敬畏，但是也不完全符合当前西藏生态文明高地法治建设的要求，一些宗教观念甚至会对生态环境法治建设带来新的问题和挑战。比如，在拉萨市不少人会进行放生，甚至从市场上买鱼到拉萨河去放生。但是，这就有造成生态环境失衡的风险。近年来，也有不少人提出，人们的过度煨桑活动实际上会造成对环境的破坏，也不乏有一定的道理。但是这些涉及宗教行为规制的问题，具有明显的分散性、隐秘性和敏感性，对于生态环境保护法治建设顺利推进带来了一定难度，成为全面推进依法治藏工作需要面对的一道难题。

西藏传统宗教文化对依法治藏具有多维度的影响，影响的深度和广度都是不言而喻的。总体而言，全面推进依法治藏工作必须要遵循藏传佛教中国化的方向，但同时还要尊重各族信教群众的宗教信仰自由，引导信教群众在信教的同时也能信仰法律，正确处理守法和信教的关系，养成"遇事找法、解决问题靠法"的思维，逐步形成宗教文化和法治文化良性互动的局面。

五 习惯性特征

全面推进依法治藏工作在一定程度上还受到少数民族习惯法和当地风俗的影响，在建设法治西藏的过程中，必须要处理好国家制定法和少数民族习惯法的关系，做好国家制定法同少数民族习惯法的调适工作。在西藏民族区域自治地方性法规创制和适用的工作中，可以适当吸收当地群众的传统风俗，但是这项工作要做到循序渐进，不能急于求成。

西藏是以藏民族为主，多个民族混合杂居的少数民族聚居区。在漫长的历史长河中，人们为了调节社会矛盾，自发遵守的约定俗成的习惯法，至今在当地群众的社会生活中仍发挥着重要作用。以婚姻家庭为例，《婚姻法》明确规定，在我国实行"一夫一妻"的婚姻制度，但是西藏有着独特

---

① 卫绒娥、杜莉梅：《西藏传统法律文化对现代社会的影响》，载喜饶尼玛、周润年、韩觉贤主编《藏族传统法律研究论辑》，中央民族大学出版社，2015，第269~272页。

的"多偶制"婚姻制度传统，且这个婚姻习惯由来已久，短时间内不会发生彻底改变。西藏为了适应少数民族婚姻家庭的实际情况，1981年《西藏自治区施行〈中华人民共和国婚姻法〉的变通条例》通过，明确规定"废除一夫多妻，一妻多夫等封建婚姻，对执行本条例之前形成的上述婚姻关系，凡不主动提出解除婚姻关系者，准予维持"[①]。但是，西藏某些地方存在的一妻多夫现象却没有因为国家法定"一夫一妻"的规定明显减少甚至消失。实际情况却是，近年来在西藏林芝、日喀则、昌都等地"一妻多夫"现象还较为常见，甚至还有增多的趋势。虽然《婚姻法》明确规定结婚时要登记，但是为了能够规避法律对于"多偶制"的限制，"一妻多夫"家庭里的几个男性配偶里，只有一人会进行合法登记，其他配偶则自愿地"隐身"，不出现在结婚证上。形式上的合法化，导致国家法的触角几乎难以触及"一夫多妻"家庭。除了少数民族习惯法，西藏独特的民族文化中孕育了不同的文化风俗，同样对依法治藏有着重要的影响，使依法治藏工作呈现出了独特性、习惯性的特征。例如，天葬作为一种殡葬习俗在西藏广泛长期存在，从其本质上来讲天葬是一种社会文化现象，从这种葬俗的起源、形式、内容以及仪式的外在表现，西藏独特的地理环境、生产方式、民族习惯、宗教教义仪轨甚至是外来文化等因素就是这种葬俗发生和存在的深厚的土壤。1997年7月21日中华人民共和国国务院令第225号发布了《殡葬管理条例》，该《条例》第六条规定"要尊重少数民族的丧葬习俗；自愿改革丧葬习俗的，他人不得干涉"。同时，《条例》还明确规定各地可以因地制宜制定本区域内的殡葬管理条例，民族区域自治地方还可以在不与法律法规相冲突的情况下进行法律变通。根据这一要求，西藏曾在1985年颁布了天葬管理方面的政府规定，2005年西藏发布了《天葬管理暂行规定》的政府规章，2013年西藏自治区两办下发《天葬管理工作的通知》。这些政府规章和规范性文件都明确肯定了天葬是藏族人民的丧葬习俗，这种藏民族拥有上千年历史的丧葬习俗得到了依法尊重和保护。

因此，西藏各个民族都创造了自己的灿烂文化并拥有自己的风俗习惯，在此基础上形成了独特的传统法律文化。西藏传统法律文化同社会主义法

[①] 《西藏自治区施行〈中华人民共和国婚姻法〉的变通条例》，西藏自治区人民政府网（www.xizang.gov.cn），2019年2月23日。

治包括依法治藏事业之间既存在契合又在一定范围内存在冲突，要合理合法解决这个问题，除巩固"平等、团结、互助、和谐"的社会主义民族关系外，更要正确理解依法治藏的习惯性特征，依法保障各民族一律平等，依法保障各民族合法权益，努力实现国家法治统一和法律政令畅通。

第二节 依法治藏工作的成就

西藏和平解放70多年来，在党中央的坚强领导下，在西藏各族群众共同努力下，依法治藏工作不断推进，法治西藏建设取得重大成就，主要表现为：立法科学化水平不断提高，法治政府建设成果显著，司法体制改革不断推进，全民守法程度普遍提高，"为西藏社会的和谐稳定、民族团结、民生改善、宗教和睦、生态良好、边疆巩固的新局面奠定了法治基础，为推进西藏跨越式发展和长治久安提供了有力的法治保障，为推动中央治藏方略的落实提供了根本性的制度保障"[①]。

一 西藏民主改革和自治区成立为依法治藏奠定了制度基础

自古以来，我国就是一个各民族相互嵌入杂居、相互融合的多民族国家。西藏从法制建设到全面推进依法治藏，离不开民主改革时期社会主义制度在西藏的确立，也离不开自治区成立后民族区域自治政策在西藏贯彻落实，西藏的民主改革与自治区的成立为依法治藏奠定了制度基础。早在新中国成立前，党中央就在不断开展民族区域自治制度的实践探索。例如，1922年7月，中国共产党第二次全国代表大会发布《宣言》，提出民族"自决""自治""民主自治邦""联邦共和国"等解决民族问题的政策。1936年5月，中国共产党提出建立回民自治政府的主张，同年10月陕甘宁边区成立了预海县回民自治政府。1941年5月1日，陕甘宁边区政府颁布了《陕甘宁边区施政纲领》（以下简称《纲领》），《纲领》指出，"依据民族平等原则，实行蒙、回民族与汉族在政治经济文化上的平等权利，建立蒙、回民族的自治区"。1947年5月1日，我国首个少数民族自治区——内蒙古自治区成立，民族区域自治制度在我国得以实现。1949年9月21~30日，

---

① 廉湘民、郑堆：《西藏民主改革60年（政治卷）》，中国藏学出版社，2019，第258页。

中国人民政治协商会议第一届全体会议胜利召开,会议通过了具有临时宪法作用的《中国人民政治协商会议共同纲领》(以下简称《纲领》),《纲领》明确规定:"各少数民族聚居的地区,应实行民族的区域自治,按照民族聚居的人口多少和区域大小,分别建立民族自治机关。"民族区域自治政策以法律形式被确立下来。新中国成立后,党中央在总结处理民族问题经验的基础上,借鉴苏联等国家的经验,民族区域自治制度在全国的民族聚居地方得以顺利实施。1951年5月23日《中央人民政府和西藏地方政府关于和平解放西藏办法的协议》(《十七条协议》,以下简称《协议》)在北京签订,西藏实现和平解放,在法律意义上明确了西藏是中国不可分割的一部分的历史地位。[①] 同时,该《协议》第三条规定,"根据中国人民政治协商会议共同纲领的民族政策,在中央人民政府统一领导之下,西藏人民有实行民族区域自治的权利"。1954年《中华人民共和国宪法》颁布,规定"各少数民族聚居的地方实行民族区域自治,各民族自治地方是中华人民共和国不可分离的部分"。正式在宪法中肯定了民族区域自治制度作为根本制度的法律地位,也为西藏实行民族区域自治制度提供了法理依据。1959年西藏地方反动上层单方面撕毁《十七条协议》后,西藏平定了叛乱并开始实行民主改革,实施土地改革、减租、减息、废除乌拉差役、废除高利贷等一系列政策措施,彻底推翻政教合一的封建农奴制。1965年9月9日,西藏自治区人民政府成立,民族区域自治制度正式开始在西藏全面贯彻落实。但是这一阶段不管是中央关于少数民族的立法还是西藏本地的立法,总体表现都是立法相对单一,中央这一阶段重在进行顶层架构的梳理,西藏本地立法也限于顶层管理制度的制定,例如1963年颁布了《西藏自治区各级人民代表大会选举条例》。

总之,1951年西藏和平解放,摆脱了帝国主义分裂势力的羁绊,坚决维护了国家统一和主权完整,为西藏同全国一起共同进步与繁荣发展奠定了基本前提。1959年中国共产党领导各族人民开展民主改革,彻底废除了政教合一的封建农奴制度,百万农奴翻身得到彻底解放,统一了人民民主政权,实现了社会主义制度的历史性跨越。1965年西藏自治区成立,标志着民族区域自治制度在西藏全面实施。这些具有划时代意义的事件昭示着

---

① 廉湘民、郑堆:《西藏民主改革60年(政治卷)》,中国藏学出版社,2019,第260页。

西藏实现了社会制度的历史性跨越，是西藏历史上最广泛、最深刻、最伟大的社会变革。同时，这些历史性事件也促进了社会主义法律制度在西藏开始建立并逐步完善，彻底粉碎了旧西藏封建农奴制的法律制度，从深远意义上讲为依法治藏奠定了制度基础。

二 西藏民族地方性法规规范体系的形成为依法治藏提供了基本前提

进入改革开放新时期，西藏政治、经济、社会等各方面都逐渐实现拨乱反正，随着全国经济建设热潮的到来，西藏也紧跟时代的步伐，各项工作重点转移到社会主义现代化建设上来，西藏的法治建设事业逐步恢复并获得长足发展。特别是进入21世纪以后，西藏以《中华人民共和国民族区域自治法》《中华人民共和国立法法》为引导，民族区域自治地方性立法工作也在不断推向深入。这一时期，西藏自治区地方立法工作的重点领域是通过立法来促进资源优势转化为经济优势，以地方性法规来规制市场经济在西藏的确立。围绕这个阶段性目标，西藏自治区人民代表大会及其常务委员会、自治区人民政府围绕发展与稳定两件大事，遵循"先难后易、循序渐进"的立法工作原则，不断加大地方性立法工作力度，大力提高民族地方立法工作质量。

西藏区域经济逐步走上正轨，要求通过经济立法来维护市场，以地方性法规来界定市场主体的权利义务关系。同时，西藏还高度重视维护社会稳定、保护生态环境、发展社会事业等方面的立法工作，所有立法工作都充分体现"科学立法、民主立法、依法立法"的原则性要求。因此，西藏的法治事业从探索起步阶段过渡并走向丰富发展阶段，党的治藏策略也从"政策治理"向全面"依法治理"转变，其基础性工作就在于构建和完善法律法规体系，确保民族区域自治制度在西藏有效实施。1984年第六届全国人大二次会议通过了《中华人民共和国民族区域自治法》，这部基本法律是西藏自治区开展民族地方立法的基本政治前提和法律依据，从而奠定了依法治藏的政治基础。

具体来说，这一时期西藏法治建设经历了起步探索阶段（1978~2001）和快速发展阶段（2002~2012）。在起步探索阶段，西藏自治区的法治建设注重法规制度建设，如《西藏自治区各级人民代表大会选举条例实施细则》

(1981)、《西藏自治区人民代表大会常务委员会议事规则》(1988)、《西藏自治区乡镇人民代表大会工作条例》(1992)，其他方面如西藏的婚姻家庭、文物保护、自然资源保护等都逐渐有了立法保护。在快速发展阶段，这一时期的立法相对增多，如仅2001年和2002年，西藏自治区人民代表大会和人民政府就分别颁布地方性法规14件和政府规章25件，涉及气象管理、旅游管理、市场管理等多个方面；还有针对当地传统民族习惯法的立法如《西藏自治区人民代表大会常务委员会关于严厉打击"赔命金"违法犯罪行为的决定》，地方性法规覆盖面不断扩大，涉及的内容更加丰富。

表4-2　2002年西藏自治区人大颁布地方性法规统计

西藏自治区人民代表大会常务委员会评议工作条例
西藏自治区人民代表大会常务委员会关于加强经济工作监督的决定
西藏自治区气象条例
西藏自治区旅游管理条例
西藏自治区消防条例（2002年修正）
西藏自治区实施《中华人民共和国残疾人保障法》办法（2002年修正）
西藏自治区人民代表大会常务委员会关于严厉打击"赔命金"违法犯罪行为的决定
西藏自治区人民代表大会常务委员会关于修改《西藏自治区消防条例》的决定（2002）
西藏自治区人民代表大会常务委员会关于修改《西藏自治区实施〈中华人民共和国残疾人保障法〉办法》的决定（2002）
西藏自治区学习、使用和发展藏语文的规定（2002年修正）
西藏自治区人大关于修改《西藏自治区学习、使用和发展藏语文的若干规定（试行）》的决定（2002）
西藏自治区社会治安综合治理条例（2002年修正）
西藏自治区人民代表大会常务委员会关于修改《西藏自治区社会治安综合治理暂行条例》的决定（2002）
西藏自治区实施《中华人民共和国职业教育法》办法
西藏自治区实施《中华人民共和国野生动物保护法》办法（2002年修正）
西藏自治区实施《中华人民共和国收养法》的变通规定
西藏自治区人民代表大会议事规则（2002年修正）
西藏自治区人民代表大会常务委员会关于废止《西藏自治区人民代表大会常务委员会工作条例（试行）》的决定
西藏自治区村民委员会选举办法
西藏自治区商品交易市场管理条例（2002年修正）

续表

西藏自治区矿产资源管理条例（2002年修正）
西藏自治区人民代表大会常务委员会关于修改《西藏自治区实施〈中华人民共和国野生动物保护法〉办法》的决定（2002）
西藏自治区人民代表大会常务委员会关于修改《西藏自治区矿产资源管理条例》的决定（2002）
西藏自治区人民代表大会常务委员会关于修改《西藏自治区人民代表大会议事规则（试行）》的决定（2002）
西藏自治区人民代表大会常委会关于修改《西藏自治区商品交易市场管理条例》的决定（2002）

资料来源：北大法宝（www.pkulaw.com）。

三 全面推进依法治藏，努力实现治边稳藏法治化

2012年党的十八大召开以后，我国跨步进入中国特色社会主义历史新时代，党中央为建设法治国家、法治政府、法治社会，努力实现社会主义法治现代化做出了一系列部署。在党中央关于全面推进依法治国一系列重大部署的推动下，依法治藏事业也不断向纵深推进。这一时期，西藏的法治建设重点在贯彻习近平新时代中国特色社会主义思想，全面落实党中央关于西藏工作的新思想、新理念、新战略，以习近平法治思想为引领，从立法、执法、司法以及守法等方面全面推进依法治藏工作。西藏自治区人大先后制定颁布了一系列的地方性法规，以合理性、科学性的法治制度设计为基础，坚持依法治藏、依法执政、依法行政共同推进，努力实现法治西藏、法治政府、法治社会一体化建设，将法治之网向意识形态、经济发展、社会建设、文化繁荣、环境保护、宗教事务等多领域扩展，西藏民族地方性法规体系、法治实施体系、法治监督体系、法治保障体系和党内法规实施体系正趋于完善，全面推进依法治藏的新局面已经形成。

（一）依法治藏与从严治党、依规治党共同推进

西藏工作事关党的全局，是党的全局工作重要组成部分，依法治藏自然也是全面推进依法治国的重要组成部分。根据党中央新时代中国特色社会主义事业的战略部署，新形势下治国理政必须坚持"四个全面"战略布局，其中全面从严治党是依法治藏的政治基础，只有从严治党才能有效发挥党的领导核心作用，只有从严治党才能为依法治藏培养一支具有法治思

维、能够尊法学法守法用法的领导干部队伍，这是全面推进依法治藏的关键所在。

在加强党风廉政建设方面，西藏没有任何特殊可言。在推进依法治藏的进程中，西藏自治区党委坚持推进从严治党、依规治党，加大反腐败工作力度，对违反党纪国法的行为一查到底。根据西藏自治区纪律检查委员会官网公布数据显示，2016年至2021年，西藏全区纪检监察机关加大党内反腐打击力度，先后立案6503件，同比增长334%。其中，七地市立案5881件，同比增长352%。为了纠正不正之风，加大惩治腐败的力度，五年内西藏纪检监察机关做出党纪政务处分6993人，同比增长308%。其中，七地市做出党纪政务处分6429人，同比增长326%。对违纪人员同时涉嫌违法的，纪检机关移送检察机关230人，同比增长188%。此外追回外逃人员7人，努力实现惩治腐败行为全覆盖。

"法之不行，自上犯之"[1]，党员领导干部是法治建设的排头兵、领头羊，党的十八大以来习近平总书记多次提到要"抓住领导干部这个关键少数"。针对各种层面暴露出的关于党政主要负责人权力集中、约束不够等问题，西藏自治区在重点部位采取措施，严格监督和严肃查处地市县"一把手"，尤其是被反复举报的领导干部，精准发力，努力形成反腐倡廉的强大威慑力。据统计，2016年至2021年，西藏全区共查处"一把手"1393人，其中5名第九届西藏自治区党委委员被立案调查，查处地厅级干部77人，移送检察机关17人。此外，西藏还加大教育科技、医疗救助、社会保障等领域的反腐力度，坚持腐败没有"安全区"。为了方便群众监督，西藏自治区开通"12388"电话举报系统，完善西藏全区的信访受理体系，建成区市县三级检举举报平台。据统计，从2016年到2020年，西藏纪检监察机关共受理信访举报12877件次，充分释放了群众监督的社会力量，切实做到了依法依规治党，同时也使各级党政负责人作为推进依法治藏第一责任人所肩负的责任不断压实。

（二）重点领域立法工作成效显著

依法治藏，首要必须做到有法可依，即需要构建严密完备的民族地方

---

[1] 《史记·商君列传》。

性法规制度体系。1959年民主改革以来，特别是改革开放以来，西藏自治区坚持立法先行，在《宪法》《民族区域自治法》《立法法》等上位法规范指引下，进一步建设和完善西藏法规制度体系。北大法宝数据显示，从1963年到2021年底西藏自治区共颁布实施地方性法规330个、省级地方政府规章128个、地方规范性文件1182个、地方司法文件9个、地方工作文件2477个、行政许可批复197件。其中，现行有效的地方性法规共159个，已经被修改的88个，失效的81个，部分失效的共2个，目前依法治藏工作中科学立法、有法可依的问题已经得到全面解决。

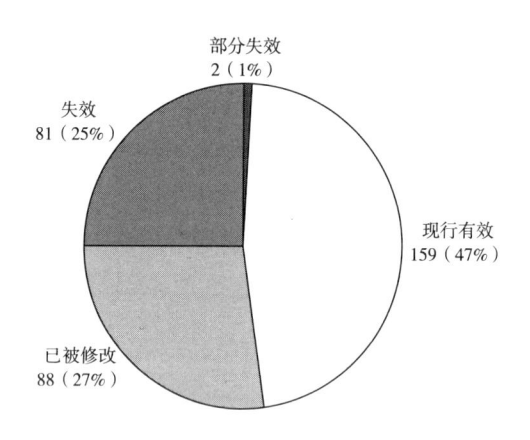

图4-10 西藏省级地方性法规时效情况

资料来源：北大法宝（www.pkulaw.com）。

就西藏地方性立法的内容来看，西藏地方性法规规章涉及的领域包括政权建设、国家安全、社会治理、行政执法、民族事务、宗教事务、农林牧渔、生态环保、财政税收、水利气象、营商环境、婚姻继承、建筑规划、水利水电、自然资源等多个方面，逐渐实现对政治、经济、文化和社会生活的全覆盖。特别是，党的十九大召开以来，根据新时代西藏经济社会发展的需要以及独特的内部、外部环境，西藏全面贯彻落实依法治国的总体部署，全面推进依法治藏工作。西藏自治区结合新时代西藏的社会主要矛盾和特殊矛盾，从特殊的区情民情社情出发，努力践行习近平治边稳藏重要战略思想，通过全面推进依法治藏为"着力创建全国民族团结进步模范区""着力创建高原经济高质量发展先行区""着力创建国家生态文明高地"

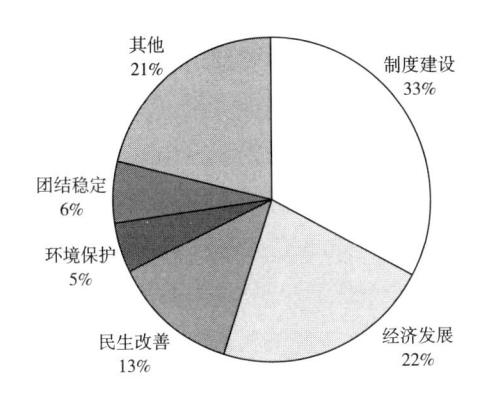

第四章　依法治藏工作的特征、成就与经验

"着力创建国家固边兴边富民行动示范区"① 提供法治保障。

图 4-11　西藏自治区立法内容情况

- 制度建设 33%
- 经济发展 22%
- 民生改善 13%
- 环境保护 5%
- 团结稳定 6%
- 其他 21%

资料来源：北大法宝（www.pkulaw.com）。由于分类无确切标准，分析数据仅能说明大概情况。

制度建设是纲，纲举才能目张。根据北大法宝上公布的数据情况分析，西藏在推进法治建设的进程中，注重法规制度体系建设。在所有的地方性法规文件中，治理制度建设方面的规范性文件数量占据较大的比例。仅在十八大以后，西藏在治理制度建设方面颁布的地方性法规就有《西藏自治区人民代表大会常务委员会关于确定那曲市人民代表大会及其常务委员会开始制定地方性法规的时间的决定》（2021）、《西藏自治区人民代表大会常务委员会关于确定山南市人民代表大会及其常务委员会开始制定地方性法规的时间的决定》（2017）、《西藏自治区立法条例（2017 修订）》、《西藏自治区各级人民代表大会常务委员会规范性文件备案审查条例（2016 修订）》、《西藏自治区人民代表大会常务委员会议事规则（2018 修正）》、《西藏自治区实施宪法宣誓制度办法（2018 修正）》、《西藏自治区乡镇人民代表大会工作条例（2016 修正）》、《西藏自治区实施〈中华人民共和国全国人民代表大会和地方各级人民代表大会代表法〉办法（2016 修正）》、《西藏自治区人民代表大会常务委员会关于修改〈西藏自治区乡镇人民代表

---

① 王君正：《坚持以习近平新时代中国特色社会主义思想为指导，全面贯彻新时代党的治藏方略　为建设团结富裕文明和谐美丽社会主义现代化新西藏而努力奋斗》（在中国共产党西藏自治区第十次代表大会上的报告），中国西藏新闻网（www.xzxw.cn），2021 年 11 月 27 日。

大会工作条例〉的决定（2016修正）》、《西藏自治区人民代表大会常务委员会关于确定日喀则、昌都、林芝市人民代表大会及其常务委员会开始制定地方性法规的时间的决定》（2015）、《西藏自治区人民代表大会常务委员会关于自治区人民政府规章设定罚款限额的规定（2018修正）》等，为西藏民族区域自治地方立法活动、宪法和法律实施活动提供法律法规依据和保障。

在全面推进依法治藏进程中，促进区域经济发展是重中之重。西藏促进经济发展立法体现在制造业、建筑业、农林牧渔业、旅游业、交通运输业、邮政邮电业、水利工程等多个方面，在这些领域制定颁布的地方法规数量超过70个。例如，党的十八大以后，各行各业的发展更加注重科技创新，以科技创新来助推西藏经济社会发展。西藏自治区人大常委会在制定颁布《西藏自治区实施〈中华人民共和国科学技术进步法〉办法（2011修订）》的基础上，又先后制定颁布了《西藏自治区实施〈中华人民共和国科学技术普及法〉办法（2019修正）》《西藏自治区实施〈中华人民共和国促进科技成果转化法〉办法（2018修订）》，全面贯彻落实国家科技创新的政策措施，推动西藏经济社会的高质量发展。在西藏地方科技立法的助推下，近年来西藏的科技创新和转化成果显著。这里有一个典型案例可以佐证，根据西藏自治区农业农村厅网站公布数据显示，2021年底西藏首例克隆藏猪顺利产下首批9头纯种仔猪。该克隆藏猪于2020年12月诞生，是体细胞克隆保种技术在西藏首次成功运用，标志着西藏科技成果转化工作取得了突破性进展。

民生是立国之本，为了将改善民生落到实处，西藏自治区在地方性法规和规章创制方面下足了功夫，先后颁布一系列法规规章，内容覆盖到教育科技、医疗卫生、食品安全、工伤保险、创业就业等领域，如《西藏自治区食品生产加工小作坊小餐饮店小食杂店和食品摊贩管理办法》（2021）、《西藏自治区食品安全责任追究办法（试行）》（2016）、《西藏自治区农牧区医疗管理暂行办法》（2006）、《西藏自治区预防接种管理办法》（2003）、《西藏自治区实施〈中华人民共和国消费者权益保护法〉办法（2017修订）》、《西藏自治区实施〈工伤保险条例〉办法（2012）》、《西藏自治区教育督导条例》（2020）等。另外，西藏自治区各级党委政府还十分重视就业和创业这个最大的民生关切，2010年5月1日，西藏自治区人大常委会制定施行了《西藏自治区实施〈中华人民共和国就业促进法〉办法》(以下简称《办法》),该《办法》充分彰显了西藏自治区党委政府将鼓励创业、扩大就业放在经济社会发展的突出位置的理念,遵循发展经济同扩大就业并重的原则,运用劳动者自主择业、市场调节就业、政府促进就业等多种择业就业模式,采取积极的优惠就业政策促进劳动者充分就业。

民族团结是西藏社会稳定发展的生命线,是西藏构建社会主义新型民族关系的基础。2019年9月27日召开的全国民族团结进步表彰大会上习近平总书记讲话指出,一定要全面贯彻落实民族区域自治法,不断健全民族区域自治法律法规体系,依法保障各民族合法权益,依法推进民族团结进步事业。根据这一指示精神,西藏自治区依法扎实推进民族团结进步创建工作,特别是积极围绕重大时间节点开展重点工作。例如,开展"3·28"西藏百万农奴解放纪念日纪念活动、民族团结月宣传活动、"两学一做"和"四讲四爱"教育实践、党史学习教育以及"三个意识"教育等活动,通过多种方式教育各族干部群众团结一致、反对分裂、维护祖国统一。目前,西藏民族团结进步工作成果显著,多个模范集体、单位、个人受到国务院表彰。据统计,截止到2021年底,西藏有140个集体、189个个人受到国务院表彰。同时,西藏自治区也加大了对本区域内民族团结集体和个人的表彰力度。数据统计,截止到2021年底,西藏自治区有1794个模范集体、2657个模范个人受到表彰。在总结多年民族团结工作实践经验的基础上,2020年西藏自治区人大颁布实施了《西藏自治区民族团结进步模范区创建条例》(以下简称《条例》)。该《条例》遵循马克思主义民族理论与政策,以习近平法治思想为指导,按照党和国家关于民族团结进步事业重大决策部署,结合西藏民族团结进步模范区创建工作的实际,依法界定民族团结进步法律关系,依法规范西藏各级党政机关、企事业单位、社会组织公民个人在创建民族团结进步模范区工作中的权利、义务和责任。[1]《条例》为西藏的民族团结进步事业发展提供了规范指引,在全面推进依法治藏进程中具有里程碑意义。

西藏的生态安全关系到国家生态安全屏障的建设,为国家生态文明高

---

[1] 高大洪、张洪伟:《坚决依法治理民族事务,推进西藏民族团结进步事业全面发展》,《中国民族报》2020年3月4日第5版。

地创建工作提供法治基础。近年来，西藏自治区把生态环境保护作为依法治藏的重点领域，先后颁布并实施了关于整体生态环境治理的《西藏自治区环境保护条例》（2018）、关于湿地保护的《西藏自治区湿地保护条例》（2010）、关于大气污染防治的《西藏自治区大气污染防治条例》（2018）和生态环境管理方面的《西藏自治区生态环境保护监督管理办法》（2013）等涉及生态环境保护的法规文件。西藏还严格实施《国家自然保护区条例》《草原法》《森林法》《矿产资源法》《野生动物保护法》等国家法律，形成了草原、湿地、大气污染、野生动物、矿产资源、资源保护管理等全方位立体化的环境保护法治体系。特别是，2020年底西藏公布实施了《西藏自治区国家生态文明高地建设条例》（以下简称《条例》），该《条例》以新时代党的治藏方略为指引，结合西藏国家生态文明高地建设工作的实际，依法界定生态文明高地建设法律关系，调整建设国家生态文明高地主体的权利、义务和责任。《条例》充分体现了西藏社会稳定、经济发展、生态友好、边疆稳固的时代特征，依法规范了在国家生态文明高地建设中各方面的社会行为，为建设美丽社会主义新西藏提供了法治保障。[1]

（三）法治政府建设扎实推进

建设法治政府、推进依法行政，无疑是全面推进依法治国的重要内容。习近平总书记强调，"推进全面依法治国，法治政府建设是重点任务和主体工程，对法治国家、法治社会建设具有示范带动作用"。[2] 一定要根据这个指示精神，大力推进依法行政、严格执法，努力构建权责明确、高效廉洁的政府治理体系。2004年3月22日国务院印发了《全面推进依法行政实施纲要》（以下简称《纲要》），《纲要》提出要大力建设法治政府，从而积极推进依法行政。通过全面推进依法行政，依法规范行政主体和行政程序，将行政管理的法律制度优势转化为政府治理效能。2015年12月27日，党中央、国务院印发了《法治政府建设实施纲要（2015—2020年）》（以下简称《纲要》），《纲要》分析了我国法治政府建设每个阶段的目标，即：

---

[1] 高大洪、殷小燕：《为建设国家生态文明高地提供法治保障》，《中国民族报》2021年2月4日第5版。

[2] 中共中央宣传部、中央全面依法治国委员会办公室编《习近平法治思想学习纲要》，人民出版社、学习出版社，2021，第101页。

党的十八大确立了到 2020 年法治政府基本建成的阶段性目标，并将其纳入全面建成小康社会的重要目标之一；法治政府建设的总体目标是到 2020 年基本建成"职能科学、权责法定、执法严明、公开公正、廉洁高效、守法诚信"的法治政府。围绕这个总体目标，《纲要》细化了法治政府建设的任务，包括依法履行行政职能，完善行政制度体系，实现行政决策科学化、民主化、法治化，严格规范公正文明执法，强化对行政权力的制约和监督，依法有效化解社会矛盾纠纷，行政工作人员运用法治思维文明执法七个方面，这七个部分相互联结、相互影响，形成了法治政府建设的任务体系。[1]这些目标任务清晰地规定了法治政府建设制度框架，为法治政府建设提供了法律和制度路径。

为了全面贯彻落实《法治政府建设实施纲要（2015—2020 年）》，更好地完成国家法治政府建设各项目标任务，2015 年 8 月西藏自治区人民政府印发了《西藏自治区人民政府规章五年立法规划（2016—2020 年）》，这是西藏立法实践进程中首次编制五年政府规章立法计划，其目的是通过创制政府规章依法推进法治政府建设。同时，西藏自治区政府对 1990 年至 2014 年颁布的现行有效一系列政府规章进行清理，对其中 18 件进行了修订，8 件予以废止，1 件自动失效，清理政府规章数量共计 93 件。为了更好地落实政府规章的五年立法规划，2015 年 10 月西藏自治区人民政府通过了《西藏自治区人民政府关于深入推进依法行政加快建设法治政府的意见》（以下简称《意见》）。[2]在这份规范性文件中，明确了西藏法治政府建设的重要目标和基本要求，确立了西藏法治政府建设首要任务是依法全面履行政府职能，具体包括加大科学决策力度、加快行政审批制度改革以及建立政府法律顾问制度等。例如，该《意见》在界定行政审批的主体、范围、程序等制度的基础上，要求各级政府要制定行政权力清单、责任清单、市场准入负面清单。在这份规范性文件中，还提出西藏要探索建立政府法律顾问制度，从而逐步建立完善政府行为的合法性审查机制，规范行政决策的程序。另外，这份文件还提出了政府规章创制的原则，即积极推进科学

---

[1] 国务院：《法治政府建设实施纲要（2015—2020 年）》，中华人民共和国中央人民政府网（www.gov.cn），2015 年 12 月 27 日。
[2] 《西藏自治区人民政府公报》，西藏自治区人民政府网（www.xizang.gov.cn），2015 年 10 月 9 日。

立法工作，大力开展民族团结、反分裂斗争、生态保护、社会治理等重点领域立法，通过坚持立改废释并举，不断提高政府性法规创制工作质量，依法推进法治政府建设。

2015年12月，为了确保《西藏自治区人民政府关于深入推进依法行政加快建设法治政府的意见》设定的各项目标和任务按时完成，西藏自治区政府专门召开法治政府建设工作电视电话会议，部署法治政府建设的各项工作，提出西藏法治政府建设的重点任务包括在法治轨道上推动依法开展反对分裂斗争、保障民族团结、依法管理民族宗教事务、加强生态环境保护等重点领域工作。同时，会议为西藏依法加快推进法治政府建设提供了更加明确的目标和任务，并确保西藏要在2020年基本建成法治政府。2016年7月，西藏自治区党委要求把法治政府建设作为各级党委政府的重要工作，印发了《中共西藏自治区委员会 西藏自治区人民政府关于贯彻落实〈法治政府建设实施纲要（2015—2020年）〉的实施意见》（以下简称《意见》）。《意见》中，西藏自治区党委把法治政府建设任务进行了更为科学、详细、合理的分解和规划，为每一项任务都确定了相关的责任单位，并且对各项任务完成期限做了严格规定。这个《意见》为西藏法治政府建设制定了时间表，规划好了路线图，还策划好了施工图。为了全面贯彻落实《意见》精神，2016年8月西藏自治区法治政府建设工作领导小组成立，该机构的职责是负责部署年度重点工作，研究推动重大事项建设，协调解决困难和问题，西藏法治政府建设的管理和运行工作都实现了高度统筹，法治政府建设的各项工作都进入了快车道。西藏自治区政府先后又出台了《关于全面推进政务公开工作的实施意见》和《西藏自治区人民政府工作规则》等规范性文件，打通了法治政府建设关键节点，努力开展政务公开、建设阳光政府，同时给行政工作人员设立规则，以规范行政行为程序为切口，逐步实现依法执政和依法行政。2016年至2020年，西藏自治区人民政府及其职能相关部门每年都会发布法治政府建设报告，从依法履行政府职能、依法开展行政决策、公正文明执法、依法化解社会矛盾纠纷、行政权力监督制约、法治政府建设组织领导等方面进行总结报告。通过发布年度法治政府建设报告，让社会公众更加清晰地了解到西藏法治政府建设的进度和效果，这也是推进阳光政府建设、推进行政公开的具体体现。

党的十九大召开以后，西藏自治区各级政府在党的领导下，在法治的轨道上不断创新法治政府工作机制，大力完善行政执法程序，逐步建立起了权责统一、高效权威的法治政府建设体制。2020年2月1日西藏自治区人民政府施行了《西藏自治区规范行政执法裁量权规定》（以下简称《规定》），以该《规定》为法律依据，西藏开始全面清理行政执法事项，采用清单式管理的方式，建立各种权责清单，并且在各级政府部门的网站上予以公开，确保行政权力运行更加阳光透明。例如，在拉萨市人民政府网站上设有专门的权责清单栏目，可以查看所有行政部门的行政权力和责任清单目录。目前，西藏法治政府建设体系趋于健全，依法执政、依法行政有了制度保障的同时，依法化解社会矛盾纠纷也有了明显成效。根据北大法宝的统计数据显示，截止到2021年底西藏自治区人民政府充分重视法治建设工作的基础性保障性作用，共制定颁布行政规章130个。通过这些政府规章的有效贯彻执行，西藏更加注重提高行政性立法质量和效率，适合西藏区情、社情、民情的行政规章规范体系已经基本形成。

表4-3　拉萨市文化、文物局行政权力和责任清单目录

职权类别及数量	序号	职权名称	子项数量	备注
行政许可	1	文化类民办非企业单位设立前置审查	0	
	2	核定为文物保护单位的属于国家所有的纪念建筑物或者古建筑改变用途审批	0	
	3	非国有文物收藏单位和其他单位借用国有文物收藏单位馆藏文物审批	0	
	4	文物保护单位及未核定为文物保护单位的不可移动文物修缮许可	0	
	5	在文物保护单位的保护范围内进行其他建设工程或者爆破、钻探、挖掘等作业审批	0	
	6	文物保护单位建设控制地带内建设工程设计方案审核	0	
	7	文物保护单位原址保护措施审批	0	
行政确认	8	对非物质文化遗产代表性项目的组织推荐评审认定	0	
	9	对非物质文化遗产代表性传承人的组织推荐评审认定	0	
	10	文物的认定	0	

续表

职权类别及数量	序号	职权名称	子项数量	备注
行政奖励	11	对做出突出贡献的营业性演出社会义务监督员的表彰	0	
	12	对营业性演出举报人的奖励	0	
	13	对在公共文化体育设施的建设、管理和保护工作中做出突出贡献的单位和个人给予奖励	0	
	14	对在艺术档案工作中取得显著成绩的单位和个人的表彰和奖励	0	
	15	对文物保护事业做出显著成绩的单位和个人给予奖励	2	
行政其他类	16	个体演员，个体演出经纪业务	0	
	17	非国有文物保护单位转让、抵押、改变用途的备案	3	

资料来源：笔者根据网络信息整理所得。

同时，西藏自治区人民政府还下发了《西藏自治区人民政府关于取消行政审批项目和落实衔接国务院下放行政审批项目的通知》（藏政发〔2021〕3号），取消了行政审批项目6项，另外还有13项由西藏自治区承接国务院下放行政审批项目也同时予以取消，这项举措的实施大力推进了简政放权，大幅度降低了政府行为的成本，西藏各级政府依法履职的效能不断提高。

（四）司法体制改革取得突破性进展

2013年党的十八届三中全会上通过《中共中央关于全面深化改革若干重大问题的决定》，随着我国各个领域的改革进一步深化，司法体制改革工作也进一步推进。《决定》中关于司法体制改革部分明确提出，要加快建设公正、高效、权威的司法制度，确保司法部门能够依法、独立、公正地行使审判权、检察权，为健全司法体系的运行机制提供了新的思路和模式。[1] 2014年，我国司法体制改革工作正式启动，标志性文件就是中央全面深化改革领导小组第三次会议上通过的《关于司法体制改革试点若干问题的框架意见》（以下简称《意见》）。长期以来，我国的法官、检察官的管理模式与行政部门的工作人员无异，具有中国特色法官、检察官员额管理制度

---

[1] 《中共中央关于全面深化改革若干重大问题的决定》，中国共产党新闻网（cpc.people.com.cn），2013年11月16日。

尚未建立起来。这份《意见》中明确提出，要对法官、检察官实行有别于普通公务员的管理制度，在法官、检察官队伍中进行员额制改革，同时提出了要完善办案责任制，实行谁办案谁负责，建立司法工作人员分类管理制度等一系列改革。[①] 在这份框架意见的指导下，从2014年到2016年，我国分三批试点逐步推进司法体制改革。2016年，包括西藏在内的我国14个第三批司法改革试点省份正式启动司法改革工作，至此全国所有省份均启动了司法体制改革工作。

2015年6月，西藏自治区全面深化改革领导小组会议召开。这次会议重点是立足西藏实际、抓住关键环节，对西藏全区的司法体制改革相关工作进行了全面研究和部署，当年西藏昌都、日喀则等地就着手开始进行司法体制改革试点工作，2016年10月司法体制改革工作在西藏各地市全面铺开。2017年6月，西藏再次召开司法体制改革领导小组全体会议，在总结前一阶段司法体制改革工作的同时，安排部署下一阶段的工作，当年年底西藏自治区法院司法体制改革主体框架基本确立。据西藏自治区高级人民法院官网公布的信息显示，西藏已经完成法院三类人员的分类定岗工作，并开始实行司法责任新机制，确立了院长、庭长带头办案的机制。根据司法体制改革要求建立审判团队，开始试点实行聘用书记员制度，全区三级法院陆续开始招聘书记员。2018年西藏自治区高级人民法院制定通过了《关于全区法院人员分类定岗工作的指导意见》《西藏法院聘用制书记员管理办法》等8项相关制度，进一步巩固和扩大了审判体制改革的成果。

同一时期，西藏自治区检察机关司法体制改革工作也在积极开展，紧紧围绕检察责任制这个核心加快构建权责一致的检察权运行新机制。根据《西藏自治区人大常委会内务司法工作委员会关于全区检察院全面深化司法改革情况的调研报告》显示，西藏自治区检察机关从制度化入手，逐步对改革工作进行细化，先后制定了《西藏自治区检察院司法体制改革试点方案》（2017）、《西藏自治区人民检察院统筹管理全区检察官员额实施办法（试行）》（2019）、《西藏自治区检察机关检察官办案权限配置办法（试行）》（2019）、《西藏自治区法官、检察官单独职务序列改革实施方案》

[①] 彭波：《中央司改办负责人解读——司法体制4项改革先行试点》，《人民日报》2014年6月16日理论版。

(2019)、《西藏自治区检察机关工作人员分类管理改革实施办法（试行）》(2019)、《西藏自治区检察机关完善司法责任制的实施意见（2017年修订版）》、《西藏自治区检察官入额遴选工作实施方案》(2017)等30余件改革文件，从制度上搭建了检察系统司法体制改革的顶层设计。2019年9月，西藏自治区三级检察机关完成了人员分类管理改革工作。数据显示，截止到2021年底，西藏全区检察机关已经遴选员额检察官1330名。

（五）法治社会建设迈出坚实步伐

法治社会建设是全面推进依法治国的基础，构筑法治国家需要全社会共建、共治，必须通过法治宣传教育，使社会公众的法治意识和法治观念逐步增强，使社会主义法治精神和法治文化在全社会得到大力弘扬。党的十八届四中全会上通过了《中共中央关于全面推进依法治国若干重大问题的决定》（以下简称《决定》），《决定》确立了法治社会建设的目标是增强法治观念，推进法治社会建设。法治社会作为一种理想化的社会形态，成为国家层面的追求。[1] 习近平总书记也曾强调，"只有全体人民信仰法治、厉行法治，国家和社会生活才能真正实现在法治轨道上运行"，[2] 为我国的法治社会建设提供了根本遵循。党的十九大提出，基本建成法治社会是2035年实现社会主义现代化的目标之一，为我国的法治社会建设设计了目标、描绘了蓝图。2020年12月中共中央印发了《法治社会建设实施纲要（2020-2025年）》（以下简称《纲要》），《纲要》确立了到2025年"八五"普法规划实施完成时要全面建成法治社会的总体目标，并描绘了法治社会的具体形态，即理想的法治社会将呈现这样的状态——法治观念深入人心，社会领域制度规范健全，社会主义核心价值观要求融入法治建设，社会治理成效显著，社会治理法治化水平显著提高。除了设计我国法治社会建设的总体目标，《纲要》还进一步明确了法治社会建设的各项任务，具体任务包括推动全社会增强法治观念、健全社会领域制度规范、加强权利保护、推进社会治理法治化、依法治理网络空间、加强组织保障六个方面，基本构成了具有中国特色的法治社会建设体系。

---

[1] 卓泽渊：《加强法治社会建设》，《法治日报》2020年12月12日第4版。
[2] 《习近平法治思想概论》编写组编《习近平法治思想概论》，高等教育出版社，2021，第205页。

第四章　依法治藏工作的特征、成就与经验

按照建设法治社会的总体目标的要求，近年来西藏高效完成了"七五"普法任务，西藏社会公众法治观念得到进一步提升，社会领域治理法治化水平显著提高。首先是加强了教育、医疗、社会保障、劳动就业等社会领域地方性法规的创制工作。例如，在教育事业发展领域，西藏先后颁布了《西藏自治区实施〈中华人民共和国教师法〉办法》（1998）、《西藏自治区实施〈中华人民共和国职业教育法〉办法》（2002）、《西藏自治区高等职业院校人才培养评估工作规划》（2008）、《西藏自治区高等职业院校人才培养工作评估实施细则（试行）》（2008）、《西藏自治区高等职业院校人才培养评估工作操作规程（试行）》（2008）等法规文件，确保西藏各级各类学校实现依法治校、依法治学、依法治教，确保提高西藏各级各类人才培养质量的稳步提高。在医疗卫生领域，西藏自治区制定的地方性法规和规范性文件有《西藏自治区实施〈中华人民共和国母婴保健法〉办法》（1999）、《西藏自治区实施〈中华人民共和国红十字会法〉办法》（2000）、《西藏自治区预防接种管理办法》（2003）、《西藏自治区农牧区医疗管理办法》（2012）、《西藏自治区实施〈中华人民共和国献血法〉办法》（2015）等，这些法规和规定依法保护了西藏各族群众的生命和健康，为健康西藏建设提供了法治基础。在社会保障和劳动就业方面的立法有《西藏自治区劳动安全卫生条例》（1988）、《西藏自治区企业劳动争议处理办法》（1995）、《西藏自治区实施〈城市居民最低生活保障条例〉办法》（2002）、《西藏自治区实施〈失业保险条例〉办法》（2002）、《西藏自治区最低工资规定》（2002）、《西藏自治区城镇职工生育保险办法》（2007）、《西藏自治区实施〈中华人民共和国就业促进法〉办法》（2010）、《西藏自治区实施〈工伤保险条例〉办法》（2012）等，为西藏的就业、保险、残疾人保障等诸多方面提供了切实的法规保障。此外，西藏还加强了食品安全方面的立法工作，如《西藏自治区食品安全责任追究办法（试行）》（2016）、《西藏自治区食品生产加工小作坊小餐饮店小食杂店和食品摊贩管理办法》（2021）等，依法保障了西藏各族群众舌尖上的安全。在道路交通、通信、安全生产方面，西藏也加大了立法工作力度，如《西藏自治区公路路产路权保护办法》（1994）、《西藏自治区道路运输条例》（2000）、《西藏自治区通信线路保护办法》（2000）、《西藏自治区公路条例》（2006）、《西藏自治区水上交通安全管理办法》（2008）、《西藏自治区邮政条例》（2012）、《西藏自治区通信设施建设与保护办法》(2017)等,这些地方性法规和政府规章的颁布和实施保障了交通、通信的安全生产和运行,为西藏经济发展提供基础性保障。另外,西藏法治社会的构建离不开公共法律服务水平的提升,要逐步解决西藏基层特别是基层农牧区公共法律服务资源匮乏的问题。据调研,截止到2021年底西藏已经建成了82个三级公共法律服务平台,在25个县区设立公证咨询受理点。这些平台和咨询点可以为西藏各民族群众提供各类免费法律咨询服务,从最普遍的需求面满足各族群众对法律公共服务的需求。截止到目前,西藏各类法律援助机构总共为各类群体提供咨询27000余人次,办理各类法律援助案件7626件,为1972名受援人避免和挽回经济损失9800多万元。

(六)法治文化大力弘扬

法治文化的概念和内涵在中国法治语境下可以理解为,我国各族人民在充分吸收中华传统法律文化以及借鉴人类法治文明优秀成果的基础上,在法治建设的理论与实践过程中形成的、彰显着法治精神和理念、原则和制度、思维和行为的一种代表进步意义的文化形态。[①] 党的十八届四中全会审议通过的《中共中央关于全面推进依法治国若干重大问题的决定》(以下简称《决定》)重点阐述了社会主义法治文化建设的重要原则问题和实践路径,《决定》强调,"必须弘扬社会主义法治精神,建设社会主义法治文化,增强全社会厉行法治的积极性和主动性,形成守法光荣、违法可耻的社会氛围,使全体人民都成为社会主义法治的忠实崇尚者、自觉遵守者、坚定捍卫者"。

西藏始终把全民普法和全民守法作为全面推进依法治藏的基础性工作来抓实抓牢,通过加强法治宣传教育工作,弘扬法治精神,建设社会主义法治文化。从2016年开始西藏就全面开展"七五"普法工作,按照"谁执法、谁司法、谁普法"的原则建立普法工作责任制。国家宪法和基本法律得到顺利实施,社会主义法治理念得到各族群众的普遍认同,西藏自治区法治宣传教育活动成效显著。例如,"法律七进"(进机关、进乡村、进学校、进社区、进寺庙、进企业、进单位)、"法治西藏"普法品牌创建、依法治理社区等活

---

① 郑英伟:《中国语境下法治文化的概念探究》,《黑龙江工业学院学报》2021年第11期,第149页。

动不断有效推进，并利用西藏百万农奴解放纪念日、民族团结进步宣传月、国家宪法日等重要节点开展普法宣传工作。另外，在宗教领域加强法治宣传教育是西藏弘扬法治文化的重要内容。近年来，西藏以维护国家统一和民族团结为切入点，对宗教教职人员进行法治教育和国情教育，引导宗教教职人员牢固树立国家意识、公民意识、法治意识。宪法宣传教育是法治教育的重中之重，西藏以宪法宣传为重点，开展"宪法边疆行""双语普法到国门""爱国固边"法治电影大放送等普法活动，抓住干部队伍、青少年群体和寺庙僧尼以及农牧民群众这些重点群体开展普法宣传工作。据了解，在"七五"普法期间，西藏自治区全区累计开展各类法治宣传教育活动17.9万余场次，发放宣传资料2560余万份，受教育各族群众达3280万余人次。

鉴于西藏法治文化建设工作的特殊性，西藏还专门开展婚姻家庭方面的普法宣传。长期以来，西藏存在不少"一妻多夫"家庭，还有不少非婚生子女家庭，由孩子母亲独自抚养。为此，西藏各地在婚姻登记处开设"法治第一课"，在基层农牧区开设"婚姻家庭普法大讲堂"，加大非婚生子女合法权益保护的宣传力度，并加大了对这些特殊家庭的公共法律服务力度，为有效解决非婚生子女抚养、教育等问题奠定了法治基础。在西藏农牧区进行汉藏双语法治宣传教育十分重要。为了解决汉藏双语普法宣传资料紧缺等难题，西藏自治区司法厅专门成立了翻译室，累计翻译法治宣传教育资料100余万字。此外，针对重要的法律法规开展主题宣传教育活动，如宪法、国家安全法、反分裂国家法、宗教事务条例、婚姻家庭法律法规、民族团结进步条例、疫情防控法规等，西藏专门编译口袋书、读本和法律明白卡等双语普法资料，并印制成册免费发放到基层，至今共发放了17万册。同时，西藏还加大了线上和线下的法律文化平台的建设。目前，西藏全区已经建成50余处宪法文化活动场所，形成了以布达拉宫广场宪法文化角、河坝林法治文化主题公园为代表的、覆盖全区的法治文化阵地网络体系。开通了"法治西藏"公众号和七地（市）普法公众号、头条号和企鹅号，有效扩大了法治文化建设覆盖面。

（七）法治意识不断增强

党的十八届四中全会强调，法律的权威来源于各族人民群众的衷心拥护和真诚信仰。西藏各族人民群众的权益要靠法治保障，法律法规的权威也要靠西藏各族人民群众大力维护。近年来，西藏自治区各族群众的学法、懂法、用法的意识逐步增强，执法者的法治思维逐步养成，同时通过法治宣传教育各族群众依法维权的意识也不断提高。以西藏自治区的行政复议、行政诉讼案件相关情况为例，从《西藏自治区司法厅2020年度行政复议行政应诉案件统计分析报告》可以看出，2020年西藏各级行政复议机关共收到复议申请79件、受理77件，其中已审结70件，在审的7件，案件总数明显上升，比2019年上升83%。同时，通过对申请行政复议的案件统计，西藏各级行政部门受理的行政复议案件主要集中于对行政处罚的救济。根据统计分析图可以看出，西藏因行政处罚而申请复议的案件占所有受理案件的54.55%，占绝对多数。其他方面，行政确权占5.19%，举报投诉处理占6.49%，行政确认和行政强制各占2.59%；行政许可和政府信息公开各占1.29%（见图4-12）。这个格局的形成，其主要原因是随着"放管服"改革的不断深入推进，行政执法重心向基层下移，西藏各族群众维权的面逐渐扩大，维权意识逐年增强，维权手段日益多样化。

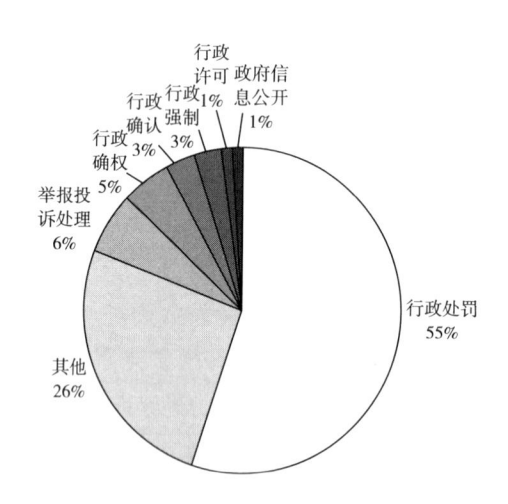

图4-12 西藏受理的案件类型统计分析

资料来源：西藏自治区人民政府网（www.xizang.gov.cn）。

另外，从行政诉讼受理案件的类型和范围来看，2020年西藏三级法院受理此类案件主要集中在公安、人力资源和社会保障等部门。根据统计分析报告看，涉及人力资源和社会保障的案件占32.47%，涉及公安的行政管理的案件占 31.17%。其他方面，与自然资源管理相关的案件占 14.28%，涉及市场监管的案件占 6.49%，涉及财政管理的案件占 6.49%，农业农村和交通运输的案件各占 1.29%（见图 4-13）。可以看出，行政诉讼案件的数量主要集中在人力资源和社会保障方面，与公安管理相关的行政诉讼也相对较为集中，而自然资源、市场监管和财政的案件则相对较少，但是近两年呈现出了逐步上升趋势。这组数据说明西藏各族群众法治意识进一步提升，各族群众维权诉求也日益多样化。

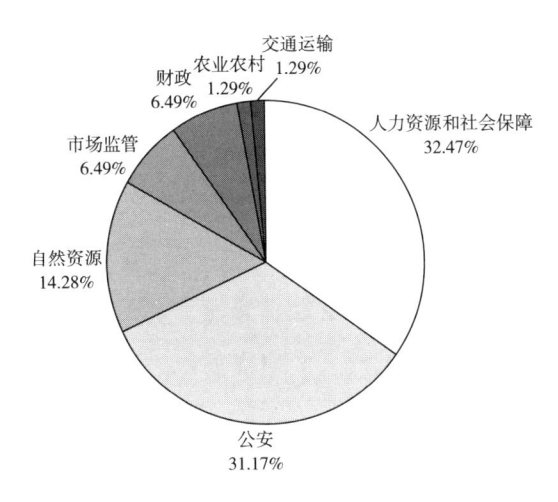

图 4-13　西藏自治区司法厅 2020 年度行政复议行政应诉案件统计分析
资料来源：西藏自治区司法厅（xizang.faxuanyun.com）。

第三节　依法治藏工作的经验

改革开放以来特别是党的十八大以来，在党中央的全面领导下，西藏经济社会发展取得了惊人的成就，全面推进依法治藏取得突破性进展。西藏进入新时代以来，全面推进依法治藏工作翻开了新的篇章，法治西藏建设工作进入了新的历史时期，迈向了新的历史进程。全面推进依法治藏工作，既是实施全面依法治国战略的必然要求，也是实施新时代党的治藏方略的基本原则与战略重点，为建设社会主义新西藏提供了根本保障和重要遵循。西藏的法治事业发展的规律告诉我们，全面推进依法治藏不是随意就能实现的，而是有规律可循的。在第七次西藏工作座谈会上，习近平总书记强调做好西藏工作，必须坚持中国共产党领导，必须把维护祖国统一、加强民族团结作为西藏工作的着眼点和着力点，必须把改善民生、凝聚人心作为经济社会发展的出发点和落脚点，这是西藏必须长期坚持、全面落实的战略部署，也是全面推进依法治藏工作的宝贵经验。具体来说，全面依法治藏工作的经验可以总结为以下几点。

一 全面推进依法治藏必须坚持党的领导

坚持党的领导是中国特色社会主义最本质的特征，是中国特色社会主义制度的显著优势，也是社会主义法治最根本的保障。习近平总书记强调："党的领导是中国特色社会主义法治之魂，是我们的法治同西方资本主义国家的法治最大的区别。"① 因此，党的领导是人民当家作主和依法治国的根本保证，人民当家作主是社会主义民主政治的本质特征，依法治国是党领导人民治理国家的基本方式，三者相辅相成、有机统一，统一于我国社会主义民主政治伟大实践中。同时，全面推进依法治国，关键在于坚持党领导立法、保证执法、支持司法、带头守法。在这一过程中，党既要全面领导依法治国和依法执政，并自觉在宪法和法律范围内开展活动；同时又要引导各级党组织和党员干部运用法治思维开展各项工作，争做依法治国的政治核心并起到先锋模范作用。

党中央高度重视西藏工作，制定了一系列惠及西藏各族群众的政策措施。在党中央的领导下，西藏社会持续稳定、民族团结、社会取得长足进步，各族人民群众安居乐业。坚持党的领导，成为党中央西藏工作最重要的经验。如今，中国共产党已经走过了百年征程。百年风雨激荡，百年中流砥柱。百年历史告诉我们，没有共产党就没有新中国，就没有社会主义新西藏。特别是，2020年8月28~29日习近平总书记在中央第七次西藏工作座谈会上讲话指出："党的十八大以来，西藏工作面临的形势和任务发生深刻变化，我们深化对西藏工作的规律性认识，总结党领导人民治藏稳藏

---

① 中共中央宣传部、中央全面依法治国委员会办公室编《习近平法治思想学习纲要》，人民出版社、学习出版社，2021，第13页。

兴藏的成功经验，形成了新时代党的治藏方略。"① 新时代党的治藏方略为新时代西藏工作提供了根本遵循，也是全面推进依法治藏工作的根本政治保证。西藏和平解放以来，西藏从法制建设到全面推进依法治藏翻天覆地的成就告诉我们，西藏构建社会主义法制必须坚持党的领导，全面推进依法治藏工作也必须坚持党的领导。坚持党的全面领导，是全面推进依法治藏的一条基本经验，也是党全面领导西藏法治建设一条铁的纪律。

二 全面推进依法治藏必须坚持以各族人民群众为中心的理念

习近平总书记指出："我国社会主义制度保证了人民当家作主的主体地位，也保证了人民在全面推进依法治国中的主体地位。这是我们的制度优势，也是中国特色社会主义法治区别于资本主义法治的根本所在。"② 坚持以人民为中心是全面依法治国的根本立场，也是全面推进依法治国的根本出发点和落脚点。全面依法治藏从根本价值上讲也要体现各族人民群众的意志和利益，要充分反映各族人民群众的愿望和诉求，要依法保障各族人民群众的合法权益，把增进各族人民群众的福祉有效落实到全面推进依法治藏的全过程，使依法治国能够充分体现全国各族人民群众的意志和利益。

2022年5月1日，西藏自治区党委书记王君正同志在主持召开自治区党委全面依法治藏委员会会议上指出，在全面推进依法治藏过程中一定要坚持人民主体地位，深入推进依法执政和依法行政。多年来，西藏自治区把人民为中心的发展理念贯穿到西藏民族地方立法、执法、司法和守法的全过程，法治工作每个环节都能够积极回应各族人民群众的新期待和新要求。首先，西藏自治区人大和各设区市的人大在开展地方性立法的过程中，大力贯彻落实党的群众路线，通过各种途径、方式听取和吸收各族群众的意见，所制定的地方性法规都能够为解决各族人民群众最关心、最直接、最现实的利益问题提供法律依据，地方性立法工作最大限度地凝聚起了各族人民群众的智慧与力量。例如，西藏自治区先后制定颁布了《西藏自治区各级人民代表大会选举条例》《西藏自治区信访条例》《西藏自治区各级

---

① 习近平：《全面贯彻新时代党的治藏方略 建设团结富裕文明和谐美丽的社会主义现代化新西藏》，新华网（www.xinhuanet.com），2020年8月29日。
② 中共中央宣传部、中央全面依法治国委员会办公室编《习近平法治思想学习纲要》，人民出版社、学习出版社，2021，第27页。

人民代表大会选举实施细则》等一系列法规,有力地保障了西藏各民族群众参与地方立法活动的民主权利,为西藏各族人民群众充分行使当家作主的民主权利提供了法律保障。其次,西藏各级政府及其职能部门不断健全和完善依法行政决策法规制度,严格规范公正文明执法行为,利用信息化技术创新行政执法方式,实现了政府治理信息化同地方法治化深度融合,西藏法治政府建设数字化水平不断得到提升,各族人民群众的获得感、幸福感和安全感不断得到增强。最后,西藏各级司法机关始终坚持以人民为中心,狠抓司法领域内的体制机制改革,不断强化社会公众对司法工作的监督,实现了法律面前人人平等,努力让西藏各族人民群众从每一项地方性法规规章、每一个执法决定、每一起案件裁决中都能感受到公平正义,使西藏的司法公信力不断得到提升,各族人民群众的权益依法得到保障。

三 全面推进依法治藏工作必须将坚决实施宪法和民族区域自治法作为前提条件

宪法是国家根本大法,是一切法律和法规的母法和上位法,也是一切法治行为的最高法律依据,全面推进依法治藏必须在维护宪法权威的前提下开展,全面推进依法治藏的首要任务就在于保证宪法在西藏民族区域地方有力实施。《民族区域自治法》主要任务是调整和固化社会主义民族关系,是解决民族问题、处理民族矛盾和纠纷的基本法律。全面推进依法治藏,首要依据就是《宪法》和《民族区域自治法》,尤其是要加强宪法和民族区域自治法的实施,这是依法治藏必须坚持的宝贵经验,也是全面推进依法治藏工作最重要的准则。

新时代西藏为什么要坚持和完善民族区域自治制度,坚决实施《民族区域自治法》?正如马克思所言:"人的思维是否具有客观的[gegenständliche]真理性,这不是一个理论问题,而是一个实践的问题。"[①] 新时代之所以坚持实施《民族区域自治法》,根本原因在于,民族区域自治制度西藏的成功实践充分证明,以民族区域自治制度为基础的《民族区域自治法》能够依法解决西藏的民族问题,能够依法维护国家统一、民族团结,能够依法保障西藏自治机关和各族人民群众依法行使自治权利、享受优惠政策,能够依法铸牢

---

① 《马克思恩格斯选集》第1卷,人民出版社,2012,第134页。

西藏各族人民的中华民族共同体意识。所以,新时代西藏必须坚持民族区域自治制度,严格执行《民族区域自治法》。特别需要指出的是,民族区域自治制度在西藏成功实践的过程中,在维护国家统一、民族团结和经济社会发展的前提下,赋予了西藏各族人民群众法定的自治权。依据《宪法》和《民族区域自治法》等法律法规的规定,民族自治地方的自治权主要包括立法权、变通执行权、财政经济自主权、语言文字和教育自主权、培养少数民族干部自主权等,这些自治权利的有效实施都是全面推进依法治藏的基本条件。

四 全面依法治藏工作必须将坚持祖国统一、民族团结作为出发点

在中央第七次西藏工作座谈会上,习近平总书记强调要坚持把维护祖国统一、民族团结、人民利益作为西藏法治建设的出发点。在中央第五次民族工作会议上习近平总书记再次强调,只有铸牢中华民族共同体意识,构建起维护国家统一和民族团结的坚固思想长城,各民族共同维护好国家安全和社会稳定,才能有效抵御各种极端、分裂思想的渗透颠覆。[1] 民族团结是多民族国家发展的重要基石,祖国统一是西藏稳定发展的基本前提,是西藏经济社会发展的生命线。党领导西藏工作多年的经验告诉我们,做好西藏工作必须坚持祖国统一、民族团结。西藏地处祖国边疆地区,复杂的历史背景和现实条件,使西藏成为反分裂斗争的前沿。依法治藏的实现离不开祖国统一、民族团结,反分裂斗争更要依赖统一的祖国作为强大的后盾,依赖民族团结作为结实的支撑。

所以从某种意义上讲,全面推进依法治藏是坚持祖国统一、民族团结的出发点,而坚持祖国统一、民族团结也是全面推进依法治藏的重要内容。所以,西藏自治区通过全面推进依法治藏,不断加强西藏民族领域法规制度建设,依法保障西藏民族团结进步。2019年9月27日召开的全国民族团结表彰大会上,习近平总书记指出"依法治理民族事务,确保各族公民在法律面前人人平等。要全面贯彻落实民族区域自治法,健全民族工作法律法规体系,

---

[1] 《习近平在中央民族工作会议上强调 以铸牢中华民族共同体意识为主线 推动新时代党的民族工作高质量发展 李克强主持 栗战书王沪宁赵乐际韩正出席 汪洋讲话》,新华网(www.xinhuanet.com),2021年8月28日。

依法保障各民族合法权益"[1]，重申了法治保障在民族工作实践中的重要地位以及推进民族工作法治化的决心与愿景。为了积极贯彻落实这个重要讲话精神，西藏自治区十一届人大三次会议通过了《西藏自治区民族团结进步模范区创建条例》（以下简称《条例》），并于2020年5月1日施行。《条例》将西藏民族团结进步模范区创建工作同稳定、发展、生态、强边四件大事有机结合起来，同西藏的乡村振兴、固边兴边、基础设施建设、产业发展、民生保障等工作高度协同和深度融合，努力将法治思维贯穿到西藏民族事务治理工作中，为西藏民族团结进步事业的发展提供了法治范式和实施路径。

五 全面依法治藏工作必须有科学的顶层设计

全面推进依法治国最终目标是要实现国家治理体系和治理能力建设在法治轨道上运行，努力实现国家治理法治化。从政治层面上讲，使我国的领导干部以法治思维方式来培养现代化国家治理能力，并努力营造法治化的全新的政治生态。同时，要通过法治进程来引领党的执政理念和执政方式的转变，以实现政治资源、执政权责以及行政责任的再创造和再平衡。这种执政模式和方法的革命必须以依法治国的顶层设计来引领。而之前我国的治理方式一般可以概括为渐进式改革的法治建设过程，着眼点是基层法治实践并对这个探索式的经验进行总结，用法律形式对这些基层改革经验进行事后确认和法律固化。

改革开放特别是党的十八大以来，中央先后召开了七次西藏工作座谈会，其中中央第六次西藏工作座谈会和第七次西藏工作座谈会，以习近平同志为核心的党中央更是深谋远略、谋篇布局，形成了新时代党的治藏方略，绘制了西藏工作的顶层设计图。新时代党的治藏方略，是党中央在西藏工作中形成的最深刻的总结和最生动的实践。全面推进依法治藏是新时代党的治藏方略中的重要组成部分，其理论论述是习近平法治思想的重要组成部分，"内涵丰富、论述深刻、逻辑严密、体系完备、博大精深"，[2] 是充分实施新时代党的治藏方略的关键点。正是因为有了新时代党的治藏方

---

[1] 中共中央党史和文献研究院编《习近平关于尊重和保障人权论述摘编》，中央文献出版社，2021，第127页。

[2] 李林：《习近平法治思想的核心要义》，《中国社会科学报》2020年11月23日理论版。

略，全面推进依法治藏才有了明确的目标和宏观的顶层设计。2022年5月21日西藏自治区党委全面依法治藏委员会会议召开，自治区党委书记王君正书记讲话要求，全面推进依法治藏必须以习近平法治思想为引领，积极贯彻落实新时代党的治藏方略以及中央关于西藏工作的决策部署，不断提升依法治理水平，为西藏的长治久安和高质量发展奠定坚实的法治基础。会议以顶层设计的方式为全面推进依法治藏绘就了蓝图，要求处理好顶层设计同基层法治实践的关系，充分尊重西藏基层法治实践经验，用基层法治实践来丰富和完善依法治藏的顶层设计，使顶层设计中的总体目标更加明确、实施方案更加科学。目前，西藏已经制定并开始实施《西藏自治区人大关于长治久安和高质量发展立法工作规划》《新时代西藏自治区法治人才培养规划（2020-2025）》等，为西藏的民族地方性立法以及德才兼备的高素质法治人才培养做好中长期工作规划。

六 全面依法治藏工作必须立足于西藏的历史传统与实际区情

全面推进依法治藏，首要是继承西藏的历史传统、准确判断西藏的实际区情，突出依法治藏工作的重点领域，部署依法治藏的重点工作。西藏的稳定关系到国家的稳定，西藏的发展关系到国家的发展，西藏"稳定、发展、生态、强边"四件大事是国家的核心利益。西藏是重要的国家安全屏障，具有重要的战略地位，目前"治藏"重点是"稳藏"，只有"稳藏"才能"兴藏"。因此，全面推进依法治藏必须立足于西藏的历史传统和实际区情，不断增强依法治藏工作针对性和实效性。

西藏自治区行政区域内国土面积占全国国土面积的1/3，这里自古以来就是以藏民族为主多民族聚居的少数民族地区，是我国边境一个高海拔地区，也是我国反分裂斗争的前沿。特殊的人文历史沿革和自然地理环境，加上独特的区情，决定了西藏必须从自身实际出发走有中国特色、西藏特点的依法治藏发展道路。《西藏和平解放与繁荣发展》白皮书指出，长期以来西方反华势力对西藏事务横加干涉，妄图破坏西藏社会和平与稳定的局面。[①] 全面推进

---

① 《西藏和平解放与繁荣发展》白皮书由国务院新闻办公室首次发布于2021年5月21日，重要内容是阐述西藏和平解放、民主改革、自治区成立、社会主义建设、改革开放、进入新时代的历史进程，向全世界展示了在中国共产党领导下西藏政治、经济、文化、社会、生态等各方面发生的巨大变化、取得的伟大成就。

依法治藏，破解西藏法治化进程中的难题，必须要认清西藏实际区情。西藏的实际区情包括西藏特殊的自然环境、特殊的风土人情等多个方面。其中最为重要的一个现实就是西藏地处反分裂斗争的前沿，这个现实关乎西藏长期稳定和民族团结。实践证明，没有持续稳定的社会政治生态，就没有西藏经济、文化、生态、强边固边等各项事业的发展，各族人民群众就没有幸福安定的生活。在西藏社会主义法治化的道路上，必须坚持反分裂斗争，维护民族团结社会稳定，确保西藏能够长期稳定繁荣。

七 全面依法治藏工作必须坚持依法治藏与以德治藏相结合

法安天下，德润人心。法治并不意味着要排斥德治，相反，一个深得人心的法治社会，也必须是拥有高尚道德的社会。习近平总书记曾指出："中国特色社会主义法治道路的一个鲜明特点，就是坚持依法治国和以德治国相结合，强调法治和德治两手抓、两手都要硬。"[1] 一方面，法律与道德都是调整社会关系、规制社会行为、维系社会秩序的行为规范，共同为国家治理提供依据和基础。法治和德治是相辅相成的关系，两者不可分离、不可偏废，德治和法治要相得益彰。要充分发挥法律的指引、评价、教育、预测和强制作用，就必须以法治建设来昭示道德内涵和理念，不断加强法律对道德建设的促进作用。另一方面，在依法治国的过程中，一定要努力发挥好道德的认识、调节、评价和教化的作用，特别是以舆论的理念和价值评价来规范社会行为。道德内涵可以浸润法治精神，法治文化能够丰富和发展道德内涵。

在全面依法治藏的过程中，充分坚持了依法治藏和以德治藏相结合的理念。具体经验包括以下几方面。一是将依法治藏的法治理论实践和社会主义核心价值观相结合，大力践行社会主义核心价值观。习近平总书记强调："用法律来推动核心价值观建设。"[2] 社会主义核心价值观是建设社会主义法治国家的灵魂，更是法治西藏的灵魂，是依法治藏工作的精神内核；依法治藏，在西藏推进法治建设，是贯彻和落实社会主义核心价值观的重

---

[1] 中共中央宣传部、中央全面依法治国委员会办公室编《习近平法治思想学习纲要》，人民出版社、学习出版社，2021，第40页。
[2] 中共中央文献研究室编《习近平关于全面深化改革论述摘编》，中央文献出版社，2014，第90页。

要制度保障。2012年2月,西藏自治区党委紧密结合西藏实际;2013年12月23日,中共中央办公厅印发了《关于培育和践行社会主义核心价值观的意见》(中办发〔2013〕24号),以下简称《意见》)。西藏以该《意见》为指导,继承和发展西藏传统法律文化,努力培育和践行社会主义核心价值观,用社会主义核心价值观来浸润西藏各族人民群众的生产生活和精神世界,为建设富裕和谐幸福法治文明美丽的社会主义新西藏汇聚强大的正能量。二是运用法律手段来解决道德领域的突出问题,用法律的强制力来维护道德的力量。主要是加强立法工作,界定对失德失范行为进行惩戒的规则;加强执法司法工作,对西藏各族群众反映强烈的失德失范行为依法实施整治。三是充分发挥藏传佛教文化对依法治藏进程的助推作用。西藏传统法律文化充分吸收了藏传佛教的教义和戒律,强调以佛教十善法来作为传统法律的立法宗旨,要求广大民众在遵守法律的同时,还要皈依三宝、崇尚佛法、信奉因果等,这就形成了西藏传统法律制度佛教意蕴的特点。当今西藏社会,藏传佛教教义教规正在由传统信仰向现代传承转换,西藏社会经济的发展以及文化创新推动了藏传佛教的现代化。藏传佛教与社会主义社会相适应,也积极引导了宗教文化同法治文化的相互适应和相互融合,不断助推依法治藏的进程。

第五章 依法治藏进程中存在的突出问题

西藏和平解放以来,党中央在西藏的政策一直都在法治的框架下实施。进入历史新时期以后,从2013年时任中共中央政治局常委、全国政协主席俞正声在西藏调研时提出"依法治藏,长期建藏"到2015年中央第六次西藏工作座谈会上习近平总书记提出的"依法治藏、富民兴藏、长期建藏、凝聚人心、夯实基础"二十字西藏工作原则,党中央治藏方略的内涵得到进一步升华,依法治藏成为党中央治藏方略中的重要维度。可以说,全面推进依法治藏是党中央关于西藏地方治理体系和治理能力现代化的发展和飞跃,为了更好地使西藏的治理体系和治理能力现代化在依法治藏的轨道上得到全面构建,近年来西藏自治区全面推进落实依法治藏工作,不断提高立法质量,推进严格执法,开展公正司法,在全社会范围内提升守法、用法的水平,同时强化对各种公权力运行的监督,法治建设水平有了明显的提升。但是,由于西藏地处海拔4000米以上的高原,严苛的自然地理环境、制度设计的不完善以及西藏特殊的宗教习俗、传统法律习惯等因素的存在在一定程度上制约了经济社会发展的速度和质量,也造成了西藏在法治建设上存在一些较为突出的问题,比如:立法队伍的水平有待提升、执法人员的法治意识不强、司法公正性还有待加强、社会普遍的守法用法意识养成不够等。全面推进依法治藏进程中出现的一系列问题,不仅给依法治藏本身带来诸多挑战,也给西藏整体实现治理体系和治理能力现代化提出诸多难题。全面推进依法治藏是全面推进依法治国的重要组成部分,法治西藏建设目标的实现关乎法治国家建设的成效。所以,一定要针对依法治藏进程中存在的问题,始终坚持习近平法治思想在全面推进依法治藏中的指导地位,坚定不移地走具有中国特色、西藏特点的民族地方法治建设道路,以科学立法、严格执法、公正司法、全民守法、全面监督、从严治党为抓手,将西藏社会主义法治事业推向深入。

基本问题分析的逻辑起点是社会经济的发展程度决定区域性法治的效果，西藏经济社会发展相对落后，不可避免地制约了西藏法治事业发展，主要表征和体现在依法治藏的不同方面。随着依法治理模式和路径的变革，有些问题在全面推进依法治藏的进程中得到解决，有些问题由于习惯势力根深蒂固的存在以及旧有体制难以再造而成为顽瘴痼疾。这些问题内在外在的特征也各有表现，有情形各异的问题也有特征趋同的问题，特别是反响集中的问题必须在分析成因的基础上加以清除。

第一节 依法治藏顶层设计有待加强

全面推进依法治藏，实现法治西藏建设的各项目标，从根本上来讲要从顶层设计上制定出一整套法治建设的规划。从依法治国的层面来观察，党的十八届四中全会在总结我国法治建设的成就和经验的基础上，高瞻远瞩提出了"全面推进依法治国"的总体目标，并将这个总体目标具体化，分解成法治国家建设、法治政府建设、法治社会建设、法治文化建设、法治人才培养等子项目。从这些顶层设计的项目体系价值功能上来分析，这些子目标中最具纲领性、原则性和指导性的就是"建设中国特色社会主义法治体系"，并创造性地将"加快形成完善的党内法规体系"以及"加快形成有力的法治保障体系"纳入中国特色社会主义法治体系中。为了将中国特色社会主义体系及体系内的子系统落实到现实实践中，必须将依法治国的重点任务和具体工作进行布局，即落脚到"法治国家、法治政府、法治社会一体建设"以及"依法治国、依法执政、依法行政共同推进"。[①] 所以，中央在探索和遵循"一体建设共同推进"法治建设规律的基础上，协同推进依法治国各个领域建设的顶层设计工作，集中制定了一系列法治事业发展规划。主要有：2020年3月，中共中央印发了《法治社会建设实施纲要（2020—2025年）》；2020年12月，中共中央印发了《法治中国建设规划（2020—2025年）》；2021年8月，中共中央印发了《法治政府建设实施纲要（2021—2025年）》；2021年4月，中共中央办公厅、国务院办公厅印

---

① 杨叶洪：《法治中国：顶层设计与贯彻落实》，《湖南省社会主义学院学报》2020年第4期，第77~78页。

发了《关于加强社会主义法治文化建设的意见》；2021年5月，中共中央办公厅印发了《新时代法治人才培养规划（2021—2025年）》。这些规划涵盖了依法治国体系的各个方面，结构完整、路径具体，构成了中国法治建设工作规划体系。同全面推进依法治国的顶层设计相对照，依法治藏的顶层设计相对滞后，目前还没有设计出相关规划来呼应国家层面的法治建设的整体安排，这种局面有望在全面推进依法治藏的进程中加以改观。

国家和地方两个层面法治建设的顶层设计确定后，必须构建一套科学、完善、可操作性强的法规制度体系来加以实施。可以说，一套科学完善可实施性强的民族地方性法规制度体系是依法治藏之纲。纲举则目张，依法治藏必须要进行科学立法。西藏自治区是我国省级民族自治地方，按照宪法法律的制度安排，在立法层面上拥有双重立法权，也即是自治区人大同时拥有自治立法权和一般地方立法权。但是，西藏在双重立法权行使过程中存在科学性、民主性相对不强的问题，个别地方性法规、政府规章甚至还存在与上位法不相符的情况，"西藏自治区人大制定的自治性法规从数量到质量，同国家立法体制设计的目标都尚存在一定的差距"[①]。

表5-1 依法治藏的顶层设计不足问题一览

序号	问题存在的领域	问题的具体体现
1	全面推进依法治藏的顶层设计	西藏民族地方性法规规章体系尚未形成
2	《民族区域自治法》实施办法	未出台实施
3	《西藏自治区自治条例》	未出台实施
4	《单行条例》	未出台实施
5	法律法规变通	涉及面不广，主要集中在婚姻家庭、民事诉讼等领域
6	关于人口较少民族权益保障	《西藏自治区民族乡条例》《西藏自治区城市民族工作条例》等尚未制定
7	地方性法规实施监督	力度有待加强，例如套取挪用惠民资金的问题时有发生

（一）西藏立法自治权尚未得到充分行使

依据《宪法》、《民族区域自治法》以及《立法法》的有关规定，民族

---

① 边巴拉姆：《民族区域自治地方立法评析——以五十年来西藏自治区立法为例》，《中央民族大学学报》（哲学社会科学版）2015年第5期，第38页。

区域自治地方可以针对本地区的政治、经济、文化发展的特点制定本民族地方的地方性法规,但由于各种因素影响,西藏民族地方性立法工作中存在一些比较突出的问题。例如有些自治性法规具体条文规定太过宽泛,在实施过程中暴露出可操作性不强的问题;《民族区域自治法》在西藏实施的具体办法或细则尚未制定。《民族区域自治法》实施办法是在西藏自治条例尚未出台前的过渡性法规,只有《民族区域自治法》具体实施办法制定出来,结合西藏当地民族的具体情况有效实施,才会依法推动西藏社会长治久安、经济高质量发展。西藏的自治条例和单行条例未能及时出台,自治条例虽然已经起草完毕并修改了十几次,单行条例也有了制定计划,但是由于各方面条件不成熟,自治条例和单行条例至今未能制定出台。法律变通主要是针对西藏自治区特殊区情而对国家法律法规进行依法适当变通,但是目前西藏的法律变通或补充执行覆盖范围比较狭窄,主要集中于科教文卫及婚姻家庭这几个方面,其他领域覆盖率比较低。

(二)西藏一般性地方法规创制工作的质量有待提高

西藏地处祖国西南边陲,地理位置特殊,历史上就有着与内地中原文化完全不同的风土人情,加上西藏受传统民俗习惯和法律文化的影响,这种特殊性的存在就是西藏制定地方法规和政府规章的客观基础。从西藏近年来各类立法的数量来看,西藏出台的政府规章数量在持续增长,地方性法规数量却相对不多。而且现有地方性法规覆盖范围还不是非常全面,西藏地方性立法的范围主要涉及民族团结、生态环境保护、边境管理、网络安全等方面。另外,从西藏自治区民族结构和地理分布来看,除了自治主体民族藏族外,还有纳西族、门巴族、珞巴族以及夏尔巴人、僜人,关于这些人口较少民族或族群权益保障的地方性立法不是很多,地方性法规对这些人口较少民族的经济社会发展的推动作用就显得比较有限。

(三)西藏各地方性法规规章立法论证以及执行监督力度不足

西藏个别地方性法规和政府规章条文内容在一定程度上还存在部门垄断和地方保护倾向。西藏还有一些地方性法规和政府规章立法属于应急性立法,立法前论证和评估工作不充分,使西藏地方性法规规章的体例和条文内容比较笼统、粗糙,导致这些法规规章执行起来针对性不强,在案件裁量上极易产生偏差。在立法程序方面，自治区立法机关听取意见渠道不够畅通、方式有限，立法内容上不能完全满足来自各个方面的复杂利益诉求，难以公正协调和平衡各种利益关系。自治区有权机关对地方性法规执行效果监督力度不是很强。同地方性法规规章制定过程的投入相比，对地方法规规章的执法监督就显得薄弱，往往是投入一定的人力物力将地方法规规章制定出来就大功告成，对于法规规章实施的效果缺乏评估和管理。所以，全面推进依法治藏背景下法规规章创制过程中这种重制定、轻实施、缺监督的状况，使西藏地方性法规规章实施效果不可避免地存在不足。

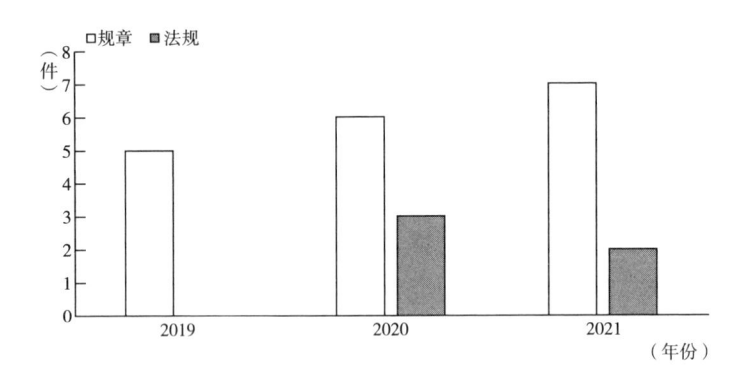

图 5-1　2019~2021 年西藏立法数量

资料来源：西藏人大网和西藏自治区政府网。

第二节　西藏法治政府建设进程有待推进

2021 年 8 月，中共中央、国务院印发了《法治政府建设实施纲要（2021—2025 年）》，从顶层制度设计上提出了法治政府建设的总体目标、主要任务、具体举措等，确定的法治政府建设愿景为：到 2025 年，将政府行为全面纳入法治化轨道；到 2035 年，将基本建成现代化法治政府。[①] 1965 年西藏自治区政府成立，由于受到传统行政体系以及政府治理体制的

[①]《中共中央 国务院印发〈法治政府建设实施纲要（2021—2025 年）〉》，中国政府网（www.gov.cn），2021 年 8 月 11 日。

影响，西藏自治区法治政府建设起步较晚，同当前国家法治政府建设总体目标的要求仍有一定的差距。而且，法治政府建设一定程度上在依法治藏进程中是一个短板，只有将这个弱项抵消，全面推进依法治藏才能取得更大的成效。其中存在的问题如下。

一 西藏自治区政府公职人员的法治思维和法治意识有待进一步增强

西藏自治区政府部分公职人员的法治思维尚未完全养成，法治意识有待进一步增强，特别是依法行政的能力也亟待提高，这些都是西藏法治政府建设意识、能力、方法等方面存在的突出问题。从政府领导干部层面来看，部分政府及其职能部门的负责人依法决策、依法办事、依法处理问题、依法化解矛盾的思维和意识尚未完全培育起来，少数地区政府部门领导干部法治教育长效机制没有完全建立起来，政府部门的负责人依法行政的职责履行不力，法治政府建设的领导责任体系也有待进一步完善。从政府一般工作人员的层面来看，虽然西藏自治区各级政府均将公务员法律知识和法治素养纳入法治政府建设考核目标，但是考核工作在某种程度上都是为了应对各类检查，并不能真正将各类公职人员依法行政能力提升当作一件重要事项来抓实抓牢，走过场、敷衍应付的情形在法治政府的进程中还是存在的。另外，从普通公众的层面来看，我国自古以来就有重人治、轻法治的传统思想，部分普通群众还存在权大于法的思想，遇到问题首先想到的是上访，而不是通过法律途径解决矛盾和纠纷。遇到纠纷首先想到的是托关系、找门路，而不是通过法律程序来寻求公正合理的结果。西藏普通公众法治意识养成的程度也直接影响着政府公职人员法治思维和法治方式的形成，二者的效能可以相互促进也可以相互抵消。

二 西藏各级政府行政决策的科学化、民主化、法治化的水平有待进一步提升

目前，西藏各级政府行政决策能力建设水平以及工作成效同全面推进依法治藏各项工作要求仍有一定差距，必须通过法治的手段加以健全和完善。据西藏自治区全面推进依法治藏委员会办公室发布的《关于我区法治政府建设存在的短板弱项问题及对策建议报告》显示，西藏有些政府部门

在行政决策中存在主体不适格、程序不规范、风险评估不充分等瑕疵。例如，在《西藏自治区重大行政决策程序规定》的执行过程中，有些政府职能部门做出的重大行政决策没有经过专家论证，甚至没有开展社会稳定风险评估。究其主要原因，是西藏各级政府普遍没有构建起行政决策合法性合规性评估及风险防控机制，行政决策咨询专家库的作用也没有充分发挥。另外，从西藏自治区第十届党委第一轮巡视向七地市政府部门的意见反馈可以看出，全区有些政府及其职能部门在一定程度上存在依法决策思维尚未形成、民主决策意识不强、科学决策水平有待提高等问题。同时，对党委政府重大决策部署贯彻落实不彻底、不到位，重大决策程序不严格且缺乏专家论证和风险评估。这几类问题在西藏集中体现，要求西藏各级政府坚持在党的领导下，创新依法决策体制，完善依法决策程序，不断健全重大决策充分听取民意的工作机制。

三 西藏各级政府解决问题、处理矛盾的方式方法有待创新

法治政府既有管理的职能，又有服务的特性。政府公职人员应当具有较高的法律意识、法律素养，养成用法治思维来解决问题、处理矛盾的工作定式。例如，在对待各族群众上访问题上，自治区各级行政机关既不能如临大敌，也不能将上访的数量多少作为政绩考核的一项指标来对待。接待上访既要解决群众的实际难处，也要打击借上访滋事的不法行为。一味压制，既不利于矛盾的依法正确解决，更不能体现法治政府建设的功效。同时，在基层第一线的城镇社区居委会、农村村民委员会也要不断创新社会纠纷调处方式，充分借鉴新时代"枫桥经验"，使基层群众的矛盾纠纷能够不出社区、不出乡村就可以得到解决。充分发挥基层群众自治组织的积极作用，调动基层社会的一切积极因素开展自治共治工作，如此可以大大减轻基层政府的压力，使基层政府及其职能部门可以更加专注于依法行政和自身建设工作。

四 西藏法治政府智库建设力度不大、成效不显著，缺少包括专家在内的社会各界的积极支持

由于西藏各方面的资源储备同内地发达地区相比较为匮乏，网络信息技术发展也有一定的难度，西藏的法学法律智库建设有一定的滞后性。因

此，法治政府建设理论与实践问题研究不活跃，研究工作基础夯实得也不是非常牢靠。特别是，法治政府建设的理论支撑点并非源于行政法学基本理论本身，更多的是源自政策的分析以及政府工作报告的总结和意图，这使法治政府理论与实践问题研究工作的政策性浓于学术性。所以，西藏要尽快建立法治政府建设理论与实践智库，整合各种研究力量和资源，围绕依法行政、建设法治政府的总体目标，遵循"行政合法、行政合理、责任行政"的基本原则，按照"努力建设法治政府，强力推进依法行政，严格公正文明执法"的工作要求，开展信息收集、数据采集、案例研讨、决策咨询等研究工作，结合西藏法治政府建设以及依法行政工作的实际，提出能够解决现实问题的应对之策。

五 法治政府建设过程中的监督力度有待加强

从西藏自治区目前情况来讲，法治政府建设监督制度还不是十分健全，一套行之有效的监督体系正在构建。虽然西藏自治区已经建立了行政监察体系，但是行政监督工作具体可操作性仍然有待提高，尤其是对于自治区基层行政机关的监督力度有待加大。西藏法治政府建设工作具有特殊性、长期性的特点，在实际工作中仍然存在"同级监督太软，上级监督太远"的现象，依法行政行为中出现的违规违纪行为不能及时得到依法依规处理。所以，西藏各级政府要以提高行政执法机关不作为、乱作为成本来杜绝其违法违规行为的发生，不断提高西藏各级政府的公信力。

六 西藏法治政府建设的信息化和智能化水平亟待提高

西藏法治政府建设进程中，信息化和智能化水平不高也是一个亟须解决的问题。与内地发达地区相比，西藏自治区信息技术市场发育比较晚，各级政府行政人员运用信息技术和手段开展工作的水平和能力没有很好跟上时代发展的潮流。虽然西藏各级政府已经采用微信、客户端等手段和方法实现了线上政务办公，但是由于受传统行政工作模式的影响，部分行政工作人员的思维模式和工作方式没有得到很好更新，对行政信息化学习和使用的热情和积极性均不高。这种不愿意接受新事物、新技术的思想和意识，势必影响法治政府信息化建设的水平的提高。疫情期间，由于防疫工作的需要，西藏大部分政府机关都采用线上办公，尽可能采用信息数据来指导防疫和经济恢复工作。但是，由于各种因素的影响，西藏各级政府在网络信息技术利用方面的不足之处仍然明显。例如，在就业、医保、教育、社保等方面还未能建立起充足的线上服务平台，这就影响了这些领域中数据、信息和技术等资源的共享，更不利于西藏法治政府建设效率的提高。同时，西藏在推进法治政府信息化建设方面，还要积极扩大线上行政事项办理的覆盖率，不应当只是为了查询信息和统计数据，更应当建立一系列覆盖面广的数据丰富的信息化平台，以便西藏各族人民群众利用这些具有开放性的数据平台对法治政府建设开展监督。

表5-2　西藏自治区法治政府建设进程不足问题一览

序号	有待推进的问题	具体表现
1	法治政府建设推进不足	法学界智库缺乏；推进法治政府的方式方法简单；缺少群众的支持
2	公职人员法治思想不强	依法执政的思想未深刻扎根于公职人员心中
3	处理行政问题的能力不足	不能及时有效依法处理上访问题
4	法治政府建设规范滞后	地方性法规未能及时调整引导公职人员履行职责
5	法治政府建设监督力度有待加强	对公权力监督的体系未完善
6	政府信息化水平不高	无纸化办公工作需要大力推进；网络化办公系统有待开发

第三节　西藏法治社会建设步伐有待加快

党的十九大召开启动了建设社会主义法治强国的新征程，并明确到2035年要基本建成"法治国家、法治政府、法治社会"，2022年3月中共中央办公厅印发的《法治社会建设实施纲要（2020—2025年）》指出："法治社会是构筑法治国家的基础，法治社会建设是实现国家治理体系和治理能力现代化的重要组成部分。"[①] 当前，在全面推进依法治国的历史进程中，在"法治国家、法治政府、法治社会一体建设"的总体格局中，法治社会建设作为依法治国的一项基础性工程，其重要而深远的意义日渐凸显

---

① 《法治社会建设实施纲要（2020—2025年）》，人民出版社，2021，第1页。

出来。因此，在全面推进依法治藏的宏大背景下，西藏法治社会建设也已经被纳入全面依法治藏的体系中。通过全区各族人民群众的不懈努力，目前西藏法治信仰已经成为社会大众的共识，遵纪守法已经成为各族人民群众的思维习惯，依法保障各族群众权利的机制趋于健全，公平正义的社会氛围基本得以形成。但是，由于西藏区情、社情、民情存在特殊性和复杂性，全面推进依法治藏的各项事业都面临着一定的挑战和困境，法治社会建设也同样存在一些问题。例如，西藏各族人民群众崇法守法的意识尚未完全养成，各族人民群众法治素养有待提高，依法治理能力在一定程度上弱化，基层社会矛盾纠纷机制运转不畅等。总之，相对于法治西藏建设的整体成就而言，西藏的法治社会建设相对滞后，成效也不是十分显著，甚至成为制约全面推进依法治藏的短板和弱项。

一　西藏各族人民群众的崇法守法意识尚未完全养成

习近平总书记曾撰文指出，全民守法的内涵就是"任何组织或者个人都必须在宪法和法律范围内活动，任何公民、社会组织和国家机关都要以宪法和法律为行为准则，依照宪法和法律行使权利或权力、履行义务或职责"。[①] 根据总书记这一重要论述，西藏在全面推进依法治藏过程中全民守法主体应当就是各族人民群众。依据西藏法治社会建设的实际情况可以将全民守法主体细分为三个方面，即：党员领导干部这个"关键少数"是西藏全社会崇法守法的带头者和模范践行者；作为国家公权力行使主体的各级国家机关及其公职人员是西藏守法的主干构成和重要力量；西藏各族人民群众是守法最广泛主体，是依法治藏守法环节最普遍的社会基础。从某种意义上来讲，全民守法主体客观存在的层级划分区分了其扮演的角色和承担责任的不同，这充分显示了西藏各族人民群众守法普遍性与自觉性的正相关关系，西藏各族人民群众守法的普遍性越强，西藏全民守法的氛围就能逐步形成，西藏全体公民守法的自觉性就会极大增强。但是，西藏各族人民群众守法状况和效果并不是十分理想，法治意识淡薄、违法违纪的现象仍然在一定程度上存在，西藏各族人民群众在守法意识、守法认知、守法行为以及守法实践等层面尚未达成依法治藏的基本目标要求。

---

① 习近平：《论坚持全面依法治国》，中央文献出版社，2020，第24页。

二 西藏各族人民群众的法治思维和法治方式尚未完全形成

《法治社会建设实施纲要（2020—2025年）》有关内容指出，法治思维是人们对法治方式内心的存在和认同，这种意识认同在条件适当时就转化为建设社会主义法治文化的现实实践，也是法治社会建设重要的意识基础。法治思维是以法律法规为基本依归的规范性意识内容和方法，是以法律价值为引导的整合性逻辑思维，更是以法律方法为基本路径的程序化思维。[①] 西藏各族人民群众法治思维可以为法治社会建设提供主导性的思维方式，始终贯穿于全面推进依法治藏整体过程和各个领域。在"法治西藏、法治政府、法治社会一体化建设"的依法治藏整体格局中，学法、知法、尊法、守法、用法等行为方式已经成为各族人民群众共同追求的社会法治氛围，法治思维的涵养在这个过程中发挥着无可替代的重大作用。西藏各族人民群众守法意识同法治思维在精神内核上具有同质化的具现，在类型上分属依法治藏主体维度与精神维度。法治思维体现着全民守法的自觉性的思想特征和行为的指导意义，也是适应全民守法的价值存在。因此，西藏各族群众的法治思维是推动全社会守法的内在驱动力，是全面推进依法治藏的社会意识基础和精神基石。但是，由于西藏"大政府、小社会"格局现实存在，西藏自治区政府牵引型的法治建设路径依赖，在全面推进依法治藏过程中，社会法治功能发挥有限，民族区域自治地方政府、社会组织和各族群众之间法治工作权利责任边界不清晰、结构不均衡。特别是，依法治藏过程中各族人民群众、各类社会组织依法自治、共治能力相对较弱，以规则意识、程序意识、证据意识、责任意识为基本结构的法治思维和意识尚未普遍建立，这是制约着西藏法治社会建设进程的重要因素。总之，西藏各族人民群众法治思维和法治方式尚未养成是全面推进依法治藏面临的精神困境，严重制约着社会公众法治行为成为依法治藏的主流方式。

三 西藏基层社会矛盾纠纷调处机制有待完善

当代社会呈现出多元价值共存并相互影响的形态，但在法治上则表现

[①] 公丕潜、李嘉硕：《论法治中国视域下法治思维的锤炼方式》，《黑龙江政法管理干部学院学报》2022年第1期，第15页。

第五章　依法治藏进程中存在的突出问题

出价值的趋同性，这种价值趋同并不能掩盖法治社会存在多种矛盾和纠纷。在全面推进依法治国的进程中呈现的特点是，一旦社会矛盾纠纷特别是基层矛盾纠纷发生时，政府、社会组织以及当事人之间可以选取采用多元机制、途径和方法来调处和化解这些矛盾纠纷，以实现对基层人民群众基本权利的救济。对于民族地区基层社会矛盾纠纷治理问题，习近平总书记在第五次中央民族工作会议讲话要求，一定要依法保障各民族群众的合法权益，依法妥善处理涉及民族因素的案事件，依法严厉打击各类违法犯罪，做到在法律面前各民族一律平等。因此，西藏一直将社会基层矛盾纠纷调处化解工作纳入法治化轨道，努力构建和完善各族群众权利法律救济机制，这应该是全面推进依法治藏的重要面向。但是，西藏在建立基层矛盾纠纷多元机制方面仍存在一定问题。例如，西藏的社会主体对于基层社会矛盾纠纷自我化解能力不强，矛盾和纠纷在基层没有得到有效消除，这样就导致大量社会矛盾纠纷进入诉讼渠道，从而大量挤占了诉讼资源。从另一个角度来分析，如果西藏各族群众的合法权利受到不法侵害难以获得司法救济，而且西藏的司法救济渠道很容易堵塞，这种情形势必会减损西藏的司法公信力。美国学者尼尔·K.考默萨认为，司法资源的适当有效配置意味着，不仅要关注司法资源的供给，也要考虑对司法资源的需求，如果仅仅把目光锁定在对法院的需求上是远远不够的。[①] 所以，在西藏法治社会建设过程中，各族人民群众权利的司法救济应当实现每个人对每一次基于司法的诉求都会得到满足，而不至于产生绝望。[②] 显而易见，司法方式的利用是西藏实现定分止争、化解矛盾纠纷的终局性机制，是各族群众依法维权的底线，因此西藏司法权力的公正运作深刻地影响着法治思维和法治方式的生成。但是，西藏现实的状况是，过分依赖司法审判方式来解决社会矛盾纠纷，导致诉讼资源被过度挤占，使西藏三级法院面临着案多人少工作压力，导致西藏社会基层矛盾纠纷难以得到多元化解，各族人民群众权利救济的充分性无法得到有效保障。总而言之，西藏社会纠纷多元解决机制运转不畅，造成了各族群众合法权益的依法救济面临困境。

---

① 尼尔·K.考默萨:《法律的限度——法治、权利的供给与需求》，申卫星、王琦译，商务印书馆，2007，第2页。
② 李林:《建设法治社会应推进全面守法》，《法学杂志》2017年第8期，第4页。

表 5-3 法治社会建设步伐问题一览

序号	有待解决的问题	具体表现
1	普法宣传教育存在的障碍	政策大于法律的观念仍然存在；学法无用论的群众观念在一定程度上存在
2	政府机关人员的综合素质有待提高	个别公职人员对法律知识的欠缺导致业务能力不强，行政综合素质不高
3	普法资源欠缺	法律专业人才欠缺；普法工作人员业务能力不高，工作经费不足

第四节 西藏司法体制改革效能有待进一步提升

党的十八大召开以来，党中央不断深化和积极开展司法体制改革。习近平总书记指出："全面深化改革是为了党和人民事业更好发展，而不是为了迎合某些人的掌声和喝彩，更不能拿西方的理论、观点来套在自己身上，要坚持从我国国情出发，从经济社会发展实际要求出发。"[1] 以这个重要论述为指导，西藏不断推进司法体制改革，不断健全和完善审判、检察工作体制，努力完善公共法律服务体系，建立司法行政服务机制，积极推进司法工作队伍正规化、专业化、职业化建设，依法探索改革优化司法权力资源配置体系。然而，当前西藏自治区司法体制改革的效能建设还有待进一步加强，具体表现在以下几个方面。

一是西藏司法系统政治理论学习工作力度不够，广大干警的政治理论素养仍需进一步提升。主要体现在对习近平新时代中国特色社会主义思想的学思践悟尚有欠缺，特别是学习习近平法治思想同具体司法工作的融会贯通还存在不足。习近平法治思想是全面推进依法治国战略的根本遵循与行动指南，更是依法治藏的根本指导思想和根本指引。部分干警对习近平法治思想学深悟透还不够，没有更好地将习近平法治思想充分运用于司法实践中，更加卓有成效地推进习近平法治思想指导全面推进依法治藏的各项工作。特别是西藏法院、检察两支队伍综合素质同全面推进依法治藏的要求仍有一定距离，检法系统中的高层次人才和领军人才数量相对较少，

---

[1] 中共中央宣传部、中央全面依法治国委员会办公室编《习近平法治思想学习纲要》，人民出版社、学习出版社，2021，第112页。

广大干警政治理论素养、业务水平都亟待提高。

二是对西藏的审判、检察、司法行政服务"四件大事""四个确保"的思考研究不太充分，采取的应对策略还不够精准，使用的具体措施结合度有待提升。尤其是，各级司法机关对反对分裂斗争形势等重大风险研判还不够系统、精准、全面，司法案件办理"三个效果"还不十分突出。特别是，西藏的检察工作同发展大局深度融合不够全面，检察职能发挥不够充分，进一步加大法律监督力度仍有比较大的空间。只有更加重视相关法律法规的司法实践才能正本清源，有力提高司法领域对反分裂斗争的贡献率。

三是西藏执法与司法体制综合改革工作不平衡，特别是同网络信息技术深度融合不够充分，信息化支撑的系统集成和高效协同显现不足。西藏司法审判检察工作在网络环境、基本硬件、核心业务软件、基本安全防护等方面都存在基础薄弱的问题。同时，各级法院、检察院自身管理机制不够科学规范，审判、检察队伍业务、事务保障管理体系尚未真正建立起来。这些问题都在一定程度上制约了西藏执法司法的公正高效权威。

四是西藏执法司法工作服务基层程度不足。西藏审判、检察事业发展不平衡、不充分的问题相对突出，基层基础还不是十分稳固。部分法院、检察院尚未将司法业务高度融入基层社会治理、促进乡村振兴等工作，协调和整合各种司法资源参与社会基层矛盾纠纷调处化解的主动性不足、积极性不高、效果不明显。[1]

表 5-4　司法体制改革效能问题一览

序号	有待解决的问题	具体表现
1	对习近平法治思想理论精髓学深悟透不够	社会各界对法治文化内涵理解不够深入
2	司法系统"四个确保""三个效能"建设有待加强	西藏对于反分裂、渗透工作虽然付出了很多精力，但是随着我国国际化发展的迅猛前进，信息化、科技化预防力量仍然需要加强，以应对世界格局的迅速变化
3	西藏司法工作基层基础建设不足	基层司法实践中的现代化办公手段、司法信息化基础薄弱
4	司法重点领域的改革不够	司法管理体制未积极引入先进改革经验；司法权力机制未能及时应对社会发展；司法保障机制有待完善

[1] 索达：《西藏自治区高级人民法院工作报告》（2022年1月5日西藏自治区第十一届人民代表大会第五次会议）。

第五节　西藏法治人才培养与法学理论研究力度有待加强

习近平总书记曾强调指出："法律的生命力在于实施，法律的实施在于人。"[1] 全面推进依法治国是包括法治人才培养在内的一个复杂的系统工程，法律和法学人才培养规格和质量提升不上去，法治领域缺乏拔尖人才，全面推进依法治国的良好局面就难以完全形成。近年来，我国通过加强和改革法学教育促进法治人才培养成效显著，法律和法学人才培养规模、规格、质量等都不断提高，多种类、多层次、多方面的法学教育体系基本形成，具有中国特色的种类齐全、内涵丰富的法学学科体系也已经基本构成。但是，从全国的范围来看，法学教育和法治人才培养过程中也存在一些问题和不足之处。例如，法学学科体系不完善、结构不合理，专业设置单一，课程和教材体系尚未构建；法学二级学科中新兴交叉学科开设不足，无法满足依法治国新形势的需要，法学学科同其他学科交叉融合协同不充分，法学新知识容量亟须更新和扩充。另外，近年来国家有关机构以各级各类法学研究机构、法学研究课题为平台，构建起了较为完备的法学理论研究工作机制。通过研究平台搭建、研究机制构建，会集法学法律界优秀人才，以我国社会主义理论体系为指导，全面贯彻落实习近平法治思想，结合全面依法治国实践具体情况，积极开展课题研究、学术研讨、调查研究、专家咨询、法律服务、法治宣传以及法学对外交流，在法治实践和法学理论研究方面都取得了显著成效。

然而，我国法治和法学的理论研究工作也存在一定的局限性，法学理论研究成果滞后于依法治国实践的成果，法学研究难以科学回答和解释法治的现实问题。法学理论专著偏重西方法学理论，对西方法学理论缺乏甄别能力和鉴别批判，对中国特色社会主义法治法学理论研究不够深入。法学研究报告、咨询报告等研究成果针对性、实效性不强，对全面推进依法治国提供的法理和政策支撑没有达成预期成效。在全国法治人才培养和法

---

[1] 中共中央宣传部、中央全面依法治国委员会办公室编《习近平法治思想学习问答》，人民出版社、学习出版社，2023，第142页。

学理论研究工作的现实背景下,全面推进依法治藏理论研究和法律人才培养体系没有构建起来,西藏在这两个方面的工作均存在短板,具体问题呈现及其背后的成因同全国相比有共性的一面也有个性的一面,本节将会对这些短板和弱项进行一定程度的分析。

一 西藏德法兼修高素质法治人才培养工作亟待加强

高校是西藏德法兼修高素质法学人才培养的重要基地,西藏的法学教育和法治人才的培养首先要遵循立德树人、德法兼修的原则,不仅要加强法学理论知识教学活动,更要培养法科学生的思想品德素养和职业道德水准。2017年5月3日,习近平总书记考察中国政法大学时指出:"要坚持中国特色社会主义法治道路,坚持以马克思主义法学思想和中国特色社会主义法治理论为指导,立德树人、德法兼修,培养大批高素质法治人才。"①总书记关于培养德法兼修法治人才重要论述是习近平法治思想的重要构成,西藏正是以这个重要思想为引领,坚持具有西藏特点的法治建设道路,充分调动各方面的积极因素,引导西藏法学专业学生努力学习法学基本理论和知识,加强职业伦理道德养成,培养法治精神,为全面推进依法治藏锻造德法兼修的法治队伍。但是从西藏法治人才培养的现状及成效来看,西藏法学教育无论从人才培养模式改革、专业教学方法创新还是构建具有西藏特点的法学体系,同全面推进依法治国、依法治藏的目标要求相比仍有相当大的差距,具体表现在以下几个方面。

(一)马克思主义法学思想和中国特色社会主义法治理论同西藏法学专业教育融合度需要进一步提升

在西藏办好法学教育首先要求培养的法律法学人才政治上要靠得住,要引导本土法治人才坚定不移地坚持走具有中国特色西藏特点的社会主义法治道路,这就必须要求将马克思主义法学思想、中国特色社会主义法治理论融入专业教学过程中,牢牢把握社会主义法治人才培养政治方向。西藏法学教育在法治人才政治标准建设方面做了一些工作,但是与中央的要求对照仍显不足。一是西藏的高等学校法学专业思政工作体系尚未完全构

---

① 《习近平在中国政法大学考察》,新华网(www.xinhuanet.com),2017年5月3日。

建，专业教师传授法学专业知识同依法治藏价值引领的"一课双责"制度没有建立。特别是"习近平法治思想概论"还没有作为专业基础课来开设，该课程的开课率还没有覆盖相关专业。另外，结合《西藏自治区关于推进政法系统政治轮训工作的意见》的要求，将在全区开展思想政治培训轮训工作。但目前存在的短板是针对不同类型、不同层级各政法单位的培训大纲尚未制定，符合西藏实际的轮训教材也没有编写，这就在一定程度上影响了西藏政法系统政治轮训全战线、全覆盖目标的实现。

（二）西藏法学教育基础性、先导性、专业性作用没有得到充分发挥

首先，西藏法学学科体系尚未完全构建起来，法学人才培养体量相对较小。西藏自治区所属高校法科院系数量较少，目前只有西藏大学和西藏民族大学建有法学院，开展法学本科和硕士研究生两个层次的教育活动，两个学院都拥有法学硕士一级学科，但是都没有博士一级学科或相关博士二级学位点，本土化的相对完整的法学教育体系没有真正构建起来。西藏自治区实施卓越法治人才教育培养计划2.0方案尚未制定，自治区级卓越法治人才基地至今尚未立项建设。西藏两所高校法学人才培养的规格不高、范围种类单一，急需的民族地方立法、紧急状态法治化建设、党内法规建设、基层司法、知识产权保护等领域法律法学人才培养的力度不大。同时，西藏法学人才培养体系有待完善，缺乏国家一流课程和教材。西藏大学和西藏民族大学虽然都有法学国家级一流本科专业，但是人才培养的资源很薄弱。到目前为止，西藏两所高校都没有国家级一流课程和国家规划教材。在这种情况下，只有利用"互联网+"法学教育模式，利用国家信息化课堂教学平台的资源来开展教学活动，以弥补西藏本土法学教学资源不足的缺陷。另外，西藏法治领域协同育人机制不完善，法学教育界同法律实务界的壁垒没有完全破除。习近平总书记考察中国政法大学时还要求："要打破高校和社会之间的体制机制壁垒，将实际工作部门的优质实践教学资源引进高校，加强法学教育、法学研究工作者和法治实际工作者之间的交流。"[①] 但是，由于西藏特殊情况的影响，西藏高校法学教育同法律实务部门双向交流机制没有完全建立起来，双方互聘人员的"双千计划"没有完全开展下去，目前还没有重

---

① 《习近平在中国政法大学考察》，新华网（www.xinhuanet.com），2017年5月3日。

点建设一批示范性法学实践教学基地，高校同法治部门协同育人机制的创建任重道远。

二 法学理论研究工作难以满足依法治藏实践的需要

法学理论研究是我国哲学社会科学工作的重要组成部分，必须始终坚持以习近平新时代中国特色社会主义思想为指导，以习近平法治思想为引领，用法学研究的优秀成果来推动法治建设和改革不断走向深入，以马克思主义中国化的习近平法治思想来引领社会主义法治国家、法治政府和法治社会建设。法学界在这个过程中，要坚持中国特色社会主义法治道路，坚持中国特色社会主义法学理论自信，努力确保法学理论研究正确的政治方向，确保法学理论研究的成果能够体现人民美好愿望、保障人民合法权益、增进人民根本福祉。在全国法学理论研究日益繁荣的背景下，西藏自治区社会科学界特别是法学理论界要结合全面推进依法治藏的特点，坚持理论联系实际的原则，高等院校、研究机构不断加强同法院、检察院等司法机关的交流合作，实现研究资源的共享共用，积极开展依法治藏的基础理论和前沿问题研究。特别是，西藏大学政法学院和西藏民族大学法学院要同司法机关协同组织研究力量，整合各方面的研究资源，紧密结合国家重大司法体制改革的战略部署，面对西藏正在开展的司法体制改革试点开展研究工作。西藏的法学研究注重从司法实践中寻找理论课题和实践路径，用法学理论研究的重大成果来助推司法体制改革难题的解决，积极构建具有西藏民族地方特色的理论体系和话语体系。但是，西藏哲学社会科学研究机构数量相对较少，法学理论研究力量薄弱、研究资源缺乏，全面推进依法治藏领域具有显示度的重大理论研究成果尚未形成，向党委政府以及相关司法机关提交的高质量、高水平的具有较强应对性的咨询报告数量也不多。

（一）西藏法学理论研究与交流的平台尚未搭建起来

西藏自治区法学会是自治区党委直接领导的地方性人民团体，是西藏法学界和法律界的全区性的群众团体和学术团体，也是西藏政法战线的重要组成部分。作为具备学术特性的机构，西藏法学会应积极发挥联系广泛、资源丰富的优势，组织和引领全区法学和法律工作者开展依法治藏理论研究工作。搭建法学研究平台，尽其所能将法学法律界优秀人才吸收到法学会，整合优化各方面的研究资源，大力开展全面推进依法治藏的重大理论与实践问题研究。通过组织各种调查研究活动，积极引导西藏法学法律工作者积极参与调查研究活动，在法学理论研究与地方法治实践之间架起沟通交流的桥梁。但是，对照中国法学会的工作部署以及依法治藏工作的需求，西藏地方法学会的学术研究的作用和功能还没有得到充分发挥。主要表现在：西藏地方法学会至今尚未设立二级法学研究会，民族法学理论研究氛围不浓厚；没有设立自治区级年度法学和法治研究课题，组织法学法律工作者开展依法治藏的理论研究；"西藏自治区青年法学家"以及自治区优秀法学成果奖评选活动尚未开展；依法治藏理论与实践研究的高级别智库没有建立起来，民族地方法治建设理论与实践研究高水平成果不多。目前，西藏仅有"依法治藏协同创新中心""民族法学研究所"等研究机构，至今还没有高级别依法治藏的高端智库。

（二）法学课题研究渠道不宽、内容针对性不强

目前，西藏法学课题研究渠道不宽泛，国家与部委层面设立的课题主要有国家社科基金项目、教育部人文社科规划项目、司法部国家法治与法学理论研究项目、国家民委研究项目等，西藏地方层面设立的课题主要有西藏自治区哲学社会科学项目、西藏自治区高校人文社科项目等，这些项目中涉及法学学科数量不多，全区每年法学学科立项的各级各类课题数一般不超过20项。这些课题一般没有彻底破解传统课题学术成果要求高、研究周期长、研究成果实效性不强等困境，难以聚焦西藏"四件大事""四个创建""四个走在前列"法治保障问题开展研究工作，并提出具有针对性的对策措施和政策建议，从而使西藏法学研究工作做到研用结合、研以致用，促进法学理论同法治实务实现深度融合与有效互动。另外，西藏法学理论研究工作内生动力激发不够，基层科研人员开展法学理论研究的积极性不高。建议设立西藏自治区"法学优秀成果奖""法学教育研究成果奖"等，目的是通过设置科研奖项、建立科研激励机制，进一步激发各高校、研究机构以及实务部门的广大法学法律工作者参与课题研究的主动性、积极性。

（三）法学研究解决西藏法治现实问题能力不足、智库作用发挥不够

西藏目前法学研究成果问题导向不足，智库作用发挥不够，研究成果形式大多仅限于论文、著作和研究报告等，撰写的咨询报告水准不高，难以达到为全面推进依法治藏建言献策的目的。特别是，西藏的司法体制改革已经进入深水区和攻坚阶段，西藏的法学法律工作者一定要积极开展典型案例调查、专题调查、系统调查等工作，努力为司法体制改革提供理论铺垫和政策咨询。目前，西藏在这方面存在的主要问题是司法体制改革理论与政策研究问题导向不足。研究工作没有在坚持"立足当地、研究当地、服务当地"的前提下，积极主动融入西藏的司法体制改革工作，打造多元化的研究工作平台，大力提高法学理论研究的影响力与贡献力。另外，关于依法治藏重大专项课题调研工作开展不多、力度不大。围绕全面推进依法治藏决策的重大问题开展多种形式调研是西藏法学研究的重要指向，但是西藏有关部门组织的应用型、对策型研究活动非常少，形成的高水平的立法建议、执法建议、司法建议数量不多、质量不高，更没有向党委政府提出具有靶向性、开创性、实效性的决策咨询建议。

第六章　国家法律在西藏的实施

美国现代实用主义法学创始人霍姆斯说，"法律的生命不在于逻辑，而是在于经验"①；美国著名社会法学家庞德也曾指出，"法律的生命在于它的施行"②。这就充分说明，法律的实施是国家法治的重要组成部分，具有十分重要的意义。任何一个国家法律的突出特性便是在于适用性，也就是说将国家法律适用于国家生活、社会生活、经济生活等方方面面。同时，任何国家法律实施效力的空间范围都覆盖了全部主权管辖范围，西藏自古以来就是伟大祖国不可分割的一部分，是我国重要的民族区域自治地方。习近平总书记在第五次中央民族工作会议上强调，必须坚持和完善民族区域自治制度，确保党中央政令畅通，确保国家法律法规畅通。③ 总书记重要讲话为民族区域自治地方贯彻执行国家法律、保证国家法治统一性提供了遵循。国家法律在西藏的实施关乎国家主权的全面行使，关乎国家法治的统一性。党的十八大以来，国家法律在西藏自治区得到了坚决贯彻实施，并强有力地在西藏调整各种社会关系，充分体现了国家法律的作用和价值，逐步树立起了国家法律在民族地区至高无上的权威和尊严。

第一节　国家法律在西藏实施的成就和经验

一　宪法在西藏实施的成就和经验

2011年3月召开的十一届全国人大第四次会议宣布，中国特色社会主义法律体系已经形成，这在我国社会主义法治建设史上具有划时代的里程

---

① 霍姆斯：《普通法》，冉昊、姚中秋译，中国政法大学出版社，2005，第65页。
② 庞德：《普通法精神》，唐前宏、廖湘文、高雪原译，法律出版社，2014，第101页。
③ 新华社北京8月28日电，新华网（www.xinhuanet.com）。

碑意义。在这个法律体系中，宪法作为国家的根本大法具有最高级别的法律效力，任何其他法律法规包括民族地方性法规的制定和实施都不能够与之相抵触和违背。同时，在西藏自治区的行政区域内，现行宪法的全部内容特别是其法定的国家根本制度、基本制度和重要制度，都必须得到全面贯彻实施，将这些法定制度的优势充分转化为治边稳藏的现实效能。

（一）不断健全和完善民族区域自治地方人民代表大会制度

人民代表大会制度是我国的根本政治制度，也是我国基本的政权组织形式。宪法第九十六条规定："地方各级人民代表大会是地方国家权力机关。县级以上的地方各级人民代表大会设立常务委员会。"同时，宪法第一百一十二条规定，"民族区域自治地方的自治机关是自治区、自治州、自治县的人民代表大会和人民政府"。根据宪法的有关规定，西藏自治区第一届人民代表大会第一次会议于1965年9月1~9日在拉萨胜利召开，这次大会是在西藏民主改革以及社会主义改造和建设取得全面胜利的历史背景下召开的，标志着社会主义制度特别是民族区域自治制度在西藏正式确立。在此基础上，西藏各级人民代表大会及其常务委员会也先后成立，地方人民代表大会制度和体系在西藏逐步确立和完善。

为了使民族自治地方人民代表大会及其常委会工作得到有效运行，使西藏自治区各级人大及其常委会的各项工作步入法治化、规范化的轨道，西藏自治区人民代表大会及其常务委员会制定了一系列地方性法规来规范代表选举、议事规则、人事任免等重要事项。具体的法规有：《西藏自治区实施〈中华人民共和国全国人民代表大会和地方各级人民代表大会选举法〉细则》（1981年4月18日西藏自治区三届人大常委会第五次会议通过）、《西藏自治区人民代表大会常务委员会议事规则》（1988年7月15日西藏自治区人民代表大会常委会第二十七次会议通过）、《西藏自治区人民代表大会常务委员会人事任免办法》（1989年12月24日西藏自治区五届人大常委会第四次会议通过）、《西藏自治区乡镇人民代表大会工作条例》（1992年西藏自治区五届人大常委会第二十二次会议通过）、《西藏自治区人民代表大会常务委员会关于对法律、法规实施情况检查监督的规定》（1994年2月25日西藏自治区六届人大常委会第八次会议通过）、《西藏自治区实施〈中华人民共和国全国人民代表大会和地方各级人民代表大会代表法〉办法》

| 依法治藏：理论与实践 |

（1999年4月1日西藏自治区七届人大常委会第六次会议通过）、《西藏自治区各级人民代表大会常务委员会规范性文件备案审查条例》（2009年7月31日西藏自治区九届人大常委会第十一次会议通过）。通过这些地方性法规的大力实施，西藏自治区各级人大及其常委会不断规范选举制度、议事制度、人事任免、监督检查等重大事项，有力保障了各级人民代表大会行使权力的人民性、广泛性和代表性，保障了各级人大常委会议事的合法性、程序性和科学性，保障了西藏各族人民群众参政议政、当家作主权力的顺利实施，构建了地方权力机关同各族人民群众血肉联系的关系。

"十四五"期间，西藏自治区各级人大及其常委会以国家宪法为根本遵循，以习近平新时代中国特色社会主义思想为指引，大力贯彻落实习近平总书记关于坚持和完善人民代表大会制度的重要思想、关于西藏工作的重要论述以及新时代党的治藏方略，围绕"稳定、发展、生态、强边"四件大事，努力履行宪法法律赋予的"立法权、决定权、任免权、监督权"四大职责，创新性地完成了各项任务。一是积极履职尽责，努力完成党中央、自治区党委部署的各项战略任务和历史使命。西藏自治区人大充分发挥人民代表大会地方权力机关的优势，旗帜鲜明地反对分裂，坚决维护祖国统一和民族团结，坚决守护边疆安全。西藏自治区人大积极引导社会各界牢固树立总体国家安全观，坚决拥护中央对十四世达赖及达赖集团"政治上的反动性、宗教上的虚伪性、手法上的欺骗性"的本质定性，引导各族人民群众进一步认清十四世达赖反动本质及"西藏流亡政府"的非法性，依法打击达赖集团分裂破坏活动。特别是，为了有效开展涉藏国际舆论斗争，在美国国会通过的所谓涉藏法案后，西藏自治区人大常委会及时发表了《对美国国会通过"2020年西藏政策及支持法案"的声明》（以下简称《声明》），《声明》立场严正，措辞激烈，运用有力的证据和确凿的历史事实，对其在涉藏问题上对我国进行的歪曲抹黑与无端指责进行了有力回击，依法维护了国家主权、安全以及民族发展权益。同时，以加强民族团结、依法治理民族宗教事务为切入点，积极维护社会和谐稳定和长治久安。西藏自治区人大及其常委会以加强民族团结和依法治理民族宗教事务为抓手，积极推动并监督自治区党委各项维稳措施在各地市贯彻落实。自治区人大常委会围绕《西藏自治区民族团结进步模范区创建条例》的贯彻实施，派遣专职督导组深入基层社区、基层农牧区开展督导检查工作，大力推动中华民族共同体意识的培养，教育引导各民族群众构建共有精神家园，努力促进各民族交往交流交融，助推西藏各民族群众实现和睦相处、和衷共济、和谐发展。自治区人大常委会还组织专班深入重点寺庙，督导"遵行四条标准、争做先进僧尼"① 活动开展，广泛宣传党的宗教基本工作方针和国家管理宗教事务的法规政策，引导各民族群众理性对待宗教，逐步淡化宗教消极影响，鼓励各民族群众过好今生幸福生活。积极推进藏传佛教中国化，大力开展宗教工作法治化建设，使西藏宗教事务管理工作走上法治化的轨道。另外，自治区人大常委会依法开展疫情防控工作，确保西藏各族人民群众生命健康。2020 年新冠疫情发生以后，按照习近平总书记关于在法治轨道上统筹推进疫情防控的重要指示要求，遵循"人民至上、生命至上"的工作原则，在严格履行临时立法程序的基础上，及时制定并出台了《西藏自治区贯彻全国人大常委会关于全面禁止野生动物非法交易和食用的决定的实施意见》，深入开展了野生动物保护法及相关法律法规执法检查工作，为做好疫情防控提供法律法规依据。西藏自治区人大常委会办公厅还发出倡议，要求各级人大代表正确开展舆情引导、积极落实联防联控，有效做好科学防疫，为做好疫情防控工作发挥人大代表的表率作用。紧跟时代步伐，突出地方特色，深入推进科学立法、民主立法、依法立法，切实提高立法质量和效率。二是不断完善人大立法工作体制机制，不断提高民族地方性立法质量。西藏自治区人大常委会严格贯彻落实党对立法工作的全面领导，健全重要立法事项向自治区党委请示报告制度。积极发挥人大在地方性法规起草、审议中的主导作用，加强地方性法规制定工作的组织协调，优化立法专班工作模式，成功制定并出台了《西藏自治区民族团结进步模范区创建条例》《西藏自治区国家生态高地建设条例》两部重要的地方性法规。西藏自治区人大在开展地方性立法工作过程中，积极与政府司法行政部门沟通衔接，在调研论证、草案拟定、信息支持、制定配套措施等方面，注重吸收政府及相关职能部门的意见。在立法工作过程中，充分发挥政协委员联系广泛、协调各方的社会优势以及智力密集、人才荟萃的专业优势，虚心听取各界别委员立法意见和建议。自治区人大常委会法工

---

① "四条标准"即习近平总书记在 2016 年 4 月 23 日召开的全国宗教工作会议上提出的"政治上靠得住、宗教上有造诣、品德上能服人、关键时起作用"。

委还动态充实调整立法咨询专家库，逐步完善重要领域立法区外专家咨询论证模式，邀请区内外专家学者参与地方性法规的起草和论证工作，委托第三方对《西藏自治区实施〈中华人民共和国动物防疫法〉办法》（2005）等3件法规进行立法后评估，并将评估报告在相关媒体上公布。

（二）努力坚持和发展民族区域自治制度

1965年9月1日，在拉萨市隆重召开了西藏自治区第一届人民代表大会，选举产生了西藏自治区第一届人民委员会，正式成立西藏自治区，标志着西藏各族人民群众开启了当家作主的历史新纪元。民族区域自治，是具有中国特色的社会主义的一项基本政治制度，是党的重要的民族政策，为我国开展民族工作、解决民族问题、处理民族关系提供了根本的制度遵循。在西藏实施民族区域自治制度，就是根据《宪法》《民族区域自治法》等国家法律的要求，依照法定程序设立自治机关（地方人民代表大会和地方政府），以藏族为自治主体民族包括其他少数民族，行使当家作主、管理本民族内部地方性事务的权利。通过这个基本制度的实施，依法保障西藏各少数民族的平等地位，充分调动西藏各族人民群众社会主义革命和现代化建设的积极性和主动性，坚决维护祖国统一，加强民族团结，积极推动西藏各项社会主义事业的繁荣和进步。西藏是一个藏族占绝大多数的民族聚居区，目前西藏总人口364.81万，其中藏族占92%以上（第七次人口普查公报）。除藏族外，长期在西藏居住和生活的还有汉族、回族、蒙古族、纳西族、独龙族、怒族、门巴族、珞巴族以及僜人、夏尔巴人等。据《宪法》《民族区域自治法》的有关规定，国家在西藏实行民族区域自治制度，成立西藏自治区，设立民族区域自治机关，依法管理本民族内部事务，依法保障西藏各族人民群众参与管理国家事务和地方事务的各项权利。[1] 自西藏完成民主改革以及实行民族区域自治制度以来，社会主义各项制度全面建立，经济得到了跨越式发展，社会稳定，长治久安。西藏各族群众与全国人民像石榴籽一样紧紧拥抱在一起，共同团结奋斗、共同繁荣发展、共同享有各项发展权利，成为参与国家事务、管理西藏地方社会事务的主体，成为主宰自己个人命运的主人。

---

[1] 专题报道：《民族区域自治制度在西藏的成功实践（一）》，《统一论坛》2017年第2期。

民族区域自治制度在西藏的实施，大力保障了西藏各族人民群众当家作主的权利。民族区域自治制度在西藏的成功实践，使西藏各族人民群众真正成为国家主人，为他们平等地享有政治上的各项权利提供了法律和制度保障。2020年至2021年2月，在西藏自治区四级人大换届选举过程中，全区共计有95%以上的选民参加了县乡两级直接选举。目前，西藏共有各级人大代表34244名，其中藏族和其他少数民族代表共有32189名，占94%以上，门巴族、珞巴族、纳西族、回族、壮族等均有自己民族的人大代表。

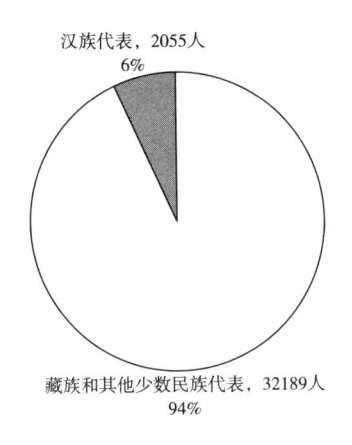

图6-1 西藏各级人大代表成员民族构成

另外，在全国人民代表大会中，西藏自治区共有21名代表，其中12名为藏族公民，门巴族、珞巴族虽然人口极少，也分别各有1名代表。

在中国人民政治协商会议中，西藏自治区有委员29名，其中藏族和其他少数民族委员26名。

西藏自治区十一届人大常委会44名组成人员中有藏族和其他少数民族25名。其中14名常委会主任、副主任中，有藏族和其他少数民族8名。

本届政府主席、副主席组成人员15人中，藏族9人、汉族6人。

同时，西藏自治区95%以上的村都建立起了村民代表会议制度，选举产生村民自治组织。村务公开、财务公开、政务公开实现了全覆盖，90%以上的村设立公开栏，保障各族群众的知情权、参与权、决策权、监督权。192个城镇社区全部建立了社区居民代表大会、社区居委会等社区自治组

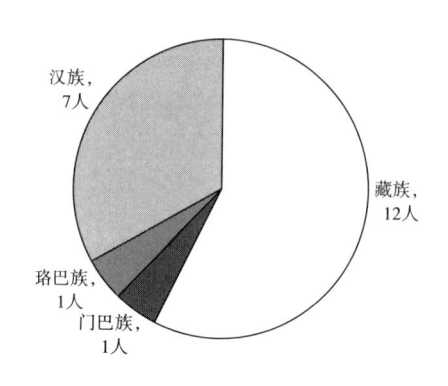

图 6-2　十三届全国人民代表大会西藏成员占比

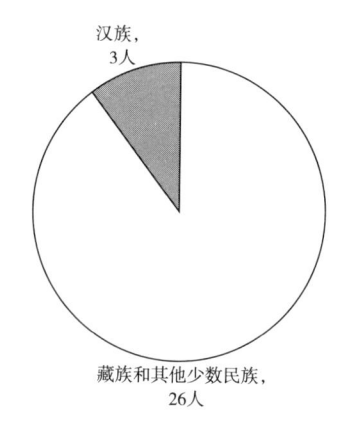

图 6-3　十三届中国人民政治协商会议西藏委员占比

织，城镇社区居民自治有了充分的组织保证和制度保障。

　　民族区域自治制度在西藏的实施，保障了少数民族人事自治权。根据《民族区域自治法》赋予的人事自治权，大力培养和使用藏族和其他少数民族干部，为西藏各族人民群众当家作主提供人才保障。1965年西藏自治区成立之初，全区的少数民族干部仅有7600多名；至1976年已经达到1.68万名；至1986年已经达到3.1万名；至1994年已经达到4.4万名。截至2020年底，西藏的各级少数民族干部已经发展到12万多人，占全区干部总数的80%左右。与1965年自治区成立之时相比，数量上已经增长了13倍之

第六章 国家法律在西藏的实施

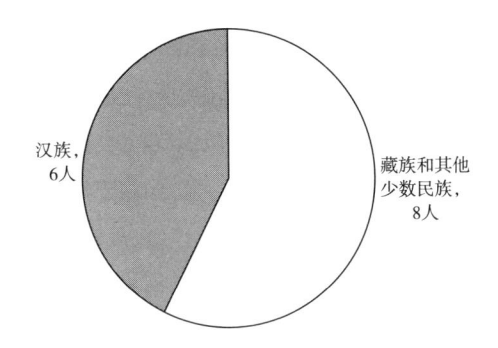

图 6-4 西藏十一届人大常委会主任、副主任构成

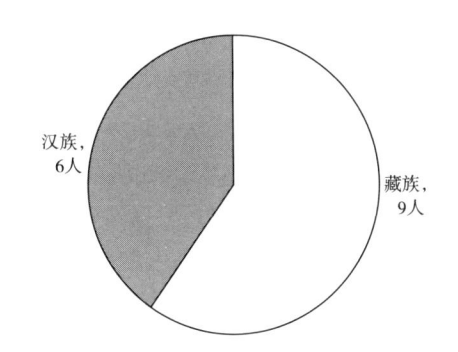

图 6-5 西藏自治区政府主席、副主席组成人员

多。另外，西藏自治区省级领导干部中共有 30 名少数民族干部，地厅级干部中共有 510 名少数民族干部，西藏各地市、县（区）党政一把手中少数民族占有很大的比例。西藏自治区十一届人大代表和政协委员的构成中，少数民族代表和委员数量占到 75% 左右。特别是在十三届人大代表和政协委员中，藏族和其他少数民族占到了 80% 以上，他们代表西藏各族人民群众直接参与管理国家事务和社会事务。

民族区域自治制度的实施，不断巩固和发展了平等团结互助和谐的社会主义民族关系。在新型社会主义民族关系中，实现各民族间的平等是基础，维护各民族间的团结是前提，各民族手足相亲、守望相助是社会主义民族关系的主旨，而构建和谐友爱的社会主义民族关系是民族区域自治政

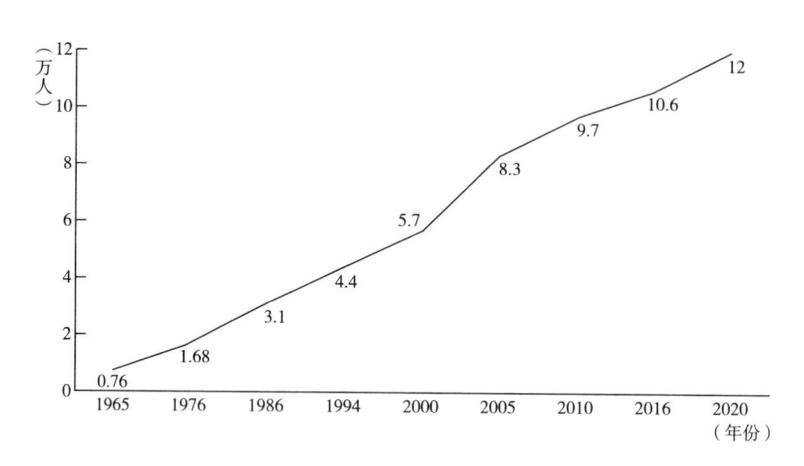

图 6-6 西藏自治区成立以来少数民族干部人数发展趋势

资料来源：西藏自治区党委组织部、人力资源和社会保障厅。

策实施的目标，也是党的民族理论与民族政策实施的出发点和落脚点。西藏自治区成立即民族区域自治制度确立58年以来，坚决遵循"共同团结奋斗、共同繁荣发展"的民族工作主题和基本原则，努力促进西藏各民族间交往交流交融，不断铸牢中华民族共同体意识，依法实施民族区域自治权，依法保障各民族的平等权利，助推西藏各民族真正实现和衷共济、和睦相处、和谐发展。西藏和平解放七十余年来，中央大力支持西藏，全国兄弟省市无私援助西藏，强有力地推动了西藏经济社会持续高质量发展。

二 各项法律在西藏顺利实施并取得实效

《宪法》第五条规定："国家维护社会主义法制的统一和尊严。""一切国家机关和武装力量、各政党和各社会团体、各企业事业组织都必须遵守宪法和法律，一切违反宪法和法律的行为，必须予以追究。""任何组织或者个人都不得有超越宪法和法律的特权。"西藏虽然是民族区域自治地方，但是作为中华人民共和国不可分割的一部分，同全国其他地方一样，不仅是宪法，其他法律在西藏也必须得到严格执行。民族区域自治地方不能因为其民族特殊性以各种理由在执行国家法律上打折扣。国家法律在西藏是否能够得到有效执行，直接关系到我国社会主义法治的统一性，直接关系到国家法律的权威和尊严。所以，严格公正执行国家法律在西藏没有任何特殊性，这是我国社会主义法治建设的基本要求。这里所说的国家法律是狭义上的法律，专指全国人民代表大会及其常务委员会制定并通过的法律，包括《中华人民共和国刑法》《中华人民共和国民法典》《中华人民共和国民事诉讼法》《中华人民共和国刑事诉讼法》《中华人民共和国行政诉讼法》等。国家法律具有立法上的权威性、适用上的广泛性和统一性以及程序上的严肃性。所谓立法上的权威性是指法律由国家最高权力机关——全国人民代表大会及其常务委员会制定，其他国家机关制定并颁布的法规包括地方性法规只能以"办法""条例""规定""规则""决定"等形式出现，而不能称其为法律。所谓国家法律适用上的广泛性和统一性主要是指法律在全国所有的范围内适用，包括民族区域自治地方和特别行政区。同时，我国的一切国家机关和武装力量、各政党和各社会团体、社会组织、企事业单位都应该严格遵守国家法律，任何组织和个人都不得拥有超越法律的特权。对于部分国家法律，西藏人大及其常委会可以根据西藏的实际情况，制定具体的实施办法。例如《中华人民共和国义务教育法》第十七条第二款规定："省、自治区、直辖市人民代表大会常务委员会可以根据本法，结合本地的实际，制定具体实施办法。"

同时，根据西藏特殊的区情以及相关法律依据，西藏自治区人大及其常委会可以制定法律法规实施办法或者开展法律变通、补充规定，但不得与国家法律相抵触，必须得到上位法的认可和授权，还必须经过一定的法定程序。西藏自治区实施这项自治权的法律依据是《中华人民共和国民族区域自治法》第二十条的规定。该条款规定，"上级国家机关的决议、决定、命令和指示，如有不适合民族区域自治地方实际情况的，自治机关可以报经该上级国家机关批准，变通执行或者停止执行"。值得提出的是，这里所称的"决议"、"决定"、"命令"与"指示"，是由各级国家机关制定、发布的普通规章，不具有国家基本法的性质，因此实施办法、变通执行等立法行为不适用于国家基本法律。如《中华人民共和国婚姻法》第三十六条规定："民族区域自治地方人民代表大会和它的常务委员会可以根据本法的原则，结合当地民族婚姻家庭的具体情况，制定某些变通的或补充的规定。""自治区制定的规定，须报全国人民代表大会常务委员会备案。"对于部分国家法律，西藏人大及其常委会可以根据西藏的实际情况，制定具体的实施办法。例如《中华人民共和国义务教育法》第十七条第二款规定："省、自治区、直辖市人民代表大会常务委员会可以根据本法，结合本地的实际，制定具体实施办法。"同时，对于某些法律与少数民族地区的实际情况不相符合的规定，可以变通或做出相应的补充规定。如《中华人民共和国婚姻法》第三十六条规定："民族区域自治地方人民代表大会和它的常务委员会可以根据本法的原则，结合当地民族婚姻家庭的具体情况，制定某些变通的或补充的规定。""自治区制定的规定，须报全国人民代表大会常务委员会备案。"根据这些法律相关条款的规定，改革开放以来西藏自治区先后针对三部国家法律制定了变通规定，即：《西藏自治区施行〈中华人民共和国婚姻法〉的变通条例》（1981年4月18日西藏自治区第三届人民代表大会常务委员会第五次会议通过），变通条款共有7条；《西藏自治区实施〈中华人民共和国民事诉讼法〉（试行）的若干变通办法》（1983年9月17日西藏自治区第四届人民代表大会常务委员会第三次会议通过），变通条款共有15条；《西藏自治区实施〈中华人民共和国收养法〉变通规定》（2002年1月20日西藏自治区第七届人民代表大会常务委员会第二十次会议通过），变通条款共有7条。

党的十八大以来，西藏自治区坚定贯彻实施国家各项法律法规，特别是逐步加大了《刑法》《民法典》《刑事诉讼法》《民事诉讼法》《行政诉讼法》以及有关行政法律法规的实施力度，坚决维护国家法治的统一性，坚决保障国家法律政令畅通。西藏自治区始终坚持法治西藏、法治政府、法治社会一体建设，始终坚持依法治藏、依法执政、依法行政共同推进，新时代西藏社会主义法治建设不断深化和推进，从法律和法规层面确保了西藏的社会稳定、经济繁荣以及各项改革事业的全面发展。

第二节　国家法律在西藏实施过程中存在的问题

任何法律制度都是人类理性思维以及政治体制的产物，一定会不可避免地受到国家政治体制以及人类认知局限性的影响，法律制度在实施过程中，也因人类社会的理性发挥水平以及政治利益集团的主导而呈现出各种差异性。罗斯金在其著作《政治科学》中指出："在原始社会时期，法律制度是口头形式的，其基本构成是人类的道德、规范、传统以及宗教信仰等。而在现代文明社会中，法律法规是国家制度最权威、最稳定、最规范的表现形式。"[1] 西藏作为特殊的民族区域自治地方，根据《宪法》《民族区域自治法》等法律法规的规定，在国家法律实施的过程中，由于特殊的区情、民情和社情的存在，也存在一些特殊性和问题，主要表现在以下几个方面。

一 宪法在西藏实施过程中存在的问题

进入新时代以来，西藏在稳定、发展、生态、强边等方面都取得了巨大成就，依法治藏成绩斐然。中央第七次西藏工作座谈会召开以来，西藏基层社会结构发生了深刻变化，广大城市、农牧区经济模式和产业结构正在逐步变革，利益也在深刻调整，各族人民群众的利益诉求日益呈现多元化的特点，各种利益冲突逐渐凸显。这些新的现象既为宪法在西藏的实施带来了前所未有的契机，也为宪法在西藏的实施带来了新的挑战。例如，由于特殊因素的影响，宪法的权威还没有完全树立起来，崇尚宪法、维护宪法至今还没有完全成为全社会高度自觉行动。西藏自治区在开展地方性法规、自治法规、政府规章等创制以及调处城乡基层社会矛盾和纠纷时，缺乏通过宪法法律方式和思维解决问题的主动性和自觉性，基层社会治理也没有完全达成在宪法与法律轨道上解决问题的共识。客观地讲，宪法在西藏实施的成就和效果距离各族人民群众的诉求仍有一定距离，与宪法在西藏实施的预期还有一定差距，在现实生活中或多或少地存在与宪法精神相违背的现象。

二 民族区域自治法在西藏实施过程中存在的问题

民族区域自治性法律法规是具有中国特色社会主义法律法规体系的重要组成部分，民族区域自治法治建设的成效直接影响到我国社会主义法治事业的高质量发展。1984年5月31日，第六届全国人大二次会议通过了《中华人民共和国民族区域自治法》（1984年10月1日起实施）；2001年2月28日，九届全国人大常委会第二十次会议做出《关于修改〈中华人民共和国民族区域自治法〉的决定》，对《民族区域自治法》进行修正并公布施行；2005年5月11日，国务院第八十九次常务会议审议通过《国务院实施

---

[1] 罗斯金等：《政治科学》，林震等译，华夏出版社，2001，第347页。

〈中华人民共和国民族区域自治法〉若干规定》，2005年5月31日正式施行，该规定是国务院制定的关于民族区域自治制度的重要配套行政法规。另外，全国人大常委会先后于2006年、2007年、2015年开展了三次民族区域自治法执法检查和跟踪检查，有力地推动了民族区域自治法在全国范围内特别是民族区域自治地方的顺利实施。但是，随着时代变迁、经济社会发展以及民族政策的调整，西藏自治区贯彻落实民族区域自治法也存在若干突出问题，主要表现在以下几个方面。

（一）民族区域自治法在西藏实施的配套性法规制度建设相对滞后

首先从国家层面来看，民族区域自治法的一般性条款规定较为原则和笼统，全国人大常委会尚未对民族区域自治法的具体内容做出相关法律解释，有些条款尚未得到细化、量化和具体化，在一定程度上缺乏可操作性和司法应用性。国务院虽然在2005年颁布并实施了《国务院实施〈中华人民共和国民族区域自治法〉若干规定》，但具体内容还没有实现对民族区域自治法整体内容的全涵盖和完全对应，针对性和具体可操作性都不是很强。而且，国务院以及各部委制定的贯彻和实施民族区域自治法的配套性法规规章也比较有限，数量不多。"截至2016年，我国除宪法外，现行有效的法律共246件、行政法规共743件，其中共有117件法律、50件行政法规包含涉及民族方面的内容条款。"[①] 这种情况导致了各民族区域自治地方在具体实施民族区域自治法时，缺乏上位法律法规的支持。另外同其他民族区域自治地方的情况相比较，自1985年吉林省延边朝鲜族自治州率先颁布《延边朝鲜族自治州自治条例》以来，全国30个自治州、120个自治县共制定颁布了133个自治条例。[②] 而西藏自治区人大及其常委会至今未制定自治条例或民族区域自治法实施办法，这也在一定程度上制约了民族区域自治法在西藏更进一步全面有效实施。全区六个设区的地级市虽然拥有立法权，但根据《立法法》界定的立法权限，设区的市没有制定自治条例以及民族区域自治法实施细则或办法的权力，难以直接享受民族区域自治法赋予的

---

① 向巴平措：《在关于国务院及其有关部门制定实施民族区域自治法配套法规情况专题调研组第一次会议上的讲话》，新华网（www.xinhuanet.com），2016年4月29日。
② 国家民族事务委员会经济发展司、国家统计局国民经济综合统计司编《中国民族统计年鉴2020》，中国统计出版社，2021，第245页。

各项权利以及上级国家机关赋予的各项优惠政策。

（二）民族区域自治法所规定的民族自治地方自治权在西藏没有得到充分行使

一是西藏自治机关依法行使民族区域自治法赋予自治权的主观性和能动性亟待提高。西藏自治区的自治机关以及各级政府对于国家层面的民族法律法规以及优惠政策研究不够透彻，对民族区域自治权和优惠政策内涵把握不够准确，依法行使自治权以及运用优惠政策所采取的措施不够得力，行之有效的办法也不多。另外，西藏自治区的自治机关结合民族特点、区域特点以及特殊区情，把民族区域自治法赋予的自治权、中央扶持政策以及兄弟省市对口支援运用于经济工作的能力不强，发挥的效能不够充分。二是中央对西藏财政转移支付总量不高，转移支付增幅不大，一定程度上影响了财政管理自治权的行使。以2021年中央财政对五个自治区转移支付分配预算为例，中央对新疆、广西、内蒙古、西藏、宁夏五个自治区转移支付的预算分别为3089.19亿元、3038.19亿元、2465.80亿元、1724.84亿元、887.71亿元，西藏获得财政转移支付额度排名第四；中央财政转移支付人均额度分别为12200元、6100元、9700元、49100元、12800元（见表6-1）。由此可以看出，中央对西藏转移支付的人均额度在五个自治区中排名第一，在全国31个省（区、市）中排名也是第一，但是要考虑西藏的物价因素和建设成本因素。2020年中央对西藏自治区财政转移支付的人均额度是32682元，2021年比2020年提高了2.2%。由于西藏地方财政一般公共预算收入较低，2020年仅为220.98亿元，造成了各项事业的发展在很大程度上依赖中央财政的局面。所以，西藏自治区地方财政收入状况很难依据各项事业发展的实际自主安排资金，围绕"稳定、发展、生态、强边"三件大事来解决重点领域的建设问题。

表6-1 2021年各省（区、市）中央转移支付收入排行

排名	省（区、市）	2021年转移支付（亿元）	2020年一般公共预算收入（亿元）	依存度	人口（万）	人均（万/年）
1	四川	4933.00	4258.00	1.16	8375	0.59
2	河南	4381.33	4155.20	1.05	9640	0.45

续表

排名	省（区、市）	2021年转移支付（亿元）	2020年一般公共预算收入（亿元）	依存度	人口（万）	人均（万/年）
3	湖南	3582.03	3008.70	1.19	6918	0.52
4	河北	3481.04	3826.40	0.91	7592	0.46
5	云南	3373.31	2116.70	1.59	4858	0.69
6	湖北	3363.99	2512.00	1.34	5927	0.57
7	安徽	3141.90	3216.00	0.98	6366	0.49
8	新疆	3089.19	1477.21	2.09	2523	1.22
9	广西	3038.19	1716.94	1.77	4960	0.61
10	黑龙江	3012.88	1152.50	2.61	3751	0.80
11	贵州	2824.74	1786.78	1.58	3623	0.78
12	山东	2664.11	6560.00	0.41	10070	0.26
13	辽宁	2595.51	2655.50	0.98	4351	0.06
14	江西	2585.12	2507.50	1.03	4666	0.55
15	陕西	2543.82	2257.23	1.13	3876	0.66
16	甘肃	2533.46	874.50	2.90	2647	0.96
17	内蒙古	2465.80	2051.30	1.20	2540	0.97
18	吉林	2145.17	1085.00	1.98	2691	0.80
19	山西	1962.46	2296.50	0.85	3729	0.53
20	重庆	1815.49	2095.00	0.87	3124	0.58
21	西藏	1724.84	220.98	7.81	351	4.91
22	江苏	1573.35	9058.99	0.17	8070	0.19
23	青海	1349.18	298.00	4.53	608	2.22
24	福建	1342.97	3078.96	0.44	3973	0.34
25	广东	1264.28	12921.97	0.10	11521	0.11
26	海南	1085.09	816.10	1.33	945	1.15
27	北京	1016.27	5483.90	0.19	2513	0.40
28	宁夏	887.71	419.40	2.12	694	1.28
29	浙江	823.37	7248.00	0.11	5850	0.14
30	上海	709.21	7046.30	0.10	2428	0.29
31	天津	452.12	1923.10	0.24	1562	0.29

资料来源：中华人民共和国财政部网站（www.mof.gov.cn），2021年12月31日。

（三）西藏税收减免权受体制制约行使不够充分

税收立法权以及征收权主要集中在中央，大部分属于中央事权。税收减免退补等政策必须依照国家法律和国务院行政法规的规定来执行，民族区域自治法中关于民族区域自治地方的税收减免的规定比较原则和笼统，缺乏针对性和可操作性。西藏自治区的地方性法规中也没有关于税收减免这一自治权的有关规定，西藏依法行使税收减免权在一定程度上受到限制。党的十八届三中全会指出，一定要加强对税收优惠政策特别是区域性税收优惠政策的规范化管理，不断完善税收法规和制度。另外，财政部将对地方政府出台的税收优惠政策开展全面清理，对税收优惠法规政策进行集中统一管理，以确保全国税收政策法规的统一性，而且今后原则上也不会出台新的区域性税收优惠政策。所以，由于受到国家整体税收政策调整的影响，作为民族区域自治地方的西藏依法行使税收减免权将会受到限制，其产业发展以及招商引资等也将会受到一定影响。

（四）西藏少数民族干部以及专业技术人才培养、选拔、使用体制机制不够健全

西藏专业技术和管理人才数量不足，质量不高、专业结构也不合理。少数民族专业技术人才和管理人才就更加偏少，尤其是缺乏高学历、高职称的优秀拔尖人才，各类专业人才"引不进、用不上、留不住、下不去"的问题仍然在一定程度存在。目前，西藏自治区共有藏族和少数民族干部82211人，占全区干部总数的79.16%。据2021年西藏自治区第七次全国人口普查数据显示，藏族和其他少数民族人口占全区人口总数的比例为87.85%，藏族和少数民族干部数仍未达到人口比例。《民族区域自治法》第二十二条规定："民族自治地方自治机关要根据社会主义建设需要，采取各种措施从当地民族中大量培养各级干部、各种科学技术、经营管理等专业人才和技术工人，充分发挥他们的作用，并且注意在少数民族妇女中培养各级干部和各种专业技术人才。"民族区域自治法中定向选拔少数民族干部尤其是少数民族妇女干部的规定仍未得到较好的贯彻执行，基层少数民族干部结构不尽合理，干部成分非民族化、本土化的现象也在一定程度上存在。同时，西藏少数民族干部到中央各部委以及对口支援省市挂职锻炼

和交流学习的机会也不是很多，这不利于藏族和其他少数民族干部综合素质和工作能力的提升。

三 国家其他法律法规在西藏实施过程中存在的问题

（一）刑法在实施过程中呈现出个别特殊性的特点

《中华人民共和国刑法》是以犯罪与刑罚为调整范围的国家基本法律，任何部门法律都比不上刑法对犯罪分子进行刑事制裁即适用刑罚严厉。刑罚不仅可以剥夺犯罪分子的财产，可以限制或剥夺犯罪分子的人身自由，可以剥夺犯罪分子的政治权利，甚至在最严重情况下还可以剥夺犯罪分子的生命。在我国，这部最具强制力的法律必须保持统一性原则，但在特殊的情形下刑法在实施过程中呈现出了特殊性。1984年中共中央第五、六号文件中指出："对少数民族的犯罪分子一定要坚持'少捕少杀'的刑事政策，在处理上一般要从宽。"有些民族区域自治地方司法机关根据这一政策，并按照刑事诉讼法第60条有关逮捕的法定条件规定，在选择刑事强制措施时，一般都是根据具体案情，在适用强制措施时尽量"少捕"，而是采用拘传、取保候审、监视居住、拘留等强制措施。西藏是极具特色的民族区域自治地方，其发展历史、文化习俗、风土人情、语言文字以及法律传统等都与内地区域有所不同，刑事法律的实施必定或多或少地受到各方面因素的影响，并呈现出个别特殊性的特点。法理上讨论的问题是，西藏在维护刑法实施统一性原则的前提下，对于那些与传统习惯与生活习俗相联系的犯罪现象在刑法上如何适用；刑法适用或者量刑方面是否可以让步，让步到什么程度。[①] 甚至有种观点认为，"两少一宽"的民族刑事政策应当上升为西藏的地方性立法，使之更加具体化、条文化。这些民族地区刑事司法理论与实践中的问题都必须在新的法治语境下加以解决，加以厘清。在近30年的司法实践中，"两少一宽"在民族政策的执行和司法实务中的运用是谨慎的，是在特定时期、特定条件下，针对特定对象出台的一项特殊政策，近年来已不再使用。

[①] 娄云生：《雪域高原的法律变迁》，西藏人民出版社，2000，第310页。

（二）民族习惯法的存在与国家法律的实施有所冲突

习惯法是民族地区的少数民族群众日常行为和风俗习惯的提炼和总结，它从兴起到衰亡，是一个长期而复杂的历史过程，内容涵盖了政治、经济、社会、文化等诸多方面。由于民族习惯法存在的社会基础和国家制定法的法治实践有着本质区别，习惯法的实体和程序性内容都与国家制定法发生严重冲突，不仅反映在民事权利义务的规范以及纠纷的处置方式上，而且在刑事、行政和诉讼等方面与国家制定法也存在重大差异。[①]

民族习惯法目前在司法实践中已经不再适用，但是现实中习惯法仍然在自觉不自觉地规范着西藏各族群众的行为，特别是农牧区基层社会纠纷调解某种程度上仍然依据习惯法。另外在日常生活中，习惯法还是各族群众判断善恶美丑、评价是非曲直的道德标准，但是少数民族习惯法中的一些落后愚昧观点至今还在西藏的法治工作中起着非常消极的作用。

第三节　提升国家法律在西藏实施水平的对策措施

一　维护宪法权威，加强民族团结，维护国家统一，反对民族分裂

《宪法》序言中指出："中华人民共和国是全国各族人民共同缔造的统一的多民族国家。平等团结互助和谐的社会主义民族关系已经确立，并将继续加强。在维护民族团结的斗争中，要反对大民族主义，主要是大汉族主义，也要反对地方民族主义。国家尽一切努力，促进全国各民族的共同繁荣。"历史的经验一再证明，国家实现统一、民族实现大团结，是国家繁荣昌盛、百业兴旺的前提。反之，国家分裂、民族纷争必然会导致国破家亡、山河破碎、人民遭殃。正如习近平总书记2021年在西藏考察时所指出的："推动西藏高质量发展，要坚持所有发展都要赋予民族团结进步意义，都要赋予改善民生、凝聚人心的意义，都要有利于提升各族群众获得感、幸福感、安全感。"[②] 因此，西藏必须遵循《宪法》的基本精神和原则，不

[①] 宋才发：《民族习惯法与国家法的冲突及调适》，《社会科学家》2020年第1期，第71页。
[②] 《习近平在西藏考察时强调，全面贯彻新时代党的治藏方略，谱写雪域高原长治久安和高质量发展新篇章》，新华网（www.xinhuanet.com），2001年7月23日。

断健全民族工作法律法规体系，依法保障民族团结。西藏自治区十一届人大三次会议通过了《西藏自治区民族团结进步模范区创建条例》，并于2020年5月1日开始施行。西藏自治区各级党委一定要将西藏民族团结进步创建工作同稳定、发展、生态、强边四件大事有机结合起来，同西藏的乡村振兴、固边兴边、基础设施建设、产业发展、民生保障等工作高度协同和深度融合，努力将法治思维贯穿民族团结进步事业发展的全过程，为西藏民族团结进步事业的发展提供法治范式和实施路径。

《宪法》第四条又规定："中华人民共和国各民族一律平等。国家保障各少数民族的合法的权利和利益，维护和发展各民族的平等、团结、互助关系。禁止对任何民族的歧视和压迫，禁止破坏民族团结和制造民族分裂的行为……各民族自治地方，都是中华人民共和国不可分割的部分。"从这个《宪法》的基本要求出发，西藏自治区要坚决维护祖国统一和民族团结，坚决反对一切破坏民族团结和制造国家分裂的行为。习近平总书记在第六次中央西藏工作座谈会上指出，"一定要贯彻落实依法治藏工作原则的要求，对于所有民族分裂行为、敌对势力行为都要依法进行打击"。2021年11月27~30日召开的西藏自治区第十次党代会又特别指出，"一定要着力把西藏自治区创建成为全国民族团结进步模范区，一定要确保所有地市都能够建设成为全国民族团结进步模范地市，所有县区都能够建设成为自治区级民族团结进步模范县区，区（地）县（区）创建辖区内的模范单位、家庭等占比达到80%以上，逐步形成社会和谐、民族和睦、宗教和顺的良好局面，力争做到民族团结进步走在全国前列"。所以，要落实《宪法》中关于维护加强民族团结、维护祖国统一的要求，就必须全面推进依法治藏工作，各级党委、政府要弘扬法治精神，运用法治思维和法治方式开展维护稳定和反分裂斗争，自觉维护宪法和法律的尊严，捍卫社会主义法治的统一和权威。

二 加强《民族区域自治法》配套法规建设，不断坚持和完善民族区域自治制度

（一）加强《民族区域自治法》配套法规建设

民族区域自治法是国家调整民族关系的基本法律，其位阶、效力以及所调整的特殊社会关系都决定了其许多条文规定比较宏观，内容的原则性

与宣示性较强。所以，制定与之相配套的较为完备的行政法规、政府规章以及民族区域自治性法规、条例等，是《民族区域自治法》能否有效实施的基本条件和关键环节。从目前的情况来看，国务院及其相关职能部门在这方面所开展的工作与《民族区域自治法》和国务院的实施条例以及其他政策规定仍有一定差距。另外，西藏自治区已经制定并实施的细则和相关规范性文件也同样存在原则性大于可操作性的突出问题，自治机关出台的规定也只是零散的碎片化的对策措施。例如，自治区政府及相关职能部门在基础设施建设、财政转移支付、固定资产投资、科学教育卫生文化以及财政税收优惠政策等方面，还缺乏科学合理的且具有刚性和约束力的配套政策法规。

目前非常急迫的是，国务院、各部委以及各级民族区域自治地方应该及时对已有的涉及民族区域自治权力的行政法规、地方性法规、自治性法规等规范性文件进行清理、整合、充实和完善。同时，在条件成熟的情况下，逐步提升这些法规规章的层级，积极推进民族工作进入法治化、规范化的轨道，实现依法调整和规范民族关系的根本目标。

（二）不断坚持和完善民族区域自治法规制度

一是加大民族地区脱贫攻坚与乡村振兴衔接工作的力度。《民族区域自治法》规定："国家以及上级人民政府必须从财政、金融、物资、技术、人才等方面加大对民族自治地方的贫困地区的扶持力度，帮助这些地方的贫困人口加快摆脱贫困的步伐，努力实现全面小康。"党的十八届五中全会提出，到2020年，要在我国现行标准下，实现农村贫困人口整体脱贫，所有贫困县要求全部摘帽，整体解决区域性基本贫困问题。2017年11月召开的中央第五次扶贫开发工作会议上对我国的扶贫开发工作进行具体部署，提出明确目标和要求。西藏自治区是全国唯一的省级集中连片贫困地区，自治区各级党委和政府严格按照党中央要求，全面落实民族区域自治法的规定，主动对接兄弟省市的对口援助，加快实施精准扶贫和精准脱贫方略，不断推进重点基础设施项目以及民生工程建设。通过一系列扶贫脱贫精准施策和精准帮扶，西藏自治区脱贫攻坚战完美收官，各族人民群众生活方式和生活质量一步跨千年，终于过上了期盼已久的"住有所居、病有所医、老有所养"的理想生活，各族群众的基本医疗、义务教育、养老保险、住房安全等都有了完全保障。截至 2019 年底，西藏自治区共有 62.8 万建档立卡贫困人口已经全部实现脱贫，共有 74 个贫困县区全部实现脱贫摘帽，历史性消除了绝对贫困问题。截至 2021 年底，已经实现脱贫的人口年人均可支配收入已经突破 1 万元，脱贫攻坚成果进一步得到加强和巩固并同乡村振兴战略的实施进行了有效衔接。[①] 在 2021 年 12 月 25~26 日召开的中央农村工作会议上，习近平总书记强调："乡村振兴的前提就是一定要巩固脱贫攻坚的成果，一定要持续抓紧抓好，让脱贫群众生活再上一层楼。特别是，还要持续推动脱贫攻坚同乡村振兴战略的实施有机衔接，必须确保不再发生大规模返贫，切实维护好和巩固好脱贫攻坚战巨大成就。"[②] 因此，西藏自治区必须在不断坚持和完善民族区域自治法规制度的基础上，充分行使法定的民族区域自治权利，充分享受中央赋予的各项特殊优惠政策，着力巩固脱贫攻坚的成果，不断推进西藏乡村振兴事业的全面发展。在这个过程中，西藏自治区将不断建立和完善动态返贫监测和帮扶机制，大力实施扶贫产业升级提档工程，坚决守住不发生规模性返贫底线。二是加强生态建设和保护工作，努力创建国家生态文明高地。西藏自治区将遵循习近平生态文明思想以及《民族区域自治法》《西藏自治区生态文明高地建设条例》等法律法规规定，尽快制定、完善生态保护补偿、资源开发补偿等法规制度，努力推进生态保护修复，努力实现生态保护与经济社会可持续发展，大力建设人与自然和谐共生的现代化美丽西藏。三是进一步用好中央财政安排的基础设施建设配套资金。《民族区域自治法》第六十二条规定："随着经济总量和财政收入增长，上级财政要逐步加大对民族自治地方财政转移支付力度。要通过一般性的财政转移支付、专项财政转移支付以及民族地区优惠政策财政转移支付等国家确定的财政手段，逐步增加对民族区域自治地方财政投入，主要用于加快民族区域自治地方的经济发展与社会进步，并逐步缩小同发达地区差距。"这一规定充分体现了对民族地区财政扶持的优惠政策，在一定程度上减轻了民族地区的负担，西藏自治区一定要用好用足这一优惠政策，积极开展基础设施建设以及其他方面的建设。四是进一步加大少数民族干部队伍和人才队伍建设的力度。西藏自治区各

---

① 国务院新闻办公室：《西藏和平解放与繁荣发展》白皮书，新华社 2021 年 5 月 21 日电。
② 《中央农村工作会议在北京召开》，人民网（www.people.com.cn），2021 年 12 月 27 日。

级党委将进一步贯彻落实中央有关少数民族干部培养使用的精神以及《民族区域自治法》有关规定,不断加强以藏族为主的少数民族干部队伍与人才队伍建设。通过各种途径逐步提高边远农牧区、高海拔地区、边境地区以及贫困艰苦地区干部人才的工资待遇,加大各类干部人才培训工作力度,提高少数民族干部人才的综合素质。同时,加大教育投入力度,积极开展国家通用语言以及少数民族语言文字教育教学力度,办好各族人民满意的大学,继续办好内地西藏班,有序推进免费各级职业教育和特殊教育。五是高度重视边境地区建设工作。《民族区域自治法》第五条规定,"民族自治地方自治机关一定要维护国家统一,确保宪法法律在本自治地方遵守执行"。在西藏自治区第十次党代会上,王君正书记指出,"要着力把西藏建设成为国家固边兴边富民行动示范区,在确保边境地区基础设施、产业发展、公共服务等水平都得到大幅提升的基础上,使党政军警民合力强边固边富边的体制机制日趋完善,边境地区城乡居民人均可支配收入高于全区平均水平,力争做到固边兴边富民行动走在全国前列"。[①] 所以,西藏边境地区的巩固和发展,事关国家领土完整、主权安全和人民尊严。西藏将从国家总体安全战略的高度出发,进一步加大对边境地区各项事业的投入力度,聚焦解决突出问题,实现固边兴边富民,努力在西藏建设稳固繁荣的边疆。

三 维护法律的统一性,确保国家法令在西藏畅通无阻

这里"法律"的概念属于狭义的概念,指的是全国人大及其常委会制定的规范性法律文件,外延上不包括宪法。另外,《民族区域自治法》在西藏实施的问题在前文已经讨论,这里不再赘述。习近平总书记在第五次中央民族工作座谈会上指出:"要确保党中央政令畅通,确保国家法律法规实施。"[②] 西藏自古以来就是中国不可分割的一部分,是中华人民共和国的一个省级民族区域自治地方,国家所有的法律法规都无一例外地适用于西藏的任何一个地方,必须确保所有法律的实施在西藏畅通无阻。

一是要保证刑法在西藏顺利实施,保障平安西藏建设。同全国的民族

[①] 王君正:《坚持以习近平新时代中国特色社会主义思想为指导,全面贯彻新时代党的治藏方略 为建设团结富裕文明和谐美丽社会主义现代化新西藏而努力奋斗》(在中国共产党西藏自治区第十次代表大会上的报告),中国西藏新闻网(www.xzxw.cn),2021年11月27日。

[②] 《中央民族工作会议召开》,新华网(www.xinhuanet.com),2021年8月27日。

| 依法治藏：理论与实践 |

区域自治地方一样，刑法是不可以变通的。例如，2002年7月26日，西藏自治区七届人大常委会第27次会议通过了《西藏自治区人大常委会关于严厉打击"赔命金"违法犯罪行为的决定》（以下简称《决定》），该《决定》认为："'赔命金'是一种违法犯罪的行为，这种行为干扰司法秩序、危害基层政权建设、损害各族群众利益、破坏经济建设和社会局势稳定。特别是，极大地破坏了社会主义法制的统一和尊严，是对国家司法权力的严重侵害。所以，一定要严禁"赔命金"违法犯罪行为，一定要加大打击的力度。"80年代初期所谓的"两少一宽"少数民族刑事政策已经失去存在的土壤，时过境迁，刑法的实施没有变通的余地。究其成因主要在于以下几点。其一，刑法在我国具有中国特色社会主义法律体系中阶位较高，其效力仅次于宪法，与民法典、行政法等同属于国家基础性法律，具有强烈的权威性、严肃性和统一性，[①] 即使是西藏这样极具特色的高原民族地区也绝不允许变通执行刑法包括程序性的刑事诉讼法。其二，刑法主要范畴包括犯罪和刑罚，其主要功能是预防犯罪、打击犯罪。而在西藏严格执行刑法更有特殊意义，它不仅直接关系到政权稳固、社会稳定、经济发展以及各族人民群众生命财产安全，更为重要的是它还承担着维护国家安全与统一、反对民族分裂、保障民族团结等重大特殊使命，职责所系，在西藏必须更加严格执行刑法。其三，我国从国家结构形式上来看，属于统一政权、完整主权的单一制国家，自古以来统一是主流，分裂都是暂时的。这个统一不仅包含领土统一、主权统一、政权统一，还包括体制统一、制度统一、法律统一，在我国统一的国家范围内绝不允许刑事责任因人而异、因地而异即同罪不同罚的现象存在，作为国家不可分割一部分的西藏自治区更不能例外。其四，我国刑法管辖的对象主要是人，如果刑法的执行被变通，则有悖法律面前人人平等的原则，在西藏这样的民族区域自治地方有悖法律面前每个民族都是平等的这个民族法治原则。法律面前人人平等是一个普适性原则，法律面前各民族平等也是一个重要的刑法原则。按照我国的法治精神和责任准则，犯罪嫌疑人一旦被确认有罪，不会因为种族民族、政治态度、宗教信仰、家庭出身、职业种类、经济收入、社会地位等不同而受到不同刑罚。同样在西藏，"无论是汉族人犯罪还是藏族人犯罪

[①] 陈兴良：《当代中国刑法新视界》，中国人民大学出版社，2007，第154页。

抑或其他少数民族的人犯罪，也不管犯罪人是否信教，只要触犯刑律，均坚持同罪同刑"。①

所以，在西藏严格执行刑法，关系到国家刑事制度的统一。西藏自治区虽然是民族区域自治地方，具有独特的地理单元、历史文化、民族习惯、经济方式等，同时享有法定自治权和国家赋予的优惠政策，但是这些特殊情形并不妨碍刑法在西藏的实施，国家刑法一切条款都应该适用于西藏，刑法在西藏的实施没有任何特殊性，在执行的过程中更没有附加条件。另外，除符合国家刑法中规定的加重、从重以及从轻、减轻或者免除处罚等法定情形外，西藏自治区审判机关没有对某些犯罪格外从重或格外从轻，更没有免除处罚的特殊权力，从司法实践方面看，也不存在类似的判例。

二是调适少数民族习惯法与国家法的冲突，充分发挥少数民族习惯法在处置基层纠纷中的积极作用。少数民族习惯法属于民族文化的范畴，长期以来被作为民族文化的样态进行传播和传承，现实生活中，更是作为非制度安排的行为规则规范秩序特别是乡土社会的秩序。但是，从法理角度来分析，习惯法不是正式的国家法律法规，而仅仅是民间的非正式规则。一种观念认为，少数民族习惯法构成要件、社会功能以及司法经验与国家法律相契合，是国家制定法的法源，应当将其纳入国家法律创制、司法执法的层面，使之成为我国法治体系不可或缺的组成部分。例如，《中华人民共和国民法典》第十条规定："处理一般民事纠纷，应当依据法律法规；法律法规没有规定的，可以适用民事习惯，但是不能违背公序良俗。"这是对民事习惯性质和效力的认可，为民事行为和司法适用提供了多元化的法律依据。另一种观点认为，即使在少数民族地区长期存在并形成约束力的风俗与习俗，它对于社会组织、公民个人权利保障以及社会法治环境的形成有一定作用，但仍然存在制约真空，这便是国家制定法应当融入的空间，这种融合是对社会秩序更为有效的调适，是少数民族习惯法与国家制定法相互比对后的互融互通。②

根据以上两个颇具代表性的观点，结合西藏民族习惯法存在的实际以

---

① 娄云生：《雪域高原的法律变迁》，西藏人民出版社，2000，第308页。
② 刘俊：《民族习惯法的界定维度、理论逻辑及法治进路》，《原生态民族文化学刊》2019年第4期。

及将来的发展趋势，本书就解决西藏少数民族习惯法与国家法的冲突与调适问题提出几点建议。

第一，西藏各级党委政府要对少数民族习惯法的形成与创制开展全面指导和审查。西藏各级地方党委政府及相关责任部门要全面指导少数民族习惯法的创制和修改完善工作，对于自觉形成的农牧区习惯法进行合宪性、合法性、合规性审查，要求少数民族习惯法的条款内容与社会公德、公民道德相适应，不得违背公序良俗。特别是，西藏的少数民族习惯法不得同国家现行法律、行政法规、自治法规、政府规章相冲突，因为国家各层级成文法具有相对较高的约束力，具有国家强制力的作用。西藏民族区域自治地方具备立法权的机关可以将较为成熟、行之有效的工作经验和对策措施按照一定程序上升为习惯法条款，并增补到民族区域自治地方法规体系中，从而使西藏少数民族习惯法效力大大增强。

第二，西藏自治区的民族区域自治地方性立法机关在制定地方性法规、自治性法规以及政府规章时可以有条件地吸收少数民族习惯法中的合理成分。在全面依法治藏过程中，要充分考虑到民族区域自治地方特别是广大农牧区和边境地区的实际情况，以利于少数民族习惯法在做好西藏四件大事、实现四个确保中发挥积极作用，尤其是弥补国家与自治地方正式法律法规制度供给介入农牧区和城镇基层社区治理的不足。当国家层面与自治地方层面的制定法与少数民族习惯法的价值判断和适用取向一致时，制定法就可以吸收和改造少数民族习惯法，与少数民族习惯法融合的制定法实施成本将会大大降低。同时，当制定法调处西藏社会基层矛盾和冲突存在真空时，少数民族习惯法将会成为有效补充，甚至能够取到制定法都无法达到的法治效果。

第三，西藏少数民族习惯法也要充分吸收制定法的指导思想、基本原则以及有益的法条文本的补充，从而充分调适同制定法的冲突。国家法律和民族区域自治地方立法大多从整体利益出发，充分考虑和关注最大群体的利益诉求，从而难以顾及西藏每个地方特别是广大农牧区和边远地区各个群体的特殊利益，而少数民族习惯法恰恰满足了这一需求。西藏少数民族习惯法无论是实体内容上还是实施程序上都要自觉定位于"国家制定法补充"，必须自觉接受制定法的指引，从内容体系与程序方法上都应不断得到制定法的完善和补充。最为可靠的路径是，要在西藏各级党委政府的引导下，解决少数民族习惯法与制定法的相互冲突，实现少数民族习惯法与制定法的相互调适。另外，还有一点值得注意，西藏少数民族习惯法包含了大量藏传佛教、苯教等教义和戒律的内容，这些体现宗教价值取向的少数民族习惯法也在规制人们的行为。单从藏传佛教教义发展的历史来看，这是藏传佛教社会化、本土化的结果。"藏传佛教作为外来宗教，它想在中国站住脚，不管是在内地或者藏区，它都有一个经验——这是在传播过程中积累的，就是如何本土化。"① 在这个过程中，佛教又利用西藏现实条件和社会基础，进行制度化和规范化，完成制度化和规范化过程的藏传佛教就成为规制信教群众行为的准则。这就要求，西藏自治区要深入贯彻全国宗教工作会议精神，始终坚持藏传佛教中国化方向，引导对藏传佛教教规教义做出符合时代发展进步的阐释，让真正适应时代要求的、与社会主义社会相适应的教规教义同少数民族习惯法相融合，成为治理基层社会和化解基层社会矛盾纠纷的规范性补充。

---

① 王尧：《走近藏传佛教》，中华书局，2013，第 248 页。

第七章　西藏民族区域自治地方立法

"立善法于天下，则天下治；立善法于一国，则一国治。"① 党的二十大对立法工作提出了根本要求："完善以宪法为核心的中国特色社会主义法律体系"，"加强宪法实施和监督"，"加强重点领域、新兴领域、涉外领域立法"，"推进科学立法、民主立法、依法立法"。② 习近平总书记还指出，我国经过长时间的努力，具有中国特色的社会主义法律体系已经构成，我们国家的政治生活、经济生活、社会生活、文化生活等各方面总体上实现了有法可依。这是依法治国取得的伟大成就，也是我国法治建设事业发展的新的历史起点。③ 习近平总书记的指示精神要求用明确的法律法规来调节社会生活、调整社会关系，这是治国理政必须使用的手段和方式。对于西藏这个民族区域自治地方而言，维护社会稳定、促进经济发展、民族团结进步、实现强边固边，特别是推进西藏治理体系和治理能力现代化，不仅需要有"法"可依，而且需要有"良法"可依。要实现用"良法"治藏，把法律法规和制度优势持续不断地转化为治边稳藏的效能，建立和完善具有西藏特点的完备的民族区域自治地方法规制度体系是前提和基础。民族地方性立法是一项严密复杂且涉及面广的系统工程，在任何时期、任何区域都呈现出了特殊性、复杂性的特征，西藏任何一部地方性法规的出台，都凝聚着社会各方面以及各族人民群众的智慧与心血。在全面推进依法治藏以及西藏努力实现依法自治的前提下，西藏通过加强和创新民族区域地方

---

① 中共中央宣传部、中央全面依法治国委员会办公室编《习近平法治思想学习纲要》，人民出版社、学习出版社，2021，第80页。
② 习近平：《高举中国特色社会主义伟大旗帜　为全面建设社会主义现代化而团结奋斗——在中国共产党第二十次全国代表大会上的报告》，人民出版社，2022，第40~41页。
③ 《中共十八届四中全会在京举行　中央政治局主持会议　中央委员会总书记习近平作重要讲话》，共产党员网（www.12371.cn），2014年10月27日。

立法工作，以民族宗教事务治理领域、生态环境保护领域、新兴产业领域以及边境治理和涉外领域为法规规章创制工作重点，逐步构建并完善以自治条例和单行条例为核心的民族区域自治地方性法规规章和制度体系，将西藏各项事业的发展以及各项工作的开展都纳入法治轨道。

第一节　西藏制定地方性法规研究

西藏地方各级立法机关按照《宪法》《民族区域自治法》《立法法》等上位法的精神，坚持"遵循《宪法》精神，符合西藏实际，体现时代精神，维护群众利益，方便操作执行"的工作思路，坚持民族地方性立法工作要符合西藏政治、经济、文化、社会和生态特征，符合民族传统习俗和民族心理特征，符合依法治理民族宗教事务的精神，符合广大各族人民群众的强烈期盼，逐步建立起具有中国特色、西藏特点的一般性民族地方性法规制度体系。西藏民主改革60多年以来，在中国共产党的全面领导下，经过西藏各族人民群众的长期而艰苦的努力，以全面推进依法治藏为深刻的背景，在民族区域自治制度的架构下，西藏自治区人大充分发挥双重立法权的特殊职能，以地方性法规创制为基础建立起了西藏地方法规规章规范体系。

一　民族地方性立法法理分析

民族地方性法规是指有权机关按照法定程序制定的调整民族关系的规范性文件。民族地方性法规的文件内容主要是解决民族问题，处理民族矛盾和纠纷，依法界定民族关系和治理民族事务等。基于民族地方性法规调整对象民族关系的特殊性，依法治理民族事务法治化、规范化也呈现出特殊性，这就是民族地方性立法有别于调整一般性社会关系的显著特征。当今世界绝对单一的民族国家是少之又少，基本上都是由多民族组成的国家。民族地方性法规创制是调整和确认民族关系的一项重要的政治活动。通过民族立法将各族人民特别是少数民族的意志和愿望按照法定程序和方法来上升为国家意志，以各层级法定形式来维护各民族的共同利益以及少数民族的特殊利益。

民族地方性法规立法工作的重点在于民族立法体制的建立，民族立法体制构建的原则、内容同全国整体性的立法体制是一脉相承的，即"三层九级"的立法体制。按照《宪法》和《立法法》的法律规定，我国立法权分为三层九级，第一层两级为国家立法权，立法主体为全国人民代表大会及其常委会，负责《宪法》和相关法律的制定和修改；第二层两级为行政立法权，立法主体为国务院及其各部委，负责制定行政法规和政府规章；第三层五级为地方立法权，立法主体是省、自治区、直辖市的人民代表大会及其常委会、政府以及自治州和设区市的人大常委会、政府，自治县人民代表大会，其主要立法任务是制定地方性法规和政府规章。要注意的是作为民族自治地方，西藏自治区人大及其常委会与兄弟省市人大常委会在地方国家立法权方面有相同点，也有不同点，相同的地方是作为地方国家权力机关，按照《宪法》和《立法法》相关法律规定，省级地方人大及其常委会和设区的市人大常委会都具有地方立法权，可以依照相关法律制定地方性法规。不同的是自治区人民代表大会作为民族区域自治地方的自治机关，按照《宪法》《民族区域自治法》的相关法律规定，同时具有地方自治立法权，可以依法制定自治条例和单行条例。

地方立法权和自治立法权的前置条件不同，《宪法》第 100 条明确规定：省、自治区、直辖市的人民代表大会及其常委会，在不与宪法、法律以及行政法规相互抵触的前提下，可以制定地方性法规，报送全国人民代表大会备案。《宪法》第 116 条以及《立法法》第 75 条也明确规定：民族自治地方人民代表大会有权根据本地方少数民族政治、经济、社会与文化的具体特点，制定自治条例与单行条例。另外，民族区域自治地方的自治条例与单行条例可以依据当地少数民族的特点，对国家法律、行政法规规定做出相应的变通规定，但是不能违背国家法律或者行政法规基本原则，不能对《宪法》与《民族区域自治法》的规定及其他有关国家法律、行政法规关于民族自治地方问题做出变通规定。《民族区域自治法》第 20 条明确规定，上一级国家机关决议、决定、命令以及指示，如果有不适应民族自治地方实际情况，民族地方的自治机关可以报经上一级国家机关批准，停止执行或者变通执行。地方立法权和自治立法权的立法主体不同，地方立法权的实施主体是省自治区直辖市、设区的市人大及其常委会，自治立法权的实施主体是自治区、自治州、自治县人民代表大会。地方立法权和自治立法权的审批程序不同，地方性法规以实行备案制为主，而自治条例和单行条例实行的是报批制。省、直辖市制定的地方性法规报全国人大常委会备案，设区的市人大常委会制定的地方性法规报省人大常委会批准后生效，自治区人大制定的自治条例与单行条例必须报送全国人大常委会审批生效，自治州、自治县人大制定的自治条例与单行条例报送省或自治区人大常委会审批生效。另外，地方性法规与自治条例、单行条例法律效力有诸多不同的地方，地方性法规的实施范围主要在本行政区内，本行政区内各级权力机关、部门和群众必须遵照执行，而自治条例、单行条例实施范围是在本行政区内，本行政区内各级权力机关、部门和群众必须遵照执行，同时批准自治条例、单行条例的上级人大常委会及同级政府及所属部门也应遵照执行。

二　西藏地方性法规创制的历史进程

1954年11月4日，为了筹建自治区推进实施民族区域自治制度，中央人民政府召集西藏地方政府代表、班禅堪布会议厅代表和昌都地区人民解放委员会代表在北京召开会议，会议上正式成立了西藏自治区筹备委员会筹备小组，并通过了"筹备委员会性质任务""筹备委员会人员组成"等五个具有法规性质的制度草案。[1] 1955年3月9日，国务院全体会议第七次会议公布了《关于成立西藏自治区筹备委员会的决定》（以下简称《决定》），[2]《决定》明确了自治区与国务院在行政上的隶属关系，界定了筹委会的法律地位和权利、义务和职责，为西藏自治区的筹备成立提供了政治和法律上的依据。经过开展深入细致的前期工作，1956年4月22日西藏自治区筹备委员会成立，并正式通过了《西藏自治区筹备委员会组织简则》（以下简称《简则》），《简则》规定由筹备委员会全权负责，协调西藏地方政府、班禅堪布厅委员会以及昌都地区人民解放委员会三个方面的政治力量，启动了在西藏开展民族区域自治制度建立准备工作。特别是，《西藏自治区筹备委员会组织简则》的制定是西藏历史上第一次行使地方立法权，

---

[1] 西藏自治区党史资料征集委员会编《中共西藏党史大事记（1949—1994）》，西藏人民出版社，1995，第55页。
[2]《中华人民共和国国务院公报1955年第3号》（总第6号）。

标志西藏启动了新西藏法制建设的历史进程。[1] 1965年9月1日，西藏自治区第一届人大会议第一次会议在拉萨召开，并选举产生了第一届人民委员会，本次会议宣告西藏自治区的正式成立，自此西藏在国家统一的前提下正式开始全面施行民族区域自治制度。[2] 1979年7月五届人大二次会议在北京召开，会议通过有关地方人大和政府组织规则的宪法修正案，增加了地方人大增设常委会的规定。当年全国就有22个省级人大也召开了会议，选举设立了各地人大常委会。同年8月，西藏自治区召开了人民代表大会，设立了西藏自治区的人大常委会，这也是全国首个省级人大常委会。以此为标志，西藏正式开启了西藏地方立法工作的时代篇章，西藏法制建设工作也开启了新的历史进程。改革开放以来，西藏人大及其常委会民族地方性立法工作可以说是筚路蓝缕、风雨兼程、攻坚克难，取得了巨大的成就。通过阶段性工作特征总结和提炼，以西藏自治区人大常委会成立为起点，可以将西藏民族地方性立法工作分为起步探索、规范完善以及快速发展三个阶段。

（一）起步探索阶段（1979~1989）

在这一历史时期，西藏地方性法规创建的重点领域是人大常委会自身的组织建设、制度建设，努力解决人大立法权、选任制、决定权、监督权等依法履职的问题。同时，随着西藏工作重心转移到经济建设上来，地方性立法工作也要解决经济领域无法可依的问题。为了适应这一改革发展形势的需要，1981年4月18日，西藏自治区人大常委会第五次会议通过了《西藏自治区施行〈婚姻法〉的变通条例》和《西藏自治区实施〈中华人民共和国全国人民代表大会和地方各级人民代表大会选举法〉细则》，在不与国家基本法律相冲突的前提下对《婚姻法》的一些规定做了变通规定，依法吸收了藏族婚姻习惯的合理部分，让其更加适应西藏婚姻制度变迁的需要。同时，西藏自治区人大常委会也对《全国人民代表大会和地方人民代表大会选举法》实施细则进行了规定，依法保障了西藏各族人民群众的选举权和被选举权。自此，西藏的民族地方性立法工作从无到有、从起步到发

---

[1] 边巴拉姆：《民族区域自治地方立法评析——以五十年来西藏自治区立法为例》，《中央民族大学学报》（哲学社会科学版）2015年第5期，第23~29页。
[2] 宋月红、方伟：《西藏民族区域自治的法律地位及其地方立法研究》，《中国藏学》2015年第3期，第31~44页。

展开始了一系列探索工作，积极开启了西藏民族地方性法制建设的重要步骤。

(二) 规范完善阶段 (1990~2012)

在这一历史阶段，西藏民族地方性立法坚持"以人为本、立法为民、发展民生"的工作原则，积极回应西藏改革、发展、稳定的时代需求，大力聚焦经济跨越式发展、社会基本稳定、生态环境优良以及社会事业稳步推进的基本态势，努力开展科学立法、民主立法、依法立法，西藏地方性立法步伐不断加快、质量稳步提高。1990年5月西藏自治区五届人大三次会议通过了《西藏自治区第五届人民代表大会关于西藏自治区人民代表大会设立专门委员会的决定》，自治区人大正式成立了法制委员会，由专门立法机构来从事专业性的立法工作。2000年3月第九届全国人大三次会议通过了《中华人民共和国立法法》，为了将《立法法》的法律精神和要求具体落实到西藏的地方性立法工作中。2001年5月21日，西藏自治区七届人大第四次会议通过了《西藏自治区立法条例》（以下简称《条例》），该《条例》以文本条文的形式规定了西藏各级各类立法机关的立法权限、立法规划、立法程序、审批程序和解释办法等，为西藏地方性法规、自治条例、单行条例的制定、修订、废止、解释等工作提供了具有针对性、可操作性的法规依据。2017年1月15日西藏自治区十届人大五次会议根据地方性立法工作的新形势、新要求，对《西藏自治区立法条例》进行了修订，修订后的《条例》删减了拉萨市地方性法规的批准程序这一章，增加了设区市地方性法规的批准程序这一章。新修订的《西藏自治区立法条例》是西藏开展民族地方性立法工作的指导性法律文件，对全面推进依法治藏特别是西藏民族地方性法规立法事业的发展具有重要而深远的意义。

(三) 快速发展阶段 (2013年至今)

党的十八大召开以来，西藏各级人大及其常委会以新时代党的治藏方略为指导，深入贯彻落实习近平总书记关于民族工作和西藏工作的重要论述，准确理解习近平法治思想的理论精髓和核心要义，运用科学的法治方法论聚力提高民族地方性立法质量，为服务和保障西藏"四件大事""四个确保"奠定法治基础，并结合西藏经济社会发展的特点，将治藏方式和治藏手段以地方性法规形式加以界定，使新时代党的治藏方略在依法治藏的轨道上运行。在这一时期，西藏的民族地方性立法工作方法不断创新，积极开展了重点领域立法前论证和立法后评估工作，以确保民族地方性立法的科学性和规范性。同时，西藏各级立法机关坚持以人民为中心的立场，开展协商立法、民主立法工作，助推西藏社会各界依法有序参与地方立法活动。根据西藏地方性立法形势的发展，自治区人大及其常委会加强了对设区市地方立法工作的指导，有效开展对设区市人大制定的地方性法规的合宪性、合法性审查工作主要呈现两个特点。一是以建立和完善民族地方性立法机制体制为基础，依法规范西藏民族地方性立法工作。在西藏自治区民族地方性立法过程中，自治区人大以及设区市人大是地方性立法的主体机关，并协调各方面的力量参与民主立法工作。另外，通过《西藏自治区立法条例》严格执行，西藏民族地方性立法程序更加科学、规范、合法。例如，建立了重要地方性法规立法的选题、内容、程序等事项向同级党委请示制度、人大常委会地方性法规清理工作制度、人大常委会立法协商制度、人大常委会咨询专家库管理制度、人大常委会法规草案征求意见制度、地方立法中涉及重大利益调整论证咨询制度等。这些制度、规定和办法的出台，使西藏自治区民族地方性立法从选题意见征求、重大风险评估、文本草案审定到最终法规的出台都有严谨的程序保障。二是加强了重点领域民族地方性立法工作。西藏自治区人大及其常委会聚焦社会长治久安、经济高质量发展的法治需求，加快了推进重点领域立法的工作步伐。先后在这些重点领域制定的地方性法规有：《西藏自治区环境保护条例》（修订，2017）、《西藏自治区旅游条例》（2017）、《西藏民族团结进步模范区创建条例》（2020）、《西藏自治区国家文明生态高地创建条例》（2021）、《西藏自治区平安建设条例》（2022）、《西藏自治区乡村振兴促进条例》（2022）等，以这些重点领域的地方性法规为主干构建起了新时代地方性法规规范体系。十九大召开以来为了全面推进依法治藏工作，西藏自治区人大及其常委会不断创新地方性立法工作思路，大力调整地方性立法工作方向和重点。例如，在不与国家税法原则相冲突的前提下，为了满足西藏营商环境优化的需要，人大常委会及时做出了契税适用税率调整的决定；结合西藏青稞、牦牛等重要种植资源保护工作，人大常委会修订了种子法实施条例，依法规范西藏农业、畜牧业品种保护与种子生产经营行为。自治区人大常委会组织了"突发公共卫生事件应急条例"立法论证调研工作，组织立法专家审议药品管理条例草案文本，从地方性法规创制层面保障了西藏各项事业进步和发展。总之，相比于前面两个阶段，此阶段的西藏地方立法范围空前扩展，更加突出和强化本地区特殊的区情、民情，全面推进依法治藏真正做到了地方立法先行。

三 西藏地方性法规创制的主要成就

西藏和平解放 70 多年特别是西藏自治区人大常委会成立 40 多年来，西藏各个时期的立法有权机关，围绕每个历史时期的战略重点大力开展了地方性立法工作，立法工作任务繁重、成效显著。尤其是自西藏改革开放至今，自治区人大及其常委会制定、批准地方性法规或者做出具有法规性质决议、决定共 201 件，其中现行有效的地方性法规和具有法规性质的决议、决定 128 件，废止了 36 件，同时批准设区市人大制定的市一级的地方性法规 34 件。[①]

表 7-1　西藏地方性立法一览

（一）宏观经济领域西藏地方性立法一览

序号	法规名称	制定机关	法规类型	制定时间	最后修正时间
1	西藏自治区实施《中华人民共和国统计法》办法	自治区人大常委会	省级地方性法规	1999 年 9 月 23 日	2012 年 3 月 30 日
2	西藏自治区道路运输条例	自治区人大常委会	省级地方性法规	2000 年 5 月 18 日	2021 年 9 月 29 日
3	西藏自治区实施《中华人民共和国消费者权益保护法》办法	自治区人大常委会	省级地方性法规	2001 年 11 月 23 日	2017 年 7 月 28 日
4	西藏自治区旅游条例	自治区人大常委会	省级地方性法规	2002 年 7 月 26 日	2021 年 9 月 29 日
5	西藏自治区人民代表大会常务委员会关于加强经济工作监督的决定	自治区人大常委会	省级地方性法规	2002 年 9 月 25 日	
6	西藏自治区人民代表大会常务委员会关于加强自治区级预算审查监督的决定	自治区人大常委会	地方工作文件	2002 年 9 月 25 日	
7	西藏自治区建筑市场管理条例	自治区人大常委会	省级地方性法规	2004 年 1 月 14 日	2020 年 6 月 9 日

---

① 北大法宝（www.pkulaw.com）。

续表

序号	法规名称	制定机关	法规类型	制定时间	最后修正时间
8	西藏自治区财政监督条例	自治区人大常委会	省级地方性法规	2005年1月12日	
9	西藏自治区公路条例	自治区人大常委会	省级地方性法规	2006年11月29日	2011年11月24日
10	西藏自治区民用机场保护条例	自治区人大常委会	省级地方性法规	2010年11月26日	
11	西藏自治区涉案财物价格鉴证条例	自治区人大常委会	省级地方性法规	2011年5月27日	
12	西藏自治区人民代表大会常务委员会关于实行电话和互联网用户真实身份登记的决定	自治区人大常委会	省级地方性法规	2011年11月24日	
13	西藏自治区无线电管理条例	自治区人大常委会	省级地方性法规	2014年3月31日	2021年4月1日
14	西藏自治区邮政条例	自治区人大常委会	省级地方性法规	2012年3月30日	2021年9月29日
15	西藏自治区人民代表大会常务委员会关于耕地占用税适用税额的决定	自治区人大常委会	省级地方性法规	2019年9月25日	
16	西藏自治区人民代表大会常务委员会关于资源税具体使用税率等有关事项的决定	自治区人大常委会	省级地方性法规	2020年7月29日	
17	西藏自治区人民代表大会常务委员会关于契税具体使用税率等有关事项的决定	自治区人大常委会	省级地方性法规	2021年5月28日	
18	西藏自治区建设工程安全生产管理条例	自治区人大常委会	省级地方性法规	2015年1月14日	
19	西藏自治区预算审查监督条例	自治区人大常委会	省级地方性法规	2020年11月27日	

(二)教育领域西藏地方性立法一览

序号	名称	制定机关	效力级别	制定时间	最后修正时间
1	西藏自治区实施《中华人民共和国义务教育法》办法	自治区人大常委会	省级地方性法规	1994年2月25日	2008年3月29日

续表

序号	名称	制定机关	效力级别	制定时间	最后修正时间
2	西藏自治区实施《中华人民共和国教师法》办法	自治区人大常委会	省级地方性法规	1998年1月9日	
3	西藏自治区实施《中华人民共和国职业教育法》办法	自治区人大常委会	省级地方性法规	2002年3月26日	
4	西藏自治区教育督导条例	自治区人大常委会	省级地方性法规	2020年3月27日	
5	西藏自治区实施《扫除文盲工作条例》细则	自治区人民政府	地方性政府规章	1994年11月10日	

（三）科技创新领域西藏地方性立法一览

序号	名称	制定机关	效力级别	制定时间	最后修正时间
1	西藏自治区实施《中华人民共和国促进科技成果转化法》办法	自治区人大常委会	省级地方性法规	2000年7月27日	2018年11月27日
2	西藏自治区实施《中华人民共和国科学技术进步法》办法	自治区人大常委会	省级地方性法规	1998年7月24日	2011年9月30日
3	西藏自治区实施《中华人民共和国科学技术普及法》办法	自治区人大常委会	省级地方性法规	2005年9月28日	2019年7月31日

（四）文化领域西藏地方性立法一览

序号	名称	制定机关	效力级别	制定时间	最后修正时间
1	西藏自治区文物保护条例	自治区人大常委会	省级地方性法规	1990年5月31日	2021年9月29日
2	西藏自治区文化市场管理条例	自治区人大常委会	省级地方性法规	1995年7月12日	2013年7月25日
3	西藏自治区实施《中华人民共和国档案法》办法	自治区人大常委会	省级地方性法规	2010年7月30日	2013年7月25日
4	西藏自治区实施《中华人民共和国非物质文化遗产法》办法	自治区人大常委会	省级地方性法规	2014年3月31日	
5	西藏自治区布达拉宫文化遗产保护管理条例	自治区人大常委会	省级地方性法规	2015年7月30日	
6	西藏自治区文物保护单位消防安全管理办法	自治区人民政府	地方政府规章	2020年12月30日	

（五）卫生健康领域西藏地方性立法一览

序号	名称	制定机关	效力级别	制定时间	最后修正时间
1	西藏自治区实施《中华人民共和国传染病防治法》细则	自治区人民政府	地方政府规章	1994年1月10日	
2	西藏自治区鼠疫防治办法	自治区人民政府	地方政府规章	1994年4月5日	
3	西藏自治区实施《中华人民共和国药品管理法》办法	自治区人大常委会	省级地方性法规	1994年10月27日	
4	西藏自治区实施《食盐加碘消除碘缺乏危害管理条例》办法	自治区人民政府	地方政府规章	1997年6月13日	
5	西藏自治区实施《中华人民共和国母婴保健法》办法	自治区人大常委会	省级地方性法规	1999年7月24日	2010年7月30日
6	西藏自治区实施《中华人民共和国红十字会法》办法	自治区人大常委会	省级地方性法规	2000年11月29日	2010年7月30日
7	西藏自治区实施《中华人民共和国老年人权益保障法》办法	自治区人大常委会	省级地方性法规	2005年9月28日	
8	西藏自治区实施《中华人民共和国献血法》办法	自治区人大常委会	省级地方性法规	2015年9月23日	2019年7月31日
9	西藏自治区食品安全责任追究办法（试行）	自治区人民政府	地方政府规章	2016年10月9日	
10	西藏自治区食品生产加工小作坊小餐饮店小食杂店和食品摊贩管理办法	自治区人民政府	地方政府规章	2021年2月2日	
11	西藏自治区疫苗储存、运输和配送管理办法（试行）	自治区人民政府	地方规范性文件	2021年7月4日	
12	西藏自治区药品管理条例	自治区人大常委会	省级地方性法规	1994年10月27日	2022年5月26日

（六）民族事务领域西藏地方性立法一览

序号	名称	制定机关	效力级别	制定时间	最后修正时间
1	西藏自治区民族团结进步模范区创建条例	自治区人大	省级地方性法规	2020年1月11日	
2	西藏自治区施行《中华人民共和国婚姻法》的变通条例	自治区人大常委会	省级地方性法规	1981年4月18日	2010年7月30日

续表

序号	名称	制定机关	效力级别	制定时间	最后修正时间
3	西藏自治区学习、使用和发展藏语文的规定	自治区人大	省级地方性法规	1987年7月9日	2019年7月31日
4	西藏自治区第四届人民代表大会第六次会议关于维护祖国统一、加强民族团结、反对分裂活动的决议	自治区人大	省级地方性法规	1988年1月23日	
5	西藏自治区人民代表大会常务委员会关于自治区成立纪念日、藏历新年、春节升挂国旗的决定	自治区人大常委会	省级地方性法规	1990年11月19日	2021年9月29日
6	西藏自治区第六届人民代表大会第三次会议关于坚决反对达赖擅自宣布班禅转世灵童的不法行为的决议	自治区人大	省级地方性法规	1995年5月25日	
7	西藏自治区人民代表大会常务委员会关于严厉打击"赔命金"违法犯罪行为的决定	自治区人大常委会	省级地方性法规	2002年7月26日	2018年3月30日
8	西藏自治区第九届人民代表大会常务委员会关于强烈谴责达赖集团策划煽动极少数分裂主义分子打砸抢烧的罪恶行径，坚决维护祖国统一，反对分裂破坏活动，促进社会和谐稳定的决议	自治区人大常委会	省级地方性法规	2008年3月29日	
9	西藏自治区人民代表大会关于设立"西藏百万农奴解放纪念日"的决定	自治区人大	省级地方性法规	2009年1月19日	

（七）宗教事务领域西藏地方性立法一览

序号	名称	制定机关	效力级别	制定时间	最后修正时间
1	西藏自治区实施《宗教事务条例》办法	自治区人民政府	地方政府规章	2021年4月30日	

（八）边境管理领域西藏地方性立法一览

序号	名称	制定机关	效力级别	制定时间	最后修正时间
1	西藏自治区边境管理条例	自治区人大常委会	省级地方性法规	2000年3月30日	2016年9月28日

（九）社会治理领域西藏地方性立法一览

序号	名称	制定机关	效力级别	制定时间	最后修正时间
1	西藏自治区实施《中华人民共和国妇女权益保障法》办法	自治区人大常委会	省级地方性法规	1994年8月18日	2017年7月28日
2	西藏自治区实施《中华人民共和国未成年人保护法》办法	自治区人大常委会	省级地方性法规	1994年12月23日	2009年9月24日
3	西藏自治区实施《中华人民共和国预防未成年人犯罪法》办法	自治区人大常委会	省级地方性法规	2015年9月23	
4	西藏自治区实施《中华人民共和国残疾人保障法》办法	自治区人大常委会	省级地方性法规	1998年1月9日	2013年9月27日
5	西藏自治区施行《中华人民共和国婚姻法》的变通条例	自治区人大常委会	省级地方性法规	1981年4月18日	2004年6月9日
6	西藏自治区村民委员会选举办法	自治区人大常委会	省级地方性法规	2002年1月20日	2020年9月27日
7	西藏自治区实施《中华人民共和国村民委员会组织法（试行）》办法	自治区人大常委会	省级地方性法规	1993年12月26日	2020年9月27日
8	西藏自治区实施《中华人民共和国城市居民委员会组织法》办法	自治区人大常委会	省级地方性法规	1993年12月26日	2020年9月27日
9	西藏自治区安全生产条例	自治区人大常委会	省级地方性法规	2009年3月26日	
10	西藏自治区实施《中华人民共和国矿山安全法》办法	自治区人大常委会	省级地方性法规	1994年12月23日	1997年11月12日
11	西藏自治区登山条例	自治区人大常委会	省级地方性法规	2006年6月1日	
12	西藏自治区实施《中华人民共和国就业促进法》办法	自治区人大常委会	省级地方性法规	2010年1月6	
13	西藏自治区消防条例	自治区人大常委会	省级地方性法规	2000年1月26日	2022年5月26日
14	西藏自治区实施《中华人民共和国工会法》办法	自治区人大常委会	省级地方性法规	2003年11月19日	2010年7月30日

续表

序号	名称	制定机关	效力级别	制定时间	最后修正时间
15	西藏自治区职工代表大会条例	自治区人大常委会	省级地方性法规	2009年7月31日	
16	西藏自治区志愿服务条例	自治区人大常委会	省级地方性法规	2015年1月14日	

（十）内务司法领域西藏地方性立法一览

序号	名称	制定机关	效力级别	制定时间	最后修正时间
1	西藏自治区实施《中华人民共和国集会游行示威法》办法	自治区人大常委会	省级地方性法规	1990年5月15日	2018年3月30日
2	西藏自治区社会治安综合治理条例	自治区人大常委会	省级地方性法规	1994年8月18日	2007年5月31日
3	西藏自治区信访条例	自治区人大常委会	省级地方性法规	1995年4月15日	2007年11月22日
4	西藏自治区邮电通信管理条例	自治区人大常委会	省级地方性法规	1995年7月12日	1997年3月29日
5	西藏自治区实施《中华人民共和国人民防空法》办法	自治区人大常委会	省级地方性法规	1998年4月1日	2010年7月30日
6	西藏自治区道路交通安全条例	自治区人大常委会	省级地方性法规	2009年7月31日	
7	西藏自治区实施《中华人民共和国档案法》办法	自治区人大常委会	省级地方性法规	2010年7月30日	2013年7月25日
8	西藏自治区流动人口服务管理条例	自治区人大常委会	省级地方性法规	2010年11月26日	2019年7月31日
9	西藏自治区人民代表大会常务委员会关于加强检察机关法律监督工作的决定	自治区人大常委会	省级地方性法规	2010年9月29日	
10	西藏自治区人民代表大会常务委员会关于加强和改进人民法院民事执行工作的决定	自治区人大常委会	省级地方性法规	2011年9月30日	
11	西藏自治区邮政条例	自治区人大常委会	省级地方性法规	2012年3月30日	2021年9月29日
12	西藏自治区实施《中华人民共和国国防教育法》办法	自治区人大常委会	省级地方性法规	2014年9月25日	

续表

序号	名称	制定机关	效力级别	制定时间	最后修正时间
13	西藏自治区见义勇为人员表彰奖励和权益保障条例	自治区人大常委会	省级地方性法规	2017年5月26日	
14	西藏自治区司法鉴定管理条例	自治区人大常委会	省级地方性法规	2018年7月27日	
15	西藏自治区反间谍安全防范条例	自治区人大常委会	省级地方性法规	2020年11月27日	

（十一）农牧环境资源领域西藏地方性立法一览

序号	名称	制定机关	效力级别	制定时间	最后修正时间
1	西藏自治区实施《中华人民共和国野生动物保护法》办法	自治区人大常委会	省级地方性法规	1992年2月20日	2002年1月20日
2	西藏自治区实施《中华人民共和国草原法》办法	自治区人大常委会	省级地方性法规	1994年10月27日	2015年11月26日
3	西藏自治区实施《中华人民共和国动物防疫法》办法	自治区人大常委会	省级地方性法规	2005年7月29日	
4	西藏自治区实施《中华人民共和国渔业法》办法	自治区人大常委会	省级地方性法规	2006年1月8日	
5	西藏自治区实施《中华人民共和国种子法》办法	自治区人大常委会	省级地方性法规	2007年11月22日	
6	西藏自治区实施《中华人民共和国森林法》办法	自治区人大常委会	省级地方性法规	2006年6月1日	
7	西藏自治区环境保护条例	自治区人大常委会	省级地方性法规	1992年6月27日	2018年9月29日
8	西藏自治区实施《中华人民共和国土地管理法》办法	自治区人大常委会	省级地方性法规	1992年6月25日	2011年11月24日
9	西藏自治区实施《中华人民共和国水法》办法	自治区人大常委会	省级地方性法规	1994年8月18日	2013年5月29日
10	西藏自治区实施《中华人民共和国矿山安全法》办法	自治区人大常委会	省级地方性法规	1994年12月23日	1997年11月12日
11	西藏自治区实施《中华人民共和国水土保持法》办法	自治区人大常委会	省级地方性法规	1997年3月29日	2013年7月25日

续表

序号	名称	制定机关	效力级别	制定时间	最后修正时间
12	西藏自治区矿产资源管理条例	自治区人大常委会	省级地方性法规	1999年4月1日	2011年5月22日
13	西藏自治区实施《中华人民共和国防震减灾法》办法	自治区人大常委会	省级地方性法规	2001年7月28日	2012年9月27日
14	西藏自治区实施《中华人民共和国防洪法》办法	自治区人大常委会	省级地方性法规	2001年11月23日	2010年7月30日
15	西藏自治区气象条例	自治区人大常委会	省级地方性法规	2002年7月26日	2006年11月29日
16	西藏自治区旅游条例	自治区人大常委会	省级地方性法规	2002年7月26日	2016年11月30日
17	西藏自治区地质环境管理条例	自治区人大常委会	省级地方性法规	2003年3月28日	
18	西藏自治区水利工程管理条例	自治区人大常委会	省级地方性法规	2007年9月26日	2011年11月24日
19	西藏自治区测绘条例	自治区人大常委会	省级地方性法规	1997年5月10日	2010年11月26日
20	西藏自治区湿地保护条例	自治区人大常委会	省级地方性法规	2010年11月26日	
21	西藏自治区城乡规划条例	自治区人大常委会	省级地方性法规	2012年3月30日	
22	西藏自治区气候资源条例	自治区人大常委会	省级地方性法规	2012年9月27日	
23	西藏自治区防雷减灾条例	自治区人大常委会	省级地方性法规	2015年1月14日	
24	西藏自治区抗旱条例	自治区人大常委会	省级地方性法规	2017年5月26日	
25	西藏自治区大气污染防治条例	自治区人大常委会	省级地方性法规	2018年12月24日	
26	西藏自治区贯彻《全国人大常委会关于全面禁止非法野生动物交易、革除滥食野生动物陋习、切实保障人民群众生命健康安全的决定》的实施意见	自治区人大常委会	省级地方性法规	2020年3月27日	
27	西藏自治区国家生态文明高地建设条例	自治区人大	省级地方性法规	2021年1月24日	

（十二）人大制度建设领域西藏地方性立法一览

序号	名称	制定机关	效力级别	制定时间	最后修正时间
1	西藏自治区人民代表大会常务委员会议事规则	自治区人大常委会	省级地方性法规	1988年7月15日	2018年3月30日
2	西藏自治区人民代表大会议事规则	自治区人大常委会	省级地方性法规	1989年8月7日	2005年7月29日
3	西藏自治区人民代表大会常务委员组成人员守则	自治区人大常委会	省级地方性法规	1993年12月20日	2011年5月27日
4	西藏自治区人民代表大会常务委员会讨论决定重大事项的规定	自治区人大常委会	省级地方性法规	2007年11月22日	
5	西藏自治区人民代表大会常务委员会专项工作评议条例	自治区人大常委会	省级地方性法规	2008年5月28日	
6	西藏自治区实施《中华人民共和国各级人民代表大会常务委员会监督法》办法	自治区人大常委会	省级地方性法规	2009年5月27日	

资料来源：北大法宝（www.pkulaw.com）。

四 西藏地方性法规创制工作的主要经验

西藏民族地方性立法工作走过了一条循序渐进的艰难发展之路，目前地方性立法工作已见成效，为西藏民族区域自治地方各项事业全面发展提供法治保障。现对西藏地方性法规创制工作经验进行总结，为将来的依法治藏工作提供可借鉴的经验。

（一）民族地方性立法工作与国家法治要求相统一，确保国家立法工作原则在西藏得到坚定贯彻实施

我国是一个多民族的国家，维护国家统一是民族生存和发展的基础，表现在立法上是与国家法治要求相统一。宪法规定，国家维护社会主义法治的统一和尊严。西藏民族地方性法规创制工作主要是以国家宪法和有关法律为依据，制定的民族地方性法规不能改变国家有关法律的基本精神和性质，不能同国家宪法和法律的内容相冲突，是国家法律规范体系的重要组成部分。同时，为了维护西藏社会和谐稳定，维护祖国统一和民族团结，

西藏自治区人大还出台了《维护祖国统一，加强民族团结，反对分裂活动的决议》(1988)等具有的政治决议性质的地方性法规，该《决议》的出台在当时特殊的社会环境中号召各族人民群众同一切违反宪法和法律、破坏国家统一和民族团结的行为做斗争，为恢复、维护和谐良好稳定的社会环境而努力奋斗。

（二）民族地方性立法工作紧密结合西藏实际，充分体现西藏民族区域自治的特色

民族地方性立法工作既来源于法治实际，又要服从服务于法治实践。西藏无论是政治稳定、经济发展、社会安全还是宗教信仰、风俗习惯、文化传统等，都同内地各省、市有很大差异，即使同其他民族自治地方相比也有很大不同。西藏自治区在政治、经济、文化、社会和生态等方面不同于普通行政区，也有不同于其他自治区的特点，成为西藏自治区各级人大开展地方性法规创制工作的现实依据。而且只有这样做，才能使国家宪法和法律在西藏具体化，否则西藏地方性法规制度就会失去其存在的理由和应有意义。西藏自治区人民代表大会及常务委员会在开展民族地方性法规制度建设工作时，充分尊重藏民族和其他民族的风俗习惯，凡是涉及藏族和其他少数民族特殊的风俗习惯，都会酌情予以变通处理，从而以立法的手段保障了藏族及其他少数民族的合法权益。西藏各级人大一方面根据国家宪法法律，结合西藏实际进行变通规定；另一方面根据西藏需要，自行制定一些国家尚未有相应法律规定的地方性法规。例如，为了有针对性地执行国家《婚姻法》的规定，根据藏族以及西藏区域内的其他少数民族婚姻家庭关系的特点，西藏制定出台了《西藏自治区实施〈中华人民共和国婚姻法〉变通条例》（西藏自治区人民代表大会常务委员会1981年4月18日通过），将国家婚姻法规定的婚姻自由原则与西藏当地民族的特殊情况有机结合，对少数民族男女结婚年龄分别降低了2岁，对实行一夫一妻制以及处理过去形成的一妻多夫、一夫多妻现象做了变通规定，为解决西藏在婚姻关系中存在的特殊问题提供了法律依据。

（三）坚持以人民为中心的观念，积极开展协商立法工作

西藏各级人大及其常委会始终把增进各族人民群众的根本福祉，促进

各族人民群众的全面发展作为地方性法规创制工作的出发点、落脚点和发力点,在法治工作中不断增强了各族人民群众的幸福感和满意度。另外,西藏积极开展协商立法、民主立法工作,坚持开门立法,广开言路,吸收社会各方面的立法意见和建议。西藏各级人大不断加强立法调研工作,深入了解各族群众诉求,更好地通过群策群力的立法工作方式,通过法治保障来实现人民当家作主的目标。西藏各级人大加强了基层立法联系点建设工作,充实完善立法专家咨询库,主动推进同政协的立法协商,创新方式方法开展立法论证、座谈、评估、公开征求意见,凝聚广泛共识,不断拓宽人民群众参与立法的渠道,使所制定的地方性法规更加符合区域经济社会发展的实际。西藏各族人民群众通过广泛参与立法实践活动,民心更加聚集、民意更加顺畅,各族民众能够自觉尊法、主动守法。另外,西藏地方性立法工作强化对特殊群体的支持、扶助和保护,从法律上、制度上营造公平的社会环境,例如西藏自治区人大先后出台了《西藏自治区实施〈中华人民共和国老年人权益保障法〉办法》《西藏自治区实施〈中华人民共和国妇女权益保障法〉办法》《西藏自治区实施〈中华人民共和国未成年人保护法〉办法》《西藏自治区实施〈中华人民共和国残疾人保障法〉办法》等地方性法规,使西藏对弱势群体、特殊群体的权益保障做到了有法可依、有章可循。

(四)聚焦反对分裂和民族团结的地方性立法工作,依法保障祖国统一、民族团结

2019年9月27日,习近平总书记在全国民族团结进步表彰大会上讲话强调,要依法治理民族事务,依法保障民族团结,确保各族人民群众在法律面前人人平等。目前,全国大部分民族区域自治地方都颁布了有关民族团结进步的地方性法规,而依法开展民族团结进步模范区创建的只有西藏和新疆。《新疆维吾尔自治区民族团结进步模范区创建条例》同《西藏自治区民族团结进步模范区创建条例》文本内容有相似之处,也有各自的差异性和侧重点,两个条例文本框架设计都是八章,其中七章的内容有所相似,主要区别体现在第六章内容中,西藏突出的是组织保障,而新疆突出的是监督保障。另外在地方性法规创制工作的基本原则方面,西藏的民族团结进步模范区创建条例的创制坚持的是"党的领导、人民中心、民族平等、民族区域自治、依法治理民族事务"等原则，新疆的民族团结进步模范区创建条例的创制遵循的原则是"依法治疆、团结稳疆、文化润疆、富民兴疆、长期建疆"。通过对比可以看出，西藏和新疆在此条例中都具有鲜明的地方特点，但是共同点都是注重民族团结的依法保障，通过民族地方法治建设来推进民族团结进步事业的全面发展（见表7-2）。

表7-2　西藏和新疆民族团结进步模范区创建条例文本框架对比

《西藏自治区民族团结进步模范区创建条例》	《新疆维吾尔自治区民族团结进步模范区创建条例》
第一章　总　　则	第一章　总　　则
第二章　工作职责	第二章　工作职责
第三章　社会协同	第三章　社会责任
第四章　宣传教育	第四章　宣传教育
第五章　创建表彰	第五章　创建表彰
第六章　组织保障	第六章　保障监督
第七章　法律责任	第七章　法律责任
第八章　附　　则	第八章　附　　则

另外，加强民族团结进步是西藏反对分裂、维护祖国统一的社会基础，加强地方性立法是西藏反对分裂、维护祖国统一的重要途径。西藏自治区人大及其常委会在特殊时期为了反分裂斗争工作需要，先后制定了《西藏自治区第四届人民代表大会第六次会议关于维护祖国统一、加强民族团结、反对分裂活动的决议》（1988）、《西藏自治区第九届人民代表大会常务委员会关于强烈谴责达赖集团策划煽动极少数分裂主义分子打砸抢烧的罪恶行径，坚决维护祖国统一，反对分裂破坏活动，促进社会和谐稳定的决议》（2008），这两个重要的地方性法规为西藏严厉打击分裂破坏活动提供了法律依据，有力地推动了祖国统一、民族团结、社会和谐稳定美好局面的形成。

（五）依法推进国家生态文明高地建设，助推生态文明高地建设走在全国前列

2021年1月24日，西藏自治区十一届人大四次会议全票通过了《西藏自治区国家生态文明高地建设条例》（以下简称《条例》），并在2021年5月1日正式实施。这是继2020年《西藏自治区民族团结进步模范区创建条例》出台实施后又一部重点领域的地方性法规，是西藏依法打造国家生态文明高地，努力建设美丽社会主义新西藏的重大法治实践，西藏生态文明建设步入法治化、规范化轨道。生态环境保护是西藏各项事业发展的重中之重，离不开法律的规范和保障。该《条例》规定了各级地方政府要编制生态文明建设规划，根据本区域内的实际情况，制定环境保护实施方案；明确了河湖、森林、湿地等自然资源保护体系建设要求。同时，《条例》还明确提出相关单位要开展冰川和冰缘区动态监测，严格管控冰川周边区域生产经营活动，确保保持冰川原真风貌等，这些典型条款都体现了"法之重器，良法善治"的法治思想。总之，该《条例》是西藏地方性法规的经典，充分体现了西藏生态文明法治体系构建的内在要求，为西藏打造国家生态高地提供了坚实的法治保障。[1]

根据西藏自治区层面关于生态环境保护地方性法规的要求，西藏各设区的市为了把自治区法规的规定落到实处，结合各自生态环境保护工作的特点制定了市一级的地方性法规。例如，2022年4月27日，拉萨市第十二届人民代表大会常务委员会第四次会议通过了《拉萨市南北山绿化管理条例》，依法推进拉萨市南北山绿化事业高质量发展，为建设生态宜居高原特色省会城市营造了良好的生态环境。拉萨市还制定了《拉萨市水资源管理条例》（2011）、《拉萨市市容环境卫生管理条例》（2011）、《拉萨市拉鲁湿地管理条例》（2010）等多部设区市地方性法规，依法推进了生态环境保护管理体制机制健全和完善，在全区依法保护生态环境的事业中起到引领作用。山南市编制实施了《西藏山南市生态文明建设规划（2020—2025）》和《着力推进山南市生态文明建设走在全区前列的实施方案》等规范性文件，制定出台了《山南市羊卓雍错保护条例》（2019）等地方性法规，《雅鲁藏布江流域生态环境保护条例》《山南市沙棘林保护条例》等地方性法规的立法工作已经全面完成，山南市的"一江一湖一树"保护逐渐迈入法治化轨道。林芝市把生态环境保护立法工作作为地方性法规创制的重点领域，在制定的《林芝市第二届人大常委会2022年至2026年立法规划和2022年立法计划》中涉及生态环境保护的就有5件，林芝市人大常委会对《林芝市市容和环境卫生管理条例》进行了修订，修订后的《条例》对林芝市城

---

[1] 高大洪、殷小燕：《为建设国家生态文明高地提供法治保障》，《中国民族报》2021年2月4日第5版。

市（镇）的市容市貌和环境卫生管理工作的原则、主体、权利义务、法律责任等进行了界定，使林芝市的生态环境法治建设的步伐不断加快。

（六）依法保护西藏传统民族文化，努力实现民族文化创造性继承、创新性发展

习近平总书记在全国民族团结进步表彰大会上讲话指出，中华民族灿烂的文化是由各民族共同创造的，中华文化是中国各民族文化的集大成。各民族文化交融互映、历久弥新，为我国的文化自信提供了深厚的根源。为了依法推进西藏传统民族文化创新发展，依法规范文化市场建设与管理，西藏自治区人大及其常委会先后制定并颁布实施了《西藏自治区学习、使用和发展藏语文的若干规定》（1987）、《西藏自治区文物保护条例》（1990）、《西藏自治区文化市场管理条例》（1995）、《西藏自治区布达拉宫文化遗产保护管理条例》（1997）、《西藏自治区实施〈中华人民共和国非物质文化遗产法〉办法》（2014）等法规。特别是，《西藏自治区布达拉宫文化遗产保护管理条例》文本框架共有四章三十四条，内容包括民族文化合理利用、保护管理、法律责任等，把文物保护工作纳入法治化、规范化轨道，借法治的力量，守住西藏传统文化的底蕴。

五 西藏地方性法规创制工作存在的主要问题

在全面推进依法治藏的大背景下，西藏各级人大及其常委会在坚定维护国家法制统一的前提下，积极开展地方性法规创制工作，西藏民族地方立法工作有了积极进展，具有西藏特点的民族性地方性法规基本形成。但是从目前西藏法治实践来考察，西藏建设现代化强区事业深入发展，对民族地方立法工作提出了更高的要求。因此，西藏自治区地方性法规的数量和质量对标对表国家立法设计的总体目标仍有一定差距，必须进一步加以健全和完善。

（一）西藏民族地方性法规制度体系缺乏基本性主干法规

涉及民族区域自治地方治理的法律有《宪法》《民族区域自治法》等高位阶的全国人大立法，但直接将这些基本法律法规中的一般规则与规律直接适用于西藏当前的治理工作又不能很好地解决西藏的具体问题。就西藏自治区目前的情况而言，没有一部全局性和综合性兼备的涉及西藏各项事业发展的省级地方性立法。这对于西藏民族地方性法规制度体系的完善以及下一步西藏各项工作的有效开展均产生了一定法律依据上的限制与障碍。更为重要的是，西藏全局性与综合性的地方性法规的缺失，特别是尚未制定出台《西藏自治区自治条例》或《西藏自治区实施〈民族区域自治法〉办法》，在一定程度上导致西藏的长治久安和高质量发展事业缺乏地方性法规储备和地方性法规依据。相应地，做好西藏各项工作的指导原则、工作方法以及立场宗旨也会受到由不确定性而带来的盲目与困惑的影响。

（二）西藏民族地方性法规立法的上位法依据不够详尽

根据《中华人民共和国立法法》的规定，地方性法规和地方政府规章等地方性立法的创制活动要有上位法的依据，简言之，地方性立法要有中央立法（宪法、法律、行政法规等）的依据。根据《立法法》的这个法律规则，西藏在制定地方性法规时也应做到上位法依据明确与清晰，即要求在相关地方性立法的文本中体现相关上位法条文依据。但是，目前西藏地方性立法并没有很好地厘清上位法的条文依据，部分地方性法规和政府规章根本没有提及上位法是什么，还有涉及部分地方性法规和政府规章虽然提及了依据什么上位法，但是并没有具体到相关条文。正确的地方性立法的上位法依据阐释可表述为以下模式，"依据《中华人民共和国宪法》第××条、《中华人民共和国民族区域自治法》第××条和《宗教事务条例》第××条的规定，制定本条例或本办法"。上位法依据明确且阐述到位的西藏民族地方性立法方可谓在形式上和内容上符合《立法法》原则和精神的"良法"。

（三）与全面推进依法治藏战略目标相适应的民族地方法规制度体系仍需继续完善

西藏社会经济持续发展，与外界的联系日益紧密，使西藏各族人民群众的生产和生活方式产生了巨大的变化。这一方面提高了西藏的经济社会发展水平和人民群众生活水平，但另一方面也给包括藏民族在内的少数民族传统文化带来了一定的冲击，西藏各少数民族的民俗风情面临一定的生存和发展危机。例如，西藏的藏戏艺术、唐卡绘画、格萨尔说唱、藏医药等都缺乏明确的法律法规保护，以知识产权保护为中心的西藏少数民族风俗风情地方性法律法规体系尚未形成。另外，随着信教群众人数的增长以及信教群众结构的变化，寺庙等宗教活动场所的经济活动愈加频繁，宗教活动过程中的一些无序现象，严重干扰着合法宗教的正常组织与运行。个别地区寺庙或寺庙内不法分子利用不明真相的宗教信众的盲从心理借机敛财的现象时有发生，而非法宗教活动发生的场所既不受制于宗教团体的内部管理，又不在宗教事务部门的行政管理范围之内，致使这些不法分子利用算命问卜等封建迷信活动肆意敛财而无人监督。同时，随着数字化信息时代的蓬勃发展，宗教类网站逐渐增多，网上传教活动骤然风靡，网络上的宗教信息监管问题成为人们视野中不容忽视的焦点。一些"藏独分子"也利用网络缺乏监管的漏洞，在网络上发布和散播"西藏独立""活佛转世自决权"的荒谬言论及视频等，企图煽动人心，对西藏乃至全国各地人民的生活造成了恶劣的社会影响。国家在网络监管方面除《中华人民共和国互联网管理条例》之外，没有专门的法律规定可供使用和操作，西藏地方性立法也没有相对的应对立法和策略，这在一定程度上造成了网络宗教治理工作无法可依，从而出现法律依据和政策把握上的偏差。

（四）西藏民族地方性法规立法技术和体例不够成熟

我国是大陆法系国家，法律文本的价值和标准在于崇尚明确与清晰，上位法的效力优于下位法。但部分法律法规立法技术相对落后、体例不够成熟。例如，在宗教领域立法中，一些基本概念如宗教团体、宗教财产、宗教活动等，定义模糊、措辞不够严谨，缺乏科学界定，这就使下位法制定时缺乏依据和基准。《宗教事务条例》作为治理全国宗教事务的行政法规，虽然在第二章专章规定了宗教团体的条款，却并没有明确给出"宗教团体"一词的定义。符合什么样条件的团体属于宗教团体，宗教团体与邪教团体如何区分等相关问题均无法明了，宗教团体的合法权益也难以保障。再如"宗教财产"的界定，《民法通则》第77条规定："社会团体包括宗教团体的合法财产受法律保护。"《宗教事务条例》第30条第1款规定："宗教团体、宗教活动场所合法使用的土地、房屋、构筑物、设施以及其他合法财产、收益，受法律保护。"那么宗教团体、宗教活动场所的合法财产如何保护？宗教无形资产、财产管理运营收益等这些重要资产是否可以被列为合法财产？法律并无明确规定。实践中宗教财产权属关系不明导致的混乱现象时有发生,宗教团体、宗教活动场所及相关利益主体之间的宗教财产纠纷常常得不到解决。这些基本概念是架构宗教法律规范的基本要素,是宗教立法的重要依据,界限模糊会影响法律法规的实施,而且直接影响到地方性宗教法规的制定。2006年由西藏自治区政府制定《西藏自治区实施〈宗教事务条例〉办法》,既没有解决这些问题,也没有很好地紧密结合西藏的实际。另外,部分法规规章过于简单、宗教团体性质定位不准确。《西藏自治区实施〈宗教事务条例〉办法》与其他省区的宗教法规相比,并无自身特色。其他的法规、规章在内容方面有些也过于简单、不全面,原则性规定过多而导致可操作性太低,缺少重要章节条款。如《藏传佛教活佛转世管理办法》全文仅有十四条,《宗教社会团体登记管理实施办法》也仅有十一条。最后,如何给西藏宗教团体的性质定位也是一个十分重要的问题,同时也是个颇有争议的问题,但目前仍未得到解决。

(五) 西藏民族地方性法规内容缺乏针对性和可操作性

西藏民族地方性法规内容缺乏针对性主要体现在执行性地方立法方面。中央关于民族问题立法的普遍性和概括性,要求民族地方立法要将这种普遍性和概括性具体化,使民族地方性立法具有可操作性。但是,西藏某些地方性法规却缺乏这种特性,主要表现在对上位法的重复,甚至表现为与其他省区市地方性立法内容上的重复。同时,西藏自治区贯彻落实国家层面的法律、行政法规、行政规章时大多需要以地方性法规的形式制定实施办法和细则,这些民族地方性法规、规章要求做到具有针对性,以便于操作。[①]"地方立法如果能够考虑并抓住上述因素的一切联系及其相互关系,就能达到完善地步。这些因素就是当地的地理位置、面积、土壤、气候以及当地居民的气质、天赋、性格和信仰。"[②] 然而,西藏有少数地方性法规内容可操作性缺失,具体表现为条款本身表述的含义不清,有些规定存在笼统、抽象以及过于原则的问题,这样的条款一旦进入法律程序就可能缺乏操作性,超出现实的承载能力,不符合一般法律法规的实践性。

---

① 周伟:《论我国地方立法存在的问题及其解决》,《中国藏学》2017年第3期,第38~40页。
② 霍尔巴赫:《自然政治论》,陈太先译,商务印书馆,2012,第49页。

（六）西藏民族地方立法工作队伍建设力度不大、专业素质不高

西藏民族地方性法规制度建设工作缺乏前瞻性、全局性，影响地方性立法质量重要因素之一是立法者的法治理念和专业素质。民族地方性立法工作是一项理论性、政策性、技术性、专业性都非常强的系统性工作。从一定意义来讲，西藏立法工作者在民族地方性法规创制过程中要使用精确的文本语言，准确界定地方性法规的整体框架以及条目之间的逻辑关系，更需要具备科学的法治思维以及较为开阔的专业视野。但是，由于各种因素的影响，西藏目前的法律人才和法学人才特别是立法工作人才、立法理论人才都相对缺乏。例如，西藏各级人大立法工作者中具备法学、民族学、宗教学等专业背景的数量不多，立法专业人员较少，法律专业素质参差不齐。在这种情况下，各级人大立法工作人员在开展地方性法规创制过程中只能边学习边开展草案起草工作，甚至部分地方性法规制定的前期调研论证以及立法前、立法后评估工作达不到预期效果，这就导致西藏某些地方性法规立法周期过长、质量不高。另外，由于西藏各级人大地方性立法工作力量不够、资源不足，相当一部分地方性法规都是依托行业主管部门负责起草和制定，而这些依托部门在制定地方性法规时首先要维护自身的部门利益，这些地方性法规调整法律关系、设立权利义务时缺乏全面性和公正性。

（七）西藏民族地方立法工作缺乏全局性的顶层设计和总体规划

西藏民族地方性法规制度建设工作缺乏全局性的总体规划和顶层设计，西藏自治区人大常委会虽然制定了《西藏自治区人大高质量发展和长治久安立法工作规划》，但是最基本的立法工作"十四五"规划却没有制定，对全区的立法工作特别是地方性法规制度建设工作缺乏全局性、系统性的规划，立法工作随意性较大，所制定的法规大多是分散的，呈现出碎片化的特点。这就直接影响到了西藏民族性地方法规制度体系的形成，也影响西藏各部门法规规章之间的关联度和逻辑性。

六 西藏加强和创新地方性法规创制工作的主要路径

西藏自治区人大及其常委会严格遵循《宪法》《民族区域自治法》《立

法法》的基本要求,以习近平法治思想为引领,始终坚持科学立法、民主立法和依法立法的工作原则,科学制定地方性法规创制工作规划,为新时代党的治藏方略在西藏的实施提供法规制度的规范和支持。

(一) 加强以创建民族团结模范区为核心的地方性立法工作,为西藏铸牢中华民族共同体意识奠定法治基础

西藏自治区要依法开展民族团结进步模范区创建工作,为铸牢中华民族共同体意识营造浓厚的社会氛围。首先,制定民族团结进步创建条例的相关配套性地方法规,特别是制定构建民族团结视觉符号的法规,助推在西藏建设一批具有中华文化特征和中华民族视觉形象的重点工程和项目。例如,建设藏羌彝文化产业走廊,建设西藏民族团结博物馆等。另外,为了加大贯彻落实《西藏自治区民族团结进步模范区创建条例》的力度,要求西藏设区市以地方性法规的形式制定具体的可操作性的实施细则,结合各地市实际情况开展民族团结进步模范区创建工作。在这个过程中,大力宣传民族团结进步模范集体和模范个人的先进事迹,如玉麦乡"卓嘎央宗"守边事迹,不断丰富依法创建民族团结进步模范区的形式和内容。其次,加强铸牢中华民族共同体意识法治宣传工作。将铸牢中华民族共同体意识法治教育工作重心不断下沉,特别要注重将民族团结法治教育工作向农牧区、城镇社区、各级各类学校以及企事业单位倾斜,突出党员干部、各族群众、青少年、知识分子等群体的主体地位,逐步在全社会形成铸牢中华民族共同体意识法治建设的浓厚氛围。

(二) 通过完善地方性立法来依法治理民族事务,努力实现铸牢中华民族共同体意识工作法治化

首先要完善民族事务治理的地方性立法工作。不断加强西藏民族领域的法规制度建设,以法规制度来保障各民族交往交流交融工作的实施,依法依规开展各民族铸牢中华民族共同体意识的教育工作。积极推动民族事务领域立法工作,将铸牢中华民族共同体意识充分体现到法律、行政法规、地方性法规的制定、颁布和实施工作中,使铸牢中华民族共同体意识工作走上法治化轨道。其次要进一步规范民族事务法律法规实施工作。全面贯彻落实《宪法》和《民族区域自治法》,依法保障各民族公民合法权益。特

别是，在法律法规的框架下，依法依规妥善处置涉及少数民族群众的矛盾和纠纷，依法保障各族公民平等地享有各项权利，同时依法平等地履行各项义务。在坚持"依法治藏"基本工作原则的前提下，做到具体问题具体分析，属于什么性质的问题就按什么性质的问题来处理，"一定不要把涉及少数民族群众一般性的民事、刑事问题都归结为民族问题，更不能够把发生在民族地区的一般矛盾纠纷简单地归结为民族问题"，确保民族事务在法治轨道上得到有效依法处理。同时，除运用法律手段来处理民族矛盾和民族纠纷外，还要以铸牢中华民族共同体意识为目标，与时俱进依法调整和完善民族政策，逐步消除同一地区不同民族之间的政策差异。

（三）突出西藏两个核心地方性法规的重要地位，努力开展重点领域地方性法规建设工作

西藏民族地方性法规是我国社会主义法律体系的重要组成部分，也是具有中国特色社会主义法律规范体系中的子系统。依照《宪法》《民族区域自治法》《立法法》等的相关法律法规，结合西藏的特殊区情，在西藏民族地方性法规创制工作中，有两部具有核心地位的地方性法规的制定是西藏法规规范体系构建的根本任务，具有全局性的影响力，也是其他地方性法规无法替代的。这两项核心地方性法规分别是《西藏自治区民族区域自治条例》和《西藏自治区宗教事务条例》。西藏的地方立法机关一定要围绕这两个核心积极开展法规制度建设工作，在确定核心法规的前提下，进一步梳理其他的配套法规，逐步形成完善的民族地方性法规制度体系。

（四）明确西藏民族地方性立法工作的指导思想和目标，努力开展国家授权地方性立法工作

民族地方性法规创制是西藏地方法治建设工作的重点，是国家授权民族地方立法的主要组成部分，是《民族区域自治法》授予民族地方立法自治权的重要体现，政策性和程序性都非常强，首要是确定西藏民族地方性立法工作的指导思想和主要目标。针对西藏经济社会发展特别是法治建设的实际情况，西藏确定了民族地方性立法工作的指导思想和主要目标。指导思想是：认真贯彻习近平总书记"治国必治边，治边先稳藏"的重要指示精神以及"依法治藏、富民兴藏、长期建藏、凝聚人心、夯实基础"的西藏工作基本原则，坚持党的领导、人民当家作主、依法治国有机统一，坚决遵循《宪法》《民族区域自治法》《立法法》等法律法规，以习近平法治思想为引领，在自治区党委的坚强领导下，围绕党委政府中心工作，自觉服从服务于新时代党的治藏方略，着眼于统筹规划，加强民族地方性立法工作，全面推进依法治藏。主要目标为：努力完善西藏法规规范制度体系，不断提高西藏治理的法治化水平，努力助推新时代党的治藏方略的全面实现。随着依法治理理念深入人心，全面推进依法治藏的工作方式和成效得到各族人民群众的普遍认可，西藏民族地方性法规创制工作已经成为民族地区法治建设示范。

同时，按照《宪法》和《民族区域自治法》所界定民族自治地方享有的二十七项自治权利，按照国家在《刑法》《国旗法》等十四部法律中授权民族自治地方人大可以制定地方性法规变通执行或补充规定的精神，西藏地方立法机关首先要抓好《宪法》和《民族区域自治法》的贯彻落实工作，准确把握其精神实质。在此基础上，优先考虑做好国家授权领域的立法工作，逐步推进西藏民族地方性法规的立改废释工作。

（五）扩大地方性立法范围，构建具有中国特色、西藏特点的民族地方性法规制度体系

结合西藏的实际情况以及上级机关授予的权限，西藏在以下几个重点领域内开展民族地方性立法工作。一是民族关系方面，包括：民族区域自治条例、城市民族工作条例、民族乡工作条例。二是经济建设方面，包括：非公经济保护发展条例、矿泉水保护条例。三是社会治理方面，包括：藏医药保护发展条例，地方病防治条例（大骨节、先天性心脏病、白内障、麻风病等），天葬事务条例，归国藏胞胞眷权益保护条例，非政府组织管理条例。四是文化教育方面，包括：民族教育发展条例、唐卡保护条例、藏戏保护条例、古格遗址保护条例。五是生态环境保护开发方面，包括：羌塘自然保护区条例、珠峰自然保护区条例、水资源保护开发条例、青稞保护条例。六是宗教事务治理方面，包括：藏传佛教事务管理条例、活佛转世条例、寺庙文物保护条例、寺庙财产管理条例、佛学院及经班管理条例等。

因此，在以上各项立法工作的基础上，西藏地方各级立法机关要按照

《宪法》《民族区域自治法》《立法法》等上位法的精神，坚持民族地方性立法工作要符合西藏政治、经济、文化、社会和生态特征，符合西藏民族传统习俗和民族心理特征，符合民族法治精神，符合各族人民群众期盼，逐步建立起具有中国特色、西藏特点的民族地方性法规制度体系。

第二节　西藏民族区域自治地方法律变通研究

法律变通是指有权限的民族自治地方的自治机关，根据宪法和法律的授权，依照当地民族的风土人情和历史文化的特点，对法律和行政法规不符合本民族特点的部分做变通规定的立法活动。我国民族自治地方变通立法权的制度来源是民族区域自治制度，若没有民族区域自治制度的实施，就没有民族自治地方的变通立法。变通立法能有效地解决国家制定法与少数民族习惯法之间的冲突，协调中央与民族自治地方事权划分的关系。这不仅是一种权宜之计，也具有自身的合理性、合情性及合法性。西藏自治区到目前为止总共变通了三部法律，即《西藏自治区实施〈中华人民共和国婚姻法〉的变通条例》《西藏自治区实施〈中华人民共和国民事诉讼法（试行）〉的若干变通办法》《西藏自治区实施〈中华人民共和国收养法〉的变通规定》。相对来说法律变通数量不多，变通内容和程序较为单一，变通规定执行力度不大，同全面推进依法治藏中的立法工作要求仍有一定差距。所以，有必要对西藏变通立法状态和效果进行全面分析，加强法律变通理论与实践问题研究，为依法科学解决西藏法律变通问题提供思路。

一　民族区域自治地方法律变通法理分析

民族区域自治法是以权力为本位的基本法律，自治权利的实现是民族区域自治法存在的价值基础，更是民族区域自治地方法律变通的法律依据和权利来源。在国家法律设计的框架内，自治机关可以依据本地区政治、经济以及民族关系的实际状况来制定相关法律。法律变通则是民族区域自治立法权的重要体现，民族自治立法权内涵、特征、程序等结构性要素完全适用于法律变通权，民族区域立法自治权同变通立法权属于包含和被包含的关系，法律变通权从一般意义上来讲就是民族区域自治地方自治机关拥有的变通法律的权力。目前，对于法律变通概念一般性法理性解释为，民族区域自治地方的人大及其常委会依据法律法规的授权，在不与上级法律法规相冲突的情况下，结合本民族的实际情况，对法律法规的某些具体规定进行变通。可以看出，这种法理解释是对法律变通权的限制性解释，仅指民族自治地方在坚持常理常规的原则前提下，经上级机关的审批从而实施的变通权力。

从以上概念的内涵及特征分析中，可以看出法律变通行为实施的依据是由上级国家机关赋予的立法变通权，而法律变通权则是由民族区域自治法中的自治权衍生出来的。因此，"法律变通是基于民族区域自治制度的政治安排，民族自治地方所享有的立法自治权"[①]。法律变通权在各级民族区域自治地方依法合理行使，是民族区域自治法中设置的自治权实现的基础，为这些自治权利的有效顺利实施提供法规制度保障。从民族区域地方法律变通依据和来源来看，《宪法》、《民族区域自治法》以及《立法法》都是其主要渊源。根据《立法法》中关于法律变通的规定，我国各级民族区域自治地方人民代表大会依法行使变通权，在民族区域地方性法规创制实践中，法律变通权的实施主要体现在三个方面。一是民族区域自治地方自治机关对国家基本法律进行变通立法。例如，1981年西藏自治区人大常委会通过了《西藏自治区施行〈中华人民共和国婚姻法〉的变通条例》，2002年西藏自治区人大常委会通过了《西藏自治区实施〈中华人民共和国收养法〉的变通规定》等。二是对一般地方性法规进行立法变通。例如，2010年阿坝藏族羌族自治州人大颁布了《阿坝藏族羌族自治州实施〈四川省"中华人民共和国草原法"实施办法〉的变通规定》。另外，贵州省相关民族区域自治地方也对贵州省人大出台的地方性法规进行了立法变通，主要是针对财政税收、科技教育、社会保障、土地流转等方面内容进行依法变通。三是对行政法规进行变通。《立法法》第七十五条第二款规定，对行政法规的有关规定做出变通规定，不得违背行政法规的基本原则，不允许对行政法规专门针对民族自治地方所做的规定进行变通，但目前专门针对行政法规进行变通的规定比较少，多集中于对国家法律以及一般性地方法规的变通。总之，从全面推进依法治国的总体态势来看，来源于立法自治权利的法律变通实施的范围较为宽泛，但是在法治统一的前提下，民族自治

---

① 张殿华：《民族区域地方法律变通的法理解析》，《贵州民族研究》2010年第1期，第39页。

地方的法律变通权的行使必须于法有据、程序适当，使国家立法权与民族自治地方立法权得到充分平衡。

二 西藏民族区域自治地方法律变通实践

（一）西藏民族区域自治地方婚姻法变通实践

婚姻法作为与少数民族生活密切相关的基本法律，一直是我国各个民族区域自治地方变通立法的重点。尤其是在1980年9月10日，第五届全国人大三次会议通过了《中华人民共和国婚姻法》，明确赋予了民族自治地方人民代表大会及其常务委员会制定变通或补充规定的变通立法权，随着民法典的颁布实施，婚姻法有关内容并入民法典第五编婚姻家庭。1980年的《中华人民共和国婚姻法》第六条附则中第五十条变通规定："各级民族区域自治地方人民代表大会按照法定权力和程序结合当地民族婚姻家庭的具体情况，可以制定变通规定。自治州、自治县制定的变通规定，须报省、自治区、直辖市人民代表大会常务委员会批准后生效。自治区制定的变通规定，须报全国人民代表大会常务委员会批准后生效。"这一上位法的授权规定直接为民族自治地方进行《婚姻法》的法律变通提供了法律依据。1981年4月18日，西藏自治区三届人大常委会第五次会议通过实施了《西藏自治区施行〈中华人民共和国婚姻法〉的变通条例》，并分别于2004年6月9日和2010年7月30日进行了两次修正，对《婚姻法》中男女结婚年龄、一夫一妻制等内容进行了变通规定。该法律变通的主要思路和核心内容是废除一夫多妻、一妻多夫等封建婚姻制度，具体变通要求为对执行本条例之前形成的婚姻习惯，如不主动提出解除婚姻关系者，已经存在的婚姻关系准予维持。另外，该法律变通对非婚生子女生活费、教育费等负担问题进行了界定，应按《中华人民共和国婚姻法》第十九条的规定执行，改变了过去全由生母负担的习惯。

西藏高寒缺氧，交通条件不便，气候相对恶劣，人口较少且分布较广，这使藏族在远古时代就保持了独特的民族文化和婚姻习惯，成为多偶制婚姻形式存在最集中的地区之一。在西藏少数特定的地方，多偶制婚姻形式甚至是较为普遍的婚姻形态，这种婚姻形式存在的价值在于便于种族繁衍和文化传承。经过千百年来的发展和沉淀，婚姻习惯在确保藏族先民生存和发展方面发挥了一定的作用，也形成了独特的婚姻传统和禁忌婚姻的习惯，这种传统和习惯随着生产力的发展去芜存菁，对某些仪式和风俗进行了选择淘汰和保留，也正是这种不断的发展和取舍，发展了传统婚姻文化，确保了藏族在如此恶劣的自然环境下生存和繁衍。随着《中华人民共和国婚姻法》的颁布和实施，西藏旧的婚姻习惯与国家法律存在冲突的地方，体现了传统与现代的碰撞，如果解决不好很容易造成婚姻家庭关系的不稳定，这就需要对国家的婚姻法进行适当变通，以适应《婚姻法》框架下婚姻关系确定的需要。也正是基于此，西藏自治区在1981年制定，2004年、2010年两次修改《西藏自治区施行〈中华人民共和国婚姻法〉的变通条例》以响应《婚姻法》的一般性规定。西藏自治区的变通条例主要侧重两个方面。一是对法定婚龄界限做了变通规定。《婚姻法》第六条规定，我国的法定结婚年龄为男性不得早于二十二周岁，女性不得早于二十周岁。西藏根据当地婚姻状况的实际情况制定的变通条例第一条规定，西藏少数民族适龄男女的结婚年龄为男性不得早于二十周岁，女性不得早于十八周岁。可以看出，西藏经过婚姻法立法变通后，男女结婚年龄均提前了两岁。西藏对《婚姻法》的另一变通体现在对多偶制婚姻的规定上，《中华人民共和国婚姻法》第二条规定，我国的婚姻制度遵循婚姻自由、一夫一妻和男女平等婚姻制度。西藏对《中华人民共和国婚姻法》变通条例的第二条规定，废除一夫多妻、一妻多夫等封建婚姻制度，实行一夫一妻的社会主义婚姻制度。而对于执行本变通条例之前已经形成的上述婚姻关系，如果不主动提出解除婚姻关系的，准予维持现状。另外，变通条例第六条规定，关于非婚生子女生活费、教育费等，应按《中华人民共和国婚姻法》第十九条的规定执行，从而改变了全由生母负担的习惯。所以，西藏对国家婚姻法的变通规定既实现了国家法律的统一又高度尊重了西藏当地的婚姻习惯，从而更加有利于社会安定团结和家事和睦和谐。

同时，《中华人民共和国民法典》颁布实施后，婚姻法已经废止并合并为《民法典》婚姻家庭编。针对我国婚姻家庭法律制度的变迁情况，我国部分民族区域自治地方针对《民法典》婚姻家庭编的规定进行了变通。例如，2022年1月12日凉山彝族自治州第十二届人民代表大会第一次会议通过了《凉山彝族自治州施行〈中华人民共和国民法典〉婚姻家庭编的变通规定》，该变通规定将法规适用范围扩大至自治州内各少数民族公民和与少数民族公民结婚的汉族公民,同时针对彝族普遍存在的婚姻习俗提出了"婚事新办、嫁娶从简"的原则。2021年3月26日甘孜藏族自治州第十三届人大常委会第二十六次会议通过了《甘孜藏族自治州施行〈中华人民共和国民法典〉婚姻家庭编的变通规定》(以下简称《规定》),该《规定》的变通内容包括,禁止利用宗教、家支或者其他形式干涉婚姻自由。对自治州内各少数民族传统的婚嫁习惯和仪式,在不违反《中华人民共和国民法典》婚姻家庭编基本原则和规定的前提下,应予尊重和维护。因此,借鉴这些民族区域自治地方法律变通的立法经验,建议西藏自治区人大结合西藏各民族群众婚姻习惯的变化,在条件成熟时制定《西藏自治区施行〈中华人民共和国民法典〉婚姻家庭编的变通规定》。

(二) 西藏民族区域自治地方民事诉讼法的变通实践

1983年9月17日,西藏自治区四届人大常委会第三次会议通过了《西藏自治区实施〈中华人民共和国民事诉讼法〉(试行)若干变通办法》(以下简称《办法》)[1],该《办法》针对西藏民事诉讼工作的特点以及民事诉讼的特殊司法环境,对《民事诉讼法》有关条文作了依法变通,变通办法共设计了十二条,变通的内容主要针对审判组织、诉讼期间等。《民事诉讼法》第三十五条规定,一审民事案件必须依据法律规定组成合议庭来负责审理工作,这属于一般性情况下采用的普通诉讼程序。而案情简单、法律关系清晰的民事案件可以采用简易程序,由审判员一人独任审判。与之相对应的,西藏的变通办法第一条则规定,基层人民法院审理一审民事案件,一般采用简易程序进行审理。这个变通之处主要是为了解决西藏基层司法资源不足的问题,将审判简易程序扩大至西藏所有基层法院的民事案件审理中。西藏自治区对于民事诉讼法变通的另一个重要表现在于民事诉讼期间的问题,主要是针对当时西藏地域面积广阔、地理环境封闭以及交通运输不便等客观因素的影响,有效解决审判资源送达周期过长的问题。西藏的变通办法的第3条至第11条的文本内容都是对民事诉讼法期间规定的变

---

[1] 《中华人民共和国民事诉讼法(试行)》由1982年3月8日第五届全国人民代表大会常务委员会第二十二次会议通过,1982年3月8日全国人民代表大会常务委员会令第八号公布自1982年10月1日起试行。

通，对民事诉讼法规定的有关期间进行了适当延长。西藏变通办法第三条变通规定，当事人因不可抗力或其他正当理由耽误期限，在障碍消除15日内，当事人可以申请顺延期限。同民事诉讼法第六十七条规定的10日期间对比，西藏变通办法延长了5日。西藏的法律变通办法第8条规定，对判决提出上诉的期限为20日，对裁定提起上诉的期限为15日。这条变通规定相对于民事诉讼法第一百四十五条的期间延长了5日。因此，西藏对民事诉讼法进行变通规定有其合法性和合理性，充分体现了民族地方性立法工作的民族性、地域性和针对性，能够极大地保障民族自治地方各族群众的诉讼权利。

（三）西藏民族区域自治地方收养法的变通实践

2002年1月20日西藏自治区七届人大第二十四次常委会通过了《西藏自治区实施〈中华人民共和国收养法〉的变通规定》，并于2002年3月1日起施行，该变通规定共八条，对在西藏区域内收养人的条件、收养范围以及收养程序依法进行了变通，该变通规定的法律依据是《中华人民共和国收养法》第六章附则三十二条规定，即民族区域自治地方的有权机关可以根据国家收养法的原则和相关规定，结合当地民族地方的实际情况，有权制定变通条例或补充规定。比较在其他民族自治地方，都没有关于收养法的变通规定，足以说西藏收养关系的复杂性以及收养工作的特殊性，必须要对普适性法律加以变通来进行特殊规定。西藏的收养法变通规定的第二条规定，无子女的藏族和其他少数民族收养人可以收养两名子女。而《收养法》第八条规定，收养人只能收养一名子女。通过对比发现，西藏变通规定在收养的人数上增加了一名。《中华人民共和国收养法》废止后，《中华人民共和国民法典》第一千一百条规定："无子女的收养人可以收养两名子女；有子女的收养人只能收养一名子女。"可见，收养人数的限制也由原来收养法的一名放宽到了两名。另外，西藏对于收养法变通规定的第二条还增加了"城镇居民年均收入未达到城镇居民最低生活保障线的家庭不得收养，农牧区没有脱贫的家庭不得收养"。此款规定对于收养人的经济条件进行了筛选，确保被收养的孩子可以生活得更好。除此之外，该变通规定对收养人办理收养登记的手续、所需证明材料等规定较《收养法》规定也更加具体、详细、严格。

值得指出的是,随着国家《民法典》的实施,《收养法》已被废止。《民法典》第一千一百条变更了对收养人子女人数的法律规定,即无子女的收养人可以收养2名子女,收养人数不得超过1名的限制放宽到了2名。因此在这个背景下,西藏关于收养法法律变通规定已经失去了法律依据,2021年9月29日,西藏自治区第十一届人民代表大会常务委员会决定废止该变通规定。

第八章　西藏民族地方法治的实施与监督

西藏是极具民族特色、区域特色、高原特色的民族区域自治地方，经济欠发达，曾是全国唯一省级集中连片贫困地区。通过西藏各族干部群众几代人的艰苦努力，特别是十八大以后脱贫攻坚的力度逐渐加大，到2019年底西藏74个贫困县区全部实现脱贫的目标，62.8万贫困人口全部摘掉了贫困的帽子，并开启了巩固拓展脱贫攻坚成果同乡村振兴有效衔接新征程，西藏高质量发展的任务十分繁重。另外，导致西藏社会不稳定的诸多因素仍然存在，特别是民族因素和宗教因素突出，这些因素之间边界不清晰，诸多因素交织在一起形成一个复杂的矛盾体。这个矛盾体的存在和影响，使西藏长期处于反分裂斗争第一线，加强民族团结和维护社会稳定任务十分艰巨。在这个时代背景下，全面推进依法治藏工作是新时代依法治国基本战略的重要内容，重点工作是加大西藏民族法治实施和监督的力度，积极开展依法行政工作，通过司法体制改革和构建法治监督体系来实现社会的公平正义。因此，自中央第六次西藏工作座谈会确立依法治藏工作原则以来，西藏始终以《宪法》《民族区域自治法》为导向，做到严格执法，大力建设法治政府；开展司法体制改革，积极维护社会公平正义；贯彻党和国家的民族宗教政策，依法治理民族宗教事务；依法开展社会治理工作，确保西藏平安稳定；构建严密的法治监督体系，对司法公权力进行有效制约和监督。因此，西藏在习近平法治思想的引领下、自治区党委领导下，各族人民群众积极投身于依法治藏的伟大实践，努力实现全面推进依法治藏的宏伟愿景和远大目标。

但是，西藏各族群众受宗教文化和传统风俗习惯的影响较大，部分地区法律普及程度较低，群众对国家法律的认同感不强，至今西藏社会上还存在一些遇到矛盾和纠纷不找律师找上师，解决问题不靠法律靠习惯的现象。另外，西藏地处祖国西南边陲，地广人稀，交通相对闭塞，人们生活方式较为保守，法律关系主体的法治素质较差，法治资源有限，送法下乡任务繁重，这些因素都严重制约着西藏地区的法治化进程。所以，全面推进依法治藏任重而道远，重点工作是法治的实施与监督，将西藏的地方性法规制度转化为现实的治理效能，同时通过对法治运行的监督，使依法治藏过程全面实现高效廉洁。

第一节 西藏地方行政执法工作

十八大以来，在自治区党委政府的正确领导下，西藏各级政府大力开展行政体制和方式改革工作，努力开创法治政府建设新局面，特别是在依法行政方面取得了显著成就，各级政府、职能部门以及党政领导干部都能够运用法治思维和法治方式，依法实施行政行为的能力与水平大大提高。但是，西藏地方行政执法工作本身也存在一些典型问题，例如，基层地方政府依法行政的观念不牢固，行政决策合宪性合法性审查工作流于形式，依法行政程序不规范，行政执法的监督机制不完善等。党的二十大报告提出："扎实推进依法行政，转变政府职能，优化政府职责体系和组织结构，提高行政效率和公信力，全面推进严格规范公正文明执法。"为我国开展依法行政、建设法治政府指明了方向。西藏自治区各级政府一定要以这个方向为指引，坚持在法治轨道上开展工作，不断创新行政执法机制，逐步建立权责统一、权威高效的民族地方依法行政体制。

一 西藏法治政府建设总体目标基本实现

西藏地方行政执法是全面推进依法治藏的核心内容，主要工作目标是依法规制各级政府及行政人员的行政行为，使其做出的行政行为更加合法化、合规化和合理化。通过西藏各级政府的不懈努力，法治政府建设的总体目标基本实现，具体表现在三个方面。一是西藏各级政府部门法治意识不断增强，依法办事的能力不断提升。西藏自治区各级政府部门组织行政执法人员认真学习各项行政性法律法规，在行政执法人员中营造了学法、知法、守法、用法的浓厚氛围。例如，2021年11月，拉萨市司法局组织开展了行政执法资格公共法律课程和专业法律课程培训工作，全市3个区、5个县共计443名行政执法人员参加了此次培训。本次培训内容包括

"习近平法治思想概论""行政诉讼法""行政处罚法""行政执法工作规则"四门课程，培训课程结束后举行了行政执法资格考试，共有402人取得资格证，通过率达90.7%。二是西藏地方依法行政的顶层设计基本完善，相关地方性法规规章制度建设取得良好效果。西藏自治区党委、政府根据国务院颁布施行的《全面推进依法行政实施纲要》，制定实施了《贯彻落实法治政府建设实施纲要（2015-2020）的实施意见》（2014）、《西藏自治区人民政府关于深入推进依法行政加快建设法治政府的意见》（2015）等规范性文件。另外，2019年10月30日西藏自治区人民政府办公厅颁布了《西藏自治区行政执法公示和实施办法》《西藏自治区行政执法全过程记录实施办法》《西藏自治区行政执法决定法制审核实施办法》，"一公示一记录一审核"制度的建立依法规范了行政执法公示行为、行政执法全过程记录行为、行政执法决定法制审核行为，依法保障了西藏各族群众、法人以及社会组织的知情权、参与权和监督权。总之，这些法规规章为西藏各级政府部门以及行政执法人员开展执法工作提供了更加符合西藏实际情况的制度设计，严格规范了公正文明执法行为，使西藏的依法行政和法治政府建设步入了科学化、制度化、规范化的法治轨道。三是西藏行政执法责任制全面落地，对依法行政工作的监督力度逐步加大。通过相关制度设计，严格确定了不同政府部门、执法机构、执法岗位和执法人员的执法责任和责任追究机制。加强了对执法主体和执法行为的监督，为行政执法办案的每个环节设置了防火墙、通上了高压线。

二 严格开展西藏行政执法程序治理

一是对西藏依法行政各个环节开展精细化治理，特别是加强对行政决定、行政处罚、行政强制等事项的源头治理，最大限度地缩减行政执法事项的种类、内容和环节。例如，建立和完善了行政裁量权基准制度，结合西藏的特点不断细化、量化行政裁量的标准，严格规范行政裁量的主体、范围、种类、内容和幅度等，严格限制和杜绝行政执法人员"自由裁量""任意裁量"的现象。二是加大了政府信息公开程序治理的力度。西藏各级政府针对依职权公开的事项，都能依法、及时、准确地向各族群众公开，公开的形式不仅仅局限于政府官网、政务公开栏等，更是充分利用信息化平台，采用"互联网＋政府服务"的新模式扩大政府信息公开的受众范围，极大地缓解了各族群众与行政执法机关信息不对称的矛盾。三是严格规制行政机关的执法程序。西藏自治区政府办公厅及时发布了《西藏自治区行政执法公示实施办法》《西藏自治区行政执法全过程记录实施办法》《西藏自治区行政执法决定法制审核实施办法》三个规范性文件，各地市也制定和颁布了相对应的配套实施方案，实现了对行政执法行为程序进行精细化、规范化治理的目标。在此基础上，西藏各级政府及其职能部门进一步细化了行政执法程序和标准，明确了各级行政机关的权责清单，制定并出台了行政执法考核机制及相应的奖惩机制，有效规避了上下级行政机关以及横向平行行政机关之间行政执法权力分配的非均衡性、程序设置的非合理性。四是在西藏行政执法程序的终端建立起了行政执法同刑事司法相互协调衔接的机制。针对西藏在社会治理、环境保护、劳动保障、食品安全等领域，一定程度上存在行政执法同刑事司法相脱节的问题，加大了行政执法与刑事司法有机衔接的工作力度，西藏长期存在的"有案不移、有案难移、以罚代刑"的现象得以基本克服。

三 加强对西藏行政执法权责清单的管理

2013年11月12日，党的十八届三中全会通过了《中共中央关于全面深化改革若干重大问题的决定》（以下简称《决定》），《决定》提出"要推行地方各级政府及其工作部门权力清单制度，依法公开各类权力的运行流程"。为了全面落实党中央的战略部署，西藏各级地方政府及各部门都及时贯彻落实行政权责和编制行政权责清单工作。课题组检索了西藏各个政府权力部门的官方网站，西藏所有的政府部门都依法公布了权责清单，依法规范了行政权力行使的权责主体、内容、程序以及监督保障措施等。通过权责清单的设置，西藏各族群众能够方便及时地监督行政权责运行情况，形成有效的制约和监督。2021年5月西藏自治区人民政府办公厅印发了《西藏自治区权责清单管理办法》（以下简称《办法》），该《办法》规制了各级各类权力清单的编制、公布、调整、实施、监督等环节的管理规则，要求西藏各级政府部门按照权责一致的要求落实法定职责，依法依规推动西藏各级政府及其职能部门正确履职。

四 建设便民服务中心，提升行政执法工作效率

近年来，西藏按照法治政府、创新政府、廉洁政府和服务型政府一体

化建设的工作要求，不断创新现代化信息技术，采用"互联网+政务服务"的模式推动各区域、各部门政务信息共享。西藏各级政务服务单位通过采用信息化手段，努力畅通各族群众的申请和诉求渠道，逐步扩大线上政务事项办理的范围，让"信息跑路"，做好"部门协同"，变"上门求服务"到"主动服务"，基本上形成了让企业和群众少跑腿、好办事的服务局面，得到了西藏社会各界的广泛好评。目前，西藏已经完成了全区政务服务平台建设，通过线上线下一体化服务，有效提升政务服务的信息化水平，很多业务如公积金查询、社保查询、电子缴费等渠道都已经开通，极大地方便了西藏各族人民群众。[①]以拉萨市便民服务中心为例，为了方便基层群众办事，拉萨市搭建网络化和实体化为一体的办理流程，推进综合性"一站式"便民服务，提高政务服务效率和透明度。另外，为了充分发挥好政府与各族群众之间的桥梁和纽带作用，市政府设立了"12345政务服务便民热线"，主要目的是直接倾听广大市民的愿望和诉求。2021年，拉萨市政务服务便民热线共受理广大市民诉求95519件，其中在线办结78220件，办结率为82%；向承办单位转办事项17299件，已办结15883件，办结率达92%，群众回访满意度达99.3%。[②]

五　构建和实施行政执法约束监督机制

为了完全排除各种非制度因素对行政执法工作的干扰，西藏自治区各级政府建立并完善了行政执法事前、事中和事后监督机制。首先，将公权力关进笼子，利用权力来制约和监督权力。同全国的行政体制一样，西藏的各级行政机关采用的也是行政首长负责制，这种体制的弊端主要在于"一把手"权力过大、权力和责任不匹配、缺乏有效的直接监督等。要想解决这些问题，西藏的各级行政执法机关应充分发挥事前监督职能将权力异化的风险降到最低点。其次，充分发挥人大代表的执法监督、政协委员的协商监督作用，特别是注重发挥党员干部、人大代表和政协委员的监督作用。因为地方人民代表和政协委员大多分散在各行政机关单位以及基层社

---

① 《西藏自治区人民政府办公厅关于印发西藏自治区推进"互联网+政务服务"实施方案的通知》，《西藏自治区人民政府公报》2018年第1期。
② 央金卓玛：《拉萨政务服务便民热线2021年受理群众诉求9.5万余件》，中国西藏新闻网（www.xzzw.com），2022年1月27日。

会中,他们充分发挥"来自基层、联系各方"的优势,开展行政执法的事前、事中、事后监督工作。另外,西藏自治区还要加大社会公众监督以及新闻媒体监督的作用。各级政府积极引导各族群众和新闻媒体,大力拓宽社会监督的通道和途径,充分利用互联网平台和新闻舆论媒介,安排专门人员负责处理各族群众的举报投诉,已经做到了对群众投诉"件件有回音,桩桩有落实"。最后,通过各种途径对行政侵权行为进行救济,加大行政复议与行政应诉工作的力度。行政复议与行政应诉是行政相对人权利实现救济的最重要途径,也是行政监督中最重要的环节之一。积极有效地开展行政救济工作,有利于行政执法机关改进行政执法行为方式和责任承担方式,更有利于调处社会纠纷和维护社会稳定。因此,西藏各级政府按照《西藏自治区行政复议体制改革实施方案》(2021年10月29日西藏自治区党委全面依法治藏委员会印发)的要求,加强了对行政复议工作人员的业务培训,使其做出的行政复议裁决更加专业、更加规范、更加合法合规。西藏的行政复议机关不断改进行政复议案件的审理方式,始终坚持便民高效原则,并充分咨询本单位法律顾问的意见,依照法规、按照程序来审理各类行政复议案件。[①] 截至目前,西藏对全区的行政复议机构和资源进行了整合,行政复议机关由2558个减少到82个,73个县(区)已经在本级公共法律服务中心设立了行政复议咨询接待窗口。西藏自治区各级行政复议机关2022年共受理复议案件63件,已经办结44件、正在办理19件,办结率为69.8%,与2021年同期相比增长了182%。[②]

第二节 西藏地方司法工作

"天下之事,不难于立法,而难于法之必行"[③],习近平总书记强调:"法律的生命力在于实施,法律的权威在于实施。"[④] 早在2011年3月,十

[①] 程桂好:《新时代背景下西藏依法行政问题探究》,《法制博览》2020年第9期,第173~174页。

[②] 王杰学:《西藏行政复议机关减少至82个!目前受理行政复议63件》,《西藏法制报》2022年6月24日第6版。

[③] 《张居正奏疏集》,华东师范大学出版社,2014,第129页。

[④] 《习近平法治思想规范》编写组编《习近平法治思想规范》,高等教育出版社,2021,第157页。

一届全国人大四次会议上就已经宣布具有中国特色社会主义的以宪法为核心的法律体系已经形成。截至2021年，全国共有现行有效基本法律281件，行政法规610件，地方性法规、自治条例、单行条例、经济特区法规12000余件。① 从这组数据可以分析，我国的立法体制机制已经完备，法的创制工作正按照"科学立法、民主立法、依法立法"的原则扎实稳步推进，法律法规构建的问题已经基本解决。现在全面依法治国的重点在于加大法律实施的工作力度，加快形成高效的法治实施体系。在中国共产党第二十次代表大会上，习近平总书记对我国的司法工作做出了重要指示，即"严格公正司法"，深化司法体制综合配套改革，全面准确落实司法责任制，加快建设公正高效权威的社会主义司法制度，努力让人民群众在每一个司法案件中感受到公平正义"。② 司法工作是法治实施体系中最重要的环节，审判机关和检察机关是司法工作的主要主体，必须担负起司法实施的法定职责。

在全国审判检察体制改革进一步深入的背景下，西藏三级法院和检察院聚焦"四件大事""四个创建""四个走在前列"的战略目标，大力助推和保障全国民族团结进步模范区创建工作，以司法方式促进民族团结进步走在全国前列；坚决服从"三个赋予一个有利于"③ 的要求，依法保障高原经济高质量发展先行区创建；不断加大环境资源和生态补偿的司法保护力度，依法推进国家生态文明高地创建；构建西藏社会基层矛盾纠纷调处法律机制，依法保障强边固边兴边行动示范区创建。

一 加大审判责任制改革力度，确保西藏社会公平正义

（一）加强刑事审判工作，积极履行社会维稳和国家安全的重要职责

西藏自治区三级人民法院始终坚持以审判为中心的刑事诉讼制度改革，大力聚焦影响社会和谐稳定和国家安全的苗头性、关键性问题，审判工作

---

① 司法部：《党领导法治建设的经验与启示》，中国长安网（www.chinapeace.gov.cn），2021年11月16日。
② 习近平：《高举中国特色社会主义伟大旗帜　为全面建设社会主义现代化国家而团结奋斗——在中国共产党第二十次全国代表大会上的报告》，人民出版社，2022，第42页。
③ "三个赋予一个有利于"是指所有发展都要赋予民族团结进步的意义，都要赋予维护统一、反对分裂的意义，都要赋予改善民生、凝聚人心的意义，都要有利于提升各族群众获得感、幸福感、安全感。

公信力不断提高。以 2021 年为例，西藏自治区三级人民法院围绕扫黑除恶斗争、反间谍国家安全防范，审结刑事案件 3684 件 4641 人。围绕平安西藏建设，维护各族人民群众生命财产安全，审结故意杀人、抢夺抢劫、强奸等严重暴力案件 208 件 287 人；审结盗窃、诈骗等财产侵犯案件 694 件 961 人，电信网络诈骗案件 55 件 146 人；审结危险驾驶、交通肇事犯罪案件 1228 件 1243 人。围绕执行难的问题开展源头治理、综合治理、依法治理，西藏三级法院共执结案件 22322 件，执行到位资金共 21.83 亿元；公开发布失信被执行人"黑名单"5171 例，执行司法拘留 48 人，执行罚款 27.22 万元。西藏各级人民法院同司法行政机关构建社区矫正人员帮教管理联动机制，努力促进矫正对象悔过自新、尽快回归社会。西藏各级人民法院大力开展审判体制配套改革工作，坚持调判结合化解纠纷的原则，最大程度、最小成本调处社会矛盾和纠纷，积极消除西藏不安定、不稳定因素。2012 年以来，西藏三级法院共调解裁定刑事附带民事纠纷案件 2510 件。另外，西藏各级人民法院积极开展贪污受贿等职务犯罪案件的审判工作，建立起了刑事司法与纪检监察有机衔接共同惩治腐败犯罪的机制。2021 年审理判结职务犯罪案件 65 件 73 人，其中包括厅局级干部 7 人、县处级干部 25 人以及政法干警 21 人。西藏各级人民法院以强有力的刑事处罚打击职务犯罪，在广大党员干部中营造"不敢腐"的震慑、增强"不想腐"的自觉、扎牢"不能腐"的笼子。同时，西藏各级法院坚持"打虎""拍蝇""猎狐"并重的反腐思路，依法严厉惩处发生在各族人民群众身边的贪污贿赂、失职渎职等社会影响面较大的职务犯罪案件，2017 年以来共审结判处此类案件 110 件 150 人，努力让西藏各族人民群众深切感受到全面从严治党、依法防腐反腐的力量和效果。另外，在西藏开展脱贫攻坚工作过程中，西藏各级人民法院共受理、审结扶贫领域职务犯罪案件 23 件 23 人。西藏各级人民法院还加大了对行贿犯罪的审判处置力度，5 年来共审结重大行贿案件 12 件，坚持行贿受贿一起惩处，用审判利剑斩断了利益输送的链条，努力推动西藏反腐倡廉斗争向纵深发展。

（二）加强西藏人权司法工作，以公正有效的审判工作来保障西藏各族人民群众的合法权益

西藏三级法院全面落实宽严相济的刑事政策，依法保证审判权力能够得到公正公开有效独立行使。西藏自治区三级法院在刑事案件审判工作中，稳步推进认罪认罚从宽制度。2021年全年，对2名罪行轻微的被告人适用了非监禁刑罚，免予刑事处罚14人，宣告无罪11人，并按照审判监督程序的规定再审、改判刑事案件9件，大力完善减刑、假释、监外执行制度，依法依规对541人实施了减刑，对3.33万桩减刑、假释、监外执行案件开展了全面排查，"纸面服刑""提钱出狱"的现象在西藏得到杜绝。西藏各级法院全面开展了刑事审判责任制综合配套改革工作，积极推行员额制改革，实施审判人员分类管理，在全面落实以司法责任为中心的审判制度的基础上，建立对审判人员实行有别于一般公务员的职业保障与管理制度。同时，西藏各级审判机关建立健全了司法人员依法履职的职业保障和监督机制，西藏各级法院也逐步实现了审判权与执行权相互分离，在审判人员中实行办案质量终身负责制与错案责任倒查问责制，使西藏各族人民群众的诉讼权益得到进一步保护。

（三）发挥民商事审判职能，服务和融入西藏新发展格局

西藏各级人民法院牢固树立新时代新发展理念，努力服务西藏高质量发展的新业态、新市场领域，不断满足西藏各族人民群众的多元化司法需求。西藏三级人民法院围绕长治久安和高质量发展这个根本目标，大力贯彻民法典的法律精神和法治要求，2021年共审理、裁结民商事案38621件，同比上升40%以上，一审结案标的额达82.7亿元，同比上升45%。同时，西藏各级人民法院坚持法治、公平、权利保护的基本原则，5年来共审理、裁结合同纠纷案件43850件、企业破产案件130件，依法保障了市场在各类资源配置中的决定性作用，并依法确立了市场经济在西藏发展中的核心地位。5年来，西藏各级人民法院还审理、裁结基础设施项目建设以及重大固定资产建设领域案件2172件，审结涉农案件7446件。西藏各级人民法院始终坚持科技创新引领发展的重要原则，努力推进知识产权审判"三合一"制度，5年来共审结知识产权案件120件和金融领域案件150起，审理、裁结了涉及国际性、跨区域贸易往来以及重大产业合作领域案件1200件，通过审判工作保障了西藏全面对外对内开放战略局面。

（四）开展涉及民生领域的审判工作，依法有效发展民生事业

西藏自治区各级人民法院高度关注民生领域矛盾和纠纷解决问题，2021

年审结涉及教育、就业、社保、医疗、养老、住房等类型案件8536件；强化对农民工的司法保护，审结涉及劳动报酬案件559件，共追回拖欠农民工工资1785.5万元；另外，严格执行司法救济政策，2021年三级法院共办结司法救济、国家赔偿案件143件，共给救济对象发放救济金164.06万元，另缓减免诉讼费651.44万元。

（五）积极履行生态环境资源保护审判职能，依法保障国家生态文明高地建设

西藏各级审判机关以习近平生态文明思想为指引，深入贯彻落实习近平总书记关于"保护好青藏高原生态环境就是对中华民族优质生存与和谐发展最大贡献"的指示精神，紧紧围绕筑牢国家重要生态安全屏障以及建设国家生态文明高地的重大目标，依法治理和保护西藏的山水林田湖草沙冰系统，积极组建生态环境资源保护专业性审判机构和团队，5年来共受理、审结、裁决涉及环境资源保护和生态补偿案件310起。仅在2021年，西藏自治区三级法院审结生态环境资源保护案件62件，依法办结生态环境公益性诉讼案件17件。同时，西藏全区积极落实《西藏自治区人民代表大会常务委员会关于贯彻〈全国人民代表大会常务委员会关于全面禁止非法野生动物交易、革除滥食野生动物陋习、切实保障人民群众生命健康安全的决定〉的实施意见》（2020年3月27日西藏自治区第十一届人大常委会第17次会议通过），三级法院加强了对野生动植物审判保护工作，5年来共审结猎杀、运输、贩卖国家保护野生动物犯罪案件201件，通过依法审判来维护青藏高原生物多样性。另外，西藏自治区各级法院还审结涉及土地、矿产、林场、草场、虫草、河湖、冰川等自然资源保护开发案件324件，依法促进了西藏绿色、低碳、良好的生活和生态环境的形成。

二 依法履行检察职能，全面开创西藏法律监督工作新局面

（一）以打击各种分裂渗透破坏活动为重点，大力维护国家总体安全和社会大局稳定

西藏自治区各级检察机关牢固树立起了总体国家安全观，积极发挥检察职能严惩危害国家安全犯罪，为开展反分裂斗争维护祖国统一提供检察

司法保障，助推西藏社会全面稳定、长期稳定和持续稳定。2021年西藏自治区各级检察院充分发挥检察职能，依法惩处各类刑事犯罪行为，批准（决定）逮捕了1536人，同比增长37.3%，提起公诉3424人，同比增长35.7%。始终把扫黑除恶专项斗争作为西藏重大政治任务来抓实抓牢，严格推进扫黑除恶斗争，依法严办强奸、抢劫、故意伤害、寻衅滋事、聚众斗殴等严重暴力犯罪行为。2021年全年共提公诉543人，同比增长了27.2%。同时，针对危险驾驶犯罪已经成为西藏首位犯罪的态势，及时出台了《西藏自治区关于醉酒驾驶刑事案件不起诉的参考标准（试行）》。在巩固人权司法的前提下，依法准确把握打击此类犯罪的力度，2021年共起诉1143人，同比上升了20.2%。另外，西藏自治区各级检察机关面对电信网络诈骗犯罪率高居不下的局面，严厉打击严重危害各族人民群众财产安全的犯罪活动，2021年全年共起诉了177人，同比上升了129.9%。

（二）聚焦解决西藏社会主要矛盾和特殊矛盾，依法保障和服务社会长治久安、经济高质量发展

西藏各级检察机关尽最大限度发挥检察工作"固根本、稳预期、利长远"的法治保障作用，着力营造了法治化的营商环境和市场氛围。2021年全区三级检察院依法起诉破坏市场经济秩序特别是非法经营犯罪106人，在检察环节追回赃款、挽回国家损失1.197亿元。同时，全区检察机关服从并服务于"六稳""六保"工作[①]，在法律范围内保护民营经济平等发展权，发挥检察功能促进西藏市场经济多元化，2021年对侵害民营经济合法权益犯罪19人提起公诉。对于涉嫌犯罪且情节轻微的民营企业负责人，依法适用"能不捕的不捕，能不诉的不诉，能不判实刑的依法提出缓刑建议"的司法政策，2021年对于符合条件民营企业犯罪负责人依法做出不批捕决定68人，不起诉决定78人，建议采用缓刑的105人。另外，西藏自治区各级审判机关积极开展了涉案财物专项清理行动，共清查涉财案件2547件，纠正涉案处置不当财物39件，返还涉案处置不当物品78件、款项1017万元。对地市县两级法院2019年以来涉财产刑事案件开展监督工作，共纠正涉财

---

① "六稳"指稳就业、稳金融、稳外贸、稳外资、稳投资、稳预期，"六保"指保居民就业、保基本民生、保市场主体、保粮食能源安全、保产业链供应链稳定、保基层运转。

产刑事案件4345件以及不规范问题17种1368项，涉案款项达到3602万元，并向相关部门发出类案检察监督建议13件。最后，西藏各级人民检察院深入开展了"我为群众办实事"实践活动，从检察专业角度依法助力脱贫攻坚成果与乡村振兴衔接和耦合发展，五年来各级检察院共实施便民利民措施38项。在检察工作范围内维护广大农民工合法权益，对侵害农民工合法权益犯罪提起公诉167人，依法为农民工追回欠薪1678.96万元。对弱势群体开展依法救济，共办理司法救助案件涉及38件70人，并向因案致贫家庭发放救助金959.8万元。

（三）充分发挥检察职能助推生态文明建设，努力筑牢建设国家生态文明高地的司法基础

西藏自治区各级检察机关深入贯彻习近平生态文明思想，把开展生态环境检察司法保护工作作为"检之大事"来抓实抓牢。2021年依法严厉打击破坏环境资源犯罪活动，共起诉124人，同比上升42.5%。以构建珠穆朗玛国家公园、纳木错国家公园、雅鲁藏布大峡谷、札达土林国家公园为主体的自然保护地体系，在西藏11个国家级自然保护区内设立了35个"公益诉讼检察联络室"。并与自治区总河长办公室、区公安厅共同签订了《西藏自治区关于建立"河（湖）长+检察长+警长"协作机制的意见》，积极推行了"专业化监督+恢复性司法+社会化治理"的生态检察司法工作模式。针对农牧区乱占耕地建房、违法占用林地、违法向水体排放污染物以及川藏铁路沿线生态环境保护开展检察司法监督，2021年共立案调查861件，同比上升了43%。发挥检察监督效能，监督清理固旧废物、生活垃圾1.1万吨，清理河道175.3公里，保护耕地176.6亩，督促建立生态修复性基地11个，恢复性补植林木1.8万株。为了加强青藏高原及周边地区生态环境资源保护及生态恢复，从而促进这些地区经济和社会实现高质量发展，西藏自治区检察院发起制定了《关于建立青藏高原及周边区域生态检察司法保护跨省际区划协作机制的意见》，联合川滇青甘新与兵团检察院建立跨区域性检察司法协作机制，联合推动筑牢青藏高原生态环境保护的司法屏障。

特别要提到的是，西藏各级检察机关聚焦"西藏是重要的国家生态安全屏障"的战略部署，坚决贯彻执行《西藏自治区国家生态文明高地建设条例》，按照"用最严格制度最严密法治保护生态环境"的要求，三级检察

机关大力开展公益性诉讼工作，不断创新"检察产品"供给的种类和数量，这成为西藏检察业务发展最大的亮点和崭新的增长点。仅在2022年上半年就收集案件线索121件，完成立案76件，立案数量相对于2021年同期的数量上升了144.5%；同时依法提起了公益性诉讼7件，这些案件全部赢得了法院判决支持。

（四）强化检察司法监督工作，依法推进边境建设和市域社会治理

"边境地区是我区作为重要国家安全屏障的第一道防线，是捍卫国家主权和领土完整的前沿阵地。"[1] 西藏的"四大检察"[2] 坚持在守边固边强边兴边富民上用力发力，积极利用检察司法业务服务西藏边境地区建设和发展，西藏边境县21个基层检察院在抵边村镇设立了290个检察联络室。同时，为了共同维护边境居民和边防军人的合法权益，西藏自治区检察院同西藏军区政治部、拉萨军事检察院联合签署了《关于加强西藏边防部队与检察机关协作工作的实施意见》，依法推进"五共五固"[3] 军民共建工作。另外，西藏的检察业务深度融入市域社会治理领域，依法推进城市建设和管理工作。目前，西藏城市建设与管理相对发达的54个县区的检察院都建成了"12309检察服务中心"，集中建成了法律监督接访平台，健全了"集约管理、就地派单、督办落实"的工作程序，实现了检察业务向城市（城镇）基层治理单位延伸。2021年西藏各级检察机关向相关城市建设和管理部门发出社会治理检察建议1035件，同比上升了47.7%，检察建议要求这些部门加强风险隐患意识，突出城市建设和管理中的问题进行整治。按照"谁执法、谁普法"责任原则，西藏自治区检察院制定了普法工作责任清单。2021年，各级检察院深入各行各业开展法治宣传教育937场（次），直接受众达到8.5万余人（次），在检察新媒体上制作并推送法治新闻以及以案说法9万余条。尤其是将检察业务送到百姓的身边眼前，拉萨市检察院发布并落实"四号检察建议"，要求排查拉萨市区窨井盖13.2万多个，检察

---

[1] 中共中央宣传部宣传教育局编《时代楷模·2018——卓嘎、央宗姐妹》，学习出版社，2019，第77页。
[2] "四大检察"是指刑事检察、民事检察、行政检察和公益诉讼检察。
[3] "五共五固"指共学党的理论固信仰信念、共建基层组织固堡垒、共促民生改善固脱贫成果、共树文明新风固民族团结、共守神圣国土固边境安宁。

立案14起,在这方面督促整治问题1000余个,整治"小井盖"体现了检察工作保护"大民生"。

第三节　西藏依法治理民族宗教事务

依法治理民族宗教事务是西藏治理体系和治理能力建设的重点,更是全面推进依法治藏的主要组成部分,是《民族区域自治法》授予民族地方立法自治权在西藏实施的重要体现,政策性和程序性都非常强。首要是确定了西藏依法治理民族宗教事务的指导思想和主要目标。针对西藏长治久安和高质量发展特别是全面推进依法治藏工作的实际情况,西藏确定了依法治理民族宗教工作的指导思想和主要目标,即:西藏要深入学习贯彻习近平总书记关于加强和改进民族工作的重要思想以及关于宗教工作的重要论述,坚持遵循"依法治藏、富民兴藏、长期建藏、凝聚人心、夯实基础"的西藏工作基本原则,坚持党的领导、人民当家作主、依法治国有机统一,坚决实施《宪法》《民族区域自治法》等法律法规的有关规定,在自治区党委的直接领导下,围绕党委政府中心工作,自觉服从服务于西藏改革发展稳定大局,着眼于西藏"四件大事""四个创建""四个走在前列"的战略目标,着手统筹规划和有力实施,不断依法加强民族事务治理工作,为全面推进依法治藏奠定社会基础。

一　坚持党对依法治理民族宗教事务管理的全面领导,保证党的民族宗教政策在西藏全面落地

坚持中国共产党的领导是中国特色社会主义最本质的特征,是社会主义法治最根本的保证,是社会主义法治之魂,亦是依法高效治理西藏民族宗教事务、确保国家法律在西藏畅通无阻的本源。习近平总书记在第五次中央民族工作会议上讲话指出,坚持党的全面领导,是做好新时代党的民族工作的根本政治保证。要把党的领导贯彻到民族工作的全过程,形成党委统一领导、政府依法管理、统战部门牵头协调、民族工作部门履职尽责、各部门通力合作、全社会共同参与的新时代党的民族工作格局。另外,虽然宗教工作的指导性原则是自我管理、自我约束、自我教育,但是也离不开党的宗教政策的引导。2021年12月4日召开的全国宗教工作会议上,

习近平总书记指出，开展宗教治理工作一定要全面贯彻党的宗教工作基本方针，深入研究党的宗教工作理论。西藏和平解放70多年来，在中国共产党的坚强领导下，在国家基本法律法规保障下，党的民族宗教政策在西藏成功实践，西藏民族宗教事务得到高效治理，民族宗教工作得到高质量发展，为西藏和平解放、民主改革、确立民族区域自治制度奠定了良好的社会基础和法律基础。党的十八大以来，在习近平法治思想的指引下，国家法律法规在西藏高效运行，西藏民族宗教事务治理体系和治理能力现代化水平进一步提升，各项社会事业取得了历史性成就、全方位进步，同全国各族人民一道全面建成小康社会，各族人民进一步铸牢中华民族共同体意识，强化"五个认同"，进一步坚定各族人民感党恩、听党话、跟党走的决心和意志，凝聚起办好"四件大事"的思想共识，汇聚推动西藏长治久安和高质量发展的磅礴伟力。2022年2月9日召开的西藏自治区党委民族工作会议上，王君正书记指出，做好西藏的民族工作，一定要坚持党的全面领导，坚定夯实民族工作的政治基础，充分发挥党在民族工作中的领导核心作用，努力推动新时代西藏民族工作不断开创新局面。另外，为了全面总结西藏宗教工作的成就和经验，部署新时代西藏宗教总体工作，2022年8月4日召开了全区宗教工作会议，会上王君正书记强调，必须加强党对宗教事务的集中统一领导，为做好新时代西藏宗教工作提供坚实的组织保障。西藏自治区各级党委一定要坚决扛起宗教事务治理的主体责任，将依法管理宗教事务摆在重要位置。概言之，西藏民族宗教事务能够得到有效治理得益于党的领导，得益于国家法律在西藏顺利实施，得益于习近平法治思想以及关于民族宗教工作论述精神在西藏的有效贯彻执行。依法治理西藏民族宗教事务不是要削弱党的领导，而是要加强党的领导，不断提高西藏各级党组织治理民族宗教事务的能力和水平，必须毫不动摇坚持党对西藏民族宗教事务的领导。

二　积极开展普法宣传教育工作，树立依法治理西藏民族宗教事务理念

普法是守法的前提和基础。习近平法治思想为依法治藏提供了根本遵循，指明了前进方向，同时也是西藏普法宣传工作的重要内容。因此，加大习近平总书记关于依法治理民族宗教事务重要论述的宣传教育工作是依

法治理西藏民族宗教事务的基础性工程，充分发挥普法宣传机制的优势，使习近平依法治理民族宗教重要论述的精神飞入寻常百姓家，做到家喻户晓、妇孺皆知。近年来，西藏在社会层面所做的工作有：西藏自治区以庆祝"3·28"百万农奴解放纪念日、民族团结教育月（每年9月）、西藏和平解放庆典、自治区成立庆典等重大节日节庆，利用西藏博物馆、西藏革命建设改革纪念馆、百万农奴解放纪念馆、军史馆、党史馆、中央驻藏大臣衙门遗址、布达拉宫雪监狱遗址、朗孜厦监狱遗址以及江孜抗英遗址等爱国主义教育基地、民族团结教育基地为平台，大力开展爱国主义教育、民族团结教育、反分裂斗争教育、中华民族共同体意识教育、"三个意识"教育等主题活动。同时，结合法治宣传积极开展依法保障民族团结的教育活动，《西藏自治区民族团结模范区创建条例》颁布实施以后，有关部门大力开展《条例》宣讲解读活动，推进《条例》宣讲活动进机关、进农牧区、进社区、进学校、进企业、进军营、进寺庙，不断扩大民族事务治理法治化的覆盖面。例如，2021年9月26日，西藏自治区举办了以"依法创建民族团结进步模范区，铸牢中华民族共同体意识法治基础"为主题的民族团结法治宣传教育月活动。主题法治教育活动月期间，拉萨市、日喀则市、山南市、阿里地区等七地（市）都组织了宣讲团，集中宣讲党和国家民族宗教政策、民族宗教法律法规以及在西藏民族团结进步创建活动中涌现出的模范集体、模范个人的先进事迹。另外，一般性的民族宗教领域的法治宣传教育工作也在有计划地开展。民族宗教事务普法宣传教育的主要目的是适应党和国家工作大局，适应民族宗教工作干部、民族宗教界人士以及各族干部群众对法律知识的现实需求，紧密结合全面推进依法治国的新进展、新成果，按照《民族区域自治法》《宗教事务条例》等法律在西藏贯彻实施的要求，深入扎实地开展民族宗教事务治理的法治宣传教育和法治实践。

总之，经过开展长期系统的民族宗教普法教育活动，广大民族宗教事务执法管理人员、各族群众的政治和法律素质都有不同程度的提高，他们普遍认识到民族宗教普法对构建宗教和睦与社会和谐，对增强民族团结、巩固国家统一、实现经济社会的长期稳定发展都具有十分重要的意义。具言之，一是扩大了民族宗教法律法规的社会知晓面。通过对民族宗教的法治宣传教育，各族群众民族宗教法律意识普遍提高，广大干部群众对民族宗教工作从不理解到理解，对民族宗教法律法规从不了解到了解。二是广大党员干部依法治理民族宗教事务的水平和能力有了明显提高，实现了由依政策管理向依法治理民族宗教事务的历史转变，逐步走上了民族宗教事务治理法治化的轨道。三是促进了法治教育与民族团结创建活动的协调发展。通过开展民族团结主题普法宣传教育，民族宗教界人士、广大信教群众和少数民族群众的民族团结进步创建意识明显提高。四是推动了西藏民族宗教事业逐步走上法治道路。通过大力开展普法宣传教育，西藏各族群众的法律知识、法治观念普遍提高；依法办事、依法维权的意识不断增强；各种矛盾纠纷逐年减少，社会治安得到有效的改善；政务公开、民主决策、民主管理、民主监督已见成效；民族宗教法治建设已逐步走向正轨，促进了依法治理西藏民族宗教的事业快速发展。

三　不断完善民族宗教治理法律法规体系，大力推进西藏民族宗教事务治理法治化

（一）西藏民族事务治理法规制度体系基本构建，使民族事务治理做到了有法可依

西藏作为我国五大自治区之一，具有《宪法》和《民族区域自治法》赋予的民族区域自治权，自治权主要表现在民族区域地方立法权，是我国解决民族问题的根本制度安排。依据我国宪法的规定，省级民族自治地方享有双重性质的立法权：自治区级人民代表大会及其常务委员会从宪法与地方组织法的授权中获得了制定和颁布地方性法规的权利；基于民族区域自治法的授权，享有制定自治条例、单行条例和法律变通的权利。新西藏地方民族宗教事务法规制度建设工作的历程自西藏和平解放特别是西藏自治区成立至今，70余年的建设实践经历了曲折的发展过程和阶段，民族宗教事务治理的法规制度建设工作取得了令人瞩目的伟大成就。①

西藏自治区成立以来，涉及民族关系的地方性法规和具有法规性质的决定、决议共有371件被制定和批准，并在实施过程中对这些法规进行了废改立，目前有122件地方性法规仍然有效，85件具备法规效力的决定与决

---

① 姚俊开：《西藏宗教事务管理立法问题探析》，《西藏民族大学学报》2016年第1期，第29页。

议在实施过程中。这些地方性法规和政府规章涉及西藏依法规范民族关系以及依法治理民族事务的各个方面。代表性的法规有：《西藏自治区施行〈中华人民共和国婚姻法〉的变通条例》《西藏自治区学习、使用和发展藏语文的规定》《西藏自治区文物保护条例》《西藏自治区立法条例》《西藏自治区边境管理条例》《西藏自治区村民委员会选举办法》《西藏自治区地质环境管理条例》《西藏自治区环境保护条例》《西藏自治区旅游条例》《西藏自治区湿地保护条例》《西藏自治区流动人口服务管理条例》《天葬管理暂行规定》《西藏自治区民族团结模范区创建条例》《西藏自治区国家生态文明高地建设条例》《西藏自治区边境管理条例》等。另外，作为首府城市的拉萨市，出台了《拉萨市民族团结进步条例》《拉萨市爱国卫生管理条例》《拉萨市老城区保护条例》等市一级的地方性法规。

（二）努力构建宗教事务治理法规制度体系，使西藏宗教事务治理工作在法治轨道上运行

1982年3月31日，中共中央下发了《关于我国社会主义时期宗教问题的基本观点和基本政策》（中办19号文件），该文件详细阐述了我党解决宗教问题的原则，确定了我国社会主义时期宗教工作的基本观点与基本政策。1991年中共中央、国务院的"6号文件"明确要求"依法对宗教事务进行管理"，全国范围内的宗教立法工作随即展开。1996年1月，国务院宗教事务局印发了《宗教工作政策要点》，提出要"加强宗教立法工作，加强宗教法治建设，建立和健全宗教方面的法规体系和执法监督机制"。2002年2月，中共中央、国务院发布了《关于加强宗教工作的决定》（以下简称《决定》），《决定》要求"开展宗教立法工作，不断加大宗教法治建设的工作力度"。2021年召开的全国宗教工作会议上，要求"必须不断提高宗教工作法治化水平，努力实现宗教事务治理法治化"。虽然我国没有宗教事务基本专门法律，但是以行政法规、部门规章、地方性法规、政府规章为主体构成的宗教事务治理法规体系基本构成。

截至目前，包括宪法在内的法律、行政法规中涉及宗教内容的有129部，涉及宗教事务的法规、规章约有87部。同时全国还有31个省（自治区、直辖市）颁布了55个宗教事务治理方面的地方性法规和政府规章。特别是2004年国务院制定的《宗教事务条例》的出台，为宗教事务的依法治

| 依法治藏：理论与实践 |

理提供了一个较高级别的规范性法律文件，为政府宗教工作部门对宗教事务的依法治理提供了保障和依据。在此基础上，国家宗教事务局先后制定了《宗教活动场所设立审批和登记办法》《宗教教职人员备案办法》《宗教活动场所主要教职任职备案办法》《藏传佛教活佛转世管理办法》《国家宗教事务局行政处罚程序》《南传佛教寺院住持任职办法》《藏传佛教寺庙主要教职任职办法》《全国汉传佛教寺院传授三坛大戒管理办法》等一系列规章。这些法规、规章的颁布与实施，不仅把宪法赋予公民的宗教信仰自由权利具体化，而且使党和政府处理宗教问题的政策也实现制度化、法治化。[1]

为了同国家宗教事务立法实践相呼应，西藏自治区人民政府在《民族区域自治法》《立法法》国务院颁布的《宗教事务条例》以及相关系列政策法规的指导下，立足于西藏民族地方依法管理宗教事务与自身地方立法权限，积极开展宗教领域法规创制工作。西藏自治区人民政府于2006年9月制定了《西藏自治区实施〈宗教事务条例〉办法》（以下简称《办法》），该《办法》制定和颁布的目的是有效贯彻落实《宗教事务条例》，全面加强依法管理宗教事务。相对于《宗教事务条例》，该《办法》更加注重宗教团体的成立、印经院及学经班的设立、宗教建筑物的修建、宗教教职人员的聘请、对宗教活动在境内和境外的进行、宗教活动场所管理制度、藏传佛教活佛的转世等内容和程序都进行了详细规定，要求这些宗教活动须得到有关部门批准，接受监督、指导或是先行备案。与此同时，国家宗教事务局又专门出台了针对活佛转世宗教仪轨的《藏传佛教活佛转世管理办法》（以下简称《办法》），明确了国家宗教事务局批准藏传佛教活佛转世的权力。该《办法》进一步完善和加强了国家对活佛转世的保障与监督，有效防止了活佛转世被不法分子破坏和利用。其后，中国佛教协会又制定了《藏传佛教寺庙主要教职任职办法》《藏传佛教寺庙经师资格评定和聘任办法》，分别针对教职人员任职和经师的评定聘任做出了具体的规定，使宗教组织、宗教职业人员及宗教活动在具体实践的管理中基本做到了有法可依、有章可循。总之，西藏自治区政府对寺庙运行管理、藏传佛教佛事活动管理、教职人员日常管理、宗教场所权益、藏传佛教活佛转世仪轨等都进行

---

[1] 次旺：《刍议西藏宗教立法》，《西藏发展论坛》2014年第5期，第64页。

了立法规章,为西藏深入开展依法管理宗教事务奠定了法规制度基础。

四 民族宗教事务执法工作稳步推进,依法规范了民族宗教事务治理的内容和程序

开展依法治理民族宗教事务工作,不仅需要加强民族宗教领域的立法工作,更重要的是严格民族宗教领域的执法工作,强化行政保障监督的功能。在党和国家的全面领导下,西藏自治区各级政府在民族宗教事务执法方面做了大量工作,取得了一定的成效。

(一)健全了政府民族宗教管理部门,不断提高民族宗教事务执法人员素质

民族事务委员会和宗教事务局都是西藏自治区人民政府重要组成部门,专门负责依法治理民族和宗教事务治理工作。长期以来,西藏的民族和宗教事务管理部门依法严格履行其职责,即:贯彻执行党中央、国务院关于民族、宗教工作的方针、政策;贯彻执行民族区域自治法及有关法规;保障少数民族的合法权益;起草地方性民族、宗教法规草案和政策规定并负责督促检查、宣传教育和贯彻落实等。除此以外,西藏相关部门还采取派出培训、在岗提高等措施提高民族和宗教事务执法人员的综合素质和整体水平。西藏民族和宗教事务管理人员的综合素质包括政治素质、法律素质、执法能力和执法水平等。民族和宗教事务管理人员的综合素质如何,直接影响到执法行为的效果。所以,西藏自治区通过对民族与宗教管理人员进行马克思主义民族宗教理论和政策、党的民族宗教政策、民族宗教领域法律法规等相关知识和能力的培训和考核,使他们的政治意识、政治水平、法律意识以及相关民族宗教知识都有不同程度的提高,为逐步做到执法资格合法、执法依据合法、执法程序合法创造了良好的条件。[①]

(二)规范了民族宗教事务执法主体行为,明确了执法主体的具体责任

为了更好地保护西藏各民族群众在民族宗教领域内的合法权益,规范民族宗教事务行政执法主体,西藏相关地方性法规和政府规章都依法设定

[①] 葛阳:《浅析宗教教团的依法管理》,《法制与社会》2019年第10期,第60页。

了行政决定、行政许可、行政审批行为方式等，并明确规定了相应的权限、范围、条件、程序、时限等。这既为西藏民族宗教事务执法机关确定了执法行为的界限和范围，便于执法的公正、透明，从而减少了行政侵权的行为发生。同时，也使西藏各族群众知晓民族宗教事务行政执法机关的权力职责，便于对行政执法机关进行民主监督，督促其尽职尽责、公正执法。例如，为了确保严格公正执法，《宗教事务条例》规定了执法机关及其工作人员违法行为应承担的法律责任。如国家工作人员在宗教事务管理中滥用职权、玩忽职守、徇私舞弊，构成犯罪的，依法追究刑事责任；尚不构成犯罪的，依法给予行政处分等。这些规定，有效约束了执法主体的行政行为，对推进依法治理民族宗教事务起到了规制、保障和监督作用。

（三）民族宗教事务执法监督和执法保障机制基本确立

为了切实保障西藏各族群众民族宗教方面权利的行使和实现，西藏自治区制定了相关法规保障机制和对策措施。主要体现在以下两个方面。一是西藏民族界、宗教界人士代表通过参政议政的途径，对国家民族宗教政策、法律法规以及贯彻执行情况实施监督。在自治区"两会"召开期间，人大代表、政协委员积极参与国家大事和社会重要问题的讨论，并就西藏地方政府涉及民族宗教领域的工作提出意见、建议，并结合西藏依法治理民族宗教事务工作的实际提出议案、提案。二是在行政执法保障方面制定实施相关制度措施。西藏各级民族宗教事务管理机关作为执法主体积极创造条件，提供制度供给和物质保障，并负责对有关宗教法律、法规的贯彻实施进行管理和监督，以保障各族群众民族宗教领域合法权益得以实现。[1]

总之，依法治理民族宗教事务，既是党的民族工作的宝贵经验总结，也是提升民族事务治理体系和治理能力现代化的应有之义。在新时代我们应该认识到，全面推进民族宗教事务治理体系和治理能力现代化是一个长期的过程，无论是民族宗教事务治理体系的建构，还是民族宗教事务治理能力的提升，都不是短期内能够完成的，需要先易后难、循序渐进推进。所以，西藏要实现依法治理民族宗教事务的总体目标，一方面，需要制定顶层设计以及开展周密具体的工作安排，构建严密的法规制度体系来规范

---

[1] 吕晋光：《依法管理宗教事务再思考》，《中国宗教》2015年第4期，第71页。

民族宗教事务治理行为。另一方面,要总结依法治理民族宗教事务的工作经验,善于借鉴国内外先进的治理理念和方法,同时结合西藏的实际情况,构建具有西藏特点的民族宗教事务治理体系,并在实践中不断改进,不断提升西藏依法治理民族宗教事务的能力。

第四节 西藏依法推进社会治理工作

通过全面推进依法治藏来实现社会治理法治化是西藏实现长治久安和高质量发展的需要,也是西藏社会治理体系和治理能力实现现代化的法治保障。在2019年10月召开的党的十九届四中全会上,习近平总书记强调指出,一定要坚持和完善中国特色社会主义行政体制,构建职责清晰、依法行政的社会治理体系。近年来,西藏自治区努力践行新时代党的治藏方略,坚决依法推进社会治理工作,努力构建社会治理法治化体系,不断创新社会治理的方式和路径,将西藏的法治优势转化为社会治理的效能。

一 新治理理念视角下的依法推进社会治理内涵和意义

(一)新治理理念视角下依法推进社会治理的内涵创新

党的十九届四中全会召开以来,由于新时代的方位划分以及依赖基层共治的国家治理主体倾向,新治理理念的话语正式构建,这个治理新概念、新理念主要表现在法治化的导向,即通过法治方式来平衡制度设计的缺陷与技术碎片化的影响。在这个过程中,以公平公正的伦理价值来校正稳定而固化的伦理思维,以多元化的形式来补偿政策的静态与风险的未知,这就是依法推进社会治理新内涵的呈现。在这个话语体系下,西藏社会治理法治化创新表现在这几个方面。一是用法治思维和法治方式推进治理方式和路径再造,强化法治化在社会治理创新中的权威地位,通过法治的实施来呈现社会治理的"善治"。二是依法治理与社会共治的协同,西藏的社会治理主体在于社会的各个层面、各个群体以及社会个体,同时依法推进社会治理的对象也是这些主体,依法推进社会治理主体和客体的重合性是这个新内涵的显著特征。

2021年11月27日在西藏自治区第十次党代会上,王君正书记讲话强调，要坚定不移地把维护社会稳定作为首要工作任务，坚持底线思维和问题导向，坚决打击分裂破坏活动，不断提升依法治理社会的水平。因此，西藏依法治理社会工作首要任务是反对分裂、维护祖国统一、加强民族团结进步模范区建设，筑牢西藏依法推进社会治理的社会基础。西藏在开展依法创新社会治理时，要结合西藏区情的特殊性，要充分考虑到地处西南边陲、自然条件恶劣、民族情况复杂、宗教氛围浓厚以及反分裂斗争形势严峻的具体情况，将维护祖国统一、加强民族团结同依法推进社会治理工作结合起来。目前，针对西藏的主要社会矛盾和特殊社会矛盾，坚持"依法治理、主动治理、综合治理、源头治理"的工作原则，不断健全依法治理社会工作机制，抓住创新社会治理的重点和难点问题，把夯实社会基础作为创新社会治理的关键，通过依法治理为西藏的长治久安奠定良好基础。从立法、执法、司法、守法等各个环节入手，全面推进依法开展社会治理工作的进程。

（二）西藏全面推进依法开展社会治理的重要意义

1. 西藏全面推进依法开展社会治理为西藏各族群众的获得感、幸福感、安全感的增强提供了重要保障

一是社会稳定是西藏各族群众增强获得感、幸福感、安全感的基本前提和坚实基础，也是依法开展社会治理工作的出发点和落脚点。实践证明，西藏各族群众最关心的是与自己的日常生活密切相关的问题，关心的是与自己密切相关的民生问题，这些问题直接关系到各族群众的获得感、幸福感和安全感以及社会的平安稳定，这些问题都必须通过依法开展社会治理来解决。不同意识形态的格局内所采取的社会治理方式有很大的区别，当前依法推进社会治理符合西藏的区情和社会基础。因此，西藏全面推进依法开展社会治理是以人民利益为出发点和落脚点，可以通过河清海晏的社会景象来凝聚人心、保障稳定。二是依法推进社会治理的目的是为西藏的长足发展提供良好的环境。依法推进社会治理工作的目标就在于不断整合社会资源，提高社会治理能力和水平，从而促进西藏社会建设和发展。社会是以人为主体构成的社会，社会关系的网络化和社会力量的多元化是当代社会的重要特征，依法开展社会治理就是运用法治手段和方式，依法将各种利益进行平衡协调，调动社会各方面的积极性和主动性，获得最大化

的社会效益，促进西藏各项社会事业的不断发展和进步。

2. 依法推进社会治理工作是建设团结富裕文明和谐美丽的社会主义现代化新西藏的必然要求

建设团结富裕文明和谐美丽的社会主义现代化新西藏要以贯彻落实新发展理念为引领，新发展理念的贯彻实施又要以全面依法开展社会治理为基础。习近平总书记在2022年9月1日出版的《求是》杂志上发表《新发展阶段贯彻新发展理念必然要求构建新发展格局》一文，文中指出，构建新格局一定要坚决贯彻落实新发展理念，要从全局着眼从战略的高度来构建新的发展格局，立足当前、放眼长远来开展战略谋划。以这个理念为指引，西藏各族群众经过长期不懈努力，地区生产总值逐年增长，医疗、卫生、教育、社保、文化等社会事业的全面发展，为依法开展社会治理奠定了牢固物质基础和社会基础。从另一个角度来分析，依法治藏可以在法治框架内实现西藏社会治理体系与治理能力现代化，依法推进社会治理工作是建设团结富裕文明和谐美丽的社会主义现代化新西藏的法治前提。2010年召开的中央第五次西藏工作座谈会上提出了西藏存在"两对矛盾"的论断，即：西藏社会主要矛盾是各族人民日益增长的美好生活需要和不平衡不充分发展之间的矛盾，同时还存在西藏各族人民群众同以十四世达赖集团为代表的分裂势力之间的特殊矛盾。这就决定了西藏要实现社会治理体系与治理能力现代化的目标，首先要从解决西藏这"两对矛盾"出发，依法处理和解决这"两对矛盾"，通过依法开展社会治理来推进社会主义新西藏建设。因此，我们必须正确认清历史，以人民的利益为根本出发点和落脚点，在依法治藏的背景下大力开展社会治理创新，实现经济发展、政治澄明、文化繁荣。

3. 依法推进社会治理工作是西藏实现治理体系和治理能力现代化的有力保障

西藏存在独特的区情和民情，西藏的社会治理模式的创新是对传统的社会治理理念、方式等进行改造，以期回应西藏社会发展的特色和区情民情的实际情况。西藏自治区的地理位置、经济发展、社会治理、传统文化、宗教信仰等情况都与内地有着很大不同，特别是面临人民日益增长的物质文化需要同落后的社会生产之间的主要矛盾、各族人民同以十四世达赖集团为代表的分裂势力之间的特殊矛盾，反分裂斗争形势复杂，民族团结进步模范区创建工作艰巨。因此，西藏各级党委政府和广大社会公众在依法推进社会治理的过程中必须立足西藏区情民情，大胆探索、勇于创新，努力实现依法治理社会的预期目标。目前，西藏社会持续稳定、经济持续发展、文化持续繁荣、民生持续改善、生态持续良好，处于历史上最好的发展时期之一。因此在新的历史时期和发展阶段，必须遵循习近平总书记关于"努力实现西藏持续稳定、长期稳定、全面稳定"的指示精神，全面落实"依法治藏"的西藏重要工作原则，逐步建立西藏社会治理的地方法治机制，不断完善西藏社会治理的法治体系，提高依法开展社会治理能力和水平。尤其是，以法治思维、法治手段来依法推进社会治理，围绕稳定、发展、生态、强边四件大事，努力构建起国家安全屏障和社会和谐稳定的法治基础。

二 西藏依法推进社会治理工作的主要路径与实践成效

（一）大力开展强基惠民活动，不断夯实依法推进社会治理工作的群众基础

西藏自治区党委政府基于特殊区情，创新开展"强基础惠民生"活动，2011年10月西藏自治区党委办公厅颁布了《关于深入开展创先争优强基础惠民生活动的意见》（以下简称《意见》）。《意见》强调，强基惠民的核心是密切党同人民群众的血肉联系，主要任务是建强基层组织、做好维稳工作、寻找致富门路、进行感恩教育、办实事解难事，工作方式是派驻工作队。根据这个要求，西藏自治区地（市）、县、乡四级开展联动，选派优秀党员干部组成驻村工作队。截止到2022年，西藏先后共派遣10批21万余名干部奔赴基层一线，实现干部驻村工作全覆盖。广大驻村干部紧紧围绕"5+2"工作任务的安排，累计投入150余亿元经费用于开展强基惠民活动。通过强基惠民干部驻村工作的开展，为党委政府同城乡居民建立直接联系搭建了桥梁和纽带，从源头上化解了社会矛盾、维护了社会稳定，为依法推进社会治理工作奠定了群众基础。

（二）积极开展"双联户"创建活动，进一步筑牢依法推进社会治理工作的社会基础

"双联户"是结合西藏具体区情做出的社会治理模式创新的有效探索，

即充分将城乡居民组织动员起来，建成稳固的联户保平安、联户促增收的共同体。双联户主要任务是城乡居民以 5 户或 10 户为联户单位，围绕城乡和谐稳定、增收致富互相帮助、资源共享，开展"十联"工作，即矛盾纠纷联排联调、安全隐患联防联控、重点人员联管联教、困难家庭联帮联扶、环境卫生联控联治、精神文化联娱联扬、科技知识联学联教、小额信贷联保联担、致富项目联建联营、发展成果联创联享。近年来，西藏全面开展了"先进双联户"创建评选活动，全区所有城乡居民都参与了双联户工作，实现了西藏"双联户"建设全覆盖。西藏已经建立起了 14 万个联户单位，覆盖了 80.97 万户城乡居民。总之，通过广泛开展"先进双联户"创建评选活动，基本实现了各族人民群众在基层公共事务和公益事业中的依法自我管理、自我服务、自我教育、自我监督的民主参与，取得了保稳定、促富裕的良好社会效果，为依法推进社会治理工作筑牢了社会基础。

（三）大力开展西藏城镇网格化治理工作，依法构建社会基层矛盾纠纷调处机制

党的十八届三中全会《中共中央关于全面深化改革若干重大问题的决定》提出："一定要以网格化管理、社会化服务为方向，健全基层综合服务管理平台。"2011 年，西藏自治区在借鉴内地先进经验和成功做法的基础上，率先在拉萨市城关区推行网格化社区服务与管理模式。经过 10 多年来的建设，目前西藏所有县及县以上行政区都建立便民警务站，西藏全区现有便民警务站 698 个。这些便民警务站热情服务各族人民群众，及时、妥善处置各种突发事件，将网格化治理模式拓展延伸到社区、寺庙、居民区、村民组，形成了群防群治的工作格局。同时，在借鉴内地其他省区网格化治理模式经验的基础上，结合西藏城镇实际情况，西藏自治区积极推进城镇网格化管理创新工作，基本做法是以每个警务站平均覆盖半径 300~500 米范围，按照"3 分钟警务圈"标准，在城市街道路口设置固定便民警务站，各站点之间联网联勤联动，全天候 24 小时执勤巡逻。便民警务站的建立达到了维护社会稳定、服务人民群众、展示公安机关良好形象、密切警民关系的良好社会效果，近年来，全区案件率大幅下降，这和便民警务站的作用密不可分。另外，按照"1+5+X"的工作模式，在网格中配置格长、流动人员管理员、宗教事务管理员、居民事务联络员、治保员和民警 6 种常态工组力量，做到第一时间上报信息、调解矛盾，确保了社会治理工作无缝隙、无盲区、无空白点，依法构建起了社会基层矛盾纠纷调处机制，西藏各族人民群众的安全感和满意度大大提升。

（四）不断创新社会治安综合治理模式，努力开展西藏平安社会建设新局面

西藏自治区各级党委政府不断创新依法治理社会的工作思路，逐步建立和完善社会维稳责任制以及治理责任追究制，社会治安综合治理工作成效显著。西藏相关部门大力开展"民生大走访、矛盾大调处、隐患大整治"工作，最大限度地把矛盾问题解决在社会基层，把社会纠纷消除在萌芽状态，基本形成了群防群治的安全防范格局。具体表现如下。

一是加强社会面重点部位管控工作。西藏各地市逐步构建起了军警民联防联控机制，加大了对西藏边境、边界线和青藏铁路沿线的"两边一线"的管控力度，强化对人员密集场所、党政军警机关、重要民生目标、旅游景区景点等重点部位的安全防范，落实了维稳执勤、治安管理、反恐防暴、内部管理等各项措施。二是依法加强了对流动人口和特殊人群服务管理。全面实施居住证制度，坚持以业管人、以房管人、以证管人，稳步推进户籍制度改革，促进流动人口更好地融入当地社会。针对特殊人群，建立政府、社会、家庭三位一体的关怀帮扶体系，帮助解决就医就学就业等实际困难，落实好监管责任和措施，健全监测、预警、疏导、救助和心理危机干预机制，完善刑满释放人员衔接管理机制，做好轻微违法人员教育矫治工作，切实防范降低社会风险。三是按照"专项打击与重点整治相结合，专项打击与前端管理相衔接"的工作原则，坚持专项打击与重点整治相结合，建立常态化打击整治机制，始终坚持对严重刑事犯罪的高压态势，严厉打击黑恶势力、社会团伙，严厉打击严重暴力犯罪、"两抢一盗"、扰乱重点工程建设秩序、煽动聚集闹事等违法活动。坚持专项打击与前端管理相衔接，加大对危害食品药品安全、影响安全生产、损害生态环境等人民群众反映强烈问题的执法监察、源头执法、常态监管、专项治理力度，落实监管部门、主管部门、企业主体、行业管理部门的责任，确保各族人民群众生命财产安全。

（五）依法加强和创新寺庙管理工作，努力实现寺庙领域社会治理和服务全覆盖

目前，西藏有各类成规模的藏传佛教寺庙1700余座、清真寺4座、天主教堂1座，有藏传佛教僧尼4.6万人，各族信教群众达到200多万人。西藏的宗教事务治理形势复杂、任务繁重，必须把依法创新社会治理的理念引入寺庙管理领域，这个新理念基本出发点是把寺庙当作基层单位，把僧尼当作自己的群众，加强对僧尼的关心关爱，在全区寺庙实现社会管理和公共服务全覆盖。在全区选派优秀党员干部进驻寺庙，宣传落实党和政府利寺惠僧政策，努力实现对寺庙的服务、管理和教育职能。在依法加强寺庙治理的实践中，推进了以"九有""六个一""六建"为主要内容的创建活动。推进寺庙治理"九有"工作，主要是指在西藏的每个寺庙都要有领袖像、有国旗、有路、有水、有电、有广播电视、有通信、有报纸、有文化书屋。积极实施寺庙治理"六个一"工程，即每个驻寺干部同一至几名僧尼交朋友、开展一次家访、办一件实事、建一套档案、畅通一条联系渠道、形成一套管委会、寺庙、僧尼家庭协调联动的管理机制。同时，在大力推动"九有"工程建设的基础上还推进了"六建"工作，即：建一个食堂、一个澡堂、一栋温棚、一个垃圾池、一间寺庙医务室、一个公厕和培养一名卫生员，"六建"工作的开展大力推动了寺庙基础设施全面改善。另外，西藏在依法推进寺庙治理工作中还开展了"一覆盖""一创建""一教育""一工程"等工作。主要工作内容是：做好在编僧尼养老保险、医疗保险、最低生活保障和人身意外伤害保险参保工作，每年组织医务人员为广大僧尼实行免费体检，解决僧尼后顾之忧。将僧舍修缮建设纳入保障性住房建设计划，认真实施寺庙僧舍维修改造工作，着力改善僧尼居住修行条件，不断提高寺庙公共服务水平。在寺庙广泛开展爱国守法先进僧尼评选和和谐模范寺庙创建活动，积极推进藏传佛教与社会主义社会相适应，促进宗教和睦、寺庙和谐、佛事和顺。

在全面推进依法治藏的道路上实现依法开展社会治理创新的各项目标，助推西藏的长治久安和高质量发展。西藏将在新时代党的治藏方略的引领下，结合西藏治理事业发展的实际，不断深化思想认识，切实把握在依法治藏道路上推进社会治理创新的规律，努力实现西藏社会治理的理论创新、制度创新和实践创新的重要目标。

第五节 西藏地方法律监督

国家权力是国家存在的最重要的价值体现，也就是通过法定形式赋予的公共权力的运行，并将国家意志向社会层面传输和施加，为全体社会成员的行动提供规划与指导。如此，这种权力同时就具备了法律和法治的特征，即通过国家法律强制力的实施，确保社会和平稳定的秩序得以实现。但是，国家公权力如果不受监督和约束，公权力也可能异化成为一种影响人民自由和生存的负面能量，成为维护社会公平正义理性的羁绊。所以，公权力姓公，其核心价值是为公。习近平总书记强调："纵观人类政治文明史，权力是一把双刃剑，在法治轨道上行使可以造福人民，在法律之外行使则必然祸害国家和人民。"[1] 从另外一个角度来讲，法治行为和方式作为一种国家治理模式，其起源缘由和存在价值在于对权力滥用的防范、约束和制裁。当前全面推进依法治国就是要以习近平法治思想为引领，用法治方式给予公权力行使以程序正义和路径合法。所以，习近平总书记深刻指出："只要公权力存在，就必须有制约和监督。不关进笼子，公权力就会被滥用。"[2] 在这个背景下，全面推进依法治藏，一定要建立和完善法治权力运行约束和监督机制，大力开展对西藏地方法律实施的监督工作，依法规制立法、执法、司法等权力行为，努力构建起党统一领导、覆盖全面、高效权威的西藏法治监督体系。

一 加强对西藏民族地方立法工作的监督，努力实现科学立法、民主立法、依法立法的目标

加强对西藏民族地方立法工作的监督，目的在于既要保障西藏各民族群众的合法权益，又要维护国家法律体系的统一性。西藏各族群众利益均衡、有效实现是维护民族团结、社会稳定的重要基石，体现在民族立法上，

---

[1] 中共中央文献研究室编《习近平关于全面依法治国论述摘编》，中央文献出版社，2015，第37~38页。

[2] 习近平：《论坚持全面依法治国》，中央文献出版社，2020，第240页。

既要考虑各族群众利益诉求的多元化，也要兼顾西藏聚焦聚力"四件大事"的重点领域。开展立法监督工作就是要求人大、政府在立法中要调整各方面的权利和义务关系，以实现不同领域、不同民族、不同群体的权益结构的最优化。同时，在国家法律制度统一的前提下，民族地方立法体系的构建要避免不同层次法律法规之间的冲突，保持与上位法的统一，并保持与下位法及配套法规制度的协调一致。具体的做法如下。

（一）建立健全西藏地方性立法监督的法规制度和工作机制

西藏自治区先后制定并颁布了一系列关于地方性法规和政府规章立法工作的法规规章，对立法的主体、范围、程序等环节进行有效规制和监督。这些地方性法规和政府规章主要有：《西藏自治区人大常委会关于自治区政府规章设定罚款限额的规定》（1997）、《西藏自治区立法条例》（2001）、《西藏自治区实施〈中华人民共和国各级人民代表大会常务委员会监督法〉办法》（2009）、《西藏自治区各级人民代表大会常务委员会规范性文件备案审查条例》（2009）、《西藏自治区政府规章立法评估办法》（2017）、《西藏自治区行政规范性文件制定和备案监督管理办法》（2020），基本构成了对西藏立法工作开展监督的法规规章体系。

（二）进一步拓宽西藏地方性立法备案审查的范围

加大西藏地方性法规和政府规章备案审查制度和能力建设的力度，实现立法工作有件必备、有备必审、有错必纠。西藏地方性立法备案审查的范围主要包括：对西藏设区的市人大制定的地方性法规文件、地方各级政府和县级以上政府部门制定的行政规范性文件以及地方各级监察机关监察规范性文件开展备案审查；将西藏自治区高级人民法院、西藏自治区人民检察院制定的规范性文件也纳入了自治区人大常委会的备案审查范围；依法对国家机关、社会团体、企事业单位、公民个人对地方性法规、政府规章提出的书面建议进行收集整理并吸收采纳。同时，西藏自治区人大还建立了法规规章备案审查工作年度报告制度，保障了广大社会公众对立法审查工作的知情权，从而对西藏的立法工作进行有效监督。

（三）不断丰富和拓展西藏地方性立法备案审查的内容

西藏民族地方性立法监督的主要内容就是对法规规章开展合法性审查，西藏地方性法规和政府规章只有从形式到内容具有合法性，西藏自治区地方性法规和政府规章的创制工作才能符合全面推进依法治藏的基本要求，真正实现依法治藏良法善治的根本目标。西藏民族地方性立法监督的主要内容有：地方性法规与政府规章的创制活动是否有法可依，是否有上位法依据，同上位法是否冲突；地方性法规与政府规章的创制范围是否在法定权限之内；地方性法规与政府规章的立法活动是否按照法定程序开展；西藏自治区人大及其常委会、自治区政府在创制法规规章过程中行使立法权是否符合宪法、法律以及行政法规的规定和要求。西藏地方性立法备案审查的内容不断丰富和完善，民族地方性立法工作的监督覆盖面不断得到扩展。

二 加强对西藏民族地方执法工作的监督，不断提高行政执法工作的质量

加强对行政执法工作的监督是规制和约束行政权力行使的重要方式和有效手段，也是新时代司法机关发挥法律监督职能的重要构成。通过对西藏行政执法工作的监督，可以排除各方面势力和力量对西藏行政执法工作的非法的非制度性干预。依靠依法有效的法律监督，可以坚决防止和成功排除西藏地方保护主义与政府保护主义导致的行政执法的非理性和非公正性，从而克服和阻止西藏行政执法工作中的利益驱动，有效预防与惩治行政执法领域内的腐败现象，在西藏的行政执法领域做到"有权必有责、用权受监督、违法必追责"。

（一）建立和完善西藏行政执法监督制度体系

党的十八大以来，随着西藏自治区行政执法体制改革不断走向深入，在全区范围内全面实施了行政执法公示、执法全过程记录、重大执法决定法制审核，即行政执法"三项制度"。"三项制度"的建立和实施，进一步完善了行政执法监督制度，在全区行政执法人员中逐步树立起了严格规范、公正文明的执法理念，西藏行政执法监督职能作用得到了进一步有效发挥。

特别是2021年7月29日，西藏自治区人民代表大会常务委员会第三十一次会议通过了《西藏自治区行政执法监督条例》（以下简称《条例》），该《条例》对西藏行政执法行为监督主体、监督内容、监督程序以及监督工作的具体措施进行了详细规定，并有针对性地界定在行政执法监督过程中相关主体的权利、义务和责任。《条例》强有力的贯彻实施，进一步规范了西藏行政执法监督的实体内容和行为程序，积极推进了西藏法治政府建设的进度，通过监督执法行为依法维护了西藏各族公民、各类法人组织以及其他社会组织的合法权益。另外，西藏自治区政府围绕《西藏自治区行政执法监督条例》出台了一系列配套政策和制度，例如行政执法责任制度、行政执法监督程序制度、行政执法争议调处制度等，同时西藏自治区各级政府还有效开展了行政执法监督与司法机制衔接，实现了行政执法行为权责清单动态管理。这些法规制度共同构建了较为完善的行政执法监督制度体系，为开展行政执法行为监督工作提供了法律依据。

（二）建设西藏行政执法监督工作机制，努力提高行政执法监督效能

进入新时代以来，西藏自治区以法治政府建设为基本目标，不断加强行政执法监督工作，特别是将行政执法体制机制改革、行政执法模式创新、严格行政执法监督同法治政府创建相结合，严格规范公正文明执法行为。一是大力开展行政执法监督专业素质和能力建设。进一步加强法治宣传教育活动，不断创新普法教育工作的方式和方法，大力宣传普及法治政府建设和行政执法法律法规知识，使西藏各族人民群众自觉培养学法、懂法、守法、用法的意识，为西藏依法行政、依法监督行政执法行为创造了良好的社会氛围。二是通过开展行政执法监督专业培训教育，不断增强行政执法监督人员业务素质和工作能力。西藏相关部门开展了以《中华人民共和国行政监察法》《中华人民共和国行政处罚法》《中华人民共和国行政复议法》《中华人民共和国行政许可法》《中华人民共和国行政强制法》等为内容的法律知识培训，增强了行政执法监督人员依法监督的意识，提升了行政执法监督业务水平。在实践层面，切实做到了依法行政、依法监督，保障了西藏行政执法监督主体适格、程序规范、过程合法。三是大力建设行政执法监督信息化平台，努力实现行政执法数据信息化管理。西藏自治区各级政府统筹开展行政执法数据信息同行政执法监督数据信息互联互通，有效提取和整合行政执法监督数据资源，并能够及时准确向社会公众公开行政执法监督信息，基本实现了行政执法以及行政执法监督全程接受社会公众的有力监督。所以，西藏通过建设流程规范、行动有序的执法监督工作机制，进一步提升了行政执法监督效能。

（三）整合各级各类行政执法监督资源，逐步形成行政执法监督工作合力

首先，西藏自治区各级人大及其常委会充分发挥执法监督职能作用，积极开展政府规章和行政规范性文件备案审查工作，从立法依据及行政执法工作源头上遏制了违法违规行为。其次，在全区范围内大力开展行政性法律法规执法检查工作，督促现行的国家法律、地方法规以及政府规章在各个领域得到依法有效贯彻执行。西藏各级人大及其常委会对于在执法检查监督过程中发现的法规制度缺陷，都具有针对性地开展了修订修正和完善工作，确保西藏各级行政机关执法过程规范、执法程序正义理性、执法效果合法合理。再次，充分发挥监察、审计、财政等部门对行政执法工作的专项监督作用，强化了专责机关的监督功能，从专业的角度来监督和规范行政执法行为。复次，探索建立行政执法同刑事司法相互衔接、相互协作的联合监督机制，加强司法行政机关、行政执法机关、公安机关、检察机关、监察机关的协调配合，依法助推行政执法与刑事司法无缝对接，发挥司法与行政综合监督的整体效能。最后，强化社会公众的监督作用，整合人民团体、新闻媒体、社会舆论等社会监督力量，共同开展对西藏各级行政机关和行政执法行为的监督工作。

三 加强对西藏地方司法工作的监督，持续增强司法领域的公信力

西藏加强和创新对司法活动的监督，主要是指对审判机关、检察机关适用法律法规从事审判活动和检察活动存在合法性的监督工作。近年来，西藏发生的司法腐败案件中比较集中地暴露出了对司法权力制约和监督不到位的问题。为了从根本上解决这一突出问题，西藏各类司法监督主体积极探索新时代新时期对司法机关开展监督的基本模式和有效途径，不断加强和创新对司法机关的监督工作，有力推动西藏各级司法机关真正做到

"司法为民、公正司法",使西藏的司法公信力大大提高,这就要求健全法官、检察官办案制约监督机制,依法促进西藏全面实现司法公正。具体表现在以下两个方面。

(一) 西藏各级司法机关从管理机制与权力结构上强化法官、检察官办案责任,依法统一规范法官和检察官的办案权限

西藏各级法院、检察院针对原来形成的"人人都在办案、办案层层报批、司法责任不清"的痼疾,实行司法人员分类管理制度并全面推行司法责任制。西藏自治区各级法院、检察院把所有工作人员分成法官检察官、司法辅助人员以及司法行政人员三大类,对这三类人员实行单独职务序列划分,并开展分类管理,分类承担工作任务和责任,各司其职、各负其责。西藏自治区三级法院、检察院按照员额制改革的工作要求,依据一定比例通过法定的形式和途径,遴选政治觉悟坚定、办案水平经验丰富、司法业绩突出的人员担任法官、检察官,积极贯彻落实"谁办案谁负责,谁决定谁负责"以及"让审理者裁判,由裁判者负责"的基本原则,全面推行法官检察官的办案责任制。

(二) 建立和完善西藏司法公权力制约和监督机制

为了排除各种特殊关系以及非制度因素对西藏司法工作的影响和干预,坚决把司法公权力牢牢关进制度监督的笼子内,不断完善对西藏各级司法机关的制约与监督的法规制度体系,力争做到"放权不放任"。2010年9月29日,西藏自治区第九届人大常委会第十八次会议通过《西藏自治区人民代表大会常务委员会关于加强检察机关法律监督工作的决定》(以下简称《决定》),按照《决定》的具体规定,西藏各级检察院深入贯彻执行新时代检察机关法律监督工作的意见,要求各级法院严格认真办理各项检察建议。2021年,西藏三级法院审结抗诉案件35件,依法改判、发回重审案件22件,另外法院、检察院还建立起了行政、民事联合调卷机制。同时,西藏三级法院还逐渐完善并坚决实施了人民陪审员制度,拓展了人民陪审员参与案件审理的范围,使西藏各族人民群众参与监督审判检察工作的渠道更加畅通。利用"互联网+司法"的模式,利用网络信息技术,在相关司法裁判文书平台上依法依规公开司法裁判的依据、过程、结果等材料,让公平正义的裁判结果以西藏各族人民群众认可的方式呈现。西藏各级司法机关还建立起了预防和惩戒干预司法活动的制度，严禁领导干部、司法机关内部人员以及其他公职人员干预审判和检察工作，逐步杜绝领导干部过问案件办理情况，对于这些违法违规行为要求一律记录、全程留痕、定期通报并严肃追责。

第九章　西藏各族群众守法理念和意识培养

"法立于上，教弘于下"（《资治通鉴·魏纪十》），提高全体公民的守法意识，推进全民守法，根本上讲就是要加强法治宣传教育，引导全社会牢固树立法治意识，使各族人民群众从内心信仰和崇尚宪法和法律。[1]党的十八大以来，习近平总书记高度重视全民普法工作，在各种会议、专题工作、现场展览、基层调研以及国际活动等多个场合都指出，各级党委和政府一定要把在全体公民中宣传法律、学习法律、遵守法律作为全面依法治国的基础性工作来抓，宣传群众、教育群众，维护国家和群众的根本利益，把党的领导、人民当家作主和依法治国体现在社会生活的每个角落，落实到群众生活的方方面面，不断提高国家治理体系和治理能力现代化的水平，为实现中华民族伟大复兴提供法理支撑和法治保障。习近平法治思想以及关于普法教育工作重要论述，为新时代普法宣传工作提供了根本遵循，同时也为西藏普法教育工作指明了方向。党的二十大报告中，习近平总书记强调了开展普法宣传工作对于法治社会建设的重要作用，要求"加快建设法治社会"，"弘扬社会主义法治精神，传承中华优秀传统法律文化，引导全体人民做社会主义法治的忠实崇尚者、自觉遵守者、坚定捍卫者……努力使尊法学法守法用法在全社会蔚然成风"。[2]

根据社会意识相对独立性原理，国民的法治意识强弱在一定程度上决定了一个国家法治环境建设的效果和走向。同理，在推进全面依法治国和依法治藏过程中，西藏各族人民的守法意识的提高直接关系到全面推进依法治藏各项目标的实现，直接关系到维护祖国统一和民族团结，关系到西

---

[1] 《习近平法治思想概论》编写组编《习近平法治思想概论》，高等教育出版社，2021，第206页。
[2] 习近平：《高举中国特色社会主义伟大旗帜 为全面建设社会主义现代化国家而团结奋斗——在中国共产党第二十次全国代表大会上的报告》，人民出版社，2022，第42页。

藏长治久安和高质量发展，关系到西藏各族人民群众能否依法维护自身权益。特别是，强化西藏各族人民群众的守法意识，有利于维护祖国统一。在我国现行法律体系中，维护祖国统一、反对民族分裂是我国大部分部门法律的兜底条款，是立法工作的政治红线。无论是实体法还是程序法，不管是公法还是私法，都要把反对分裂、维护国家统一当作基本的原则，绝不允许任何人违反。在西藏，有针对性地通过法治宣传教育，可以不断提高西藏各族人民群众的法治意识，培养人民各族群众的法治思维，把维护祖国统一的价值理念渗透到群众生活中。同时，通过构建铸牢中华民族共同体意识的法治基础，能够坚定西藏各族人民群众的国家认同，自觉承担起维护祖国统一的神圣使命，争做神圣国土的守护者、幸福家园的建设者。另外，西藏各族人民群众是西藏长治久安和高质量发展的根本主体，培养和提高其法治意识直接关系到维护社会稳定和长治久安的效果好坏。如果西藏各族人民群众整体法治意识比较强，能够积极主动与民族分裂势力进行坚决斗争，自觉维护社会稳定，为西藏高质量发展创造良好的社会环境。同时，强化西藏各族人民的法治意识，有利于依法维护自身法定权益。从近几年西藏自治区各级人民法院公布的典型诈骗案例来看，相当一部分案例是由于当事人法律意识不强导致的，给当事人造成了较大经济损失。强化西藏各族人民群众的法律意识，打破用传统风俗习惯或者宗教教义来判定法律关系的标准，建立起法律责任框架，教育引导西藏各族人民群众特别是农牧区群众用法律武器维护自身法定权益，预防或减少犯罪，有利于安定团结社会局面的形成。总之，从国家层面、社会层面、个人层面等来看，培养西藏各族人民群众法治理念，强化西藏各族人民群众的法治意识，可以预防或者减少各类犯罪案件的发生，保护人民群众的切身利益。所以，为精准实施"依法治藏"各项政策措施，就必须把科学普法与严格守法作为重要抓手与着力点，不断强化西藏各族群众法治意识的培育和养成。

第一节　西藏各族群众守法理念和意识培养的重要意义

在推进国家治理体系和治理能力现代化的进程中，针对西藏各族群众守法方面存在的薄弱环节，有针对性地探索改进措施，进一步培养西藏各族人民群众的守法理念和意识，无论是从国家依法治藏层面以及铸牢中华民族共同体意识法治基础的战略层面,还是维护西藏社会稳定、促进民族团结进步以及依法维护各民族合法权益来看,都具有十分紧迫而重大的现实意义。西藏各族群众守法理念和意识的养成关系到新时代党的治藏方略的全面贯彻落实,亦关系到新时代西藏各项工作任务的顺利推进,更关涉依法治藏工作成效的取得。因此,培养西藏各族群众的守法理念与意识刻不容缓,需依据时代发展而变化,不断创新法治宣传教育的载体、手段、形式和途径,切实使国家法律成为西藏各族群众的护身符、判断行为合法合规的准绳,依法维护社会大局稳定和长治久安。

一 培养西藏各民族群众的守法理念和意识,有助于夯实全面依法治藏的社会基础

在国家治理体系和治理能力现代化视域下,全面推进依法治国的宏观目标要通过微观的公民行为方式来具体体现,公民是否遵法守法以及怎样遵法守法从某种意义上来讲主要取决于其守法意识强不强。"全民守法是实现全面依法治国根本保证,更是建设现代法治文明国家的首要标志。"[1] 西藏要全面贯彻依法治国理念,全面推进依法治藏,首要的前提是公民要有较强的法律意识与法治观念,否则全面依法治藏的群众基础就会被大大削弱,社会治理效果也会大打折扣,影响宪法和法律的威严,公民与国家权益会受到损失,继而引发社会矛盾,造成不良影响。因此,在西藏深入贯彻"依法治藏"工作原则,依法开展民族宗教事务治理工作,除要有健全的法规制度体系做到有法可依外,更需要普及法律知识,培养守法意识和理念,不断强化各族群众的规则意识,这样才能使政府治理西藏的行为与群众的依法自治进行高效对接,政府的执法行为才能得到群众的理解和支持。因此,大力培养西藏各民族群众的守法理念和意识,可以进一步夯实依法治藏的社会基础,不断提高地方治理水平和治理能力,及时有效化解社会矛盾,节约社会治理成本,更好地服务广大各族人民群众,保障西藏各族人民群众的合法权益得到有效合法实施,从而使西藏各族人民群众的法律认同意识大大增强。

---

[1] 中共中央政法委员会编《社会主义法制理念读本》,中国长安出版社,2009,第67页。

二 培养西藏各民族群众的守法理念和意识，有助于铸牢中华民族共同体意识法治基础

习近平总书记在党的十九大报告中指出："要加强各民族团结进步教育工作，通过开展各项教育工作，切实增强各民族群众对中华民族共同体的认同。"[1] 从国家整体层面来看，铸牢中华民族共同体意识主要表现为各民族群众对国家政治制度的认同和遵从，特别是对国家法律制度的认同和遵守。从西藏民族自治地方层面来看，虽然西藏具有特殊的地理位置和自然环境，国家通过法律赋予西藏民族地方自治权利，中央也给予了西藏特殊的优惠政策，但按照"统一因素和自治因素相结合"的原则，西藏各族人民群众同全国适用同一部法律，依法享有相同的法定权利与履行法定义务，必须保证国家法律法令在西藏畅通无阻。同时，藏传佛教在西藏地区的影响根深蒂固，甚至个别公民的宗教意识较浓厚，生产生活还依赖于宗教，宗教的教义教规成为个别公民日常生活中判断是非的"标准"，强化宗教认同意识而弱化了国家认同意识，从而滋生狭隘的民族主义和地方主义，弱化了中华民族共同体意识，不利于民族团结。针对此类现象，通过各种形式与载体，普及法律知识，培养西藏各族人民群众的守法意识。因此，西藏要在各民族群众中开展铸牢中华民族共同体意识的法治教育，在各民族群众中逐步树立宪法和法律的绝对权威，增强各民族对宪法和法律的高度信仰，保证宪法和法律在西藏有效实施。严格要求西藏各级领导干部运用法治思维，自觉坚持依法依规办事，依法治理民族事务和宗教事务。积极引导各民族群众在自觉守法的同时，还要旗帜鲜明地使用法律武器，依法维护国家统一与社会和谐稳定，依法保障各民族的平等团结，不断夯实西藏铸牢中华民族共同体意识的法治基础。

三 培养西藏各民族群众的守法理念和意识，有助于维护西藏社会大局稳定

党的十八届四中全会的《中共中央关于全面推进依法治国若干重大问

---

[1] 习近平：《决胜全面建成小康社会 夺取新时代中国特色社会主义伟大胜利——在中国共产党第十九次全国代表大会上的报告》，人民出版社，2017，第14页。

题的决定》指出，"坚持系统治理、依法治理、综合治理、源头治理，提高社会治理的法治化水平"①。2022年2月9日召开的西藏自治区党委民族工作会议上，王君正书记指出：西藏自治区一定"要深入提升民族事务治理体系和治理能力现代化水平，持之以恒树牢总体国家安全观，全面依法治藏，完善政策法规，依法治理民族事务"②。这为西藏加强和改进社会治理工作、维护西藏社会大局稳定指明了方向，为提升西藏社会治理现代化和法治化水平贡献了路径选择。在西藏深入开展法治宣传教育，有利于积极推进依法治藏工作，培养各族人民群众的守法意识，为西藏社会大局持续稳定提供法治基础。反之，如果各族人民群众的守法意识不强，西藏稳定发展的社会根基就不牢靠，社会稳定的大局就会受到影响。众所周知，拉萨"3·14"事件发生期间，西藏的社会公共秩序遭到严重破坏，各族人民群众的日常生活秩序也无法保障，社会稳定局势恶化，严重阻碍了西藏经济持续发展。这起严重暴力犯罪事件再次表明，稳定是发展的前提和基础，没有稳定的社会环境，一切发展都无从谈起。但是稳定最终靠什么来维持？从根本上看要靠法治建设的进一步开展，要依赖西藏各族人民群众守法意识的养成。从西藏有关法院公布的审理"3·14"事件涉案人员的案例来看，这些不明真相的群众之所以被裹挟其中，一个重要的原因是他们的法治意识淡薄，心无敬畏、目无法纪，走上了违法犯罪的歧途。例如，当时只有19岁的贡桑拉姆悔恨的泪水流个不止，她说："怪我是非不分，做了有害国家、有害社会的事情……自己受了坏人的煽动，那些人命令凡是藏族人都要和他们一起干，没有把握好自己，干了对不起祖国和家人的事情。"扎西多吉说，他"被坏人胁迫，自己不懂法，没有用法律来约束自己，才铸成大错"。③ 这些案例表明，参与"3·14"严重暴力犯罪事件的大多数嫌疑人是因为不懂法律被裹挟了，如果他们具备一定的法律知识，心存敬畏，就会大幅度减少违法犯罪的概率，就不会危害社会的繁荣稳定。"3·14"事件发生以后，西藏各级党委政府及时吸取了经验教训，通过多种途径

---

① 《中共中央关于全面推进依法治国若干重大问题的决定》，人民出版社，2014，第27页。
② 《自治区党委民族工作会议在拉萨召开 王君正出席并讲话》，中国西藏新闻网（www.xzxw.com），2022年2月10日。
③ 贾立君：《拉萨"3·14"事件犯罪嫌疑人的悔恨》，中国法院网（www.chinacourt.org），2008年4月28日。

进行普法宣传，把党的政策和国家法律法令传达到千家万户，使各族人民群众的守法意识不断得到加强。通过在西藏各族广大干部群众中树立法治权威，确保整个西藏全面稳定持续稳定长期稳定。总而言之，从正反两个方面来看，培养西藏各民族群众的守法意识，有利于法治西藏建设有效推进，有助于维护西藏社会和谐稳定，为西藏长治久安和高质量发展提供了法治保障。

四 培养西藏各民族群众的守法理念和意识，有助于依法创建民族团结进步模范区

2019年9月27日，习近平总书记在全国民族团结进步表彰大会上全面总结了新中国成立70年来我国民族团结进步事业所取得的巨大成就，并指出这些成就取得的其中一条重要经验就是"坚持各民族在法律面前一律平等，用法律保障民族团结"。"着力创建民族团结进步模范区，努力做到民族团结进步走在全国前列"是西藏自治区第十次党代会提出的"四个创建"目标之一，在西藏着力创建民族团结进步模范区，在全区逐步形成宗教和顺、社会和谐、民族和睦的良好局面是铸牢中华民族共同体意识的重要抓手。作为边疆民族地区的西藏，抓好民族团结进步工作的重要性显而易见。经过一代代人的努力，虽然西藏的民族团结进步事业取得了决定性的成果，但维护民族团结的任务仍然艰巨，破坏民族团结的各种因素暗流涌动。十四世达赖分裂集团为反动的封建农奴制度极力辩护，误导西藏少部分信教群众，把中国共产党为广大西藏群众办实事歪曲为消灭西藏文化、破坏西藏生态，挑拨西藏各民族平等团结友好互助和谐的关系，故意为西藏各民族与内地各民族之间的交往交流交融制造障碍，别有用心地主张所谓的"大藏区""高度自治"等。因此，面对民族分裂主义势力以及国际反华势力蓄意破坏西藏民族团结的挑战，需要大力普及和宣传《西藏自治区民族团结进步模范区创建条例》，使西藏各族人民群众养成法律思维，强化守法意识和理念，并拿起法律武器来依法严惩破坏民族团结的行为，依法推进民族团结进步模范区创建工作，争取民族团结进步创建工作走在全国前列。

五 培养西藏各民族群众的守法理念和意识，有助于依法保障西藏各民族群众的合法权益

习近平总书记在中央第五次民族工作会议上讲话指出，一定要坚持各

民族一律平等，保证和实施各民族共同当家作主的权力，积极参与国家事务的管理工作，依法保障各族群众的合法权益。在西藏自治区党委民族工作会议上，王君正书记还指出，必须依法严厉打击各种分裂破坏活动，依法保障西藏各族人民群众的合法权益，让公平正义的理念成为推动民族团结进步的思想基石。随着中国市场经济体制不断完善，各类资源在国内国外两个大市场上自由流动和循环，西藏各民族群众的市场参与度也显著提高，并逐渐融入环喜马拉雅经济带以及南亚大市场。从目前的情况来看，西藏经济社会的持续发展有一个非常重要的前提和基础，那就是要处理好社会中存在的各种各样、错综复杂的利益关系。因为西藏各个市场主体之间除共享发展红利外，难免存在局部的利益矛盾与纠纷，如果这些矛盾和纠纷得不到及时调节，危害个别群众的合法权益，有可能引发一定的社会矛盾，为社会稳定带来隐患和风险。因此，只有公平合理地妥善处理好这些复杂多样的利益关系甚至是利益冲突，维护各族人民群众的合法权益，才能有效保障西藏经济社会又好又快发展。这不仅需要西藏公权力机关以最大力量来保护各族人民群众的合法权益，还需要各族人民群众使用法律武器来维护自身的权益。为了满足这个需求，西藏各民族群众不断加强自身法律知识的学习，努力增强法律意识，依法捍卫自身的各项合法利益。

六 培养西藏各民族群众的守法理念和意识，有助于提高干部群众的法律素质

建设团结富裕文明和谐的社会主义现代化新西藏，法治保障起着基础作用，必须把各族群众守法作为基础工程来抓实抓牢，首要任务就是通过普法宣传教育来提高各族干部群众的法律素质。通过有针对性地开展法治宣传教育工作，向广大各族群众灌输民主与法治意识，让广大各族群众懂法、知法、用法，学会运用法律手段来维护自身的各项权利，依法履行各项法定义务。同时，各级党委政府要通过各种途径助推西藏各族群众运用法律工具保障自身的合法权益，引导各族群众用法律来规范自身的行为方式，在法律控制的范围内自由活动，实现个人的价值和发展目标。西藏开展内涵丰富、形式多样的法治宣传教育活动，让广大公众不断凝聚共识，让法治理念和意识引领西藏社会思潮，逐步让法治观念成为社会主流舆论。通过加强法治宣传教育使法治精神得到西藏各族群众广泛认同、自觉拥护

和坚决遵守，努力在西藏全社会形成对宪法、法律权威尊崇和信仰的良好氛围。需要特别指出的是，一定要增强西藏各级领导干部的守法意识和理念，不断提高各级领导干部运用法治思维和法治方式来处置纠纷、化解矛盾的能力。习近平总书记发文指出，"各级领导干部要带头尊法、学法、用法，不断提升法治体系和法治理论的影响力与话语权"[①]。总之，只有西藏各族人民群众法治意识和理念不断得到增强，能够采用法治方式、按照法定程序来表达利益诉求，依法维护社会稳定，西藏的社会治理体系和治理能力才能得到进一步提高。同时在这个过程中，西藏不断加大了民族法治文化教育和弘扬的力度，法治思想和人文精神进一步得到深化，各族群众的法治素质也进一步得到提高。

综上所述，培养西藏各民族群众的守法理念和意识，无论是从依法治藏层面、铸牢中华民族共同体意识层面还是西藏社会大局稳定方面、民族团结进步方面以及维护个人合法权益方面，都具有十分重要的现实意义。强化西藏各民族群众的守法意识，为新时代实现国家治理体系和治理能力现代化夯实群众基础和社会基础，是淡化藏传佛教消极影响的重要举措，是依法治藏的生动体现。

第二节　西藏各民族群众守法理念和意识培养的现状与成效

西藏各民族群众守法理念和意识的培养重在普法宣传教育工作，普法宣传教育工作的成效直接影响到各族群众守法理念和意识形成的效果。自治区的普法宣传工作已经走过了七个五年普法规划的历程，目前正在大力推进和全面实施"八五"普法规划。西藏全区普法依法治理工作紧紧围绕稳定发展生态强边四件大事，以健全体制机制为基础，强化创新、突出重点，深入开展全民普法、扎实推进依法治理，普法依法治理工作蓬勃发展，形式灵活多样，载体丰富形象。据统计，仅"七五"普法期间，全区就开展各类法治宣传教育活动17.9万余场次，法治讲座3万余场次，发放宣传资料2560万余份，接受普法宣传教育的各族群众达到2841万人次，线上参

---

① 习近平：《坚持走中国特色社会主义法治道路，更好推进中国特色社会主义法治体系建设》，《求是》2022年第4期，第3页。

与各项普法教育活动的各族群众达到1590万人次。[①] 通过开展这些形式多样的普法宣传活动，西藏各民族群众的守法理念和意识不断提高，为西藏经济社会高质量发展和长治久安营造了良好的法治环境，有力地推动了全面依法治藏的进程。

一 西藏各民族群众守法理念和意识培养的现状

西藏自治区各级党委政府以全面推进依法治藏工作为主线，大力推动全区法治宣传教育工作，西藏各职能部门分工负责、齐抓共管的法治宣传教育大格局已经形成，各族群众守法理念和意识逐步提高，成绩十分显著，主要开展了以下几个方面的工作。

一是西藏自治区构建了"谁执法谁司法谁普法"的法治宣传教育工作机制。西藏自治区自实施"七五"普法工作规划以来，普法宣传教育工作领导办公室对每个年度普法宣传教育工作目标、任务进行详细分解，制定任务清单。同时，针对依法治藏工作开展的实际情况，自治区普法办出台实施了《西藏自治区"七五"普法工作实施方案》，要求相关国家机关在执法、司法过程中按照"谁执法谁司法谁普法"的要求，在广大各族群众中实施精准普法，让他们逐步感受法治精神的存在，不断提高法治素养，形成法治文化氛围。

二是建设一支政治合格、业务精良、专兼职结合的法治宣传教育工作队伍。西藏各级党委政府高度重视法治宣传教育队伍建设工作，由各级法治宣传教育工作办公室牵头，组建了分布每个领域的各类型法治宣传教育工作队伍。根据《西藏自治区法治宣传教育条例》（西藏自治区第十一届人大常委会第三十二次会议通过，2021年12月1日起施行）的规定，县级以上政府可以将法治宣传教育纳入财政购买的范围，鼓励社会力量参与法治宣传教育活动。目前，法治宣传教育工作队伍中既要有法官、检察官、律师、公证员、人民调解员等法律专业人士，也要有退休干部、教师、社区管理人员等志愿人士，覆盖全区的法治宣传工作机构网络体系基本形成。另外，西藏自治区人大建立了立法咨询专家库和法律顾问专家库，对西藏的经济发展、社会治理、民生保障、生态保护等诸多领域提供立法咨询和

---

① 西藏自治区司法厅普法办（sft.xizang.gov.cn），数据截至2020年12月底。

法律服务。特别是，充分发挥西藏大学政法学院和西藏民族大学法学院法学专业人才会集的资源优势，引导法学专业教师和大学生积极参加法治宣传教育活动，努力实现法学理论教育同法律实务的有机结合，为西藏法治宣传教育事业贡献智慧和力量。

图9-1　拉萨市普法进社区活动（图片由西藏自治区党委网信办提供）

三是不断创新法治宣传教育工作的方式和途径。西藏各法治宣传教育责任主体充分利用信息化网络技术，搭建了网站、微信、微博、手机等媒体平台，为法治宣传教育活动注入新的因素。西藏自治区七地市及所属各县（区）构建了融媒体法治宣传新格局，各级普法办开通了法治宣传教育微信群，使法治新闻、典型案例、法治人物等法治工作前沿信息得以及时推送到每个微信互联网用户。为了在各族群众中大力弘扬宪法精神，助力全面推进依法治藏工作，在全社会营造浓厚的法治氛围，西藏自治区党委宣传部、区普法办、司法厅同西藏自治区广播电视台联合推出专题电视栏目《法治西藏》，该栏目深受西藏各族群众的喜爱，收视率非常高。西藏自治区三级法院、三级检察院也都开通了微信公众号，提供法律咨询和典型案例分析服务，使司法公信力更加贴近各族人民群众。值得一提的是，日喀则市司法局创造性地建设了"一网一博一报"法治文化传播平台，开展以法律知识解答、以案说法、公共法律服务等为主要内容的法治宣传活动，满足了各族群众学法、知法、尊法、守法的需求，获得了社会各界广泛关注和称赞。

四是开展丰富多彩、形式多样的法治宣传教育活动。西藏自治区各级普法宣传部门围绕中心工作，按照普法宣传工作规划，有计划、按步骤开展丰富多彩、形式多样的法治宣传教育活动，让各族群众在寓教于乐中提高守法理念和意识。首先，以主题法治宣传工作引领示范普法新潮流。西藏自治区"八五"普法的工作重点是每年3月组织开展"法治教育月活动"、融媒体法治宣传平台搭建、民营企业家法律知识培训、普法示范基地创建、喜迎二十大主题宪法法律知识竞赛等活动，充分发挥这些主题活动的示范引领作用，积极掀起全区普法宣传工作的新热潮。同时，不断加大宪法宣传力度，在各族群众中树立宪法权威。各单位精心策划"12·4"宪法宣传周活动；开展宪法宣誓、宪法诵读、"宪法宣传灯光秀"以及宪法歌曲广场快闪等形式新颖、效果显著的活动；开展宪法主题作品创作征集发布活动。自治区党委宣传部和普法办组织力量创作了宪法主题歌曲《守护》，组织拍摄了"我与宪法"主题微视频并常态化开展了"我与宪法"文学作品创作大赛；大力推进宪法法治文化基地建设。聚力打造了以布达拉宫广场宪法文化角、河坝林宪法主题公园为代表50多处宪法法治文化宣传阵地。司法厅还投资建设了普法宣传成果展览馆，使宪法和法治精神渗透到了西藏各族人民群众的日常生活中。其次，聚焦重点领域有针对性地开展法治宣传教育活动。聚焦寺庙法治宣传教育。以每年3月开展的"寺庙普法教育宣教月"为契机，举办学宪法讲宪法升国旗唱国歌活动、历代藏传佛教活佛转世专题展、僧尼法律知识培训班、僧尼法治书法征集大赛等活动。聚焦青少年法治宣传教育。在青年学生中大力开展"学宪法讲宪法"演讲竞赛、"青春与法同行"普法巡回讲演、青少年权益保障模拟法庭以及"国旗下宪法宣讲日"等活动。聚焦农牧民法治宣传教育。充分调动驻村工作队员、双联户长、"法治三下乡"志愿者、村居法律顾问、农牧区人民调解员以及驻村民警等基层一线普法力量，积极开展驻村普法、联户普法活动，并重点针对农牧区双拖欠以及在虫草采挖期开展专题普法宣传活动。聚焦各级领导干部法治宣传教育。建立各级领导干部庭审旁听常态化工作机制，组织这些关键少数赴庭审现场旁听或观看庭审直播，通过以案释法的方式来对各级领导干部进行警示教育。依托"法治西藏"官微就有关廉政建设、党史教育、干部选拔任用、扫黑除恶等内容组织领导干部开展线上法律知识考试,努力培养各类型领导干部的法治思维以及依法办事的能力。

图 9-2 "法治三下乡"志愿者活动(图片由山南市提供)

二 西藏各民族群众守法理念和意识培养的成效

经过七个五年普法工作计划的实施,并通过千千万万普法工作者的辛勤工作和不懈努力,西藏自治区法治宣传教育以及各族群众守法意识培养效果显著。西藏各级领导干部法治思维习惯基本养成,行政执法人员依法行政、依法办事的水平不断提高,司法人员办案能力不断提升,司法公信力持续提高。特别是,通过加大基层普法教育工作的力度,西藏各族人民群众法治理念和守法意识不断增强,全面依法治藏工作不断推向深入。

一是各族人民群众依法维权意识明显增强。随着西藏普法宣传教育工作不断向纵深推进,普法覆盖面越来越广,越来越多人民群众的法律知识不断得到丰富和完善,守法意识显著增强,规则意识也不断提高。当基层群众工作、生活以及经营活动遇到疑难复杂问题时,逐渐习惯于借助法律寻求解决问题、维护自身权益的正当途径,在西藏全社会基本形成了自觉学法、坚定守法、遇事找法、解决问题用法、化解矛盾靠法的浓厚氛围。这种变化的一个有力佐证是,2022年西藏自治区高级人民法院工作报告显示,2021年度自治区三级法院共受理各类案件76197件、审执结66434件,同比分别增长51.87%和46.48%,全区法院收案数增长2.6万件。

二是普法宣传主体实现多元化。过去相当长的一个时期内,西藏各族人民群众法治理念淡薄、守法意识不强,相当一部分基层工作人员不愿意参加到普法宣传工作中,普法的主体主要是公检法司等政法机关。但是随着西藏各族人民群众特别是基层农牧民的守法意识不断增强,具备条件的有关人员积极参与到普法宣传大格局中,普法工作理念实现了从"我说你听"到"全民参与"的根本性转变,西藏各地市基本都形成了"大普法"格局,实现了普法主体的多元化。例如,2021年8月3日,那曲市色尼区普法办联合公益团队赴色尼区孔玛乡多索村开展法治宣讲活动,与以往不同的是,这次活动的主讲人是来自本村的大学生宣讲员。民法典、刑法、道路交通安全法等同农牧民生产生活息息相关的法律条文变成了自己身边的故事,大家听得津津有味,一场历时两个多小时的宣讲活动让大家受益匪浅。"都是我们身边人,讲的也是身边事,讲得清楚,我们也听得明白。"该村群众次仁告诉记者。[①] 类似这样的普法场景在西藏随处可见。自治区各级普法成员单位坚持把农牧民普法作为一项重要任务来抓,充分挖掘基层力量贴近群众、服务群众的优势和潜力,把"村居法律顾问+驻村工作队+村居两委班子"作为农牧区普法的主力军和宣传队,大力实施村居"法律明白人"培养工程,整合推动工作力量下沉。西藏城镇普法宣传教育工作的重点部位在社区,街道社区居委会联合相关职能单位开展具有针对性的普法活动,力争创建和谐美丽模范社区。例如,2021年6月26日"国际禁毒日"当天,山南市措美县司法局、禁毒委联合街道办事处,组织社区矫正人员开展禁毒宣教活动。活动中,禁毒工作人员通过图片讲解、样品讲解、案例讲解,教育引导社区矫正人员如何正确识毒、防毒、拒毒,并详

---

① 刘玉瑾:《从"我听你说"到"全民参与"西藏基本形成"大普法"格局》,《法治日报》2021年8月13日第4版。

| 依法治藏：理论与实践 |

细讲解了扫黑除恶专项斗争工作要求及专项斗争二十一类打击重点，要求发现涉黑涉恶线索要第一时间向政法机关举报。①

图 9-3　山南市措美县禁毒宣传活动（图片由西藏自治区司法厅法宣处提供）

为了实现把西藏所有地市都建设成为全国民族团结进步示范地市，依法开展民族团结进步工作，2017 年 6 月 6 日，日喀则市迎来首个"民族团结进步日"。为积极营造声势，把促进民族大团结、大融合的理念灌输到每一位基层群众的思想中，为促进日喀则创建全国民族团结进步示范市奠定法治基础，根据《日喀则市首届"民族团结进步日"上街集中宣传活动的通知》要求，日喀则市司法局积极组织律师、公证处等工作人员参与法治宣传教育活动。②

三是新媒体引领普法宣传教育新常态。近年来，随着新媒体的不断兴起，西藏各级各类普法成员单位在持续发挥传统普法方式优势的同时，开始探索"互联网+普法宣传"的模式，利用新媒体开展普法宣传工作。这个问题前文有所涉及，为了突出西藏新媒体引领普法宣传教育的成效，这里还需补充强调一下。"七五"普法期间，得益于短视频、大数据、人工智能等新媒体新技术的应用，普法宣传工作在针对性和实效性上有了巨大提升，能够满足各类受众多样化的法律服务需求。西藏各地、各部门借助于"互联网+"的技术手段，更好地运用微信、微博、微电影、客户端开展普法活

---

① 西藏自治区司法厅普法办：《禁毒防毒，与法同行》，西藏自治区司法厅普法办（sft.xizang.gov.cn），2021 年 6 月 27 日。
② 西藏自治区司法厅普法办：《日喀则市开展"民族团结进步日"法治宣传教育活动》，西藏自治区司法厅普法办（sft.xizang.gov.cn），2017 年 6 月 10 日。

动，提升了法治宣传教育的实效，为培养西藏各民族群众的守法意识探索了高效率路径。例如，西藏自治区司法厅建设的"智慧移动普法"平台，通过智能普法机器人、微信公众号、微信小程序等渠道向广大农牧民群众开展法治宣传，教育引导各族群众依法维护自身合法权益。"法治西藏"微信公众号的智慧普法栏目设有"扫黑除恶""学法风暴""智慧咨询"等多个子栏目，其中"学法风暴"小程序和H5线上普法活动一上线即深受各族群众喜爱，累计1890万余人次参与。西藏自治区司法厅引进的高原智能普法机器人"法小加"，实现了线上线下法律咨询、作品展示和业务办理的有机融合，寓学于乐，切实提高了普法工作的互动性、趣味性和实效性。目前，"学法风暴"小程序已经成为西藏线上法律知识测试的一大亮点，作为资源共享平台，为自治区多个部门提供考试载体。

四是村居法律顾问基层普法作用日益凸显。众所周知，西藏农牧区群众是守法意识培养相对薄弱的对象，普法宣传工作难度大，力量薄弱，是西藏普法宣传工作的"最后一公里"。如何打通这最后一公里，不断增强西藏基层农牧民群众的守法意识呢？近年来，西藏自治区大力实施村居"法律明白人"培养工程，建立村居法律服务微信群，把"双联户"和驻村工作队纳入基层普法队伍。同时，全区配备了5125名村居法律顾问，建立起了村居法律服务微信群，形成乡村"天周季"普法制度，开展每天播放普法广播、每周推送微信典型案例、每月播放法治电影、每季度集中宣讲等形式多样的普法活动，教育引导各族群众依法维护自身合法权益。[①] 另外，西藏各级司法机关坚持开展送法下乡活动，自治区普法办深入开展以案释法、村居"良规善治"征集评选和全国民主法治示范村（社区）创建等工作，用生动的法治案例、农牧民群众身边的法治故事，教育引导各族农牧民群众养成自觉学法守法、解决问题用法、化解矛盾靠法的良好习惯。

五是各族群众守法理念和意识培养方式、途径不断创新。在培养西藏各民族群众的守法理念和意识过程中，各类普法主体采取了群众喜闻乐见的工作形式，不断拓展培养守法意识的方法和途径，在这个过程中主要采取了专题宣讲、演讲比赛、有奖问答、民法典挂图、"法润雪域边关"、民

---

① 西藏自治区司法厅普法办：《西藏配备5125名村居法律顾问》，西藏自治区司法厅普法办（sft.xizang.gov.cn），2021年7月22日。

族团结宣讲、法律进工地、法治进景区、送法进军营、法律进校园、在线答题、正反面警示教育等诸多形式，进一步提高了普法效果，受到各族群众的一致好评。西藏各地市都开展了"基层法治课堂"宣讲活动，宣讲员结合生活中的实际案例，通过发放普法资料、解答法律咨询、开展法治讲堂等方式，重点对宪法、传染病防治法、妇女权益保护法等与基层各族群众生产生活息息相关的法律法规进行了广泛讲解宣传，并就日常生活中遇到的法律问题进行了耐心细致的解答，进一步丰富了基层法治文化，深受广大基层群众的喜爱。通过采取各种形式的普法宣讲活动，进一步增强了各族基层群众的法律意识和法治观念，为促进基层法治建设，维护西藏社会稳定奠定了良好的法治基础。下面介绍创新普法方式的几个典型案例。

案例一：林芝市司法局协同波密县人大、司法局开展《民法典》知识宣讲活动，安排援藏律师为波密县各乡（镇）人大及县直各单位主要负责同志作了一场精彩的《民法典》专题讲座。该讲座围绕《民法典》的立法宗旨、法律关系以及主要内容等，以案说法，对《民法典》进行了全面、深入、系统的解读，深刻阐释了《民法典》作为"社会生活百科全书""民事权利的宣言书""民事权利的保障书"的内涵和实质。通过听讲，参训人员对于民事权利保障有了新的理解。

案例二：日喀则市普法办组织开展宪法知识测试活动。普法办统一印制和发放宪法知识测试试卷，根据县（处）级领导干部宪法、法律知识学习的主要内容，建设宪法学习测试题库，从测试题库中组卷命题，试卷考查形式一般有单选、多选、填空和问答四种类型，总分值设定为100分。在测试过程中，参加测试的领导干部都能够严格遵守考场纪律，能够做到准确审题、规范答题、按时交卷，宪法知识测试工作取得了圆满成功。通过对领导干部开展宪法知识测试，进一步强化了宪法知识学习宣传，增强了领导干部的法治观念和法治意识，有助于提高党政机关、企事业单位学习宪法知识的效果，为建设和谐日喀则、平安日喀则以及开展"法治"珠峰行动建设奠定了法律知识基础。

案例三：为了使广大中小学生了解宪法基本常识，树立宪法法治意识，2020年12月4日，那曲市尼玛县普法办和教体局组织开展中小学生"学宪法、讲宪法"主题演讲比赛活动，共有20名优秀中小学生

图 9-4　日喀则市普法办组织宪法知识测试补考（图片由西藏自治区司法厅法宣处提供）

参加演讲比赛。参赛选手们紧扣"学宪法，讲宪法"这一主题，分别从不同的角度，以激昂饱满的热情讲述了日常生活中有关宪法的真实的故事。选手们的演讲主题鲜明、内容丰富、语言流畅，赢得了现场观众和评委们一阵阵热烈的掌声，演讲比赛取得了预期效果。

六是重点领域重点人群守法意识明显增强。首先，寺庙僧尼的国家意识、公民意识、法治意识显著增强。通过开展多种形式法治宣传教育，引导广大僧尼牢固树立"国法高于教规、守法先于守戒"的理念，在全区宗教领域营造了良好的法治环境。同时，积极打造"法律进宗教场所主题普法宣教月"（每年 3 月）特色品牌，定期组织开展全区僧尼线上线下宪法法律知识考试、爱国法治书法作品大赛、法治文化集市、法治书法征集大赛等活动，通过极具趣味性和互动性的寺庙普法活动，教育引导广大僧尼不断树牢国家意识、法律意识、公民意识。例如，为了进一步深入开展法律进寺庙活动，提高广大僧众的法治意识，2021 年 9 月 21 日，日喀则市萨嘎县普法办组织辖区内 30 余名宗教教职人员开展宪法知识考试。此次宗教教职人员宪法知识考试内容涵盖了 2018 年《宪法修正案》内容、新修订宗教管理事务条例、党和国家民族宗教政策等与广大宗教教职人员息息相关的法律知识。通过考试，有效提高了萨嘎县广大宗教教职人员学法用法的自觉性，增强学法、知法、用法、守法的意识。其次，青少年法治宣传教育融入课堂教学，不断夯实"接班人"爱国守法根基。将法治教育纳入国民教育体系，在全区各级各类学校开设了"开学法治第一课"和"假期法治第一课"，设置"道德与法治"课程，将法治建设教育和法治文化教学融入课堂教学中，使西藏各族青少年从小培养法治精神、树牢法治理念。西藏各级党委政府要求公检法机关参与学校普法教育，通过选聘政法干警担任学校法治副校长和法治辅导员的方式，实现学校法治教育常态化。再次，广大农牧民群众守法意识逐渐养成。西藏农牧区各级政权组织充分发挥基层干部贴近群众、服务群众的优势，把"村居法律顾问+驻村工作队+村居两委班子"作为农牧区普法的"主力军"和"宣传队"，大力实施村居"法律明白人"培养工程，整合推动法治宣传教育工作力量下沉。把"双联户"和驻村工作队纳入基层普法队伍，配备村居法律顾问。同时，结合农牧区工作的实际，开展乡村振兴、双拖欠依法治理、虫草采挖、草场纠纷、扫黑除恶等专题普法教育和"法治文化基层行"活动。在坚持送法下乡的同时，深入开展以案释法、村居"良规善治"征集评选和全国民主法治示范村（社区）创建等工作，教育引导农牧民群众养成办事依法、遇事找法、解决问题用法、化解矛盾靠法的良好习惯。复次，各级领导干部法治思维逐渐成熟，关键少数的法治素养大大提升。坚持把领导干部自觉学法、模范守法、带头普法作为树立法治意识的关键，完善国家工作人员学法用法制度，利用理论中心组学习、日常学习、法治培训等载体，加大领导干部学法用法力度，进一步提高领导干部和国家工作人员依宪执政、依法行政能力。积极协调指导各地市建立国家工作人员旁听庭审常态化工作机制，通过组织党员干部观看庭审直播和现场旁听等方式，发挥以案释法的警示教育作用。最后，开展婚姻家庭专项法治宣传，推动解决农牧区非婚生子引发的社会问题。联合民政、妇联和政法部门，在全区范围内组织开展婚姻家庭专项普法宣传，在婚姻登记处讲好"法治第一课"，在基层开设"婚姻家庭普法大讲堂"。依托区、市、县普法讲师团开展以案释法、旁听庭审，加大农牧区婚姻家庭法律援助、人民调解、律师、司法鉴定等公共法律服务力度，编印发放汉藏双语法律明白卡，加大婚姻家庭法律法规和非婚生子女合法权益法律保护的宣传力度，教育引导各族群众特别是妇女群体注重家庭、家教和家风建设，树立正确的婚恋观、家庭观和道德观，用文明法治之风助力乡村振兴。

总而言之，在西藏大普法格局下，经过各方的共同努力，借助传统与新兴手段和媒介，西藏法治宣传教育工作成效明显。西藏各族人民群众的守法意识显著增强，通过法律解决纠纷的案例显著上升，涉及社会稳定的事件明显下降，总体保持了稳定，为西藏经济社会高质量发展创造了良好的法治环境。

第三节　西藏各民族群众守法理念和意识培养面临的制约因素

西藏作为我国不可分割的一部分，其必然具有中华民族共同体的共同性因素；又因西藏具有特殊的自然环境、历史背景，其必然具有特殊性因素。同理，制约西藏各民族群众守法理念和意识培养的主要因素既有与全国其他地区相同的共同因素，又具有独特的历史与法律文化传统等影响因素。二者合力成为制约培养西藏各民族群众守法意识的重要因素，但二者各有其特点，需要坚持具体问题具体分析，做到有的放矢。

一　西藏自治区同其他区域共性的制约因素

（一）传统法律文化中人治因素的负面影响仍然存在，法治观念相对淡薄

从中国法律文化发展的历史来看，整个中华法系的核心内涵在于重人治。特别是在国家行政管理过程中，官管民易而民告官难，法律权利与法律义务不对等，最终使公权力私有化，阻滞社会发展。据此，作为中华法律文化重要组成部分的西藏传统法律文化，其人治因素对当代西藏培养各民族的守法意识仍具有一定的负面影响。旧西藏的社会形态经历过奴隶制和政教合一封建农奴制两种社会制度，其法律制度自然要与奴隶制和封建农奴制的社会政治经济需要相适应。旧西藏先后制定的法律有：7 世纪初吐蕃王朝的《法律二十条》，元末帕竹政权的《法律十五条》，十七世纪西藏藏巴汗政权颁布的《十六法典》，清朝第五世达赖时期制定的《十三法典》，1733 年的《番例》及同期青海果洛的《红本法》等，其中最重要的法律条文

是《十六法典》和《十三法典》，《十三法典》甚至一直沿用到1959年西藏民主改革前。《十六法典》从法律上授予农奴主以特权，规定保护农奴主的生命财产和不受法律的制裁，而且公开确认封建农奴主的暴力行为合法。按照法典精神，三大领主统治农奴是神的旨意，农奴受苦是命中注定，不能反抗，如果反抗，就要被处以挖眼、抽筋、割舌、剁手直至溺死、屠杀等极其野蛮、残暴的刑罚。如重罪肉刑律规定，对严重损害领主声誉、秘密武装、平民反上等直接威胁统治阶级利益的行为，都要处以挖眼、抽筋等肉刑。根据马克思主义基本原理，经济基础决定上层建筑，上层建筑反作用于经济基础。据此，西藏封建农奴制的经济基础决定了其制定的法律是用来维护封建农奴制的，对旧西藏的广大人民群众毒害很深。虽然民族区域自治在西藏确立后，对旧西藏的法律内容进行了清理，但是在民族分裂势力别有用心的鼓动下，旧西藏的法律思想特别是人治思想对新西藏的广大各族群众还仍有程度不同的负面影响，不利于西藏各民族群众守法意识的有效培养。

（二）经济社会转型期各种矛盾凸显，法律方式处置能力与公民预期存在差距，影响公民对法律信任度的提升

目前，西藏正处于经济社会发展的特殊转型期，随着市场经济体制、社会整体结构、利益分配格局深度变革与优化，利益主体多样化和价值选择多样性逐渐呈现出来。西藏各族人民群众的思想认识也呈现出复杂多样性，导致西藏各族人民群众内部矛盾呈现多发性的趋势，加之民族分裂势力的煽动误导，西藏社会矛盾多样且复杂。在处理这些矛盾的过程中，行政举措较多而法律举措运用相对较少，处理结果与人们的心理预期存在一定差距，于是使人们从心理上会产生了或多或少的抵触情绪，影响西藏各族群众对法律的信任，不利于西藏各族人民群众守法意识的培养。

（三）新媒体时代新兴领域法律规制不完善，影响公民对网络管理法治化的认知

新媒体时代，随着技术突飞猛进，新领域、新业态层出不穷，新问题不断被暴露出来，一些领域成为非法行为温床，甚至给人们造成了一定经济损失。由于法律具有相对的稳定性，国家层面对有关法律适用范围的解释相对滞后，现有法律不能直接适用于这些新领域，于是这些新领域短时期内成为法外之地，非法网民利用这个漏洞，从事各种非法活动，如网络诈骗、网络快贷等，给西藏广大人民群众利益带来了巨大损失，给法律的公信力造成了一定的负面影响，削弱了人们对法律的依赖基础。

（四）普法宣传教育过于程序化、形式化，影响公民守法意识培养的效果

目前，西藏有关单位虽然进行了大规模的普法宣传活动，但存在一个共同的薄弱环节，那就是程序化、形式化突出但灵活性不够，实效性和针对性都不是很强。在"谁执法谁普法"原则的指导下，西藏形成了大普法格局，各级人民政府、公检法司以及各级各类学校、村居委会都参与其中，但相当一部分普法工作是"按照文件传达文件，依据会议传达会议"的方式来开展的，真正结合广大农牧民群众生产生活实际的法治宣传的数量还有待提高，创新性也不够，基层农牧民很难真正理解普法内容，在一定程度上影响了守法意识培养的成效。

（五）普法宣传工作力度和效果不平衡，影响西藏各族群众对法治公信力的认同

西藏普法宣传不平衡主要表现在普法对象不平衡、普法内容不平衡、力度效果不平衡。普法对象不平衡是在日常普法宣传中，存在重视城镇居民而轻视农牧民现象，导致各种普法资源在城市聚集，而农牧区则普法资源相对短缺，普法宣传存在"肠梗阻"现象，打通普法宣传"最后一公里"任务紧迫。普法内容不平衡是指对宪法、民法典等内容的宣传较多，而对刑法、行政法等宣传相对较少，各族群众的行政法知识相对欠缺，当遇到公权力侵犯私权利时，权利主体不知道如何应对公权力滥用，于是把普通的案件上升到政治性质事件，破坏党与农牧民群众的血肉联系，影响到了法律和法治的公信力。

二　基于西藏特殊区情的制约因素

（一）民族分裂势力的制约

十四世达赖分裂集团甘愿继续充当国际反华势力的忠实工具，其歪理邪说在西藏还有一定的市场，有一定数量的"信众"。十四世达赖分裂集团打着保护"民族文化"的幌子欺骗群众,从事非法活动,破坏祖国统一和民族团结。这部分所谓的"信众"置国家和民族利益于不顾,与国外分裂势力同流合污,从心理上宁愿接受歪理邪说也不愿自觉培养守法意识,肆意破坏民族团结,践踏中华人民共和国法律法规,在一定范围内造成不良影响,严重践踏法律的尊严和群众权益,不利于西藏各族群众培养守法意识。

(二) 宗教消极因素的制约

众所周知,十四世达赖分裂集团歪曲藏传佛教教义为西藏农奴制度辩护,目前对部分西藏信教群众仍具有一定影响,甚至被部分信教群众奉为从事生产生活实践活动的"圭臬"。异化了的藏传佛教虽然远离普通群众生活但又牢牢控制群众思想,从而导致西藏部分群众对藏传佛教的教义比较熟悉而对国家相关法律法规不了解不熟悉不遵守。西藏个别群众特别是基层农牧区群众,法律知识相对贫乏,法律意识不强,违法违规行为时有发生,产生一定的不良影响,对社会法治生态提出了严峻挑战,对"依法治藏"的推进形成严峻挑战,从而在一定程度上也削弱了国家基层治理效能,践踏群众的合法权益,损害了各族群众的切身利益,阻碍了良好法治氛围的形成。

(三) 传统民族习惯负面影响的制约

在西藏的传统风俗习惯中,一部分对依法治藏工作有一定的推动作用,对于培养西藏各民族的守法意识非常有利。而相当一部分民族习惯则与现代法治观念相悖,不利于西藏各民族的守法理念和意识的培养,成为特殊的制约因素。如:一夫多妻制或一妻多夫制,与现代一夫一妻制的婚姻制度相违背。对于西藏少数地方存在的"赔命价""赔血价"等现象,虽然早在 2002 年 7 月 26 日西藏自治区第七届人大常委会第 27 次会议就通过了《西藏自治区人大常委会关于严厉打击"赔命价"违法犯罪行为的决定》,但由于种种原因,这种违法犯罪现象在西藏仍然屡禁不止。所以,类似的风俗习惯是西藏旧社会的遗留,不符合社会发展进步的潮流,禁锢各族群众的思想认识,不利于西藏各族人民群众的守法理念和意识的培养。

(四) 部分领导干部法律意识淡薄的制约

在西藏机关企事业中有相当一部分领导干部法律知识基础薄弱，法律意识淡漠，主要是靠行政管理经验来进行决策和开展工作，依法决策、依法施政的观念相对落后，有些领导干部在工作中如需法律知识则现学现用。特别是在部分行政事业单位，极少数领导干部为群众服务办实事法律意识不强，容易导致不合法不合理的行政行为发生，侵犯身边群众的切身利益，造成严重社会不良影响，冲击了西藏各族人民法律意识培养的整体生态。

(五) 腐败行为恶劣影响的制约

2012年以来，西藏自治区把中央八项规定及其实施细则精神与自治区"约法十章"有机结合，为培养忠诚干净担当的铁军奠定了制度基础，不断净化政治生态环境。西藏党员干部队伍整体是好的，是经得住历史和现实考验的，但也存在个别腐败分子，异化了宪法和法律赋予的公权力，对培养各族人民群众的守法理念和意识也造成了负面影响。据统计，仅2021年，西藏自治区纪委监委就查处扶贫民生领域腐败和作风问题582件1524人。[①] 这些腐败分子相当一部分都身居要职，知法犯法，社会负面影响大，性质非常恶劣，严重破坏了党在各族群众中的形象，严重冲击各族群众的认知，制约了西藏各民族群众守法理念和意识的形成。

(六) 普法宣传教育工作力度不足的制约

西藏的国民教育体系基本分为高等教育、义务教育、职业教育、特殊教育四个部分，这四个部分的国民教育类别中法治宣传教育均存在不同程度的薄弱环节。就西藏高等教育中法治人才培养来说，西藏七所高校均没有法学专业博士点，西藏所需的高层次法治人才和法学人才主要靠内地兄弟院校对口支援或引进，高层次法治和法学人才严重短缺，"留得下、用得上、靠得住"的法治和法律人才培养质量不高。就课程设置而言，非法学专业的学生主要是通过《思想道德修养与法律基础》来学习法律知识，这

[①] 《西藏纪检监察机关查处扶贫民生领域腐败和作风问题582件1524人》，西藏纪检监察网 (www.xzjjw.gov.cn)，2021年5月9日。

部教科书中的法学知识主要是对法学知识的高度梗概，属于法学入门教材，难以把广大学生培养成具备一定法律素养的人才，受教育者很难将法律意识传递给其他受众。同时，西藏农牧区普法力度亦不够。农牧区常规性普法主体主要依靠村委成员，这些负有普法责任的人员法律素养有限，其普法活动存在应付上级工作检查需要，普法活动很难深入农牧民群众的心灵深处，广大基层农牧民群众的守法意识很难持久养成。

总之，无论是共性制约因素还是个性制约因素，都对新时代西藏各族群众守法意识的培养造成了一定的干扰。为了高效培养西藏各民族群众的守法理念和意识，需要辩证地处理共性与个性的关系，把普法宣传教育工作放置在实现国家治理体系和治理能力现代化的背景下，结合依法治藏工作的实际，积极探索破解普法宣传工作难题，为全面推进依法治藏工作夯实群众基础。

第四节　西藏各民族群众守法理念和意识培养路径

通过法治宣传教育来培养西藏各族群众守法理念和意识，提升各族群众对树立宪法、法律权威的认知水平，是全面推进依法治藏的基础性工作，也是依法治藏的重要内容，能否有针对性地创新性地开展普法宣传教育工作，直接影响到依法治藏的效果，同时也将对国家宪法法律在西藏的实施产生直接影响。所以，本书在全面分析影响西藏普法宣传教育重要因子的基础上，提出加强普法宣传教育，提升各族群众守法理念和意识的路径优化建议。

一　遏制民族分裂势力的负面制约，消除宗教的消极影响，确保各族群众守法理念和意识培养的正确方向

作为边疆民族地区的西藏自治区，长期以来一直是以美国为首的西方反华势力以及十四世达赖分裂集团图谋西化分化的重点区域，境外分裂势力之所以在西藏个别不明真相的群众中产生一定的影响，在个别群众中产生狭隘的民族意识和民族情绪，究其原因同这些群众接受普法教育机会不多导致守法意识不强有直接的关系。在西藏开展民族工作具有一定的特殊性，民族问题与宗教问题交织在一起，民族分裂势力正是抓住这个特点，

把个别信教群众煽动起来，使其从事危害民族团结和社会稳定的不法行为，达到其解构中华民族共同体的目的。个别群众之所以成为民族分裂分子的棋子，一个很重要的原因是法律知识欠缺，导致守法意识不强。同时，藏传佛教对个别信教群众的消极影响较大，在一定程度上甚至成为极少数信教群众的精神支柱。西藏自治区党委书记王君正同志在2022年2月9日召开的西藏自治区党委民族工作会议上讲话指出："一定要深入查找并防范民族工作领域重大风险和隐患，坚持底线思维，强化法治意识，依法及时化解各种问题和隐患。"为了培养西藏各民族群众的守法意识，应加大对民族分裂势力的法律惩处力度与曝光力度，通过案例警示教育其他人，用法律维护国家统一和民族团结，为培养西藏各民族群众守法意识营造良好的社会环境。同时，坚定藏传佛教中国化方向，结合西藏寺庙僧尼思想动态，积极宣传国法大于教规、守法先于守戒，强化僧尼的守法意识，使僧尼成为维护祖国统一和民族团结的重要力量，使寺庙成为西藏法治宣传教育的重要阵地，绝不给西方反华势力和民族分裂势力提供传播分裂祖国错误思想的土壤，筑牢维护祖国统一和民族团结的铜墙铁壁。

二 吸收西藏传统法律文化和民族习惯法中的合理成分，奠定各族群众守法理念和意识培养的民族文化基础

法律制度与法律文化相辅相成。文化能够作用于并塑造法律制度的模式，法律文化把文化的基本价值和主要精神传递到法律制度中，法律制度作为一种外显的规范性结构，它反过来又规范作为观念形态的法律文化。作为中华文化一部分的西藏文化，既有优秀传统部分，亦有糟粕，需要根据时代发展对西藏传统文化进行扬弃，继承优良传统而舍弃落后成分。西藏传统文化中优秀部分如爱护环境、保护动物、睦邻友好、团结互助、勤俭节约等，为新时代西藏各民族群众培养守法意识提供了良好的文化基础。为了进一步发挥这些优秀法律文化的育人功能，需要对西藏传统法律文化进行比较系统的梳理，分门别类地归纳出具有时代价值的内容，然后结合西藏各民族群众守法意识的现状，研究西藏传统法律文化与群众守法意识的契合点，深入挖掘西藏传统法律文化的历史价值，让传统法律历史文化说现在的话以及为现代人说话，让西藏传统法律文化在时代的发展中进行继承和创新，在其基础上具有针对性地探索培养新时代西藏各族群众守法

意识的途径和措施，不断提高新时代西藏各族人民群众守法理念和意识培养路径选择的针对性和可行性。

三 继续完善法治宣传教育工作机制，为培养西藏各族群众守法理念和意识提供制度保障

首先，构建法治宣传教育组织机构和运行机制。西藏的法治宣传教育是一项长期而复杂的社会治理系统工程，关乎西藏高质量发展和长治久安战略目标的实现。为了顺应新时代西藏法治宣传教育的新形势、新任务、新要求，以新时代西藏法治宣传教育工作的规律和特点为依据，进一步完善法治宣传教育工作的组织机构和工作机构，更加有力地领导和组织法治宣传教育的开展，逐步形成党委领导、人大监督、政府组织、社会参与的法治宣传教育工作机制。其次，通过多种途径加大法治宣传教育财政经费的投入。法治宣传教育是由政府提供的公共产品，具有无差别公益性的特征，必须由财政投入来加以保障。《西藏自治区法治宣传教育条例》第二章第八条规定，"县级以上人民政府应当将法治宣传教育工作纳入国民经济与社会发展规划及政府公共服务体系，并将法治宣传教育经费纳入本级财政预算，足额保障，专款专用，动态调整"。西藏自治区普法工作"八五"规划要求将普法工作经费纳入同级财政预算。从2016~2021年度西藏自治区司法厅系统部门决算来看，西藏自治区省级财政用于普法宣传教育经费年人均都不少于1元。针对西藏经济社会发展、人口数量增长以及法治宣传教育事业的发展，并随着普法工作成本的减少，西藏自治区应当建立动态经费投入调整机制，以充足的经费来满足普法工作的需要。同时，构建法治宣传教育工作考核标准和指标体系。

设计考核标准和指标体系是任何考核工作的中心环节，可以充分发挥考核体系对普法工作的督促、导向和激励作用。西藏自治区普法工作领导小组办公室要遵循"实事求是、科学合理、切实管用"的原则，在充分掌握工作目标难易程度适中的基础上，根据西藏普法宣传工作内容制定合理的指标体系和考核标准。在制定西藏法治宣传教育工作各项指标的过程中，要尽量纳入定量分析比较的范畴，最大限度减少考核工作的人为因素。特别是，针对西藏经济社会的发展、社会矛盾的变化以及依法治藏工作的要求，对西藏法治宣传教育考核指标体系进行动态调整，及时修订过时的不

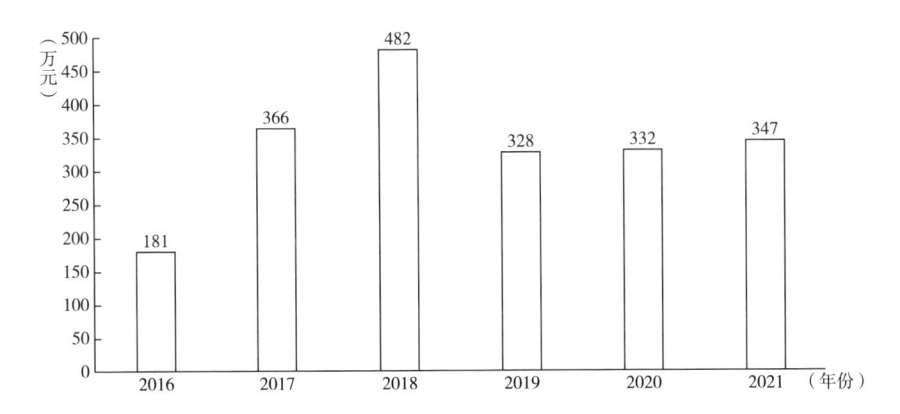

图 9-5 西藏自治区法治宣传教育财政投入

资料来源：《西藏自治区司法厅系统年度部门决算书》，西藏自治区司法厅普法办（sft.xizang.gov.cn），2021年12月20日。

适合时代要求的考核指标，确保考核指标体系的时效性、实用性、针对性，并不断加大考核比例和权重，力争建立比较科学的法治宣传教育考核评估机制，以便对西藏普法宣传工作进行检查、督促和激励。

四 开展全社会全媒体普法教育工作，为各族群众守法理念和意识的培养提供有效路径

法治宣传教育形式与内容一定要以基层各族群众需求为导向，注重各族群众的实际需要，积极开展全方位、全媒体的法治宣传教育工作。同时，还要针对法治宣传教育对象的差异性，抓住各类受众的特征和关键点来开展普法工作，以期取得实效。一是加强对各族群众生产生活息息相关的法律法规知识宣传，努力营造学法守法环境和氛围。西藏培养各民族群众守法理念与法律意识的环境主要是指利用理论宣传、网络宣传、文艺宣传等形式，以中国特色社会主义法律体系为蓝本，激活并运用各种载体，学习宣传以国家宪法为核心的基本法律法规。通过开展各种途径的法治宣传教育工作，使西藏各族群众能够广泛了解与掌握基础法律知识，助推西藏各族群众对法治理念、法治思维、法治信仰以及法治方式的践行与培育，通过各族群众喜闻乐见的形式和路径，使西藏各族人民群众养成良好法律行

295

为习惯。二是加大法治宣传教育在国民教育体系中的分量。针对西藏各族青少年学生，教育部门应发挥自身优势，加强主动引导，督促学校加大宪法法律学习的比重，增加法治选修课学分，并增加就业考试中对法学知识的考查分量，积极引导西藏各族青年学生学习法律知识，树立法治理念和意识。三是强化典型案例的警示作用。西藏自治区的政法部门应组织公、检、法、司、监狱、国安等单位挖掘典型案例，制作专题片，充分利用"阳光西藏""雪域清风"等传统媒体与新媒体优势，通过短视频、短文字等形式，运用网言网语对普法内容进行解读，进行表达方式上的变革，降低普法传播的认知门槛，让普法内容更加直观、立体、易于接受，抓住受众心理需求，吸引网友眼球，扩大传播范围。四是加大对国家宪法的宣传力度。在中国特色社会主义法律体系中，宪法是"根"是"本"，西藏各族人民群众把学习宣传宪法摆在首要位置是理所当然、责无旁贷。宪法是全面推进依法治藏的总依据，是实施民族区域自治法等基本法律最重要的上位法。所以，在西藏深入宣传依宪治国、依宪执政等理念，应宣传中国共产党是中国特色社会主义事业的领导核心地位，宣传宪法是治国理政的基本依据，宣传西藏是我国不可分割的一部分，宣传西藏各民族平等团结，宣传西藏各族群众的平等权利和义务等内容。五是不断完善西藏法治宣传教育工作格局。西藏各级党委政府及其职能部门一定要按照"谁执法、谁普法"的普法工作责任制要求，结合国家治理体系和治理能力现代化的总要求，建设和完善西藏法院系统、检察系统、行政执法系统、纪委监委系统、律师等行业领域的典型案例库，并采用以案释法的方式来组织这些系统的工作人员对案例进行讲解。根据近几年西藏发生的司法案件，对这些案例进行系统的梳理归纳，把抽象的法律条文具象化为各族群众身边的日常生活琐事，用法律知识系统分析案例，通过生活中的案例普及法律知识、教育群众，对相关法律条文进行细化，提高法治宣传教育的针对性和有效性。六是着力发挥法治文化对普法工作的引领熏陶作用。根据新时代西藏法治宣传教育模式的转变，通过法治文化传播来推动普法工作扩容升级，加强民族法治文化园地建设，大力弘扬法治精神，为西藏各民族群众培养守法理念和意识增强文化底色。西藏自治区各地市、各县区相关部门要加大法治文化阵地建设的力度，努力建成一批具有示范作用和浓郁民族地方特色的城乡法治文化宣传教育基地。特别是，在西藏的重点城市如拉萨市、日喀则市、昌都市等地，主要工作是抓紧建设规模化的法治文化广场、法治文化公园、法治文化长廊等普法教育园地。通过这些文化宣传教育基地建设，大力推动民族文化、宗教文化、企业文化、行业文化、机关文化、校园文化、乡村文化、社区文化等相融合，这些不同类型文化同法治文化协同发展。另外，西藏的宣传文化部门要组织力量开展法治文化作品创作活动，创作法治文化艺术精品，把法治宣传教育融入文化活动禀赋之中，使广大各族群众在寓教于乐中受到法治教育和熏陶，起到潜移默化和润物无声的作用。

五 着重培养普法工作队伍的综合素质，为提高西藏普法工作效能提供人才支撑

在全面推进依法治藏工作过程中，各族人民群众的法治理念和意识不会自然养成，需要由普法教育工作者开展大量细致的宣传教育工作来助推，故壮大普法工作队伍对于提高法治宣传教育工作效能、培养西藏各族群众的法治意识意义十分重大。因此，一定要着力加强西藏法治宣传教育工作队伍的政治原则、业务素质和职业道德的建设，把党和人民的根本利益与合法权益保障统一起来，把法律原则与生活实际结合起来，切实做到遴选具有指导性的案例，用生动的案例来向基层群众普及法律知识。首先，西藏自治区应结合司法实践，总结推广可普及的经验和做法，各级司法行政机关要有针对性地加强专兼职普法工作者队伍建设，按照政治立场坚定、业务精湛、品德高尚的原则，精挑细选工作人员，切实提高普法工作队伍的能力和素质，为西藏各族人民群众供给急需和基本的法律知识，运用法律武器维护群众的基本利益，化解社会纠纷，增强群众守法意识，涵养良好法治生态环境。同时，积极动员社会力量共同参与法治宣传教育工作，由普法工作领导小组办公室牵头，选聘西藏自治区党委党校、西藏大学、西藏民族大学、区社科院的法学专家以及知晓法律知识的民间组织和志愿者充实到普法宣传教育队伍中。各单位要结合普法工作重点以及普法工作人员的特点制定行之有效的法治宣讲提纲，有计划地开展专题性法治宣讲活动，不断提高法治宣传教育的专业性与权威性。另外，加强自治区、7地市、74县区各级普法讲师团建设，借助"珠峰论坛"平台，邀请知名法学专业专家学者参加各级讲师团，积极发挥专业讲师团在依法治藏宣传教育工作中的主体作用，准确普及法律知识，在社会中营造学法守法的良好社会氛围。其次，加强普法志愿者队伍建设。不断完善志愿普法宣传工作机制，大力鼓励与引导法律实务部门工作人员、行政执法人员、公共法律服务人员以及高等院校、研究机构的法学专家以及法学专业大学生加入普法志愿者队伍，扩大普法宣传教育工作的覆盖面，提高普法宣传教育工作质量，为各族群众传播基本法律知识，有力地引导西藏各族人民群众增强守法理念和意识。

六　健全法律援助服务体系，为各族群众守法意识和理念培养营造良好的社会环境

针对西藏农牧民群众法律理念和意识养成的实际情况，自治区司法厅制定法律援助服务制度，加强顶层设计，完善覆盖西藏城乡、惠及农牧民的法律援助服务体系，并通过对基层各族群众开展法律援助服务工作，有意识地培养基层各族群众的法律意识。西藏各级司法行政机关有重点有选择地建立相对固定的服务中心（所、站），把法律援助服务送到基层社会、送到基层各族群众身边，逐步打通各族群众与法治的"最后一公里"，杜绝法律服务"肠梗阻"现象，切实方便广大基层各族群众，把矛盾纠纷解决在基层社会，化解风险挑战，增强维护社会和谐稳定的自觉性，提高维护社会公平正义的针对性。同时，针对西藏各族基层群众维权难问题，应建立健全网上网下维权体系，理顺部门之间的法定权利义务关系，秉持把问题留给政府、把方便留给群众的理念，打通围堵基层群众依法维权的障碍，支持各族人民群众依法维权，分地区逐步推行网上预约立案结案制度，加强城乡巡回审判督查检查，及时发现纠正司法领域的不正之风，让各族群众从每一件案件的审理中感受司法的公平正义。

七　紧紧抓住关键少数，着力增强西藏各级党员领导干部的法治思维

2015年2月2日，习近平总书记在省部级主要领导干部学习贯彻党的十八届四中全会精神全面推进依法治国专题研讨班开班式上讲话中指出，"法治素养是干部德才的重要内容"，要"把能不能遵守法律、依法办事作为考察干部的重要内容"，"用人导向最重要、最根本、也最管用"。① 党的

---

① 习近平：《论坚持全面依法治国》，中央文献出版社，2020，第142页。

第九章 西藏各族群众守法理念和意识培养

十八届四中全会《中共中央关于全面推进依法治国若干重大问题的决定》明确指出，"把能不能遵守法律、依法办事作为考察干部的重要内容，在相同的条件下，优先提拔使用法治素养好、依法办事能力强的干部"[1]。这些论述为培养党员领导干部法治思维和法治意识指明了方向。首先，各级党员领导干部一定要增强法律知识学习的自觉性，努力增强法治思维、提升法治素养。课题组在调研中发现，部分领导干部学习法律知识的积极性不高，没有时间和精力来集中学习，或者是在潜意识中对学习法律知识存在偏见。这些因素导致了部分党员领导干部在法治实践中存在法规政策解读不精准、执法行为不规范、法规政策制定和实施工作缺乏评估等问题。要解决党员领导干部法治意识不强、依法办事能力相对较弱的问题，就必须从增强法治意识、养成法治思维等方面下功夫，不断增强学法用法的自觉性，不断加强习近平法治思想以及相关法律法规知识等内容的学习，从而强化立法、执法、司法、法律监督等方面的法治思维和意识，逐步做到法治精神内化于心、外化于行，不断推动法治实践走向深入。其次，将党员领导干部学法用法、依法办事纳入工作实绩并作为考核指标。党的十八大召开以来，党中央对党员领导干部的实绩进行了新的考量。2013年12月10日，中共中央组织部颁布了《关于改进地方党政领导班子和领导干部政绩考核工作的通知》（以下简称《通知》），作为重要的党内法规，该《通知》明确界定了各级地方党政领导班子以及领导干部政绩指标体系和考核标准，并要求通过"坚持正确的考核政治方向，将领导干部考核由单纯的发展速度、经济总量等指标转变为发展方式、发展质量、发展后劲等指标"[2]。以这些考核指标为引导，要求各级领导班子和领导干部必须牢固确立"功成不必在我、功成必定有我"的正确发展理念，争取做出经得起历史、现实和人民检验的政绩。这就进一步说明了考核领导干部政绩的标准不再是唯GDP论，不再是完全按照经济指标来对应领导干部的政绩。特别是，十八届四中全会从全面推进依法治国的角度对广大领导干部的实绩考察进行了新的规定，即："把推进法治事业发展的成效作为衡量各级领导班

---

[1]《中共十八届四中全会在京举行，中央政治局主持会议，中央委员会总书记习近平作重要讲话》，共产党员网（www.12371.cn），2014年10月23日。
[2]《关于改进地方党政领导班子和领导干部政绩考核工作的通知》，中华人民共和国中央人民政府网（www.gov.cn），2013年12月10日。

子与领导干部工作实绩重要指标,纳入党员领导干部政绩考核评价体系。"①所以,西藏自治区各级党委也要按照《通知》精神,把各级党员领导干部是否坚持法治思维和运用法治方式依法办事,是否在决策中坚持科学性、合法性等来衡量其政绩。只有严格将树立法治理念、养成法治思维纳入干部实绩考察的内容,全面依法治藏事业才能得到创新和发展。最后,开展各级领导干部法律知识常态化培训工作,在领导干部中形成浓厚的法律法学氛围。西藏自治区各级党校要开办法律知识专题班,西藏各高校的法学院也要开办领导干部法律热点问题高级研修班,针对新出台的法律法规以及围绕各族群众关注的法治问题开展研修研讨。同时加大对机关、企事业单位干部法律知识的考核考试工作力度,考核考试工作由各级普法工作领导小组办公室组织,通过网上答题、面试测试等形式考察特定法律知识,把考察结果纳入年度评优评先中,努力形成党员领导干部学法、用法长效机制。

西藏各族人民群众守法理念和意识的培养是长期复杂的系统工程,需要在西藏自治区党委政府的统一领导下,严格区分不同对象,动员政法、宣传、网信、统战、民宗等部门努力形成合力,共同组成普法宣传教育网络,久久为功、绵绵用力,传播普及法律法规知识,养成学法、懂法、用法、守法的良好习惯,依法积极维护国家、社会、公民的权益,争做神圣国土的守护者、幸福家园的建设者,为推进国家治理体系和治理能力现代化做出应有贡献。

---

① 《中共十八届四中全会在京举行,中央政治局主持会议,中央委员会总书记习近平作重要讲话》,共产党员网(www.12371.cn),2014年10月23日。

第十章　西藏法治工作队伍建设

"得其人而不得其法，则事必不能行；得其法而不得其人，则法必不能济。人法兼资，而天下之治成。"① 全面推进依法治国基本方略，努力建设社会主义法治国家，必须要培养和造就一支政治合格、作风优良、业务精湛、纪律严明、清正廉洁的德才兼备的高素质法治队伍。作为一个明确的政治概念，"法治工作队伍"可以算作一个新兴名词，党的十八届四中全会才被首次正式提出。但是法治人才的培养、法治队伍的建设对于中国特色社会主义法治事业的发展意义重大。法治工作队伍建设是中国法治建设的重要组成，历来受到党和国家的高度重视，关涉着全面依法治国的推进以及法治国家的建成，维系着全面建设社会主义现代化强国的伟大事业。进入新时代以来，中国共产党持续不断地进行新型高素质法治工作队伍的建设实践。党的十八届四中全会通过的《中共中央关于全面推进依法治国若干重大问题的决定》明确指出："全面推进依法治国，必须大力提高法治工作队伍思想政治素质、业务工作能力、职业道德水准，着力建设一支忠于党、忠于国家、忠于人民、忠于法律的社会主义法治队伍，为加快建设社会主义法治国家提供强有力的组织和人才保障。"② 这一指示为法治工作队伍建设提出了原则上、理念上的指导以及贯彻落实层面上的部署。"着力加强法治工作队伍建设"作为落实十八届四中全会部署的五项重大任务之一，在习近平法治思想核心要义的构成中占据着重要地位。

为了深入贯彻落实中央关于法治工作队伍建设的指示精神，西藏自治区充分重视法治队伍建设工作对全面依法治藏的重要支撑作用，统筹法治工作队伍建设于依法治藏的总体布局中，将法治工作队伍建设作为全面推

---

① （明）海瑞：《治黎策》。
② 《中共中央关于全面推进依法治国若干重大问题的决定》，人民出版社，2014，第30页。

进依法治藏的基础性保障工作来抓实抓牢。目前，全面推进依法治藏工作已经拥有了一支听党指挥、服务人民、能打硬仗的具有坚强战斗力的法治队伍，但是新时代催生了新的社会形势，在依法治藏背景下，西藏法治工作队伍还需不断加强思想政治建设、业务能力建设和职业道德建设。西藏法治工作队伍主要包括法治专门队伍（立法队伍、行政执法队伍、司法队伍等）、法律服务队伍（包括律师、仲裁员、公证员、基层法律服务工作者、人民调解员等）以及法学教育和研究队伍。[①]虽然近年来西藏法治建设不断发展，法治工作三支队伍建设也取得了一定成绩，但是仍存在一定的亟须克服的现实困境。为了更好推进西藏法治工作队伍建设，本书基于对西藏自治区法治工作队伍现状的客观审视，从政治思想素质、业务工作能力、职业道德水准三个维度考察全面推进依法治藏三支工作队伍建设的进程，深入分析了依法治藏工作队伍建设的问题和影响因素，为全面推进依法治藏法治人才资源保障提供思路启迪和现实对策。

第一节　西藏法治工作队伍的内涵特质

把握西藏自治区法治工作队伍的内涵特质，首先要从法治工作队伍的基本概念入手，阐明法治工作队伍的内生机制和存在价值的问题。法治工作队伍作为一种政治名词和学术名词，其基本内涵和理解范式并不是一成不变的，而是随着社会经济的进步以及治理模式的变迁而不断丰富发展的，基于不同时代法治目标的构成进行调整，在时间空间上呈现出不同的特点。进入新时代以后，为了应对新形势、解决新问题、直面新挑战，法治工作队伍又被赋予了新的含义。在结合全面推进依法治国的时代特色的基础上，法治工作队伍被概括为："具有丰富的法治知识、娴熟的法治技能，符合特定的法律职业道德标准，从事立法、执法、司法、法律服务等工作的专门人才。"鉴于概念在内核上的通适性，西藏自治区法治人才队伍也符合这一概念的描述，只不过工作和服务的地域限定在西藏民族区域自治地方的范围内。总的来看，西藏自治区法治人才队伍在概念和内涵上呈现出以下几个特点。

---

① 黄进：《不断创新法治人才培养机制》，《经济日报》2014年11月11日第7版。

第一，职业的共同性。西藏自治区法治工作队伍是专事"法治"工作的人才，具有法律职业的特点。根据西藏社会经济发展的需要以及依法治藏工作内容性质的不同，法治工作队伍被区分为不同的类别，进而满足经济社会发展不同的需要。在全面推进依法治藏的背景下，西藏自治区的法治工作队伍主要职能是从事基本的立法、执法、司法、普法宣传、法治教育、法律服务、法学理论研究等工作。西藏的法治工作队伍是全面推进依法治藏的重要的基本力量，处在西藏法治事业发展的最前沿，他们的职业范围和素质直接影响并制约着西藏依法治理的水平和进程。从"法律职业共同体"的角度来看，在西藏法治工作队伍的各种构成中，由于职业权责范围界定、职业组织自治度、职业伦理规范等存在差异性而带来的壁垒，影响了西藏法治职业融合效能的发挥，对西藏"法律职业共同体"的形成造成了障碍。为了从根本上解决整个问题，西藏探索性地建立起了法律职业的流动和融合机制。西藏在过去相当长的一段时期内，法律职业之间流动渠道不畅通，法律职业间的流动去向呈现单向性的特征，法律职业管理制度的磁性和固化限制了职业功能的融合。这种特点在西藏的具体表征为：根据《最高人民法院、最高人民检察院、司法部联合下发〈关于进一步规范法院、检察院离任人员从事律师的意见〉》，西藏有一部分法官、检察官在度过两年禁业期后，正式执业从事律师职业，还有少数法官、检察官包括律师进入高校法学院从事教学和学术研究工作。据不完全统计，从2012年至今西藏各地市有26名法官、检察官离职转任律师，这个数字跟全国的情况相比体量很小；反之，由于体制的障碍，西藏很少有律师和法学学者进入法院、检察院从事审判和检察工作的。2016年6月2日中央办公厅印发了《从律师和法学专家中公开选拔立法工作者、法官、检察官办法》（简称"十七条"，以下简称《办法》），该《办法》要求从律师、法学专家中遴选法官、检察官，并严格规定了遴选工作的原则、条件、要求以及程序。2019年4月23日十三届全国人大常委会第18次会议对《中华人民共和国法官法》《中华人民共和国检察官法》进行了修订，明确规定各级司法机关可以根据审判和检察工作需要，从优秀律师、法学教学科研人员中公开遴选法官、检察官，对参与公开遴选的律师、法学教学科研人员的资格、条件做了具体规定。依据这些法律和政策的规定，西藏自治区的司法机关也组织过面向律师和法学工作者的法官、检察官选拔考试，但是成效不明显，考试选拔工作也没有延续开展，制度执行的长效机制尚未建立起来。所以，在这种情况下，西藏的"法律职业共同体"互动机制难以确立，依法治藏队伍职能边界的拓展任重道远。

第二，专业的特定性。根据"术业有专攻"的原则，西藏自治区法治工作队伍大多是从事法治实务工作的"行家"，为全面推进依法治藏提供了人才保障。依法治藏，顾名思义就是西藏各族人民群众在党中央、区党委的领导下，依照宪法和法律规定，通过各种途径和形式管理西藏自治区的各项事务，把西藏自治区各项事业都置于法治思维和法治方式中去发展，努力实现民族事务、宗教事务治理向法治路径的转轨，逐步实现西藏自治区社会主义民主的制度化、法律化，并建立长效化、常态化的依法治藏工作机制。在西藏推进"法治西藏、法治政府、法治社会"三位一体的建设进程中，在西藏共同推进"依法治藏、依法执政、依法行政"的进程中，西藏法治工作专门人才是依法治藏的最直接且最重要的参与者，法治工作队伍整体专业素质直接影响到依法治藏工作的成效。但是，由于依法治藏各类主体法治能力和素养的差异，在西藏推进法治过程中要更加突出队伍建设的重要作用，更加强调法治工作队伍建设这一西藏法治事业发展中艰巨而光荣的时代使命。需要特别指出的是，基于全面推进依法治藏对于新时代党的治藏方略的特殊意义，西藏法治建设不仅需要专门法律人才，更需要专家型的法治精英人才。以西藏法官队伍建设为例，各级法院要对专业性的审判人才进行精细化的培养，建设刑事、民商事、行政、国家赔偿以及强制执行等领域的专业性的审判团队，进一步细化各专业审判团队的职能，开展专业化的司法工作。例如，西藏各级法院在民商事审判领域，按照争议标的的区别培养合同纠纷、权属侵权纠纷、家事纠纷、破产纠纷、知识产权纠纷、环境保护纠纷等方面的专家人才和审判团队，以适应西藏社会关系日益复杂以及社会分工不断细化的现实需求。总而言之，从"术业有专攻"的角度来看，西藏法治工作队伍具有正规化、专业化、职业化的特征，是具有丰富的法治知识、娴熟的法治技能的专业人才，只有加大专业性法治人才建设的力度，才能为依法治藏提供专门人才的保证。

第三，价值至上性。法治概念有一定的意识形态色彩，其基本政治立场性决定了其并非一个中性词语，具有特定的价值规定性。在西藏自治区，全面推进依法治藏的基本价值追求是法律至上、人民利益至上。这就意味着在西藏不仅要加强地方性法规制度建设,还要树立宪法和法律的权威,保证国家政令法令在西藏畅通执行,切实依照法律法规来治理国家、管理社会。从这个角度出发,西藏自治区的法治建设就具有人民主权、法律至上、制度完备、依法行政、司法公正、权力约束、权利保护、人权保障、社会自治等基本特征。同时,这些特征也对西藏自治区法治工作队伍提出了具体要求,即应当自觉践行社会主义核心价值观和社会主义法治理念,弘扬党的事业、人民利益、宪法法律至上的伟大精神。

另外,西藏自治区法治工作队伍要有特定的统一的职业伦理标准,这也是法治队伍建设价值追求的基本体现。目前从国家层面来看,法官、检察官、律师、公证员等法律职业均已制定了职业伦理规范,依法界定了这些法律职业的职责。2002年3月中国公证员协会制定出台了《公证员职业道德基本准则》,2009年9月最高人民检察院制定出台了《中华人民共和国检察官职业道德基本准则》,2010年12月最高人民法院制定出台了《中华人民共和国法官职业道德基本准则》,2014年3月中华全国律师协会制定出台了《律师职业道德基本准则》,这些规范性文件为不同法律职业界定了基本的道德准则。但是,由于不同法律职业的职责划分不同,其职业道德的内容也有较大的差异。从西藏地方层面来看,这种差异性的存在在某种程度上限制了国家法律法规在西藏统一有效实施,也不利于西藏法律职业共同体的形成和发展。因此,西藏所要做的工作是在不与国家法规规章以及行业自律性文件相冲突的前提下,制定地方性统一的法律职业伦理规范。西藏自治区统一的地方性法律职业伦理道德规范包括了对内与对外两个层面。在这个规范对内部的构成中,西藏法治工作队伍内部法律职业成员之间应当自觉养成相互尊重和认同、相互配合和支持、相互制约和监督的意识和习惯,并在此基础上以文本的形式固化成基本准则与行为规范。在这个规范对外部的构成中,西藏法治工作队伍中的成员在从事具体的职业行为过程中,应当遵循宪法和法律精神,自觉养成公平正义、尊重自由人权的理念,积极维护清正廉洁、勤勉尽责、谨言慎行的行为规范。当然,我们从法律法规统一的角度来考虑,在条件成熟的前提下,"法律职业共同体"的职业伦理道德标准必须由全国性法律职业组织共同制定颁布,也可以由法律和法规规章的形式来制定和实施,以提高法治工作队伍职业道德立法的位阶和效力。

第二节　西藏法治工作队伍政治思想素质

政治思想素质建设处在西藏自治区法治工作队伍建设工作的首位，中共中央印发的《法治中国建设规划（2020—2025年）》中对法治工作队伍政治思想素质建设提出了明确要求和目标，即一定要"坚持把政治标准放在首位，加强科学理论武装，深入开展理想信念教育"。习近平总书记曾强调指出："法治工作是政治性很强的业务工作，也是业务性很强的政治工作。"[1] 法治工作是政治性和业务性都非常强的工作，必须着力提高法治队伍的思想政治素质、司法业务素质以及职业伦理道德水准，努力建设一支忠于党、忠于国家、忠于人民、忠于法治事业的社会主义法治工作队伍。这支队伍是和平年代面对"疾风""烈火"最多的队伍，必须把理想信念教育摆在政法队伍建设第一位，不断筑牢高举旗帜、听党指挥、忠诚使命的思想基础，坚持党的事业至上、人民利益至上、宪法法律至上，铸就"金刚不坏身"。西藏是我国重要的边疆地区，也是极具民族特色的民族区域自治地方，地理位置、政治氛围、社会环境等都十分独特，全面推进依法治藏任务繁重，工作压力大，要求西藏的法治工作队伍具备坚定的政治定力、坚实的理想信念以及处理复杂问题的能力，努力排除来自内外不确定的因素的干扰，为全面推进依法治藏奠定思想政治基础。

首先，坚持以提高思想政治素质为目标推进西藏自治区法治工作队伍的革命化建设，特别是强调西藏自治区法治工作队伍讲求理想信念、提高工作能力。西藏的法治队伍不断强化理论知识的学习，用科学理论武装自己，提升自身的知识素养和理论储备。重点学习掌握习近平新时代中国特色社会主义思想，特别是学习掌握习近平法治思想。习近平总书记曾多次强调："要抓好科学理论武装，教育引导广大干警学深悟透新时代中国特色社会主义思想，增强'四个意识'、坚定'四个自信'、做到'两个维护'，矢志不渝做中国特色社会主义事业的建设者、捍卫者。"[2] 根据这个指示精

---

[1] 《法治中国建设规则（2020—2025年）》，中国法制出版社，2021，第24页。
[2] 《习近平出席2019年中央政法工作会议并发表重要讲话》，人民网（www.people.com.cn），2019年1月21日。

神，西藏在法治工作队伍中积极开展强化理想信念教育，不断筑牢法治工作队伍的骨和魂，树立了为人民服务、为党和国家建设不懈奋斗意识的自觉性。例如，西藏自治区三级法院始终把政治理论学习以及思想品德教育贯穿在法官教育的全过程，重点学习习近平新时代中国特色社会主义思想特别是习近平法治思想，学习新时代党的治藏方略以及关于民族宗教工作、西藏工作的重要论述，把学习和实践习近平总书记视察西藏时重要讲话精神作为首要政治学习任务。特别是，西藏高级人民法院结合党史学习教育、"三个意识"等教育活动，充分利用西藏军区军史馆、"两路"精神纪念馆、谭冠三纪念园等红色资源，大力开展"高原红"法院精神学习教育活动；西藏三级法院多次举办献身审判事业的"老法院人"讲辉煌历史、讲优良传统报告会，广泛开展先进英模感人事迹、高贵品格和可贵精神的宣传教育活动。"千里之堤，毁于蚁穴"，忠诚信念是确保西藏法治工作队伍坚固稳定的首要保障，开展形式多样的思想政治教育活动对西藏法治工作队伍思想素质革命性的锻造更显意义重大。

另外，西藏自治区法治工作队伍建设坚持德才兼备、人法兼资、内外兼修的原则，在各级法治工作队伍中深入开展了社会主义核心价值观和社会主义法治理念教育，真正掌握马克思主义立场观点方法，学懂弄通了习近平法治思想，确保了法治人才队伍真正学会、深入理解、熟练运用法学理论和业务知识，并以此来武装法治人才头脑、指导法治工作实践，进一步推动西藏自治区法治事业和法治建设进程的不断前进。西藏各级法治工作队伍始终在政治立场、政治方向、政治原则、政治道路上同以习近平同志为核心的党中央保持高度一致，坚决做到维护核心、绝对忠诚、听党指挥、勇于担当。必须把贯彻落实党的路线方针政策和党中央重大决策部署作为根本职责。例如，西藏自治区检察系统着力聚焦长治久安和质量发展主题，围绕西藏新时代新发展阶段的发展目标，大力推动"四大检察""十大业务"深度助力"四件大事"，始终坚持高度的政治自觉、法治自觉、检察自觉，以创新发展检察事业来营造稳定的社会环境和公正的法治环境。

同时，西藏各级司法机关认真落实全面从严治党"两个责任"，继续严肃党内政治生活、不断加强党内监督，坚决以零容忍的态度惩治司法腐败。为此，西藏自治区着力加强了"四大体系"建设，着力打造一支忠诚干净担当的法治人才队伍。通过廉洁高效法治队伍的建设，全面推进司法公正，坚决维护宪法法律权威，依法维护西藏各族人民群众的合法权益、维护社会公平正义、维护国家安全稳定，忠诚履职，不辱使命，努力让西藏各族人民群众在每一个司法案件中都感受到公平正义。

第三节　西藏法治工作队伍业务能力

《法治中国建设规划（2020—2025年）》（2021年1月中央办公厅印发）提出要在法治工作队伍建设中，构建凸显时代特征、体现中国特色的法治人才培养体系。按照《规划》的要求，全面推进依法治藏也要坚持以增强专业素质能力为目标推进法治工作队伍专业化建设。西藏法治工作队伍处在全面推进依法治藏的第一线，出于依法治理实务的需要，要应对和处理各种法律现象和社会问题，必须具备较强的专业思维、专业素质、专业能力。特别是，同面临的形势和任务相比，西藏自治区法治工作队伍能力水平还有需要进一步提升的空间，"追不上、打不赢、说不过、判不明"等问题还部分存在，没有完全得到解决，面临着"能力不足、本领恐慌"问题，必须通过大力提高法律专业人员的业务能力和水平加以解决。这里能力的不足和本领的恐慌，一部分是因为所掌握的知识理论不全面、业务能力不扎实，还有一部分是由于时代的发展，法治工作队伍专业素养和业务能力的手段方式需要更新迭代，以适应西藏经济社会形势变化和发展需求。概括起来，西藏自治区法治工作队伍提升专业化水平要做好以下几个方面的工作。

一是完善与依法治藏相关的法律职业准入制度。以国家对法治相关的法律职业资格制度为标准，逐步健全西藏自治区与法治建设相关的法律职业考试制度，并建立相关法律从业人员统一职前培训制度。从2018年起，我国便开始实行国家统一法律职业资格考试，担任法官、检察官、律师、公证员、法律顾问、仲裁员（法律类）及政府部门中从事行政处罚决定审核、行政复议、行政裁决的人员都必须通过这一考试。西藏自治区在资格考试工作中狠抓政策制度的落实，积极组织实施法律职业从业资格考试，发挥法律职业资格考试指挥棒作用，努力把好法律职业入口关。二是加强教育培训。要加强对西藏自治区法治工作队伍的教育培训工作，确保立法、执法、司法工作者信念过硬、政治过硬、责任过硬、能力过硬、作风过硬，确保普法宣传、法学教育的工作者本身具备扎实的理论功底和出色的业务能力。在西藏自治区建立法治相关工作的法律职业人员统一职前培训制度和在职法官、检察官、警官、律师同堂培训制度，在法治工作队伍中建立起继续教育制度，主要是开展法律职业立场、伦理以及技能的培训和继续教育工作。西藏下一步将按照"谁主管谁负责""谁司法谁培训"的工作原则，由法治建设行业主管部门制定详细可行的法律人才和法学人才培训以及继续教育规划，采用集中学习、岗位提高、网络培训等方式提升法治人才的专业水平。例如，西藏自治区党校、西藏大学举办了习近平法治思想专题研讨班，专题研讨习近平法治思想的渊源、价值、核心要义以及在西藏贯彻实施进路等问题。相关部门协同制定政法干警学历提升计划，积极开展全区政法干部政治教育、业务培训工作。2022年西藏自治区司法厅联合西藏大学分批次举办了全区乡镇（街道）政法干警法律知识培训班，共有1270名政法干警参加了培训。三是建立健全全区性的法律法学人才交流机制。西藏自治区建立起了法律法学人才在区内外交流沟通的有效机制和便利的实现路径。从符合条件的律师、法学专家中招录立法工作者、法官、检察官、行政复议人员制度。建立健全立法、执法、司法部门干部和人才常态化交流机制，加大法治专门队伍与其他部门具备条件的干部和人才交流力度。促使西藏自治区法治工作队伍在法治理念、工作实务、经验模式、知识能力上向区外优秀法治工作者看齐，同时也进一步促进西藏自治区内部不同地区间法治工作的共同进步。

  首先，西藏自治区法治工作队伍建设应以习近平新时代中国特色社会主义思想特别是法治思想为引领，坚持立德树人、德才兼备、德法兼修的工作理念，解决好法学教育为谁教、教什么、教给谁、怎样教的问题。为了提升西藏法治工作队伍的业务能力，主要是利用法学专业教育提升法治工作队伍的学历层次和专业水平。西藏的法学专业教育体系共由四部分组成，分别是法学理论体系、法学学科体系、法学课程体系和法学教材体系。法学理论体系是提升西藏法治工作队伍业务能力的理论源泉，唯有正确的法治理论，才能正确指导法治实践。西藏自治区各高校、研究院所等教育教学单位不断加强相关领域基础问题的研究，争取实现立足西藏、把握当代、关怀人民的理论创新，打造体现民族性、地域性、时代性、系统性和专业性的理论架构，更好地构建有中国特色、西藏特点的法治理论体系。

同时，在法学学科体系建设方面，西藏自治区各高校在建设好传统法学学科的同时，大力发展与法学相关的新兴学科和交叉学科，更好地服务于国家战略和西藏社会经济持续快速发展的需要，增强法学知识的适用性。西藏在建设法学学科体系的过程中，着力推动以马克思主义基本原理为指导的法学学科体系、学术体系、教材体系、话语体系建设。在这个过程中，要充分考虑西藏自治区的特殊区情，特别是西藏自治区的历史文化、社会环境以及由此带来的经济社会发展的特殊性和复杂性。其次，基于西藏自治区在社会治理方面积累了独特的历史经验，西藏的法学学科体系建设也应该遵循"以我为主、兼收并蓄、突出特色"的原则，为依法治藏的全面推进提供学科、理论和人才的支撑。另外，由于上述的理论体系和学科体系的存在和发展，西藏高校的法学院应当合理设计课程体系，使法科学生能够得到科学、专业、全面的培养和训练。特别是在西藏的法律法学人才培养的过程中，始终坚持需求导向和问题牵引，并从自治区的社会经济发展的实际情况出发，大力开展法学学科体系和课程体系建设，为法学教育和专业培训设置合理的专业课程，贡献完备的法学专业知识，为全面推进依法治藏培养专业对口、理论扎实、业务熟练的法律法学人才。

全面推进依法治藏离不开优秀的法治人才，而优秀法治人才的培养则需要一流的法学专业师资队伍，法学专业师资队伍是西藏法治工作队伍的重要组成部分。法学专业师资队伍是法治人才教育培训的实现者、执行者，无论是法治理论的研究和提炼，还是学科体系、课程体系、教材体系等资源建设，都需要法学专业教师队伍水平的提升。针对法学学科实践性强的特点，法学专业教育教学必须重视理论与实践的紧密结合，要处理好知识教学和实践教学的关系。因此，西藏高校法学专业教师队伍的构成，也不应仅限于传统意义上的全职教师，还可以适当地从其他地区、其他领域引进部分人才来讲学任教，采取弹性的人才引进政策，鼓励区内外相关领域专家学者以短期、长期、定期或服务支援等形式从事法学教育教学活动。西藏各高校法学院为了加大学科建设、人才培养、科学研究以及社会咨询服务等层面的工作力度，特别是培养复合型法治人才的需要，引进法学专业师资还应包含不同领域的学者，这样才能做到内外融合、内外兼修，从而形成有效的法治人才培养机制。所以，西藏还应注意加强法学教育、法学研究工作者与法治实务工作者之间的交流，加强高校与司法机关、政府部门、企事业单位以及律师事务所等多方面的合作,鼓励实务部门的专家到高校兼职从事人才培养工作等,把最新的经验和生动的案例带入法学专业教学过程中。

近几年国家实施了"卓越法律人才培养计划2.0"的项目,中央政法委和教育部也曾推出过"双千计划",鼓励高校法学专业教师到法律实务部门挂职,鼓励法律实务部门专业人才到高校兼职。西藏自治区也积极实施相关项目工程的落地实施工作,总结区内外成功的实践经验,以其他地方的成功范例来促进自治区法治人才培养工作。十八届四中全会提出要创新法治人才培养机制,健全政法部门和法学院校、法学研究机构人员双向交流机制,实施高校和法治工作部门人员互聘计划,建设高素质学术带头人、骨干教师、专兼职教师队伍。随着全面推进依法治藏实践不断深入,这种"联合培养、协同育人"的机制在西藏还可以进一步扩大范围,让更多法律实务部门或机构参与到西藏法治人才培养工作中来。

第四节　西藏法治工作队伍职业道德建设

《法治中国建设规划(2020—2025年)》明确提出要健全法律职业行为道德准则和执业行为规范,完善职业道德评价机制,坚持以严格管理监督为目标推进西藏自治区法治工作队伍的正规化、专业化建设。"刀刃向内、激浊扬清"不仅是对政法工作队伍职业道德规范性要求,更应当内化为西藏自治区法治建设工作的基本要求。西藏自治区法治工作队伍掌握着立法、执法、司法、监察以及法律监督等重要权力,越是如此,就越要加强对法治工作队伍的管理和监督,确保权力依法行使,助推司法公权力在阳光下运行,扎紧司法权力行使的制度牢笼。习近平总书记关于加强法治工作队伍管理和监督的重要论述很多,这些重要论述是西藏自治区的法治工作队伍的根本指导思想。为了加强西藏自治区法治工作队伍职业道德建设,首要是健全法治工作队伍职业管理制度建设,用制度和规矩来管人管事。目前,我国对于法治工作队伍工作运行的监督管理已经出台了一系列的政策法规,对法治工作队伍监督约束的体制体系日趋成熟。西藏自治区在已经构建相关政策和法规体系的基础上,狠抓司法规范执行问题,这方面已经有了严格的制度和法律规范,对不完善的法规制度正在抓紧纠偏纠正。西藏自治区还严格规范司法、执法办案流程的各个环节，保证流程细节的合规合法，设置制度上的隔离墙、给制度通上高压线，谁违反制度就要给谁严厉的处罚，终身禁止其从事法律职业，构成犯罪的要依法追究刑事责任，对违法犯罪的人或行为形成震慑。不断完善法治队伍建设惩罚奖励机制，筑牢法治工作队伍心理防线，这是保证法治工作队伍纯洁性最强的制度保障。

一是加强西藏法治工作队伍职业道德建设。缺乏应有的职业良知是执法不严、司法不公的一个重要原因，也是西藏自治区法治工作队伍建设的顽瘴痼疾之一。习近平总书记曾指出："推进法治专门队伍革命化、正规化、职业化，确保做到忠于党、忠于国家、忠于人民、忠于法律。"[①] 职业良知即是职业道德的一种具现形式，培养职业良知，就必须把强化公正廉洁的职业道德作为必修课，教育引导广大司法工作者自觉用职业道德来约束自己，树立法治工作队伍正确的荣辱观，认识到不公不廉是最大耻辱，做到对群众深恶痛绝的事零容忍、对群众急需急盼的事零懈怠，树立惩恶扬善、执法如山的浩然正气。

二是加强对法治工作队伍权力的制约监督。通过建立完善的监督管理机制、有效的权力制衡机制、严肃的责任追究机制，加强对执法权、司法权进行监督制约，最大限度减少权力出轨、个人寻租的机会。对西藏各类法治人才队伍权力制约监督，在工作中主要是聚焦各族人民群众反映强烈的突出问题，抓紧建立司法公权力运行监督和制约机制，坚决防止执法不严、司法不公甚至执法犯法、司法腐败。特别是全面实行司法责任制后，西藏自治区法官、检察官能够独立履行司法权力的同时，必须同步接受制约和监督，做到放权不放任、有权不任性。"法官、检察官要有审案判案的权力，也要加强对他们的监督制约，把对司法权的法律监督、社会监督、舆论监督等落实到位，保证法官、检察官做到'以至公无私之心，行正大光明之事'。把司法权关进制度的笼子，让公平正义的阳光照进人民心田"[②]。

三是加强司法领域的反腐败工作力度。法治工作队伍内部的腐败行为

[①] 习近平：《坚定不移走中国特色社会主义法治道路 为全面建设社会主义法治国家提供有力法治保障》，《求是》2021年第5期，第14页。

[②] 习近平：《论坚持全面依法治国》，中央文献出版社，2020，第147~148页。

和腐败现象，不仅仅是权力上的寻租问题以及利益上的非法获得问题。由于法治工作队伍兼具执法、司法人员的属性，所以法治工作队伍的腐败，极易引致一系列不可控的连锁反应，例如法治体系的崩塌、人民对政治的信任丢失等，这些都是涉及人权、人命的问题。在司法领域内旗帜鲜明反对腐败，是法治事业发展的重要内容，也是法治建设的重要保障。因此，在西藏自治区司法领域开展反腐败工作，就是要兼顾对整个法治工作的反腐，又要在西藏法治工作队伍内部深入开展反腐败工作，这是西藏自治区法治建设进程中必须打好的攻坚战。西藏自治区在接下来的法治工作队伍建设中，应该以最坚强的意志、最坚决的行动扫除政法领域的腐败现象，敢于刀刃向内、刮骨疗毒，坚决清除政法队伍中的害群之马。

四是坚持以优化待遇保障为目标推进西藏自治区法治工作队伍职业化建设，为法治工作队伍的职业道德建设提供物质保障。法治工作队伍相对于其他职业来说，具有高门槛、高负荷、高风险等特点，只有建立健全法律职业激励保障体系，才能激发法治建设队伍的创造力、战斗力。习近平总书记在2019年中央政法工作会议上指出："政法队伍是和平年代奉献最多、牺牲最大的队伍。对这支特殊的队伍，要给予特殊的关爱，做到政治上激励、工作上鼓劲、待遇上保障、人文上关怀，千方百计帮助解决各种实际困难，让干警安身、安心、安业。"[①] 西藏自治区一定要建立健全法治人才队伍职业激励保障体系。基于马斯洛需求层次理论，法治队伍的职业道德建设与物质奖励相辅相成，这是新时代法治领域改革的重要内容。首先，健全西藏法治工作待遇保障制度。要完善西藏自治区法治工作队伍建设的保障问题就要先厘清法治相关工作人员职务序列和工资待遇制度问题，尤其是妥善解决司法工作队伍工资和绩效待遇的问题。在以往的长期实践中，我国把司法人员定位于公务员，实行与公务员基本相同的工资待遇管理模式，这种统一执行标准的简单模式实则给司法人员队伍带来了诸多不便。西藏自治区在此方面应该开展的改革是，逐步建立符合法律职业特点的司法人员管理制度，完善司法人员分类管理制度，建立法官、检察官、人民警察专业职务序列及工资制度，增强司法人员的职业荣誉感和使命感。

---

① 《习近平出席2019年中央政法工作会议并发表重要讲话》，人民网（www.people.com.cn），2019年1月21日。

尤其是，西藏的司法体制改革都应把完善政法干警职业保障制度作为重点任务，推动健全政法机关各类人员职务序列及工资制度，形成向基层一线办案人员倾斜的激励机制。在西藏法治队伍保障机制中落实抚恤优待政策，加强政法干警医疗保障，加快推进法官、检察官、人民警察参加工伤保险制度，切实保障干警休息权。其次，要健全依法履职保护制度。对于人身安全等风险较高的执法、司法队伍来说，建立健全依法履职保护制度十分紧迫。西藏自治区法治工作队伍在工作实际中所面临的压力相对内地更大，在西藏自治区建立司法人员履行法定职责保护机制，完善司法人员依法履职保护制度，健全执法司法人员依法履职免责、履行职务受侵害保障救济、不实举报澄清等制度就变得十分必要。最后，健全西藏法律职业荣誉制度。法律职业荣誉制度是职业激励保障体系的重要内容。习近平总书记在全国公安工作会议上指出，要完善人民警察荣誉制度，加大先进典型培育和宣传力度，增强公安民警的职业荣誉感、自豪感、归属感。对于其他法治专门队伍而言，职业荣誉制度也十分重要。加强西藏自治区法治工作队伍职业荣誉制度建设，使法治事业从业人员产生对自己工作的认同感，帮助法治工作队伍在心理上把工作转变成人生的事业来完成，有助于实现法治工作队伍自我价值的实现和对自我价值的认同。所以，西藏应根据各类法治专门队伍的特点，分别建立健全职业荣誉制度，加强和改进表彰奖励工作，最大限度地激发法治工作队伍建功立业的积极性。通过优化待遇保障来加强西藏法治工作队伍的职业道德建设，筑牢全面推进依法治藏的根基，为全面推进依法治国提供有力法治保障，为实现西藏长治久安和高质量发展贡献法治力量。

第十一章 依法治藏工作考核指标体系的构建与应用

全面推进依法治藏由于工作的特殊性和复杂性，成效考核和量化统计工作难以开展，所以必须要将数理统计方法移植至全面推进依法治藏工作的考核评估领域，这是一个亟待研究和解决的课题。全面推进依法治藏工作指标体系和考核标准的构建要基于法治建设基本理论和实践规律，必须立足于全面推进依法治藏工作现状的特点，能够全面观照依法治藏工作所取得的成效和经验。在实际操作过程中，依法治藏工作的评估主体以现实问题为导向，基本构建了相对统一、科学合理、客观公正的指标体系和考核标准，通过严格考评程序，获得了精准、有说服力的西藏法治建设的基本指数，对于全面推进依法治藏的成效有了基本的评价和判断。

第一节 依法治藏工作考核指标体系构建与应用的意义和原则

将数据量化技术以及数理统计方法移植到依法治藏考核评估过程中，这是依法治理领域重大的方法论革命。西藏开展法治建设评估工作，一定要遵循党的十八届三中全会上指出的"构建科学合理、切实可行的法治建设指标体系和考核标准"的要求，地方性法治建设考核评估指标体系设计以及地方法治指数建设在其他省市已经开展了不同程度的实践，也取得了一定成就和经验。但是，这个领域的工作无论是理论支撑、指标程序设计还是区域性法治评估实践，都存在一定的缺陷性，对于依法治藏考核评估指标体系的建立可以复制的经验和做法不多。因此，西藏必须建立符合自身特点的法治考核评估指标体系和标准，从全面推进依法治藏的内涵和价值的角度出发，根据特点和要求，设计具备一定可操作性的法治建设考核评估指标体系，并对照这个体系采用数理统计的方法得出科学、客观、可靠的评估结论，以评估促建设，以评估促改革，使考核评估工作成为全面推进依法治藏事业发展的监视器和助推器。

一 依法治藏工作考核指标体系构建与应用的重要意义

（一）构建依法治藏工作考核指标体系是法治西藏、法治政府、法治社会建设的重要内容

党的十八届四中全会提出了全面推进依法治国的总体目标。党的十九大报告中要求："坚持依法治国、依法执政、依法行政共同推进，坚持法治国家、法治政府、法治社会一体化建设。坚持依法治国与以德治国相结合。"[1] 这样一个"三位一体"的法治建设工作在西藏实施效果如何，目前全面推进依法治藏正处于什么样的阶段，必须运用相关手段和方式开展考核和评估。依法治藏建设指数虽然只是考核体系中诸多指标运算的结果，但是这些考核指标的背后都蕴含着一定的法治意义和价值。西藏各族人民群众可以从这些单项指标中了解全面推进依法治藏工作的基本信息，了解西藏公权力特别是司法权力运行的基本流程和效能，从而有助于培养西藏各族社会公众的法治意识和法治思维，促使他们运用法治手段和方式来维护自身的合法权益。

（二）构建依法治藏工作考核指标体系是对未来工作愿景的极其重要的测度手段

全面推进依法治藏的阶段性愿景为：2025 年，坚持法治西藏、西藏民族地方法治政府与法治社会一体化建设，深化西藏司法体制配套改革，强力助推西藏现代化社会建设；2035 年，西藏各族人民群众广泛参与、平等发展权得到充分保障，西藏民族地方治理体系和治理能力全面实现现代化；2050 年，西藏各族群众大力维护宪法和法律权威，国家法律实施力度加大，西藏成为法治能力、水平、影响力均领先的民族地区。由此可见，依法治

---

[1] 习近平：《决胜全面建成小康社会 夺取新时代中国特色社会主义伟大胜利——在中国共产党第十九次全国代表大会上的报告》，人民出版社，2017，第 32 页。

藏工作在每个时期都有其具体的目标、任务和要求,每个时期依法治藏工作进度和任务完成情况,凭借主观臆断和简单评价非常不科学、不精准。因此,这些评估指标体系和考核标准为依法治藏工作提供了精细化、数字化的分析工具,通过设计基本考核维度来全方位、精细化测评依法治藏工作的进度和效果。

(三)构建依法治藏工作考核指标体系是依法推进西藏地方治理体系和治理能力现代化的重要路径

西藏民族地方治理体系是在中国共产党的领导下的边疆治理的基本制度安排,依法治理体系包括立法、执法、行政、司法、监督、党的领导与建设等方面的制度供给和法律设计,从总体上形成了一整套相互支撑、相互关联的系统性的民族地方依法治理体系。同时,西藏民族地方治理能力是指在国家整体框架下运用法律、地方性法规和制度开展治理工作的基本能力,主要包括西藏稳定、发展、生态、强边四个方面的依法治理工作。西藏民族地方治理体系和治理能力现代化最主要是体现在依法治藏的程度和效果,而法治西藏建设的进程与效果与法治评估考核的价值取向和应用功能是相契合的。全面推进依法治藏考核和评估工作是从"科学立法、严格执法、公正司法、全民守法、法律监督"五个维度来开展的,以数理化的手段来反映西藏民族地方治理体系和治理能力的基本态势,实现了西藏社会"监测器"的基本功能。通过对依法治藏工作开展考核评估,判断和发现存在的主要问题并及时制定应对措施,促使西藏各级组织和各族人民群众自觉维护宪法权威和法治统一,努力助推西藏民族地方治理体系逐步完善和治理能力不断提升。

二 依法治藏工作考核指标体系构建和应用的一般原则

为了更好地实现依法治藏工作指标体系和考核标准的构建与应用,必须针对西藏民族区域自治地方的实际情况,特别是要充分考虑西藏经济发展、社会建设、生态保护、边境安全以及文化传承创新等方面的特殊性与差异性。因此在这个基本前提下构建依法治藏的工作指标和考核标准,也要积极面对依法治藏工作本身的特质,遵循这项工作开展的基本规律和一般性原则。

（一）客观性与权威性相结合原则

法治建设效果评估遵循的首要标准是客观真实，做到这一点就能确保法治建设评估效果科学、准确、公正。因为在复杂的调研事实与庞大的数据统计面前，案例和数据的说服力提高了法治建设考核标准的公正性，依据数据分析和事实实证获得的评估结论也具有权威性的说服力。同理，全面推进依法治藏指标体系与考核标准的实施效果能够得到客观性评价，前提是具备客观真实的事实依据和数据支撑。另外，在开展依法治藏工作成效考核评估过程中，西藏各族人民自觉积极参与，从基层治理前沿出发给出最基础最朴素的感性意见，从而体现西藏各族人民群众对依法治藏指标体系与考核标准的基本认知与满意程度。同时，西藏各级党政领导和有关法治建设部门在开展依法治藏的决策、监督等工作时，可以对照这个指标体系与考核标准来评价依法治藏工作的成效。因此，设计全面推进依法治藏考核标准和指标体系，一定要赋予考核标准和指标体系以科学性和权威性的价值，力争使指标体系和考核标准形成权威性并具有可操作性。

（二）全面性与重点性相结合原则

全面性主要是指对于依法治藏工作考核指标和考核内容除了整体呈现西藏政治、经济、文化、社会、生态等方方面面的内容，在充分参考兄弟省市特别是其他民族区域自治地方法治建设指标体系构建原则以及考核方法的基础上，注重对重点领域、关键部位法治建设工作的考核和评价，既保证符合国家法治指标体系建设的基本要求，又要体现依法治藏工作的特殊性和重要性。依法治藏指标体系和考核标准必须要涵盖立法、执法、司法、法律监督等基本要素，体现西藏依法治理工作的全面性；更要高度关注有关西藏政权建设、意识形态安全、人权保障、社会公平正义以及民生发展等同西藏各族人民群众利益息息相关的法治建设评估问题。所以，开展依法治藏考核指标体系设计和应用要观照全局、抓住重点，在实际评估工作中要求分清先后、注意轻重缓急。从指标选择、系统构建、步骤设计到数据统计分析等程序性过程，都要处理好全面推进依法治藏整体性与重点性的关系，如此更加有利于通过法治评估考核工作来助推依法治藏战略有效实施。

（三） 定性与定量相结合原则

依法治藏工作考核指标体系的设计中相当一部分内容属于理论分析和价值判断层面的内容，只能依靠定性分析和模糊评价来完成，但是显然这种分析范式有其自身不可逾越的缺陷，必须用定量的线性分析来弥补，实现依法治藏工作考核指标体系设计定性和定量相结合。在对全面推进依法治藏的成就和绩效进行考核时，以西藏法治事业发展的总体目标为出发点，以法治西藏建设的实际成效为落脚点，围绕法治本身的要素构成分类分级设计具有引领性的、关键性的、精确性的考核指标。从这个要求上来分析，全面推进依法治藏不仅仅只以描述性的结论作为价值判断优劣的标准，而要根据不同法治部门的职责轻重、治理区域的宽广度，注重实际成绩以及效能，产出相对科学客观并具有长远预期的判断。另外，在对依法治藏工作考核指标体系设计以及考核实践中，要运用数理分析平台和信息统计方法来制定精细化的计量指标，构建科学适用的法治绩效指标评价体系，并通过纵横性的时间与空间对比，通过采集数据、分析数据、制造模型得出结论，并根据数据变化来及时修正结论。

（四） 一般性与特殊性相结合原则

法治建设事业所呈现出的一般性特征主要体现在对法治概念和内涵认知的共识，并对于法治国际属性以及法治评价标准构成共同的话语体系。相对应的另一个层面上，法治特殊性则主要体现在具体的法理构建、价值判断、制度设计以及路径选择因时因地的差异。也就是说，作为价值判断的法治是普适性和一般性的，而作为以价值实现为目标的法律制度及其实施行为则不一定具备一般性的特质，而更多地应该表现出特殊性。[1] 全面推进依法治国一方面需要积极吸收和创造人类法治共同价值和普遍规律，另一方面也要用这个共同价值和普遍规律来引导法治模式和法治路径。同理，全面推进依法治国设计了一套基本的指标体系和考核标准，对全面推进依法治国工作进行有效考核评估，并向社会公众发布法治工作报告。截至

---

[1] 杨建军：《中国法治发展：一般性与特殊性之兼容》，《比较法研究》2017年第4期，第155~172页。

2022年，由中国法学会组织调研并撰写的《中国法治建设报告》已经连续15年向国内外公开发布。同时，我国每个省、自治区、直辖市也根据各自法治建设的特点和成效工作编制了指标体系和考核标准，由于差异性的存在，每个省、自治区、直辖市设定的法治考核标准也不尽相同，有各自的不同点和侧重点。西藏自治区根据长治久安和高质量发展以及法治事业法治的特点和现实，努力设计出了符合民族地区实际的依法治藏考核标准与指标体系。同时，我国不同地区的法治建设指标与考核标准具有可比性与可数量化的操作。在指标设置和考核流程创造方面以问题为导向，形成体系化的考核标准和解决方案，使指标体系和考核结果都能倾向于问题依法有效解决。

（五）公权力大力引导与社会力量积极参与的原则

中国的法治建设是一个"共建共治共享"的治理过程，在这个过程中呈现出了"全方位覆盖、公权力引导、人民主体地位、外在力量牵引、内生动力驱动"等显著特点。[1] 这在某种程度上也决定了全面推进依法治藏必须以坚持党的全面领导为前提，公权力要大力引导推动法治工作进程。同时，西藏各方面的社会力量也要积极参与法治建设，特别是西藏各族人民群众要参与依法治藏工作成效的考核工作。依法治藏工作指标体系的制定以及考核工作实践是一项社会性的活动，各类社会组织和社会各界人士尽量地参与其中。依法治藏的工作指标体系和考核标准的构建，要充分挖掘各族人民群众的意愿。因为，西藏各族人民群众对法律相关事件发生的熟悉程度以及对法治建设满意度是其他任何力量都无法比拟的，他们是依法治藏考核评估工作的推动者、参与者也是受益者。在全面推进依法治藏工作绩效指标体系以及考核标准建设中，设计理念和内容要充分体现各族人民群众的真实诉求，要集中反映普通基层群众真实与迫切的权益需求，平衡指标体系和考核标准内公权力和私权利的比例，设计出可以让各族人民群众能够参与到全面依法治藏的指标体系。

---

[1] 方世荣：《论公众参与与法治社会建设及其引导》，《行政法学研究》2021年第4期，第64页。

第二节 依法治藏工作考核指标体系构建的依据和方法

依法治藏工作考核指标体系构建的重要依据在于西藏法治建设的现实状况以及法治事业发展时代性、阶段性和基本态势。对于全面推进依法治藏工作的考核评估设计了八个治理维度，这些维度和具体指标一定要考虑西藏法治建设的现实情况，要准确界定自治区各地市不同的纵横层次以及差异性。因为不同区域的地方以及不同层级的部门对于全面推进依法治藏职权分配以及实际贡献的差异，这些地方和部门应该依据依法治藏工作考核评估体系的总体设计，在评估标准、评估方法等方面制定出具有差异性的配套实施标准。全面推进依法治藏工作评估考核体系构建的另一个依据是西藏法治事业时代性及历史趋势，这是一项历史性与时代性、普适性与特殊性兼顾的工作，必须依据依法治藏自身的历史逻辑、时代逻辑和现实逻辑。

一 依法治藏工作考核指标体系构建的依据

指标体系和考核标准是衡量全面推进依法治藏工作的一根标尺，指标体系和标准的设定应当注重依据，合乎上位法的要求，适应全面推进依法治藏工作的规律和要求，力求做到操作层面上的可行性和技术层面上的科学性。

（一）依法治藏工作考核指标体系构建的理论依据

依法治藏工作考核指标体系和考核标准构建的理论依据主要是目标管理理论和绩效管理理论。目标管理理论是由现代管理学之父彼得·德鲁克依据目标设置相关理论提出的管理学基本范畴，其基础为目标管理理论中的目标设置理论，工作核心是设立目标激励方案。这一理论认为，工作的状况和成就直接对组织的生存和发展产生极其重要的作用，目标管理是组织必要的管理环节，经理层的主要绩效取决于组织的目标是否达成。它更强调社会组织、社会个体共同参与制定可行的具体的客观准确的衡量指标。西藏法治建设中职业共同体的成就也取决于民族法治目标是否实现，必须依靠工作指标体系和标准来测评和考量，给出一个准确、公正的评价。绩效考核的内涵是指全面、科学、完整地对考核对象的工作业绩和行为效果开展调查、分析、考量以及结果反馈等管理过程。其工作实质就是对被考核对象或被考核组织的工作成效、价值进行量化考评，它既包含了对工作过程的评估分析，又包含了对行为结果的评估分析，既属于过程管理又属于结果管理。

在全面推进依法治藏工作考核评估指标体系和评价标准构建与确定过程中，首先要从理论层面分析其评估指标体系的内涵和结构，更要结合依法治藏工作的实际情况，考虑评估指标体系和标准的可行性、科学性及其所带来的可能后果和深远影响。课题组研究认为，在西藏法治建设评估工作过程中，要注重评价主体由单一化向多元化、评价方式由程式化向可操作化、评价过程由行政化向法治化、评价结果由模糊化向量化等方面转化。

（二）按照三级指标构建全面推进依法治藏的评价体系和考核标准

全面推进依法治藏工作指标体系主要从立法、司法、行政执法、法律监督以及法治宣传教育和法治意识培育等角度设计了八个维度（一级指标），基本上覆盖依法治藏工作的方方面面，每个评价维度下设二级和三级指标。二级指标为十个维度所涵盖的整体内容和主要方面，三级指标为具体测评标准，是可以具体量化和数字化的数理标准。全面推进依法治藏工作考核体系将按照三级指标的设置形成一个闭合环形系统，从三级指标的分值到八个维度的综合考核，每个层次都有详细考核标准和分值，如此便于最终分数的统计和分析，从数据中能够分析出依法治藏存在的问题和薄弱环节，以便采取具有针对性的措施和方法，来及时有效地解决这些问题。

根据全面推进依法治藏工作的实际情况，参照国内部分省份和地方的法治指数，构建依法治藏工作的"158"评价体系。"1"是指一个指数，也就是西藏法治指数，其内涵就是以法治指数的形式和方法来反映和表现全面推进依法治藏工作的总体状况。"5"指的是5个评价层面，即自治区、地（市）和职能部门、县（区）、乡镇街道以及村（居），按层级纵向到底、横向到边全面铺开。"8"指的是8项依法治藏工作评估一级指标，具体为：党对依法治藏工作的领导、科学立法、严格执法、公正司法、法律监督、全民守法、人权保障、社会公众评价体系建设。参照指标体系调查获得客观数据提供给评审者参考，分析出较为客观的结论。也就是说，西藏法治指数将试图通过一个层次分明的指标体系描述全面推进依法治藏工作基本情况，通过数理化手段，较为精确地对全面推进依法治藏工作开展指数化评估。

（三）科学制定西藏"法治指数"，定期发布西藏法治建设年度报告

通过严格设置全面推进依法治藏工作指标体系和考核标准制定程序和方法，分析和计算出指数化的西藏法治建设考核评估结果。通过这些考核评价结果，西藏自治区各级党委、政府就能够及时准确地了解西藏法治建设工作的整体状况，同时也可以对全面推进依法治藏工作的成就进行横向和纵向的比较，探索出西藏法治建设工作的趋势和走向。西藏自治区党委政法委、西藏自治区法学会和法学教育研究机构可以联合或者委托第三方定期发布西藏"法治指数"，以指数的形式描述西藏法治建设的全貌，凸显存在的主要问题。在科学制定西藏"法治指数"的基础上，西藏自治区法学会将定期发布法治西藏建设年度报告，全面总结法治西藏建设工作，确定下一年度的工作目标、工作重点和改革方向，积极推进西藏地方司法体制改革，努力实现西藏社会治理创新以及民族宗教事务管理法治化。通过西藏"法治指数"以及法治西藏建设年度报告的发布，推动西藏法治建设工作考核方式的改革和创新。以往西藏和其他地方一样，对各级党务部门和公务部门考核标准的设定，主要是依据党政机关的政绩和地方经济目标，这种传统的考核标准和考核方式弊端日益内显，例如，片面追求经济利益，忽视社会成本和环境成本；基础设施超标建设和重复建设，增加了发展成本。目前，在"依法治藏"的背景下，构建新的法治建设指标体系和考核标准，这个标准主要是以保障西藏各族人民群众根本利益为出发点和落脚点，以依法依规运行行政权力为考察评估重点，以地方法治建设的内在规律和要求建立指标体系和考核标准，以考核工作来促进依法治藏工作的全面开展。

（四）坚持定性与定量相结合原则，构建量化的依法治藏工作考核标准

定量与定性分析法是人文社会科学研究工作常用的两种基本研究方法。定量分析工作是科学研究的基础，主要通过田野调查、数理统计和仿真实验等方法，以自然科学领域研究的手段和方法构建假设前提、数理模型，通过采集批量样本、原始资料和基础数据，运用统计工具进行分析、研究，从而得出相应的判断和结论。定性分析主要倾向于传统的调查研究方法，研究人员在充分收集和阅读中外文献的基础上，开展现场调查、实地访谈、勘查取证等工作，依据专业知识储备、主观经验和个体理解来进行分析、

研究。总之，从科学研究路径来考察，定性分析运用的是总结归纳方法，属于逻辑推理思维；定量分析运用的是假设演绎方法，属于线性数理思维。虽然从概念、内涵以及特征上看，这两种研究方法是一种对立统一的关系，在实际的科学研究工作中，往往是交叉重叠使用。在依法治藏工作指标体系和考核标准构建、实施过程中，就综合运用了定量和定性两种研究方法。例如，制定依法治藏考核评估标准以及西藏法治指数的计算方法就是一种定量的分析过程，在依法治藏工作考核评估指标量化设计过程中，标准设置、分值确定、权重分配、加减分情形等，包括法治指数的确认、运算结果、推演出的结论。

（五）采用职能考核加公众评价的评估方法，构建全面推进依法治藏工作考评的双轨机制

依法治藏工作考察评估工作主要采用职能考核加社会公众评价的模式进行，在此过程中要高度关注西藏社会各界公众对法治工作的总体评价。西藏各级法治机关和职能部门应从地方立法、行政执法、司法改革、法治宣传教育等诸多方面建立相对统一的指标体系及其细化的考核标准，因为这些评价标准大多专业指向性较强，西藏各界社会公众不易接触也难以理解，必须由法律专业机构或者政法机关、政府内部法制部门来承担考核评估工作。以西藏林芝市地方政府法治建设考核评估为例，林芝市政府专门制定了政府规章《林芝市依法行政工作考核评估办法》（以下简称《办法》），《办法》明确规定了考核组织、考核主体、考核对象、考评标准、考核分值、分值权重、加减分事项以及考核工作要求、考评方法、考核程序、考评结果以及法律责任等内容。特别是，根据行政机关的法定职能设计出了多项可以操作的具体考核评估指标，并进一步明确了加减分的事项和情形。各级政府及其职能部门具备下列情形时，每项可以增加 2~3 分：被自治区评为先进法治工作单位的；地方法治建设工作成绩和经验被推广；先进事迹被重要新闻媒体报道；各级政府及其职能部门行政首长能够出庭应诉行政案件的。西藏地方政府在加大行政职能专业考核评估的同时，还要重视各民族社会公众对法治建设工作的总体评估。由于西藏地方政府的公共行为如立法、执法、行政司法以及法治宣传教育等都是以各族群众为主要受众的，是否取得预期效果，必须接受社会大众直观的判断和评价。目前，西藏各级政府获取社会各族公众法治评估的途径主要是问卷调查，通过设定指标体系来获得直接数据和第一手资料，并在进行归纳、总结的基础上得出相对客观准确的结论。总而言之，西藏法治建设亟须构建职能考核加公众评价的双轨机制，多角度、多方位对依法治藏工作进行全面评估和考察。

（六）依法治藏工作指标体系和考核标准的设定

全面推进依法治藏工作指标体系和考核标准事实上无法直接考量各地方工作的实际成效，必须要设定具体可操作的考评标准和分值将指标进行量化。西藏法治考核工作主要是在依据精细化指标体系的基础上，对照考评标准和分值权重对西藏地方法治工作逐项进行量化打分，使用数理工具开展分析，从而获取相对客观准确的评估数据和考核结论。例如，西藏法治建设指标体系和考核标准中的行政执法部分，主要涉及八个二级指标，即：依法全面履行政府职能、法治政府建设的组织领导、依法行政制度体系、行政决策、行政执法、政务公开、监督与问责、社会矛盾化解与行政争议解决，并在此基础上明确了各项考核标准。西藏地方各级政府法治工作考评组织依据考核标准，确定了标准分和考评分作为考核计分的标准，基准分即为满分，如有一项未达到指标要求，则在基准分基础上扣分，得出的考核分按照指标权重计算最终的量化分数（见表11-1）。

表 11-1　西藏自治区政府行政执法工作考核指标体系（摘录）

一级指标	二级指标	三级指标	考核标准	标准分	考评分
依法行政	依法履行政府职能	（1）地方政府职责的确定是否进行了法律依据和法律程序的审查。（2）制定政策和规章是否经过论证和召开。（3）做好行政法规、政府规章、行政规范性文件的废、改、立工作	（1）地方政府职责的设置具备合宪性和合法性审查程序。（2）地方政府制定政策和行政规章经过多轮的咨询论证和广泛征求社会各界意见。（3）政府规章制定程序合法、合规，报送上级人大和政府审批或备案并及时向社会公布。如有1项未达标，则在标准分上扣3分	10	—

续表

一级指标	二级指标	三级指标	考核标准	标准分	考评分
依法行政	行政决策的科学化	(1)建立健全地方政府领导决策终身责任制。(2)政府决策采用民主集中制，在开展可行性论证的基础上形成。(3)健全政府重大决策听证会制度。(4)建立政府重大决策风险评估制度	(1)政府决策由最终责任人做出并由其签署决定。(2)政府决策程序以书面形式留存，留存率达到100%。(3)政府决策的咨询、论证、评估，第三方参与率达到100%。如果达不到100%则在标准分上扣3分	15	—
	行政执法	(1)行政执法队伍建设措施得力、效果良好。(2)行政执法程序合法、监控有力。(3)健全精准的行政权力清单制度	(1)行政执法人员中有违法、违纪、违规或失职、渎职情形的，发生一起扣3分；情况恶劣并造成负面社会影响的扣5分。(2)执法过程规范，有书面、录音、影像记录的，且覆盖率达到100%，如达不到标准扣3分。(3)制定了科学合理的行政权力清单，未制定或制定工作不规范的扣2分	10	—
	监督与问责	(1)建立重大决策、重大项目负责人终身问责制。(2)构建高效的纠错机制	(1)建设项目决策绩效评估，发现亏损、减值或资产流失的，发生一起扣1分。(2)政府决策失误造成不利后果，未采取有效措施救济的，发生一起扣2分	10	—
	法治政府建设的组织领导	(1)政府职能部门高效廉洁，领导干部权责明晰。(2)各级政府聘任公职律师，行政行为合法有效	(1)各族群众诉求如果不能一次性得到解决，留有问题，留有隐患。发生一起扣3分。(2)政府机关法人代表未能按要求亲自出庭应诉行政诉讼案件。发现一起扣3分	8	

二 依法治藏工作考核指标体系构建的方法

法治发展与科学技术有着不可分割的联系，没有科学技术的支撑就没有法治事业的发展，科学精神同法治精神一脉相承，两者是一体两翼的关系。依法治藏的考核评估基于指标设计、筛选以及计量分析的工作。这个过程包括指标筛选的价值取向、数据采集、案例比对、整理分析等工作，是一个极具科学性、专业性的过程。不同考核评估方法的采用一定会影响数据获取的真实性以及评估结论的客观性和可解释性。因此，全面推进依法治藏工作指标体系和考核标准的设定应该坚持科学性、客观性、真实性以及可预测性的原则，在评估考核的标准设计、数据采集、分析预测的过程中，必须采用客观严谨的数理计算方法，使考核评估工作最大限度地印证依法治藏的整体状况，甚至可以为我国民族地方法治评估与考核提供方向性的科学指导。

（一）定量与定性结合的调查方法

1. 调查研究

第一阶段是设计调查研究的问题和指向，以问题导向来确定调研的总体目标和具体对象，要预先考虑到调查研究过程中可能出现的问题，以便及时预防和补救。第二阶段是开展设计问卷工作，主要是围绕依法治藏工作指标体系和考核标准这个核心问题，根据被调查对象的职业背景、专业类型以及知识储备等情况，使所设计的问卷内容更加具有针对性和实效性。第三阶段是开展问卷整理分析工作，主要任务是收集有效问卷，整理汇总有效问卷中的数据信息，运用统计工具进行统计分析，总结出相应的结论。

2. 实地访谈

主要是采用面谈、电话、短信、微信、视频等形式，了解被访谈对象对依法治藏工作考核指标和分值标准设置的意见和建议。这项工作的优势在于访谈过程直接可控，特别是可以通过被访谈者的语音、表情等来获取和判断更多的信息，也可以在采访对象对访谈内容理解产生误差时给予一定的说明和解释。

3. 文献阅读调查

在全面推进依法治藏评估量化工作过程中，文献阅读调查就是对民族地方法规、司法数据、行政执法资料以及司法审判文书信息等文献资料开展阅读和调查，获取第一手资料，确保所调查的文献资料具有一定的准确性和权威性。

4. 观察研究

著名社会学家约翰·布鲁尔提出了观察研究八个方面的要求，即"确定观察目标，个案选择与观察地点的合理度，观察研究资源符合研究要求，明确观察研究对象的抽样范围，确定观察研究的联络员以及如何对接的问题，观察研究角色的充当，制定观察分析的方法和程序，结束观察研究工作并进行总结的方式。"[①] 因此，依法治藏工作评估指标体系的构建必须要将观察法和实地访谈法结合起来。课题组成员要亲身参与其中，以获取更加具体、全面、细致的信息和资源，保证评估指标构建和考核标准确定的科学性和准确性。

（二）内涵式量化分析方法

量化分析方法主要是指运用数理分析方法，研究社会领域的各种现象之间的数量变化、数量关系以及其中表现出来的数量特征，通过线性分析来预测某一社会现象的基本发展趋势。这种方法的重心在于用数据和模型来描述客观的社会现象，具体到依法治藏指标体系和考核标准的构建与设置中，主要从三个方面运用统计分析方法来开展工作。一是西藏法治工作状况以及各族人民群众对西藏法治建设成就的直观的感性认识都是以数据、模型等形式开展描述的，以线性语言进行精确表达。在依法治藏工作评估指标构建过程中，主要是通过问卷调查、实地访谈、文献查阅等方式对立法、执法、司法、法治宣传教育等赋予了数字化评价。同时，还要通过对西藏各族群众法治满意度调查，计算分析出各族群众对西藏法治环境满意度指数。二是分析西藏民族法治发展、法治现象与社会现象之间的关联度。如西藏法治建设与社会治理、社会稳定、经济持续发展、民族传统文化、民族宗教习惯、生态环境治理等诸多因素之间的关系，从而判定西藏法治建设与民族关系之间的变量关系。三是通过法治指数，勾画出未来相当长时间内西藏法治发展的整体趋势，这个趋势是以相关联的社会与法治变量分析为基准的。

总之，运用数理分析方法对依法治藏工作评估指标构建和设置进行量化分析具有特殊的优势，在分析工作中综合运用社会学、统计学、数学、

[①] 约翰·布鲁尔：《社会科学的公共价值》，刘静译，商务印书馆，2018，第263页。

计算机信息技术等多种方式，可以最大化地获得精确的法治指数。

第三节 依法治藏工作考核指标体系构建的基本要求和主要内容

构建全面推进依法治藏工作考核指标体系需要具备深远的战略眼光以及全国性的发展视野，并同全国范围内民族法治建设相结合。在法治建设一般规律以及价值认同的基础上，坚持同依法治藏的实践相结合，制定出具有针对性、普遍性、具有可操作性的评估考核指标体系，这个指标体系甚至可以推广至全国的民族地区，为这些民族地区构建法治建设指标体系和考核标准贡献可以复制的经验和案例。从这个意义上来讲，全面推进依法治藏考核评估指标体系设计要求是对西藏法治事业发展态势最精确数据的反映，又反过来为全面依法治藏工作提供数据信息的支持。

一 依法治藏工作考核指标体系构建的基本要求

全面推进依法治藏工作指标体系所包含的一、二级标准，是表征西藏法治建设工作的整体状况、基本进程，是对依法治藏工作的全面描述和整体观照，其背后所反映的内质却是民族地方法治建设的内涵、价值和功能以及习近平总书记"治边稳藏"思想实施的贡献。全面推进依法治藏指标和考核标准筛选的基准点是积极推进西藏"四件大事""四个创建""四个走在前列"战略的实施，努力实现新时代社会主义新西藏的建设目标。总之，依法治藏考核评估工作的出发点和落脚点都是全面推进西藏法治建设，全面推进法治西藏、法治社会、法治政府一体化建设，推进西藏社会治理体系与治理能力现代化，为西藏的"两屏四地一通道一前沿"建设任务的完成奠定法治基础，为实现西藏的经济持续发展和长治久安营造优质的民族法治环境。因此，相关部门在选择和设计依法治藏评估指标体系和考核标准时，要遵循以下几点基本要求。一是加强组织领导，注重组织保障。西藏各级党委政府特别是领导干部要加大对西藏法治考评工作的领导力度特别是对指标体系构建和标准设计工作的重视程度，要把这项工作作为"一把手"工程来抓实抓牢，并及时解决法治评估考核工作中的问题和困难。同时，西藏法治评估考核指标体系构建的具体工作要由相关部门来牵头和协调，如由政法委、自治区人大常委会法工委、政府法制办等部门来组织领导，并积极协助第三方专业机构来完成考核指标的筛选和设计工作。另外，相关部门还要组织第三方考评人员开展业务培训，提高他们的业务素质和工作质量。二是指标体系和考核标准要清晰明了、简单易懂。全面推进依法治藏领域广泛，涉及诸多的地方、单位和个人，在每年的考核评估工作中难以做到全方位覆盖，难以关注到每一个法治领域以及每一项法治建设工作。所以，在全面推进依法治藏工作考评标准筛选和确定过程中，要确定考评重点，以点带面，带动全局性的法治工作的开展和目标的实现。三是全面推进依法治藏工作指标体系和考核标准要求具有可操作性，能够在实际评估考核工作中发挥实效。事实上，考量和评估西藏法治建设工作效果的刚性指标较少，软指标较多，很多考核评估工作采用的评估方法是模糊评价。因此，在推进依法治藏工作考评指标筛选和设置过程中，要尽量采用数理模型和量化标准；确实不易量化的，要用具体的事例、精确的数据、规范的语言文字来说明问题。同时，这个指标体系的设计不仅是针对专门的法治部门，也要将其国家机关或直管部门涉及法治工作范畴的纳入考评指标体系，努力形成自上而下"一盘棋"考核评估模式，以促进西藏法治事业整体发展、系统进步。

二 依法治藏工作考核指标体系主要内容

全面推进依法治藏评估考核指标体系的构建要以西藏法治建设体制机制依法规范运行为主要内容，评估工作的核心是要解决过去西藏法治建设考核评估缺乏统一标准的指标体系的问题，并通过设置专门评估机构包括第三方评估机构来建立规范精确的评估考核指标体系以及工作程序。在西藏自治区全区范围内设置职权统一的考核评估机构，将全区各地市、各部门的法治考核评估机构及其职能进行整合，在全区的区域内设置统一性的考核标准和评估程序，以增强西藏法治评估考核的预期性。

（一）依法治藏工作考核指标体系的总体框架

法治西藏建设指标总分值为 100 分，共有 8 个一级指标，主要依据《全面推进依法治藏"十四五"规划》所明确的十大重点任务，每项一级指标所设立的权重分值分别为：党对依法治藏工作的领导，占 15 分；科学立法，占 15 分；严格执法，15 分；公正司法，占 15 分；法律监督，占 10 分；全民守法，占 10 分；人权保障，占 10 分；社会公众评价体系建设，占 10 分。8 个一级指标下设有 46 个二级指标，46 个二级指标下又设有 126 个三级指标。另外，每个指标都确定了责任单位和具体牵头完成单位。

（二）依法治藏工作考核指标体系的主要内容

在设置依法治藏工作考核指标体系的三级指标时，高度遵循了可能性和实用性原则，其目的是最大程度地满足西藏法治考核评估工作的实际需要。在筛选和设置考核评估指标工作过程中，摒弃数据信息采集难度大、采集过程复杂、数据信息易发生偏差以及统计口径不统一需重建统计标准的部分指标，最大限度地采用内涵清晰、标准明确、易于量化的考评指标。相关考核部门在筛选评估考核指标时，要参考全国性的指标、借鉴采纳其他省市的指标。如果部分考核领域既无全国性的指标，也没有省部级指标的，省会城市或设区市一级的考评标准也可以参照。确实没有其他法治考评指标能够参考的，可以采用定性描述的评估指标（见表 11-2）。

表 11-2　全面推进依法治藏工作考核评估指标体系

一级指标	评估考核内容	
	二级指标	三级指标
党对依法治藏工作的领导	各级党组织对依法治藏工作的重视程度	党组织的规范性文件上升为地方性法规情况；党组织对依法治藏工作领导作用发挥如何；党委依法治藏委员及其办公室内部机构设置是否完善、权限分配是否合理；通过加强党建工作，提升新时代党的治藏能力和治藏水平
	党内法规制度建设与实施	构建以《中国共产党章程》为中心的党内法规在西藏实施情况，包括任免制度、选举制度、奖惩制度、党组织规范运行制度等；西藏地方党内法规制度制定、审核及实施；西藏地方党内法规制定程序是否正义合法
	各级党组织依法决策、公开办事	西藏各级党组织的依法决策能力建设；西藏各级党组织重大决策权的合宪性、合法性审查以及实施效果评估制度的建立；西藏各级党组织党务公开制度进一步完善；建设统一的党务公开平台；依法依规保障西藏各级人大及其常委会履行各项权力；依法领导西藏的审判工作、检察工作以及公安行政工作、司法行政工作等
	党员领导干部法治意识增强、法治思维养成	西藏各级党员领导干部通过各种形式学习法律法规知识；党员领导干部运用法治思维依法开展工作；各级党员领导干部遵纪守法的程度

续表

一级指标	评估考核内容	
	二级指标	三级指标
党对依法治藏工作的领导	党内权力规范运行以及党内监督工作	党内权力运行机制完整，权力运行程序正当；权力运行符合党规党纪的要求，符合法律法规的规范；各级纪委的监督成效如何
	党的群众路线执行情况	党的群众路线实施效果如何；西藏各级党组织服务各族人民群众意识是否形成；西藏各族人民群众对于党组织的评价情况
科学立法	民族地方性立法是否聚焦新时代党的治藏方略	民族地方性立法符合西藏"四件大事"的目标要求；民族地方性立法助推铸牢中华民族共同体意识；西藏地方性法规顺应人权精神和民族发展原则
	民族地方性法规、政府规章是否反映西藏各族人民群众的意志和利益	制定的地方性法规、政府规章符合西藏的区情、社情、民情；法规、规章文本的可操作性和可执行性强；"良法善治"的治理目标顺利实现，法律法规的制定和实施有利于保障西藏人民群众的合法权益
	民族地方性法规、规章制定是否开展合宪性审查	西藏民族地方性法规、规章的制定符合宪法、法律精神；建立完善法规规章的合宪性审查机制
	民族地方性立法工作是否遵循科学立法、民主立法、依法立法的原则	西藏地方性立法程序合法正当；在地方性法规规章创制过程中技术手段先进，立法过程中充分征求广大社会公众的意见和建议
	民族地方性立法效果评估	对地方性法规、规章开展立法前和立法后评估；对旧法及时开展"废、改、立"工作
	具有西藏特色的民族地方性法规制度体系是否构建	西藏民族地方性法规规章之间相互协调，构成了完整科学的法规制度体系；民族宗教领域法规制度体系完备，基本实现依法治理民族宗教事务；法规规章积极限制公权力的滥用，依法有效保障人权

评价维度	评价内容	
	二级评价指标	三级评价指标
严格执法	西藏民族地方性政府规章制定	西藏地方性政府规章制定过程中是否开展合宪性、合法性审查；政府规章的制定经过充分的合宪性、合法性、必要性和可行性论证；建立健全地方性政府规章、规范性法律文件"废改立"机制
	西藏地方政府行政决策法治化水平提高	西藏各级政府建立依法依规行政决策责任制；行政决策过程中是否贯彻民主集中制，重大行政决策是否经过合法性合理性论证；是否建立和完善重大事项、重点项目决策的听证会制度，是否建立健全重大事项的风险评估制度

续表

评价维度	评价内容	
	二级评价指标	三级评价指标
严格执法	西藏各级政府的行政执法行为合法规范	建设高效廉洁的行政执法队伍；行政执法行为的依法依规监控；制定行政执法权责清单制度
	西藏行政问责制度建立健全	建立重大行政决策、重大财政投资项目负责人终身问责制；建立高效的执法容错纠错机制
	西藏各级政府信息公开、阳光政府建设成效显著	西藏各级政府信息公开平台运行正常；公开的政府信息数量大幅提升；政府信息主动公开与依申请公开同时开展
	西藏努力建设高效服务型法治政府	建设具备综合行政服务功能的政府服务中心，努力提高政府办事效率；简化行政办事流程；行政人员服务意识不断增强；继续开展"放管服"改革，行政审批的项目持续减少；政府电子政务建设不断推进
	西藏法治政府组织领导体系逐步健全	西藏各级政府及职能部门岗位职责明确，协同行政的意识和效能不断提高；政府及职能部门组织领导责任明晰，权责明确；政府公职律师制度不断完善，依法行政意识和能力不断提高
	西藏各级政府积极参与民事、经济司法活动	西藏各级政府主动积极参与民事、经济司法活动，并能够承担相应的法律责任
公正司法	司法体系依法相对独立	西藏司法公权力依法相对独立运行；西藏审判、检察机关公共经费预算实现省级统筹；法官、检察官独立行使各项司法权力，不受非法干涉和影响；领导干部干预司法，插手具体案件有完备的记录
	西藏地方司法体制改革稳步推进	国家司法制度改革政策措施在西藏得到贯彻落实；西藏地方司法体制改革稳步推进
	西藏各级司法机关严格执行程序法和实体法的要求，积极维护西藏社会公平正义	西藏各级法院、检察院、公安机关、司法行政机关共同建立起相互配合、相互制约的联动司法机制；司法机关办案严格遵守程序，司法工作质量和效率得到明显提升
	西藏司法机关裁判结果公正合法	一审上诉率、二审再审改判率维持在合理区间；冤假错案率维持在较低的状态；冤假错案的纠错率稳步提高；司法人员的追责力度加大
	西藏司法干部队伍建设工作力度和成效	全面开展法官、检察官员额制改革工作，实现法院、检察院行政职位同审判职位分类管理；人民公安机关队伍的法律素养和执法能力逐步提高

续表

评价维度	评价内容	
	二级评价指标	三级评价指标
法律监督	西藏各级人民代表大会的监督	西藏自治区人大及其常委会对地方性法规和政府规章开展合宪性、合法性审查工作；西藏各级人大对国家机关及其工作人员违反宪法和法律的行为进行审查；依法对"一府两院"开展监督；西藏各级人大开展法律法规执行情况检查工作
	西藏各级人民政协的监督	积极发挥西藏各级人民政协的参政议政作用，政协委员咨政渠道畅通；西藏各级政协委员依法参加审判活动，对司法活动开展有效监督
	西藏检察机关的专门监督	西藏各级检察机关对同级司法活动开展专门监督的体制是否健全；西藏各级检察机关对审判工作开展依法有效监督
	西藏地方纪检监察监督	整合和优化西藏地方纪委监察职能，构建起统一的西藏地方纪检监察工作体系；构建西藏监察与司法的协调衔接机制；加强对西藏地方纪检监察自身建设和监督工作
	西藏司法机关内部监督	西藏各级司法机关是否建立严密的内部监督制度；西藏司法机关内部监督制度是否有效执行
	西藏社会力量对司法工作监督	西藏各族人民群众对司法公权力机关监督的渠道是否畅通；各级司法机关对社会公众意见和建议采纳的数量和办理的质量、效率。
全民守法	西藏各族人民群众普遍做到学法、知法、守法	西藏法治宣传主管部门利用"国家宪法日""民族团结月"等节点开展形式多样的群众性法治宣传教育活动；西藏城乡社会面违法犯罪率逐年降低
	西藏各族人民群众法治意识不断增强	西藏各族人民群众崇法、守法意识增强；西藏各族人民群众对依法治藏的认知度和认可度增加；西藏各族人民群众在日常生产生活中用法治思维和法律手段来解决矛盾和纠纷
人权保障	依法保护西藏各民族的生存权和发展权	《中华人民共和国民族区域自治法》规定的民族区域自治权利在西藏得到依法有效实施；西藏自治区人大、政府制定并实施相关法规、规章保障各族人民群众的生存权和发展权
	依法保护西藏各民族的平等权和自由权	西藏各民族法律面前人人平等；西藏各族群众宗教信仰自由得到依法保护；西藏各族群众的行动、言论等权利和自由得到依法保护
	依法保护西藏各民族政治参与权	保障西藏各族公民选举权和被选举权依法行使；依法培养、选拔、使用少数民族干部和技术人才

续表

评价维度	评价内容	
	二级评价指标	三级评价指标
人权保障	依法保护西藏各民族群众的生命权、健康权	依法打击违法犯罪和有组织"黑社会"犯罪，维护社会平安保障群众生命财产安全；加大安全生产执法工作力度，降低生产事故发生率；加强食品药品安全执法工作，保证各族群众的生命健康安全；加强环境执法工作，积极开展"健康西藏"活动
	加强对弱势群体和特殊群体权利的法律保护	依法保护各民族妇女、未成年人、老年人等群体的各项权益；加强对低收入、失业者、农民工等群体权利的法律保护
社会公众评价体系建设	社会公众对依法治藏评价体系的建立和实施	建立社会公众对依法治藏评价体系；社会公众意见的反馈、落实情况
	社会公众对依法治藏评价平台的建设	社会公众对依法治藏评价平台建设和运行情况；依法治藏实施效果评价样本设计合理，采集数据准确丰富

第四节　依法治藏工作考核指标体系的应用与保障措施

一　依法治藏工作考核指标体系的应用

（一）依法治藏工作考核评估方式

由于受到人文地理环境特殊、经济社会形势复杂、宗教因素突出等情况的影响，全面推进依法治藏工作呈现出复杂性、艰巨性、特殊性等特点，同时依法治藏又是一项系统性和专业性都非常强的工作，这就给依法治藏考核评估带来了一定难度。因此，依法治藏考核评估工作是一项庞大的系统工程，需要综合运用法学、管理学、社会学、数学、统计学、运筹学等领域理论知识和专业技能，采用多学科、多领域联合研究攻关的方式开展考核评估工作。同时，在遵循地方法治建设工作一般规律的基础上，借鉴其他民族地区法治工作考核评估实践的经验，结合西藏地方法治建设工作的内容与程序，逐步构建政法机关及政府内部考核同各族社会公众参与相结合的考评模式。具体做法是：西藏各级地方法治考评组织邀请各行业以及与法治工作相关的人员,包括各级人大代表、各级政协委员、企业法务人员、法学教授、律师、公证员、调解员、仲裁员、新闻工作者以及普通公众等,与考核对象内部专业人员一起组成法治评价共同体,如此就能够获得一个涵盖面较广、较为客观准确的西藏地方法治建设考核评价结果。

(二) 依法治藏工作考核评估程序

依法治藏工作考核评估程序应该有相应的制度设计,一定要以地方性法规或政府规章的形式将其界定和固化下来,赋予法律效力,保障程序正义。依法治藏考评工作应做如下程序安排。

事前,全面推进依法治藏工作考评组织应当及时做好信息发布工作,考评组织事先要将考评目标、考评对象、考评依据、考评项目、考评程序、考评计划等信息通过各种媒介加以公开。事中,依法治藏工作考评组织积极维护各族社会大众的知情权、参与权和监督权,保障信息对称,社会各界公众对法治工作的批评建议要第一时间送达考评机构。事后,依法治藏工作考评组织要及时公布考核结果,提出存在的主要问题及整改意见。

另外,依法治藏考核评估工作的周期不宜过长,周期过长考核结果权威性就会减弱,针对性就不强,更不利于及时发现问题、及时解决问题。但是,依法治藏工作考评的周期也不宜过短,每次考评的数据和结果变化不大,达不到考评的预期目标。因此,依法治藏工作考评合理周期应当是:如果是单项考评,可以为一年一次;如果是依法治藏工作规划考评,则可以是三年一次(具体见图11-1)。

二 依法治藏工作考核评估保障措施

(一) 建立依法治藏工作考核评估长效机制

依法治藏工作考核评估迫切需要以法律的形式确定其常态化和规范化,使之走上法治化的轨道。目前,西藏地方法治考核评估工作已经制定政府规章的有《日喀则市法治建设先进单位考核评估工作指导意见》(以下简称《意见》)、《山南市依法行政工作考核评估办法》(以下简称《办法》)等,这些《意见》和《办法》都详细规定了地方各级政府及职能部门依法行政考评工作的主体、对象、指标、标准、分值、权重、加减分事项以及

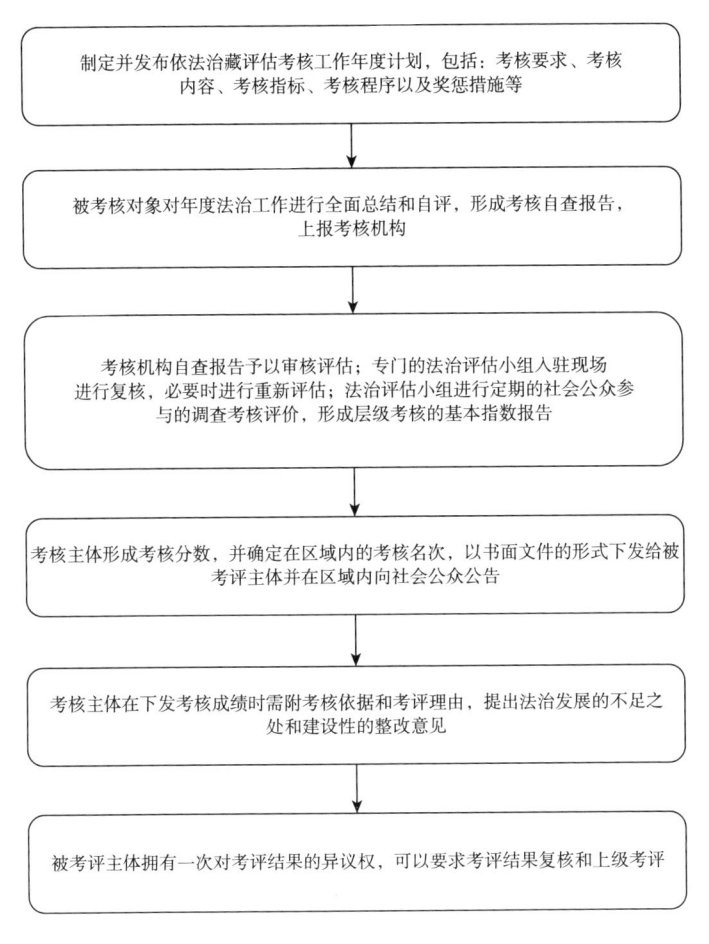

第十一章 依法治藏工作考核指标体系的构建与应用

```
┌─────────────────────────────────────────┐
│ 制定并发布依法治藏评估考核工作年度计划，包括：考核要求、考核 │
│     内容、考核指标、考核程序以及奖惩措施等           │
└─────────────────────────────────────────┘
                     ↓
┌─────────────────────────────────────────┐
│ 被考核对象对年度法治工作进行全面总结和自评，形成考核自查报告， │
│              上报考核机构                 │
└─────────────────────────────────────────┘
                     ↓
┌─────────────────────────────────────────┐
│ 考核机构自查报告予以审核评估；专门的法治评估小组入驻现场   │
│ 进行复核，必要时进行重新评估；法治评估小组进行定期的社会公众参 │
│    与的调查考核评价，形成层级考核的基本指数报告        │
└─────────────────────────────────────────┘
                     ↓
┌─────────────────────────────────────────┐
│ 考核主体形成考核分数，并确定在区域内的考核名次，以书面文件的形式下发给被 │
│         考评主体并在区域内向社会公众公告          │
└─────────────────────────────────────────┘
                     ↓
┌─────────────────────────────────────────┐
│ 考核主体在下发考核成绩时需附考核依据和考评理由，提出法治发展的不足之 │
│            处和建设性的整改意见             │
└─────────────────────────────────────────┘
                     ↓
┌─────────────────────────────────────────┐
│ 被考评主体拥有一次对考评结果的异议权，可以要求考评结果复核和上级考评 │
└─────────────────────────────────────────┘
```

图 11-1 依法治藏评估工作流程

相关主体法律责任，并作为法治政府考评指导性的法规文件加以实施。依法治藏工作整体考核评估更要在自治区范围内形成一个长效机制，特别是要制定相应的地方性法规和政府规章，以法规的形式来界定依法治藏工作考核评估工作机制，包括：组织领导、标准制定、程序实施、结果公布以及检查督导等环节。

（二）确保依法治藏工作考核评估结果的可信度和权威性

西藏各级党委、政府要高度重视地方法治指数和考核结果，确保西藏法治指数的可信度和权威性。西藏各级组织部门要将法治工作考评结果与单位领导的职务晋升、奖惩等挂钩，法治工作考评业绩不佳或整改达不到要求的领导干部，按照规定给予其相应的处罚；对地方法治建设考评结果优秀的单位领导给予嘉奖，从而将西藏地方法治建设考核结果落到实处。

（三）构建依法治藏工作考核评估追责倒查机制

依法治藏工作考核评估涉及诸多参与主体，涉及各方面的法律关系，考评结果和获取数据的准确性、真实性、客观性主要取决于各方面主体的广泛参与和共同努力。考核组织负责考核工作的计划、安排、数据统计复核、指数发布、结果公布以及考核保障，如果工作不到位，就会直接影响法治考评工作的顺利开展。另外，依法治藏工作考评主体主要承担指标设定、分值设计、指数计算以及整改措施的制定任务，工作过程要准确无误，不能够出现任何差错，如果不严抓工作的具体环节，将直接影响考核数据和考核结论的客观性和可信度。考评对象也要积极支持和配合法治考评工作，向考评主体提供全面、准确、真实的信息和数据。因此，需要通过法律法规的形式明确考核参与主体的各自责任，制定责任追究制度，构建评估工作追责倒查机制。同时，评估第三方以及外聘专家如果出具虚假结论和意见，必须依法依规取消专家资格并追究相应责任。

参考文献

〔古希腊〕亚里士多德：《政治学》，吴彭寿译，商务印书馆，1965、1981。

《马克思恩格斯选集》第1卷，人民出版社，2012。

《习近平法治思想概论》编写组编《习近平法治思想概论》，高等教育出版社，2021。

《习近平总书记在西藏考察时强调 全面贯彻新时代党的治藏方略 谱写雪域高原长治久安和高质量发展新篇章》，《新西藏》2021年第8期。

蔡巴·贡噶多吉（1309-1364）：《红史》，东嘎·洛桑赤列校注，陈庆英、周润年译，西藏人民出版社，1986。

杜永彬：《关于推进藏区治理体系和治理能力现代化的思考》，《中国藏学》2015年第3期。

方世荣：《论公众参与与法治社会建设及其引导》，《行政法学研究》2021年第4期。

高大洪、李春：《全面实施依法治藏战略，为建设社会主义新西藏提供根本保障》，《中国民族报》2019年2月25日。

郭永虎：《美国国会与中美关系中的"西藏问题"》，世界知识出版社，2011。

贺海仁：《中华民族共同体的法理解释》，《甘肃社会科学》2018年第2期。

黄进：《不断创新法治人才培养机制》，《经济日报》2014年11月11日第15版。

黄伟：《历代中央政府治藏方略的演变传承》，《国家行政学院学报》2012年第4期。

江必新：《中国特色社会主义法治之"六观"》，《学习时报》2015年6月15日。

蒋立山：《法律现代化——中国法治道路问题研究》，中国法制出版社，2006。

雷振扬：《论自治区自治条例立法困局之破解》，《广西民族研究》2022年第3期。

黎同柏：《吐蕃王朝法制研究》，中央民族大学出版社，2013。

李森、陈烨：《论依法治藏的概念缘起及独特内涵》，《西藏民族大学学报》2020年第1期。

廉湘民：《依法治藏 全面推进西藏治理体系和治理能力现代化》，《中国民族》2020年第5期。

娄云生：《雪域高原的法律变迁》，西藏人民出版社，2000。

《毛泽东文集》，人民出版社，1999。

潘红祥：《自治区自治条例出台难的原因分析及对策》，《北方民族大学学报》（哲学社会科学版）2009年第3期。

齐延平：《人权与法治》，山东人民出版社，2013。

萨迦·索南坚赞：《王统世系明鉴》，辽宁人民出版社，1985。

舒国滢：《中国法治构建的历史语境及其面临的问题》，《社会科学战线》2006年第6期。

宋才发：《铸牢中华民族共同体意识的法治内涵及路径研究》，《广西民族研究》2021年第4期。

孙向军：《全面推进依法治藏若干重要问题》，西藏人民出版社，2018。

田钒平：《民法典视野下铸牢中华民族共同体意识的法理探讨》，《西南民族大学学报》2021年第1期。

王浦劬：《推进国家治理现代化的基本理论问题》，《中国党政干部论坛》2011年第11期。

西藏自治区党史资料征集委员会编《中共西藏党史大事记（1949—1994）》，西藏人民出版社，1995。

习近平：《摆脱贫困》，福建人民出版社，1992。

习近平：《坚定不移走中国特色社会主义法治道路，为全面建设社会主义现代化国家提供有力法治保障》，《求是》2021年第5期。

习近平：《论坚持全面依法治国》，中央文献出版社，2020。

习近平：《依法治藏富民兴藏长期建藏 加快西藏全面建成小康社会步

伐》,《人民日报》2015年8月26日。

习近平:《在纪念邓小平同志诞辰110周年座谈会上的讲话》(2014年8月20日),人民出版社,2014。

熊文钊:《民族法学》,北京大学出版社,2015。

张清:《西藏60年法制建设主要成就、经验与启示》,《西藏发展论》2011年第5期。

张文显:《法理学》第5版,高等教育出版社,2018。

中共中央编译局:《邓小平文献》第2卷,人民出版社,1994。

中共中央编译局:《马克思恩格斯选集》第4卷,人民出版社,2012。

中共中央文献研究室编《习近平关于全面依法治国论述摘编》,中央文献出版社,2015。

中国法学会编,郭道晖主编《十年法制论丛》,法律出版社,2001。

中国社会科学院近代史研究所:《孙中山全集》第2卷,中华书局,2011。

中共中央宣传部、中央全面依法治国委员会办公室:《习近平法治思想学习纲要》,人民出版社、学习出版社,2022。

周润年、喜饶尼玛:《藏族古代法典译释考》,青海人民出版社,2017。

后 记

全面推进依法治国是我国国家治理的一场深刻革命，全面推进依法治藏是新时代党的治藏方略实施的重要保障，关涉党的民族政策以及国家法律法令在西藏畅通执行，关涉全面建设社会主义现代化新西藏宏伟目标的实现，关涉西藏各族人民群众福祉的有效增进。因此，西藏一定要以在依法治藏的轨道上全面建设社会主义新西藏为目标，在依宪治藏的背景下不断完善具有中国特色西藏特点的民族自治地方性法规体系，扎实推进依法行政工作，大力开展地方性法治政府建设。同时，在西藏坚持严格公正司法，确保西藏社会实现公平正义；针对西藏的实际情况，加大法治社会建设的力度，努力传承和发展优秀民族传统法律文化。

在全面推进依法治国的框架和格局内，要全面实现依法治藏每个阶段性目标以及总体目标，必须不断提高西藏法治建设的整体水平，其中就包括了大力发展本土化法学教育和科学研究活动，为全面推进依法治藏提供高素质法治人才以及法学研究成果的支撑。习近平总书记曾指出："希望法学专业广大学生德法兼修、明法笃行，打牢法学知识功底，加强道德养成，培养法治精神，而且一辈子都坚守，努力用一生来追求自己的理想。"[1]习近平总书记的论述为西藏法学人才培养的目标和规格指明了方向，也是今后相当长的一段时期内西藏法学教育工作的根本遵循。

西藏自治区本土化的法学教育工作可以追溯到1993年，当时为了适应西藏构建社会主义市场经济体制的需要，西藏民族学院（现西藏民族大学）率先在全区高校中开设了法学本科专业，开西藏自治区法学本科专业人才培养工作先河。西藏大学开展法学教育相对来说较晚，直到2003年西藏大学才获批设置了法学本科专业，2004年9月西藏大学公共教学部（政法学

---

[1] 习近平：《论坚持全面依法治国》，中央文献出版社，2020，第180页。

院前身）迎来了第一批60名法学本科新生。为了整合各种资源和力量，集中精力办好法学专业，2008年底西藏大学在原公共教学部的基础上组建了政法学院，学院党总支书记为扎西同志，院长为周松青同志，我当时从经济与管理学院副院长的岗位上调任政法学院副院长，分管日常教学和科研工作。学院只有一个法学本科专业，专业比较单一，而且法学专业教师的数量比较少，学院大部分教师都是思想政治理论课教师，为全校学生讲授思想政治理论课。2010年学院增设了思想政治教育本科专业，2012年思想政治教育本科专业和思政课专业教师从政法学院分离出去，以此为班底建成了西藏大学思想政治教学部（马克思主义学院的前身）。2012年政法学院增设了政治学与行政学本科专业，2013年在民族学一级学科下目录外增设了民族法学二级学科，2022年政法学院又成功获批法学一级学科和法律专业硕士授权点。至此，西藏大学政法学院拥有一个一级学科、一个二级学科、一个专业硕士点和两个本科专业的学科专业格局基本形成，而且两个本科专业都进入了国家一流本科专业建设的行列。我本人也于2014年3月被任命为西藏大学政法学院第三任院长，已经在政法学院工作了十五个年头，可以说是见证了西藏在高原上开办本土法学教育、培养法学高层次人才的历史进程，经历了西藏本土法科教育的风风雨雨、坎坎坷坷，经历过辉煌和成功，也遭受过挫折和失败。但有一个不争的事实是，经过西藏大学政法学院全院上下十余年的栉风沐雨、接续奋斗，在学科建设、人才培养、科学研究、法律咨询服务等方面均取得了长足发展，走出了一条立足高原、面向全国的具有西藏特色的法学教育之路。特别是，西藏大学政法学院在法学专业人才培养目标定位上，主要是为西藏地区培养"靠得住、用得上、留得下"的法学专业应用型专门人才。

2004年法学本科专业设置并办学以来，西藏大学法学专业为西藏各条战线培养的法学专业人才达到1000余名，西藏自治区的各级政法机关都有政法学院毕业生的身影，他们大多在最基层的第一线默默奉献、建功立业，为全面推进依法治藏工作贡献着各自的力量。所以，从西藏大学法学教育的整体情况来看，各项事业都快速上了一个台阶，无论法学教育和专业人才培养的种类、规模，还是学科内涵式发展质量都具备助推依法治藏的能力，同时自身的特色和优势也得到进一步彰显，基本形成了独具西藏特色的法学教育和法律人才培养模式。未来我们考虑的是，西藏自治区地处祖国西南边陲，是特殊的边疆民族地区和省级民族区域自治地方，拥有较为丰富的本土化法治资源，但又面临着极为显著的特殊性。这种现实情况体现到西藏的法学教育事业发展方面，就是要在坚持法学教育统一性的前提下突出西藏的地域特色、民族特色和文化特色，充分发挥藏民族优秀文化包括传统法律文化的影响力和感召力，重点建设法学一级学科和法学一流本科专业，除开设国家统一设置的课程外，把民族法学教育工作作为民族地方特色持续加强，逐步建成西藏铸牢中华民族共同体意识法治基础的教育和研究基地，为创建民族团结进步模范区奠定法治基础。

随着全面推进依法治藏的不断深入，法治建设过程中的理论和现实问题需要不断得到法学理论界的积极回应，西藏的法学研究从无到有逐步发展起来，具有西藏特色的法学学科体系、学术体系、理论体系和话语体系也逐步形成并完善。法学研究队伍正在努力壮大，形成了一支由法学教学、法学研究、法律实务工作者组成的专业研究力量，法学学术研究共同体已经形成。同时，西藏法学研究的视野和范围不断拓展，从宪法学、民商事法学、行政法学、诉讼法学等部门法学到理论法学、国际法学、社会法学、法律史学等综合性法学都有所涉及。特别是，结合民族区域自治地方的特点，西藏的法学理论工作者还积极开展民族法学、民族区域自治法学、民族习惯法、西藏地方法制史等领域的研究工作，学术研究成果的质量和水平不断提高，为全面推进依法治藏提供了基础性的理论支撑。

正是为了满足全面推进依法治藏理论和现实研究工作的需要，我一直考虑组织政法学院研究力量对依法治藏的概念内涵、基础理论、成就经验、问题挑战以及现实路径等进行全面梳理和研究，努力形成具有综合性和一定显示度的研究成果。政法学院2016年建设了"依法治藏协同创新中心"科研平台，副校长张兴堂教授亲自担任主任，牵头组织力量和资源开展西藏法治建设方面的研究工作，取得了一系列研究成果。2020年"依法治藏协同创新中心"筹划撰写出版一部著作，旨在以习近平法治思想为引领，对依法治藏的理论与实践问题进行全景式的观照和全方位的描述及评估。"依法治藏协同创新中心"主要成员以及我指导的博士研究生和硕士研究生历时两年多，从著作选题策划、框架设计、田野调研、数据采集、分章撰写到文稿统筹、文本校对开展了艰苦的工作，于2022年10月完成定稿。

本书采取"总论+专题"的形式进行论述。第一章至第五章为总论部分。总论在梳理国内外关于依法治藏研究成果的基础上，阐述了依法治藏的基本理论，回顾了西藏从法制建设到依法治藏的历史进程，描述了依法治藏工作的特征、成就、经验和问题。第六章至第十一章为分论部分。分论部分对依法治藏的目标愿景和工作要素进行了解构，从每个要素出发提出了路径、评估和保障措施。为了完成这个跨学科、宏大叙事的研究任务，我们组织了西藏大学、武汉大学、西南政法大学等高校有关专家参与其中，对这些专家的参与表示感谢。

本书得到了西藏大学组织（人事）部和政法学院的大力支持。西藏大学组织（人事）部部长肖铖教授和刘坤梅教授亲自过问著作出版事宜，并从"青藏高原生态环境法规制度和补偿机制科研创新团队"经费中给予出版资助。学校副校长张兴堂教授、学校党（校）办主任罗布教授（政法学院前任书记）、政法学院党委书记平措教授以及同事们给予著作的撰写工作以大力支持并毫无保留地分享了关于西藏法治建设的研究心得。我的博士研究生张洪伟、叶世才、王超、王虎、倪芷、毛景琦、毛英、杜昂以及硕士研究生殷小燕参与了部分章节的写作，特别是毛景琦博士完成了第二章的撰写工作。在这里，向这些参与、支持和关心著作撰写与出版的领导、同事和学生表示深深的谢意！

同样要感谢我的家人，我的妻子和儿子一直默默无闻地支持我的工作，感谢家人给予的帮助和温暖。

由于依法治藏理论与现实问题研究是一个广泛的宏大的课题，西藏法治事业未来发展无限可能，依法治藏面临着巨大机遇和挑战，再加上我们认知上的局限性，本书不可避免地存在各种误差甚至是错误，我们愿意文责自负。

高大洪
2022 年 11 月于拉萨

图书在版编目(CIP)数据

依法治藏：理论与实践 / 高大洪著. -- 北京：社会科学文献出版社，2025.1. -- ISBN 978-7-5228-4055-0

Ⅰ.D927.75

中国国家版本馆 CIP 数据核字第 20246HM813 号

依法治藏：理论与实践

著　　者 / 高大洪

出 版 人 / 冀祥德
责任编辑 / 周志静
责任印制 / 王京美

出　　版 / 社会科学文献出版社·人文分社（010）59367215
　　　　　 地址：北京市北三环中路甲 29 号院华龙大厦　邮编：100029
　　　　　 网址：www.ssap.com.cn
发　　行 / 社会科学文献出版社（010）59367028
印　　装 / 三河市东方印刷有限公司
规　　格 / 开　本：787mm×1092mm　1/16
　　　　　 印　张：22.25　字　数：364 千字
版　　次 / 2025 年 1 月第 1 版　2025 年 1 月第 1 次印刷
书　　号 / ISBN 978-7-5228-4055-0
定　　价 / 98.00 元

读者服务电话：4008918866

版权所有 翻印必究